2009年度国家社会科学基金项目，课题批准号：09BXW013

中国出版产业结构研究

理论、现实与发展趋势

赵洪斌 ◯著

中国传媒大学出版社
·北京·

目　录 Contents

第 1 章 导　论

前　言

新中国成立以来尤其经过改革开放近 40 年来的不断发展，中国出版产业基本形成了图书、报纸、期刊、音像、电子、数字、网络及新媒体的出版、印刷复制和发行贸易等行业的完备产业体系，涵盖了国民经济第二、三产业的分工门类，成为文化产业和国民经济的重要组成部分，是国民经济发展新的增长点和转变经济发展方式的重要着力点。2009 年，中国出版产业总产值规模已超万亿元，2013 年达到 1.82 万亿元，整体规模位居世界前列，这表明中国已迈入世界出版大国行列。

随着当今科学技术的发展和创新层出不穷，世界正发生新一轮的以数字、网络、信息和移动技术为代表的产业革命，出版介质日新月异，出版载体丰富多样，出版产品更新不断，动漫游戏、数字音乐、数字电影、数字出版、网络出版、手机出版、移动出版等新兴出版业态不断涌现，这进一步拓宽了出版产业的领域，使出版产业正面临前所未有的发展及产业结构调整，从传统出版向现代出版转型升级。

出版产业的发展功能与国家的文明程度及教育水平相辅相成。出版具有重要的意识形态功能，这决定了政府和市场都在出版产业的发展和转型中起到至关重要的作用。

对于政府及行业管理而言，为了保持出版产业的平稳增长，提高中国出版产业的竞争能力，需要对中国出版产业及其结构的演变及发展趋势进行深入分析，以研判中国出版产业结构升级的动力及内外影响因素，剖析产业结构调整、升级与产业结构变动的各种协调互动效应。

因此，出版产业的经济和社会的双重属性决定了出版产业问题研究是跨专业、跨学科、跨领域的理论研究。这也是目前中国对出版产业的理论研究一直落后于出版产业的现实发展，以及从经济学尤其产业经济学的结构视角对出版产业进行研究和分析的著作相对较少的主要原因。

在全球经济一体化不断加深和科技发生重大变革的背景下，在中国出版产业不断发展、出版体制和竞争主体不断市场化的过程中,运用出版学、经济学等相关理论,结合新的发展形势对出版产业及其结构进行综合分析,掌握中国出版产业结构的演变特征和变动趋势,针对中国出版产业结构发展的历程和存在的问题,切实提出中国出版产业结构升级的方向以及和中国出版产业相关的体制保障和政策措施,这具有较高的理论价值和现实意义。

一、研究的理论基础

近现代世界各国经济发展及经济学的理论研究表明,产业结构演化升级是随着技术的发展,一个国家、地区或产业不断适应社会经济状态,并由初级产业不断向高级产业发展的过程。随着技术水平的提高和社会分工的细化,产业之间的资本、劳动等资源要素的不断加快流动,并向高端产业转移,同时引导产业结构的合理化和高级化,实现资源的优化配置,最终使经济总量增加,实现经济的发展。

通过分析产业结构的演变发展,我们要结合经济发展变化而适时进行政策研判,从而为产业结构优化升级过程中的一系列制度变革和政策调整提供依据。

(一)经济发展决定产业结构的形式

现代经济发展史表明,一个国家经济发展的过程,不仅表现在经济总量的增长,还必然伴随着产业结构的演变。

17 世纪英国经济学家威廉·配第(William Petty)是最早系统地研究经济增长和产业结构演变之间关系的学者,在其代表作《政治算术》中他首次揭示了经济发展与产业结构演变的相互关系。法国古典政治经济学的主要代表、重农学派的创始人魁奈(Qnesnay)在《经济表》(1758)和《经济表分析》(1766)中,根据纯产品学说(即产业视角)对社会资本在生产和流通中进行了结构分析。

在此基础上,克拉克(C. G. Clark)借鉴了澳大利亚经济学家费舍尔(A. G. B. Fisher)提出的三次产业理论,对经济发展和产业结构变化之间的关系进行了实证研究。他发现,随着经济的发展,三次产业结构呈现依次递增的发展趋势,这被称为"配第-克拉克定理"。

库兹涅茨(Kuznets,1949,1957)认为,在经济发展与产业结构的变动关系中,首要问题是经济发展,只有经济总量的高速增长才能带来经济结构的转换升级,经济总量决定并限制产业结构变化的可能性。在此基础上,库兹涅茨(1966)根据 20 多个国家的数据,深入研究了伴随经济发展的产业结构变化。

德国经济学家霍夫曼(W. G. Hoffmann,1931)对经济结构中的第二产业——工业结构的演变进行了分析研究。他发现了经济发展与工业结构演变的规律,提出了消费资料工业净产值与资本资料工业净产值之比在工业化进程中是持续下降的"霍夫曼定理",从而将工业化发展分为工业化初期、工业化中期和工业化后期三个阶段。

霍利斯·钱纳里(Hollis B. Chenery,1960,1975,1989)在《工业化和经济增长的比较研究》中从不同国家的发展历程出发,运用库兹涅茨的统计方法,分析得出经济增长过程实质上就是国民经济结构的一组变化过程的结论,由此推出在国际层面上经济增长与三次产业结构之间的一般性规律，即标准模式，以此来判断一国在不同的经济发展阶段所对应的产业结构是否合理。如果不合理，则采取相应的政策和措施使之合理化，并进行升级调整。

上述的经济结构变化指经济增长生产要素在经济各部门之间重新分配和经济各部门的产值比重发生变化，也被称作 Kuznets 事实或 Kaldor 事实。①

上述研究逐步发现了现代经济增长与经济结构变动的高度相关性，以及两者之间相互作用的机理。

(二)产业结构优化促进经济发展

事实上，技术创新和产业结构演变是经济发展的基本内涵。这是因为产业结构的实质是技术水平的组织结构的表现形式，体现了资源在各个行业之间的分配状况及其在技术上的相互联系，体现了不同的经济效率。结构主义理论认为，各个产业的技术进步能力和吸收能力存在较大差异，从而引起资源要素在产业部门之间的转移和优化配置，引起不同部门的扩张或收缩，进而引起产业结构的变动和有序发展，促进经济增长。经济增长速度和质量决定了结构调整的进度和效果。

在理论研究中，学者从供需角度分析了产业结构对经济发展的作用。

第一，从供给和技术进步角度进行分析的学者中，最早的无疑是亚当·斯密(Adam Smith)。斯密在 1776 年出版的《国富论》中提出了分工引起劳动生产率的提高，使得国家的真实财富与收入增加，分工也是产业发生、发展的前提。鲍莫尔(Baumol，1967)通过两部门模型分析了经济结构和经济增长的关系，得出劳动力向进步部门转移、非进步部门最后消失的结论。雷切尔·倪(L.Rachel Ngai)和皮萨里德斯(Christopher A.Pissarides，2005)构建了多部门模型，进一步论证了鲍莫尔的结论。戴维·罗默(David Romer)、格罗斯曼(Grossman)和赫尔普曼(Helpman，1990)，用中间品的投入种数的内生增长(提高了最终产品生产的生产率)解释了经济增长。杨小凯和黄有光(1993)认为分工演进产生的经济增长的再分工潜力很大，且分工足够先进的话，会使经济增长率不断提高。

丹尼逊(Denison)在对美国的 1929－1957 年的经济增长进行分析后，认为其中的 12％增长是由产业结构变动引起的。罗斯托(W. W. Rostow)认为，现代经济增长是产业部门不断变化、主导产业依次更替的过程。促使主导部门不断更替的原因，除了人的欲望不断变化外，主要是技术的不断创新和新技术的不断采用。这就是著名的主导产业扩散效应理论和经济成长阶段理论。熊彼特则直接论证了创新带来的产业发展及创新对经济发展的作用。

里昂惕夫(Wassily Lenontief)所开创的投入产出分析法研究了结构变化和经济发展。荷兰经济学家丁伯根(J. Tinbergen)通过投入产出分析法预测产业结构变化，进而调整经济政策。查尔斯·P.金德尔伯格(Charles P.Kindleberger)和布鲁斯·赫里克(Bruce Herrick)通过研究发达经济体的投入产出模型发现，随着社会分工的专业化和一体化，结构效益不断上升，促进了经济增长。② Sonobe 等通过分解劳动生产率也证明了战后日本工业结构的变

---

① 卡尔多(Kaldor)在分析美国现代经济时提出几个著名的经验规律：1.人均产出增长率大体保持常数；2.资本产出比是常数；3.国民收入总值(GDP)中的资本收入份额和劳动收入份额大体保持不变；4.资本的真实回报率(真实利率)亦为常数。

② 金德尔伯格，赫里克.经济发展[M].张欣，等译.上海：上海译文出版社，1986：194-195.

化对经济增长有重要影响。①

通过计划经济增长,罗默(Romer,2000)认为,长期经济增长是由技术进步(含经济制度的变迁)贡献的,而短期经济增长是由资本和劳动等要素投入的增加贡献的。Fan 等学者同样证明了结构调整对改革开放以来中国经济的高速增长起到了重要作用,并指出跨部门、跨地区的劳动力流动对提高中国整体经济效率的意义重大。②

第二,从需求角度进行分析的学者有库兹涅茨(Kuznets,1966)。他通过研究美国1948—1966 年经济增长状况,得出随着人均收入的增加,消费需求结构会发生变化,而这会直接导致产业结构发生变动,进而推动经济增长。卢伊季·帕西内蒂(Luigi L.Pasinetti)指出,不同产业之间的生产率增长速度和需求扩张程度往往是不同的,只要产业结构的变化能适应需求的变化和更有效地对技术加以利用(主要表现为劳动和资本等投入要素从生产率较低的部门向生产率较高的部门转移),就会加速经济增长。③

第三,从供给和需求两个方面共同进行研究和分析的学者有钱纳里和塞尔奎因,他们认为经济发展取决于经济结构的全面调整,而经济结构的调整取决于总需求的水平和要素供给的结构,以及收入水平、资源情况、人口规模、政府的政策和发展目标、国际资本、国际先进技术和国际贸易环境等相关因素。筱原三代平(Miyohei Shinohara)则在 20 世纪 50 年代提出了确定产业发展方向的“两基准理论”,来确立日本的主导产业和产业重点发展方向,为日本产业结构的调整和经济发展在实践中提供切实可行的理论指导。

第四,从全球化条件下的国际分工角度进行分析,筱原三代平(1955)提出了“动态比较费用论”,赤松要(Kaname Akamatsu)则考察了日本羊毛工业品贸易状况,提出了工业国家产业发展的“雁行发展理论”,认为通过产业的国际分工可以促进本国经济的增长。小岛清(Kiyoshi Kojima)和三泽逸夫等人就日本的纺织工业、钢铁工业和汽车工业等产业进行了实证分析,验证了赤松要的“雁行发展理论”,解释了以东亚为中心的亚洲国家国际分工和产业结构变化的过程。关满博(1993)提出了产业的“技术群体结构”概念,并构建了一个三角形模型,用该模型分别对日本与东亚各国和地区的产业技术结构进行了研究,分析了国际分工对经济增长的影响。

第五,针对发展中国家的两元经济结构,美国经济学家阿尔伯特·赫希曼(Albert Otto Hirschman)提出了“不平衡增长理论”,即“短缺的发展”和“过剩的发展”两种增长模式,以增加经济发展。

刘易斯(W. A. Lewis)在其 1954 年的成名作《劳动力无限供给条件下的经济发展》中提出了“二元结构”理论,认为二元经济存在着结构转化和边际生产率平均化的过程,最终二元经济结构转变为一元经济结构,使经济得到发展。

德国经济学家拉尼斯(G. Ranis)与费景汉(John C.H.Fei)在此基础上将二元经济结构

---

① SONOBE T, OTSUKA K. A new decomposition approach to growth accounting:derivation of the formula and its application to prewar Japan [J]. Japan and the world economy, 2001, 13(1):1-14.

② FAN S G, ZHANG X B, ROBINSON S. Structural change and economic growth in China [J].Review of development economics, 2003,7(3):360-377.

③ PASINETTI L L. Structural change and economic growth:a theoretical essay on the dynamics of the wealth of nations [J]. Journal of economic literature, 1982, 20(4): 1564-1566.

的演变分成了三个阶段，进一步说明了结构变化是如何对经济发展发挥作用的。加拿大经济学家希金斯(Benjamin Howard Higgins)分析了二元经济结构下生产要素的密集程度与其在经济发展中的作用。

以上分析充分表明技术进步、产业结构升级是经济增长的基础；要保证经济随技术的进步一起发展，就必须根据技术发展水平适时调整产业结构。

(三)产业结构与发展水平高度对应

实际上，一方面，产业结构不合理是一种常态，产业结构调整和优化是经济增长的必要条件；另一方面，经济增长和结构转换是一个并发的过程，两者之间的相互变动实质上是在一定技术水平条件下，生产与消费、供给与需求之间相互作用、相互影响、相互制约的结果。在当今全球化背景下，还需考虑国际贸易和国际投资因素。

经济增长与产业结构相互依赖、相互促进，产业结构必须与经济发展的水平相适应，而经济发展到一定程度，必然会打破原有的平衡，导致产业结构发生相应的变化。合理的产业结构是经济进一步发展的前提和基础，它将促使经济向更高的水平发展；不合理的产业结构将影响甚至阻碍经济的增长。经济都是在一次次产业结构的合理变动后取得成功发展的。产业结构的合理变动，可以促进经济快速、稳定地增长。

产业结构如果不能及时调整和升级，产生的直接后果就是经济发展出现停滞和波动。在西方国家经济发展的历史中，早期是由物质资本主导，因此产业结构调整的力度和难度都较大，经济发展多次出现停滞和减缓。而到了信息化、数字化时代，产业结构调整主要依赖人力资本、知识资本、信息网络、数字技术的作用，产业结构调整相对较快，经济增长波动也较小，增长更加稳定。

与经济发展相一致的产业结构调整可分为自主性调整和主动性调整两种。在一定的技术水平条件下，自主性调整是产业结构通过市场机制配置资源引起的调整；主动性调整是政府或管理部门有目的、有计划进行的调整。一般来讲，自主性调整比较缓慢，主动性调整可以加速产业结构的转换。

产业结构调整的重心应该随着主导技术和主导产业的更替而不断转移，只有这样，产业结构才能始终同技术和经济发展水平保持一致。

二、国内外研究述评①

(一)国外的研究现状

在国外，对出版产业进行经济分析的文献相对较少。1980年年初，联合国教科文组织邀请50位知名专家分析了书刊印刷和出版业对经济、教育、科学、文化的影响。研究认为，书刊印刷业水平代表了一国的经济社会文化程度；印刷出版产业的发展对国民经济有很大

① 这部分内容主要发表在《现代传播》2010年1月第1期的《出版产业研究述评》上，后又做了修改和补充。

的促进作用,而且两者高度相关,相关系数高达 0.9。①

和田洋一与 19 位日本传播与出版产业的学者编著了《新闻学概论》(1980)②,系统地回顾了日本新闻出版产业的产生及其发展;DaiMiyamato、Hughwhittaker(2000)在《日本与英国的图书出版产业:市场结构、行为与企业目标》中根据 SCP 理论比较了日本与英国图书出版产业的市场结构、市场行为、市场绩效。③ Stevenson、Iain(2000)在《图书出版产业发展趋势及未来挑战》中强调图书出版产业必须保持技术进步性。④ 金善男(2003)对韩国网络出版业的现状、特点及发展趋势进行了分析研究。⑤ 小林一博(2001)的《出版大崩溃》⑥对 20 世纪末开始的日本图书业的崩溃进行了翔实的介绍和评述;长冈义幸(2004)的《出版大冒险》通过对成功经营的 13 家出版社进行分析,给危机中的出版业提出了新的解决思路。⑦ 2005 年,安德烈 · 希夫林(Andre Schiffrin)的《出版业》一书忠实记录了美国乃至世界出版业发生的巨大变化,审视了全球的出版趋势,分析了美国出版的发展方向。⑧ 艾伯特 · N.格雷科(Albert N.GRECO,2011) 对图书的编辑出版流程进行了分析研究。⑨ 田雁(2014)通过分析市场的销售、结构和运营等,对中日两国的图书产业进行了比较研究。⑩

马赫夫德 · 伽洛(2000)在《欧洲的出版趋势》⑪中分析了图书销售和不同种类图书销售的复杂性及其原因,从而推断出欧洲的出版趋势。埃斯特尔(Jobson Estelle,2003)在其"Digital Printing:Current and Future Applications"一文中介绍了按需印刷、自助印刷等出版物电子印刷的几种途径。⑫ Natalie Levisalles(2004)研究了每年全球图书版权贸易。⑬ Gomez Jeff(2005)和 Meredith Nelson(2006)分析了博客和图书出版产业的融合关系。⑭ 彼得(Peter Jovanovich,2009)对历次经济危机对图书出版业的影响以及出版商的应对措施进行了系统的回顾。⑮ 尼尔(Neil Kelly,2009)则重点考察了经济危机中出版企业的经营情

---

① 吴江江.中国出版业的发展与经济政策研究[M].武汉:湖北人民出版社,1994:37.

② 和田洋一.新闻学概论[M].吴文莉,译.北京:中国新闻出版社,1985:7.

③ MIYAMATO D,WHITTAKER H.The book publishing industry in Japan and the UK: corporate philosophy/objectives, behavior and market structure[EB/OL].http://ideas.respec.org/.

④ STEVENSON, IAIN.Liveliest of corpses: trends and challenges for the future in the book publishing industry[J]. Aslib proceedings,2000,52(4):133-137.

⑤ 金善男.韩国网络出版的现状与特点[J].出版发行研究,2003(2):58-64.

⑥ 小林一博.出版大崩溃[M].甄西,译.上海:三联书店,2004:55-57.

⑦ 长冈义幸.出版大冒险:剖析日本 13 家出版社产生利润的机制与结构[M].甄西,译.北京:国际文化出版公司,2006.

⑧ 希夫林.出版业[M].白希峰,译.北京:机械工业出版社,2005.

⑨ 格雷科.图书出版业:第 2 版[M].周丽锦,褚悦闻,译.北京:清华大学出版社,2011.

⑩ 田雁.图书出版产业之中日比较[M].北京:社会科学文献出版社,2014.

⑪ 伽洛.欧洲的出版趋势[J].罗雁,译.中国出版,2000(4).

⑫ JOBSON E. Digital printing:current and future applications[J]. Publishing research quarterly,2003,19(1):20-31.

⑬ LEVISALLES N. The US market for translations[J].Publishing research quarterly,2004,20(2):55-60.

⑭ GOMEZ J. Thinking outside the blog: navigating the literary blogosphere[J].Publishing research quarterly,2005,21(3):3-12.

⑮ JOVANOVICH P. Publishing in hard times[J].Publishing research quarterly,2009,25(2):67-72.

况。[①] 杰瑞米·格林菲尔德(2013)对电子书和数字出版进行了大胆预测。[②]

(二)国内的研究现状

由于出版产业的出版活动和产品具有意识形态特征,因此在相当长的时期内,中国政府将出版机构归入了事业范畴,把出版产品、服务视为公共产品。在这种状况下,中国学术界对出版业的研究主要集中在对编辑学和具体出版实务如出版管理、发行管理和印刷管理等方面,而对出版的产业研究则一直处于空白的状态。

1978年12月,随着改革开放的推进,中国出版业开始驶入快速发展的轨道,出版业的产业特征开始逐步为中国学术界和出版界所认识。20世纪90年代末开始了对中国出版产业的研究,从产业经济及产业组织的角度论述中国出版产业的文章开始出现在出版专业期刊和经济学家的论著中。

关于中国出版产业及其结构的发展研究,主要集中在以下四个方面:

1. 产业功能定位研究

袁钟(1998)认为在党的"十五大"以后,应该确定出版业在社会主义市场经济中的位置,坚定不移地走产业化道路,建设具有中国特色的出版产业大军,为实现社会主义现代化服务。[③] 史玉德(1999)于《出版业产业化经营的若干理论问题》中指出,中国出版产业化具有符合中国国情的特殊性,中国出版产业化必须建立严格的政府干预制度,以保证社会主义精神文明建设的进步与发展。[④] 魏玉山(1999)在《出版产业与支柱产业》中认为,出版业具有事业性和产业性的双重性特征,出版业应该按产业发展规律来发展。[⑤] 罗紫初(1999)认为由于出版经济活动的日益社会化和职业化,出版业的市场化、产业化趋势不可逆转。[⑥] 刘杲(2000)指出"在出版经济学的研究中,如何紧密结合出版经济活动的实际? 核心是把握出版物既是商品又是精神产品这个特殊性"。[⑦] 贺剑锋(2002)在《出版产业经济特征探析》中运用产业经济学的原理分析了出版产业的经济特征。[⑧] 江曾培(2002)则提出把出版业看作是国民经济体系中第三产业的一个组成部门。王建辉(2002)认为将出版作为一种产业来看待,体现了一种历史和观念的进步,找到了行业发展的突破口。[⑨] 阎晓宏在界定出版产业、出版事业的基础上,论述了出版产业的分类管理问题。[⑩] 柳斌杰(2003)指出,出版业是一个特殊的产业,既有意识形态的特殊性,又有一般产业的属性;既是宣传思想阵地,也是文化传

---

① KELLY N.Increasing the value of your company despite difficult times[J]. Publishing research quarterly,2009,25(2):59-66.

② 格林菲尔德.2014 电子书和数字出版十个大胆预测[EB/OL].http://www.digitalbookworld.com/2013/ten-bold-predictions-for-ebooks-and-digital-publishing-in-2014.

③ 袁钟.产业化发展——出版业摆脱潜在危机之路[J].中国出版,1998(1).

④ 史玉德.出版业产业化经营的若干理论问题[J].经济经纬,1999(5).

⑤ 魏玉山.出版产业与支柱产业[J].出版发行研究,1999(1).

⑥ 罗紫初.出版学原理[M].武汉:武汉大学出版社,1999.

⑦ 刘杲.盼望出版经济学更快成长[J].出版经济,2000(5).

⑧ 江曾培.第三届全国出版科学研究优秀论文获奖论文集[M]//近年出版业的几个热门话语.上海:华中师范大学出版社,2002.

⑨ 王建辉.新出版观的探索[M].上海:华中师范大学出版社,2002.

⑩ 阎晓宏.关于出版产业、出版事业的界定以及分类指导问题[J].出版发行研究,2003(2).

播载体，也是知识经济的基础产业，必须要把它当成一个产业去看待。① 王联合(2005)在考察出版物属性和出版产业属性的基础上，对出版产业的政府规制进行了分析。周蔚华(2006)回顾了出版历程：出版功能的变化。②③ 赵洪斌等(2010，2011)对出版产业的研究进行了述评，并对出版产业进行了界定。④⑤

2. 产业区域分布研究

金淑清等(2000)根据1999年的《中国出版社经济状况报告》相关数据说明了出版社存在的规模经济效应，并分析了中国出版社的地区布局。周蔚华(2003)认为，中国图书出版的产品结构呈现供求不平衡以及产品不均衡发展的态势，应采取均衡发展战略，调整中国图书产品结构；中国出版产业在地区结构上存在均衡性和"同构性"，应采取非均衡发展战略，调整中国图书出版的地区结构。⑥ 王建辉(2005)提出了"省域出版经济"⑦的概念，分析了中国现有出版经济地域格局，指出了省域出版经济的困境和出路。

3. 产业组织分析研究

在出版市场结构研究方面，陆祖康(1996)认为，中国图书市场是在国家计划指导下的特殊商品市场，属于垄断竞争市场。⑧ 邓耘(1998)在《出版产业战略》中认为，中国的出版业实现了从追求规模数量向追求优质高效的转变。⑨ 封延阳(2002，2003)认为，管理体制方面的问题是造成中国图书出版产业市场结构缺陷的重要原因。⑩⑪ 李明杰(2002)在《从产业竞争结构看中国出版产业发展的方向》中指出，中国出版业正处于产业形成的初期，呈现不完全竞争特征，并提出了改善方法。⑫ 张志成、李治堂(2003)认为，在中国，图书发行行业垄断与过度竞争并存。⑬ 贺剑锋(2002)运用产业经济学原理，分析了出版业的经济特征：集中度、进入门槛低，出版需求多元化、产品具有多样性，难以实现高度的国际化。⑭ 袁国雄(2003)也分析了中国图书市场结构问题及其成因。⑮ 尹章池(2004)指出，市场的行政化⑯是中国出版市场的显著特征。朱建纲(2003)认为，创新和品牌是出版产业结构调整优化的关键所在。⑰ 张晓玲(2005)认为，中国图书发行市场存在垄断市场下的分散性竞争。⑱ 周蔚华

---

① 柳斌杰.提高创新意识，加快改革发展——用"三个代表"重要思想统领出版工作[J].中国出版，2003(1).

② 王联合.转制下的规制逻辑(下)：基于出版产业的考察[J].出版发行研究，2005(4).

③ 周蔚华.从出版发展历程看出版功能转化[J].出版发行研究，2006(4).

④ 赵洪斌，等.出版产业研究述评[J].现代传播，2010(1).

⑤ 赵洪斌，等.出版产业的概念、内涵及其特征[J].重庆社会科学，2011(2).

⑥ 周蔚华.中国图书出版产业结构分析[J].出版经济，2003(3).

⑦ 王建辉.省域出版经济再思考[N].中国新闻出版报，2005-08-02.

⑧ 陆祖康.我国图书市场供需特征分析[J].暨南学报(哲学社会科学版)，1996(2).

⑨ 邓耘.出版产业战略[J].中国出版，1998(1).

⑩ 封延阳.我国图书市场结构研究[J].出版发行研究，2002(9).

⑪ 封延阳.图书出版产业组织结构演进的体制性障碍[J].出版广角，2003(10).

⑫ 李明杰.从产业竞争结构看中国出版产业发展的方向[J].出版发行研究，2002(3).

⑬ 张志成，李治堂.我国图书发行业市场结构、行为与绩效分析[J].出版发行研究，2003(12).

⑭ 贺剑锋.出版产业经济特征探析[J].出版科学，2002(4).

⑮ 袁国雄.图书发行市场结构与市场行为分析[J].出版科学，2003(1).

⑯ 尹章池.影响我国出版市场的制度因素、制度缺陷与化解设计[J].编辑之友，2004(4).

⑰ 朱建纲.湖南出版业产品结构调整的思考[J].出版经济，2003(8).

⑱ 张晓玲.关于我国图书发行市场的若干思考[J].经济师，2005(1).

(2005)在《从产业组织理论的视角看出版改革的症结所在》一文中，使用SCP分析框架对中国图书出版产业进行了分析。① 刘劲松、王亚菲(2005)在《论中国出版产业的组织结构及其优化》一文中列举了中国出版产业组织结构呈现的主要问题。② 蒋雪湘(2009)对中国图书出版在产业融合下的市场结构进行了分析研究。③

干春晖、赵音璇(2005)在《中国图书出版业的市场结构、行为和绩效分析》中首次从出版产业利润水平和标志图书产品创新的新出比这两个指标来衡量市场绩效。④ 李远涛(2007)在《中国图书出版业的行业竞争结构分析》一文中运用波特的"钻石理论"对中国图书出版行业竞争结构进行分析。

在市场准入和退出机制研究中，姚德鑫(2001)认为出版产业应进行关联性重组。⑤ 周蔚华(2002)指出，中国出版业的进入壁垒主要是由法律和制度造成的壁垒。⑥ 姚德权(2004)探悉了中国出版市场准入规制的内涵和动因。⑦ 贺剑峰(2003)⑧、韩梅、胡博(2004)对中国出版业市场进退壁垒进行了分析。⑨ 巢峰(2005)分析了20世纪90年代起中国图书出版业出现的滞胀现象，其研究结果说明了中国图书出版产业的整体市场绩效较低。⑩

4. 产业发展趋势研究

张忠晔(1992)在《关于出版产业化若干问题之探讨》中提出了构建出版产业的设想，认为出版业所寻求的发展不仅是一场革命，它还需要政策、资本、组织结构、智力等的支持。于国华(1999)在《关于21世纪初中国出版业发展的思考》中列举了中国出版业的发展措施。陈金川、李旭(2000)从出版体制、经营策略、科技进步、人才培养四个方面，阐述了中国出版业在21世纪如何发展的问题。⑪ 冯志杰(2002)著的《出版产业论》探讨了产业发展。⑫ 于先友(2003)在《面向新世纪的新闻出版业》中明确提出出版应作为独立产业来发展，应按照出版产业自身的规律来加快发展，促进出版的产业体系更加完善，功能更加齐备。张霞(2005)从出版产业结构调整的历史出发，结合产业属性和行业特点，指出跨媒体经营⑬是中国出版产业结构调整的重要趋势。尹章池等提出了出版产业融合问题。⑭ 方卿(2011)等进一步明确了融合是唯一选择。⑮ 周蔚华(2011)探讨了数字传播下的出版转型。⑯ 柳斌杰(2011，

① 周蔚华.从产业组织理论的视角看出版改革的症结所在[J].中国出版，2005(4).

② 刘劲松，王亚菲.论中国出版产业的组织结构及其优化[J].当代财经，2005(1).

③ 蒋雪湘.产业融合环境下中国图书出版产业组织研究[D].长沙：中南大学，2009年.

④ 干春晖，赵音璇.中国图书出版业的市场结构、行为和绩效分析[J].上海财经大学学报，2005(6).

⑤ 姚德鑫.论出版产业整合[J].出版发行研究，2001(4).

⑥ 周蔚华.中国图书出版产业的垄断分析[J].现代出版，2002(4).

⑦ 姚德权.我国新闻出版市场准入规制内涵与动因分析[J].出版发行研究，2004(11).

⑧ 贺剑峰.对我国出版业市场进入与退出关系的思考[J].中国出版，2003(3).

⑨ 韩梅，胡博.出版体制改革带来的新冲动——破产退出机制的建立[J].现代出版，2004(2).

⑩ 巢峰.中国图书出版业的滞胀现象——兼论出版改革的症结所在[J].编辑学刊，2005(1).

⑪ 陈金川，李旭.21世纪中国出版业战略性前瞻[J].中国出版，2000(1).

⑫ 冯志杰.出版产业论[M].北京：研究出版社，2002.

⑬ 张霞.跨媒体经营——出版产业结构调整新走向[J].图书情报知识，2005(1).

⑭ 尹章池，柯慧.数字出版与传统出版是融合而非替代[J].重庆社会科学，2011(7).

⑮ 方卿，曾元祥.产业融合：数字出版产业发展的惟一选择[J].出版发行研究，2011(9).

⑯ 周蔚华，等.数字传播与出版转型[M].北京：北京大学出版社，2011.

2012)分析了出版产业融合发展的五个趋势，指出了中国出版的数字化转型之路。①② 赵洪斌(2012)对中国书籍出版发展进行了系统回顾和展望。③

除了上述四个方面的研究外，从2012年开始，有学者对出版产业从结构视角进行理论分析和探讨。马勇(2012)对我国出版结构存在的问题进行了系统梳理，并分析了出版结构的演变趋势。④ 芮海田等(2013)从出版门类的角度对出版产业结构作了界定。⑤ 王磊等(2012)对美国的报纸、期刊和图书进行了分析预测。⑥ 代周阳对中国图书的区域结构、市场结构和产品结构进行了简单分析。⑦ 韩跃杰等(2013)对出版产业结构优化进行了分析。⑧ 赵礼寿(2013)对出版产业政策进行了归纳分析。⑨ 肖洋(2014)对中国数字出版的结构与发展进行了实证分析，表明数字结构变动加快。⑩ 李建伟(2014)对中国数字出版的研究进行了梳理和归纳。⑪ 这反映了学界开始对中国出版产业结构及相关政策进行初步研究和探索。

(三)国内外研究述评

综上所述，由于美国等西方国家的出版产业和出版集团的形成是一个通过市场自由竞争逐渐发展的过程，因此从产业经济学的角度对出版产业进行系统研究的较少，一般从出版的角度来分析，集中在对出版产业的功能论证以及对出版产业转型的研究上，侧重微观和企业层面的研究，忽视出版产业的经济属性及结构特点。国内对出版产业的研究也主要集中在功能定位、区域分布、产业组织分析和产业发展等方面，真正关注和分析出版产业结构的不多。

归纳起来，国内外对出版产业结构的研究主要存在以下四个误区：

误区一，将哈佛学派SCP(市场结构、市场行为、行为绩效)三段式的产业组织的市场结构研究作为产业结构的研究。SCP针对的是不同市场结构带来的市场竞争效率，反映了市场运行的效率和企业的营利能力，但不能反映组成部门之间的相互技术关系和其在整体中的作用，更无法反映产业中不同构成部分的相应地位和功能。

误区二，将出版产业的区域分布状况当作产业结构来进行分析和研究，严格说来，这是根据生产力布局理论得到的出版产业地理结构，而非产业结构。

误区三，将图书等出版产业的内部行业的产品结构研究视为出版产业的结构研究，这是受到对出版产业传统认识的局限而导致的结果。在出版结构分析的数据指标上，由于受制于统计数据，一些对出版产业的结构研究停留在依赖出版指标即产品结构研究的层面，缺乏出版产业的经济结构分析研究，这显然是有问题的和不全面的。

---

① 柳斌杰.加快传统出版与数字出版的融合发展[J].中国出版，2011(11).
② 柳斌杰.中国出版业的数字化转型之路[J].中国出版，2012(17).
③ 赵洪斌，等.我国书籍出版的总体规模及其演进轨迹[J].重庆社会科学，2012(5).
④ 马勇，等.我国出版产业结构及其演变趋势研究[J].编辑之友，2012(6).
⑤ 芮海田，赵文义，孙守增.出版产业结构的界定[J].技术与创新管理，2013(3).
⑥ 王磊，赵跃峰，赵文义.美国出版产业结构及其演变趋势分析[J].中国报业，2012(4).
⑦ 代周阳.我国图书出版产业结构状况研究[J].北京印刷学院学报，2013(5).
⑧ 韩跃杰，孙守增，杨琦.出版产业结构优化研究[J].科技与出版，2013(6).
⑨ 赵礼寿.出版产业政策研究综述[J].出版科学，2013(1).
⑩ 肖洋.数字出版产业结构调整与经济增长关系实证研究[J].中国出版，2014(2).
⑪ 李建伟，杜彬.2012年我国数字出版研究进展[J].出版科学，2014(1).

误区四，对出版产业结构的研究一般停留在静态分析上，而忽视了出版产业结构处于不断动态的变化和调整之中。因此，要想真正促进出版产业的长期稳定发展，必须对出版产业结构有动态的演变分析研究，这样才能更好地分析和掌握影响出版产业发展和结构调整的因素以及由此产生的路径依赖。

三、研究思路和框架

(一)研究思路和方法

1. 研究视角

本书从产业结构的视角来研究出版产业及其结构的变化和影响，将出版产业结构及其层级的分析作为对出版产业发展进行研究的切入点，由此探究出版产业结构升级优化的途径和政策措施。

2. 研究思路

在产业分析中，主要有横向研究和纵向研究。横向研究主要集中在生产同质产品的相同技术的企业相互竞争分析上，这在产业经济学领域主要体现在研究产业组织分析方法，研究不同竞争状态下的市场结构以及由此产生的行为和绩效。而纵向研究主要是研究相互关联的产业，具有前向和后向的产业关联形成纵向的技术联系，体现在产业上就是一种相互的构成比例结构关系。这是产业经济学的产业结构研究方法，也是本书对出版产业结构分析研究所采取的基本分析思路。

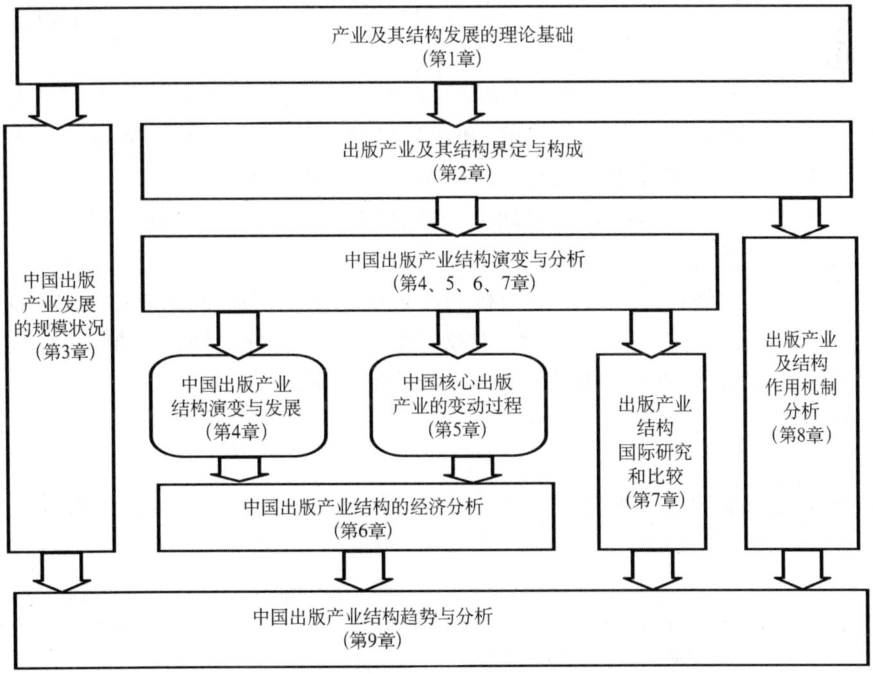

图1-1　本书的技术逻辑研究思路

3. 研究方法

本书主要采取分析综合方法以及由一般到具体再由具体到一般的研究思路，按照由外到内、自上而下的层次分析方法，对出版产业的结构体系进行了详尽的分析研究。

在实际研究过程中，本书结合中国出版产业的性质和特点，采用西方经济学的产业结构相关理论、国际经济理论和出版学及新闻传播等学科的相关理论进行指导，通过实证分析、理论模型构建等，将静态分析和动态分析相结合，正确把握中国出版产业演进的规律和趋势，为政府政策的制定确定方向和目标。

本书还采取了实证研究和规范分析相结合的分析方法，通过实证研究 1980 年以来中国出版产业的变动情况和相关因素对结构变动的影响(一些基本数据追溯到 1949 年，重要经济指标是从 2009 年才有)，按照相关理论进行规范分析，从而探寻出中国出版产业及其结构所经历的过程，总结成功经验，寻找不足，为中国出版产业的快速发展提供政策指导。

(二)研究的重点和难点

1. 研究重点

本书是对中国出版产业结构进行的研究，出版产业在国民经济结构中实际属于居间的产业，在结构体系上基本可以分为外部、本身和内部三个层级或称之为三个梯次。毋庸置疑，出版产业本身层级及内部的结构研究是本研究的核心和重点。

出版产业及其结构的发展离不开产业外部和内部的演变发展，内外因素共同决定了出版产业及结构的发展模式和方向。因此，出版产业在内外不同层级中的作用和地位也是本书研究的重点。

本项目的研究目标重点在于通过实证和规范研究，分析中国出版产业的演变历史和发展趋势，并以此为基础提出中国出版产业发展及结构调整的基本政策目标和方向。

2. 研究难点

首先是中国最权威的统计数据《中国统计年鉴》和《中国出版年鉴》中缺乏出版产业及分行业的增加值、营业收入、固定资产投资、利税等经济年度统计数据①，这使出版产业与国民经济以及产业内部之间很难相互比较，也难以进行历史演变经济分析。

其次是由于历史统计数据的相对缺乏和统计口径的变动，对进行中国出版产业内部各行业的连续性研究造成了一定困难。

最后是对中国出版产业进行理论分析和实证研究以及在构建相应的变动理论模型过程中，存在着非经济和不容易量化的因素，对这些外部因素进行定性乃至量化处理也比较难，而准确和全面地把握影响因素是制定产业政策的重要前提。

3. 数据说明②

(1)数据的口径

在以产业经济学理论为指导的具体研究中，因为由经济学意义上的产品市场来定义的

---

① 虽然出版的指标中有总定价的经济指标，而且历史数据较长，但国民经济的增加值是有效且可以相互比较的数据。在理论上通过总定价推算总产出进而推算增加值的方法，在实际操作中存在估计推算缺乏有效界定和估值的问题，难以操作。重要经济数据最早由原新闻出版总署产业发展司以《新闻出版产业分析报告》的形式于 2009 年 7 月发布。

② 本文所有图表除特别说明，均根据《中国统计年鉴》《中国出版年鉴》和《新闻出版产业分析报告》的相关资料收集整理得到，特此说明！

产业所规定的产品的同质性在现实研究中很难统计，仅仅在投入产出表中的计算接近理论分析要求，所以，产业经济理论先驱者贝恩等早就注意到作为政府统计口径的产业(Census Industry)与产业经济学理论所研究的产业(Theoretical Industry)之间的重大差别，因此产业经济学的实际研究分析不得不使用政府提供的统计数据。① 而中国出版产业的数据主要来自国家统计局的相关统计数据以及原国家新闻出版总署的出版统计数据，这是最为权威的两个部门得出的统计数据。其他各行业的统计数据则由相关行业协会和相关研究机构提供的调查以及一些研究者的研究调查来进行综合统计。这些数据都并非严格按照经济学的产业的定义统计的，但在现实条件下，本书只能在现有数据统计的基础上进行分析研究。

虽然 20 世纪 90 年代以来"出版产业"一词在中国的出版文件和出版研究文章中频繁出现，但对其内涵缺乏明确的界定。在现有出版类工具书中，没有"出版产业"的词条，国外的工具书上也没有对出版产业的解释。在联合国颁布的《全部经济活动的国际标准产业分类索引》(ISIC)中，出版产业既无部门和组、项标识，亦无给定的统计编码。国家统计局在 2012 年发布了《文化及相关产业分类》，将出版服务和发行服务归为文化产业的第一部分文化产品的生产，并在这部分的出版服务中分列了图书出版、报纸出版、期刊出版、音像制品出版、电子出版物出版和其他出版业，在发行服务中分列了图书批发、报刊批发、音像制品及电子出版物批发、图书报刊零售、音像制品及电子出版物零售。

原新闻出版总署财务司在自 1980 年开始每年出版的《中国出版年鉴》中，也只是对图书、期刊、报纸、音像、电子出版物的品种数量及其进出口数量以及印刷工业产值、发行的销售额等有过数据统计。但由于历史原因，数据统计口径缺乏连续性和一致性，也缺乏经济指标上的统一可比性。统计某些行业在很大程度上是行政管理的延续结果，因而缺乏对出版产业整体的把握和全面的认识。

在实际统计中，图书、期刊、报纸、音像、电子和数字等出版行业的统计单位不完全一致，也与国民统计的通行单位有所区别。为了更好地统一比较，尤其将出版产业与国民经济及其各行业进行分析比较，本书主要采用经济指标度量方法，即采用可对比的货币计量单位进行比较研究的方式；同时，对构成出版产业的分行业采取"经济加总"的分析方法，②解决了传统的图书、期刊、报纸等无法与现代的音像、电子和数字出版等进行比较和加总的问题；解决了出版产业各行业，包括印刷复制和发行贸易之间无法比较的难题；解决了出版产业与国民经济相互比较分析的问题；解决了国际出版产业的相互比较问题，为国际出版产业结构的比较借鉴奠定了基础。这种数据口径便于出版产业的结构分析研究，利于我们作出趋势判断和政策建议。

(2)数据的时段

由于本研究是实证分析，所以对权威数据的收集和整理是本研究进行的前提和基础。出版产业相应的重要经济数据从 2009 年开始才由原新闻出版总署(产业发展司)进行普查、核实和统计，并进行公开发布。2013 年 7 月 10 日发布了 2012 年的数据，共计四年。③ 对中

---

① BAIN, JOE S. Industrial organization: second edition[M]. John Wiley & Sons, Inc., 1968: 126-127.

② "经济加总"是人们用以描述某些经济生活的一个简单的抽象用语。

③ 2014 年 7 月 9 日发布了《2013 年新闻出版产业分析报告》，只有营业收入和利润数据，没有增加值数据。而增加值数据才是可以与其他产业、国民经济相互比较的有效经济规模指标。

国出版产业结构进行演进分析，四年的数据对于时间序列分析还显得太少。①

在对出版产业与国民经济的比较分析研究中，需要国家统计局发布相应的宏观经济数据，而权威的2012年的数据——《中国统计年鉴(2013)》在2013年9月1日才由中国统计出版社正式出版。2012年的国民经济数据与出版产业的2012年经济数据相对应进行研究，才有比较价值。需要说明的是，国家统计局于2013年1月18日公布了宏观经济数据，但到了9月2日又重新进行了修正并正式公布，于9月1日才由中国统计出版社编辑出版了2012年所有统计数据的权威正式版本。不仅中国如此，像美国、加拿大、芬兰等许多国家的统计数据都需要有修正和调整的过程，这说明统计数据在统计上具有巨大时滞和动态调整的特点，这些都增加了研究数据截取时段的难度。

因此，本研究尽量保持在使用公开、透明的权威数据上做到研究的可证伪性，这也是为了保证本研究可以经得住历史的检验。根据数据来源的实际状况，本书主要采用《中国出版年鉴》《中国图书年鉴》《中国期刊年鉴》《中国报业年鉴》及历年的《中国新闻统计资料汇编》《中国统计年鉴》和《全国新闻出版产业分析报告》相关数据，数据截止到2014年年初，即2012年的所有权威数据基本定型之后。②

(3)数据的基期

需要说明的是，由于价格指数上涨不同，出版产业与国民收入的实际收入与名义收入并不一致，因此，本研究在分析出版产业在国民经济中的地位、作用及其对国民经济的拉动率和贡献率的大小时，采取了当年价和不变价(不变价的基期为2004年)分别分析研究，这主要是考虑拉动率和贡献率在不变价的增加值情况下更有说服力，也便于更好地比较分析。而在出版产业的内部结构研究中，由于内部结构的各产业价格指数相近或相同，加之结构是一个相互比较的度量，因此，无论增加值等经济数据是不变价还是当年价，对结果都不会产生影响。为了方便起见，本研究在结构分析中(除非特别说明)，所采用的数值(包括营业收入、总产出、增加值和利润等)均为当年价。与此对应，在进行经济分析的同时，本研究也力图根据出版自身的特点，运用出版产品统计分类资料进行必要的具体产业内部的产品结构分析研究，从而更好、更全面、更系统地分析出版产业结构的演变和发展趋势。

与此同时，由于出版产业的各个行业的内部结构不存在统计指标不一致的问题，因此在对出版内部各行业的进一步分析中，本研究仍然采用了主管部门的出版统计指标，对结构的相对分析不会产生任何误导。

(三)基本框架和观点

1. 基本框架

本研究以产业经济学的产业结构理论来实证研究中国出版产业及结构的历史变迁，以出版产业的结构及和产业发展的相互影响为主线，着重讨论出版产业的经济结构、出版结构

---

① 出版产业的经济数据只有2009—2012年的统计数据，这是由于统计的样本数量(只有四个)低于因变量的数量(六个到九个)，因此无法进行计量分析研究，包括出版产业结构的趋势分析和结构对经济增长的贡献分析，只能相应作些定性的分析判断。(因此，本研究并没有只是简单使用2009年和2010年的两年数据，而是希望再添加两年的数据，增加出版产业结构演变的历史跨度，从而增强本研究的说服力。)

② 出版产业的经济数据只包括2009—2012年四年的数据，出版结构及产品结构则尽量回溯至最早公开的记录。

和其他相关结构的变迁，指出出版产业对国民经济的贡献和作用，以及在经济全球化的背景下，分析中国出版产业的产品比较优势、出版依存度和国际化程度。结合影响中国出版产业因素的分析，本研究还分析了中国出版产业存在的问题和演变趋势，从而提出促进中国出版产业可持续、健康发展的政策和建议。

2. 基本观点

(1)科技创新是出版产业发展和产业结构调整升级的基本动力。因此，第一，必须大力促进科技创新，推动传统出版向现代出版升级；第二，进一步加强出版产业结构与出版产业之间的相互融合。

(2)出版产业的市场化和国际化是今后发展的主要路径。要坚持市场机制对资源配置的决定性作用，提高出版产业的活力和竞争力；在经济全球化的条件下，充分利用国际分工带来的机遇，在世界范围内配置优化出版资源，引导中国出版产业结构调整，提高中国出版产业的国际竞争能力，做大做强中国出版产业。

(3)中国的出版产业在转型过程中，有着自身的发展特点。通过对中国出版产业结构发展的实证研究，本研究分析结构转换的特点和动力机制，以便采取有针对性的措施，促进中国出版产业的发展。

(4)发挥产业政策的前瞻性作用和指导作用，保证出版产业的健康和可持续发展。积极制定出版产业发展政策，加快出版产业的结构升级，确保出版产业顺利发展。

3. 主要创新

(1)在研究方法上，本研究首次真正根据产业结构理论和视角，采取经济指标和出版指标，同步实证分析了中国出版产业及其结构的历史演变，并对相关影响因素进行了分析论证；首次对出版产业及其结构采取当年价和不变价同时比较的分析研究方法；首次采用静态分析和动态演变分析相结合的研究方法，对中国出版产业及其结构的历史演变进行了全面分析。

(2)在理论价值上，本研究首次运用出版学理论和经济学理论对出版产业及其结构进行了界定和分类，严格论证了出版产业结构的体系构成，并以此作为本文的研究基础和前提；首次在出版发展历史分析的基础上，构建了出版产业的演化机制模型，分析、总结了出版产业结构的转换规律、演进顺序规律、融合发展规律等一般出版产业结构演变规律，为中国出版产业发展及其结构升级提供了理论依据。

(3)在应用价值上，本研究首次将出版产业整体放在国民经济体系中进行比较分析；首次将编辑出版、印刷复制和发行贸易作为出版产业的完整体系进行比较分析；首次将出版产业从整体结构、基本结构和内部结构三个层级进行分析研究；首次从出版产业结构转换升级的结构视角对中国出版产业及其结构存在的问题做了全面分析，并提出了相应的对策和政策建议。

这些创新，基本构建了从理论到实践的完整的出版产业结构研究体系，对探讨中国出版产业发展过程中的规律、克服中国出版产业发展的盲目性、促进中国出版产业的持续和快速发展具有重要的理论价值和实践意义。

第 2 章 出版产业及其结构界定与构成

第一节 出版产业的概念与内涵[①]

一、产业的概念与内涵

(一)产业的概念

产业是技术发展和社会分工的产物。产业的演进是内部功能和外部环境共同作用的结果,随着科技水平的不断提高和社会分工的产生而产生,并随着科技的进步和社会分工的发展而发展,进而形成结构和功能的统一体。

在《辞海》中,产业被称为各种生产、经营事业。《简明大不列颠百科全书》则认为产业是各种制造或供应货物、劳务或收入来源的生产性企业或组织等。因此,产业是社会经济活动中一些具有某种相同生产技术特征或产品特征的经济活动系统。从一般意义上看,产业的活动和行为既不同于单个企业的经济行为,也不同于整个国民经济的活动,而是介于单个企业经济主体和国民经济总体的中间层次。"产业"就是居于微观经济的细胞(企业和家庭消费者)与宏观经济的单位(国民经济)之间的一个"集合概念"(杨治,1985)。我国在国民经济行业分类(GB/T 4754—2011)中将产业(行业)明确定义为:"一个行业(产业)是指从事相同性质的经济活动的所有单位的集合。"[②]因此,产业是生产物质产品和劳务活动的企业的集合,是介于整个国民经济和企业之间的中间层次。按照不同的技术、生产和服务的特点可以将产业划分为多个不同的行业或部门。

---

① 这部分主要内容以发表在《重庆社会科学》2011 年第 2 期上的《出版产业的概念、内涵及其特征》为依据,其中个别内容经课题组讨论后重新修改、完善。

② 2013 年国家统计局公布实施。

(二)产业的内涵

从内部功能结构来看,产业是分布在经济系统中的经济资源(自然资源、社会资源、信息资源、知识资源与技术资源),通过相互依存、相互制约、相互提升资源配置效率的动态关联关系而组成的具有特定功能的聚合体。从外部环境来看,任何集合(系统)都是生存在一定环境中的,产业也不例外,它的生存环境是国内外社会、经济、政治、技术环境。产业的分工格局和发展趋势、国家参与国际产业经济的深度和广度、国家产业赶超战略的政策特征等,都是保证产业生存的重要外部条件。

根据国民经济行业分类(GB/T 4754—2011)的指导原则,国民经济行业是按照经济活动同质性的原则进行划分的;而当一个单位对外从事两种以上的经济活动时,主要活动是指占其单位增加值份额最大的一种活动。因此,产业有其内在的规律性:(1)同质性,根据产业的定义和划分原则,只有从事相同的经济性质活动——如生产相同或者类似的产品、提供相同或者类似的服务的所有单位的集合才能归集为同一产业,因而同一产业具有高度的同质性;(2)规模性,产业的最终形成必须要具备一定的产品或服务的数量规模,构成产业的单位也必须具有一定的数量规模,从事产业经济活动的人员、资金和地理空间也必须具有相应的规模;(3)关联性,根据经济活动的关联特点和连续特点,由不同性质的经济活动构成不同的产业,在国民经济的各个环节上形成关联,具有前后、上下的关联效应;(4)统一性,国民经济活动是由各不相同的产业构成的,虽然各个产业从事的经济活动各不相同,但最终形成相互统一、完整的国民经济活动的有机体系。①

二、出版产业的概念与内涵

(一)出版概念的界定

1. 出版概念的溯源

版,是中国古代用以书写的木片。出版的概念是随着出版印刷技术和社会历史的发展而逐渐演变的。据考证,中国最早使用"出版"一词是在 19 世纪末,但"出版"这个概念是在西方向我国传入铅字排版、机械印刷技术之后才逐渐形成的。

中文"出版"一词,法语为"Publier",英语为"Publication"。这些词源于古拉丁语"Publicatus",本意为"公之于众",即把一种书、作品公之于众,使之问世。

联合国教科文组织于 1952 年讨论通过并于 1971 年修订出版的《世界版权公约》的第 6 条对"出版"所下的定义是:可供阅读或者通过视觉可以感知的作品,以有形的形式加以复制,并把复制品向公众传播的行为。

美国在 1973 年修订的《不列颠百科全书》中对"出版"(Publishing)的解释是:对书籍、报

① 也有学者认为产业的内涵包括以下三个方面:"1. 产业构成的规模规定性,即构成产业的企业数量、产出量必须有一定的规模;2. 产业构成的职业化规定性,即在社会各职业中形成了出版产业的概念、内涵及外延专门从事这一专业活动的职业人员;3. 产业构成的社会功能规定性,也就是在社会经济活动中承担一定的角色,而且是不可缺少的。"江生忠.中国保险产业组织优化研究[M].北京:中国社会科学出版社,2003:20-21.

纸、杂志、小册子等印刷品的选稿、编辑和发行。“世界出版史”条目中提道:“出版涉及印刷品的选择、编辑和销售活动,从小规模的原始阶段发展成为一个大规模的综合行业,负责推销从最高级到最普通的各种文化资料。”

1989 年的英国《牛津英语大词典》认为:“出版是指发行或向公众提供用抄写、印刷或其他方法复印的书籍、地图、版画、照片、诗歌或其他作品。”

中国出版科学研究所于 1984 年编撰的《编辑实用百科全书》认为:出版即将社会上的各种作品,包括文稿、图片、信息、音响、录像制品等原件,汇集到出版机构后,经过审定、选择、编辑和加工,使用一定的物质载体,复制成各种形式的出版物,通过流通渠道传播到全社会的过程。①

《辞海》认为,现代出版概念包括三方面的内容:(1)印刷图书,复制录音、录像盘带,利用微缩技术将书籍、报刊、文章等复制成微缩胶片,以及利用电子技术将其制作成计算机可读磁带、软磁盘、只读光盘等。(2)泛指出版事业中编辑、印刷、发行三方面的工作。(3)专指出版社内部负责管理书稿印刷、生产方面的工作。

《中国大百科全书·新闻出版》认为:出版是通过一定的物质载体,将著作制成各种形式的出版物,以传播科学文化、信息和进行思想交流的一种社会活动。出版通常指图书、报刊的编辑、印刷和发行;广义的出版不仅指图书、报刊,还指录音、录像以及其他文字语言和图像的媒介载体的编辑、印刷、制作和传播。②

1991 年颁布的《中华人民共和国著作权法实施条例》指出:“出版是将作品编辑加工后,经过复制向公众发行。”

美国学者 J. P. 德索尔著的《图书出版概论》一书中说:“书籍是思想的载体,教育的工具,文学的容器……但是,书籍的生产和销售又是一种需要投入各种物资,需要富有经验的管理者、企业家参与的经济工作。”

刘杲在《我的出版观》中提出:出版活动包括编辑、复制和营销三大环节。编辑——开发出版资源,编辑加工作品,为出版物提供内容。复制——机械复制、批量生产承载精神产品内容的出版物。营销——出版物的财务经营和市场销售。在三大环节中,编辑环节是中心环节。编辑是以传播为目的,对作品进行选择和加工的活动。编辑决定内容,进而决定出版物的核心竞争力。与三大环节相呼应,内容、技术和市场,成为出版活动缺一不可的三大支柱。③

20 世纪 90 年代,原国家新闻出版总署组织出版了《出版术语》,将出版定义为:“将作品编辑加工后,经过复制向公众发行,出版是一个由编辑、复制、发行三个阶段联结而成的有序的过程。”《出版术语》将编辑定义为:“是按照一定的方针,设计、组织、选择和加工稿件,为复制、发行做准备的工作,也被用于指称从事编辑工作的人员或新闻、出版专业技术职务系统中的中级职务。编辑活动的基本特点:第一,编辑活动是在一定的方针指导下进行的;第二,编辑活动最基本的内容是设计、组织、选择和加工稿件;第三,编辑活动的根本目的是为出版物的复制、发行做准备。”可以看出,编辑工作是出版工作的重要组成部分,是出版环节的第一个阶段。

---

① 中国出版科学研究所.编辑实用百科全书[M].北京:中国书籍出版社,1984.

② 中国大百科全书总编辑委员会.中国大百科全书·新闻出版[M].北京:中国大百科全书出版社,1990.

③ 刘杲.我的出版观[M]//中国出版年鉴:2009.北京:中国出版年鉴社,2009:461.

2. 出版活动的范围

综观上述关于出版的定义，结合出版的实际发展状况，我们认为出版活动包括：(1)编辑、出版——对作品进行选择、编辑等并使之形成出版物的过程，该环节是一个对知识信息体系进行选择的过程，并使其适合受众，因此这是好的出版物得以产生的基础环节。考虑到版权本身是编辑及出版的核心，而且版权交易(含版权贸易)带来的收入主要还是编辑出版本身的价值在市场和社会中得到的检验后的再次甚至多次的体现，故将版权交易(含版权贸易)调整到编辑出版中。① (2)印刷、复制——原始作品需经过大量的印刷、复制，并通过各种载体形式的传播成为出版物而被众多的受众所接受。(3)发行、贸易——通过一定的营销、发行、流通和传播手段，让国内外受众获得这些出版物，这是出版活动的内在动机和根本目的。这三个环节和过程，对应现代企业的核心流程就是供应、生产、销售三个环节。这应该是出版的基本内涵与功能。出版的基本经济属性可以较好地与市场经济机制相融合，而出版本身所必备的社会属性、所承担的精神文化作用，可以由政府和行业协会进行综合管理，通过惩治来监督每个环节，这更加符合当今出版产业发展的现实要求。

事实上，对出版活动更为全面的表述为：编辑出版、印刷复制和发行贸易三个大方面。理论界对编辑和出版有着不同的认识和看法，一种从传播学视角出发，认为编辑和出版是两个完全不同的活动，互不隶属、相互并列。② 还有一种观点从编辑和出版的两个概念和内涵着手，认为编辑和出版活动是两个互有交集的活动。③ 最后一种观点以罗紫初为代表，认为编辑是出版活动的一个部分，编辑和出版是部分和整体的关系。④ 在实际应用中，原国家新闻出版总署也是将编辑和出版放在一起的，在统计中并没有把它们截然分开。⑤ 而国家统计局在 2010 年发布的统计用产品分类目录的新闻出版服务分类分成了 8801 新闻服务和 8802 出版服务两类。编辑服务只有在 880102 新闻编辑服务中有，而且是新闻服务类别之下的；出版服务类别下的各分类只有出版服务，没有编辑服务。

---

① 一般认为版权贸易归于出版。毋庸置疑，版权及其贸易是科学技术的产物，并随着技术的发展而不断扩张。版权及其贸易是出版活动的核心，版权是伴随出版的产生而产生、随着出版的发展而发展的。版权贸易则是相对较晚出现的，版权贸易的规模可以在很大程度上衡量出版的核心竞争力和创新能力，是出版软实力的重要组成部分，而且随着经济发展，其重要性也日益显现。但在现实中，由于版权及其贸易在经济统计上还不完善，在应用层面上进行经济分析研究确实存在困难，故本书没有将其细分，待今后数据统计更加全面、翔实之后，可以单独分析，特此说明。

② "中国的编辑学和出版学如果不在传播学的观照下开展研究也不能不说是一大遗憾。只有站在传播的角度，我们才能科学、准确地认识和把握编辑和出版的关系，才能对编辑出版学学科名称的不合理性作进一步的分析和论证。厘清了出版与编辑的关系，就较容易分析编辑学和出版学的关系。我们认为，编辑学和出版学互不隶属，二者之间是一种并列的关系。事实上，编辑学研究的范围绝不仅仅限定在出版领域，而是早已延伸到了出版领域之外的其他传媒领域。因此，编辑学不可能是出版学的分支。同样，由于出版学研究的不仅仅是出版领域的编辑活动，更有其他的诸如印刷、发行、营销、管理等活动，牵涉的内容广泛，因而出版学也不可能是编辑学的分支。专门研究出版领域编辑活动的学科是一种交叉学科，应该称之为出版编辑学，而不是编辑出版学。"王和平.从传播看编辑出版学学科名称的不合理性[J].出版发行研究，2009(8)：24.

③ "编辑学与出版学不是从属关系，说二者是并列或平行关系也不十分确切，而是'你中有我、我中有你'的交叉关系。"吴赟.对编辑学与出版学关系的再思考[J].中国出版，2009(2).

④ "编辑工作的核心地位，只有在出版活动中才能充分体现出来……这就是编辑学研究为什么在出版界异常火爆，而在其他领域却无人问津的根本原因。"在此基础上，罗紫初得出的结论是"我们主张编辑学应该成为出版学的一门分支学科，编辑学与出版学的关系，是部分与整体的关系"。罗紫初.编辑出版学导论[M].长沙：湖南大学出版社，2008：64.

⑤ 如新闻出版总署在 2008 年制定发布的《图书出版管理规定》，第一章总则第五条：图书出版单位依法从事编辑、出版活动。虽然编辑出版分为两个活动，但在实际应用中，尤其在统计汇总中两者很难区分。

因此，无论是原国家新闻出版总署还是国家统计局，都没有将编辑单独统计归类。因此，本研究建立在第三种理论的观点上，将编辑活动放在出版范围之内。

严格说来，印刷和复制虽说都是出版物正式形成的过程和方式，具有共性，但在当今时代还是有很大区别的，需要区别对待。发行贸易包括出版物的发行、流通、进出口等方面，流通则包含了批发和零售。

伴随着出版的市场行为，同时必然会出现出版创新、资本运作、企业管理、广告宣传、市场策划等企业行为，必然会产生政府管制、产业协调、产业发展、政策引导等宏观问题，这也是出版的外部条件和环境。

(二)出版产业的内涵

本研究结合出版的本质和流程范围，根据出版产业国内外的理论和业界发展实际，给出版产业下一个较为明确的定义，确定其内涵和特征，从而为出版产业及其结构的研究提供基础。

就理论而言，根据现代产业经济学的一般分类原理，人们不难为出版产业作为一个相对独立的产业部门的客观存在提供理性证明。

出版产业的特点是原创的制作成本比较高，再复制的成本低；投资风险高，但利润也高；盗版成本低。出版产业生产的流程是：创造（概念、执行）——再生产（印刷、复制）——流通（发行、流通、营销、包装等）。编辑出版和连续传播是出版产业的核心。

出版产业的活动过程包括编辑出版、印刷复制、发行贸易等相关环节；介入这一过程的各个部门和单位（如出版社、印刷厂、书店等），直接构成出版产业部门。而与出版相关的造纸、机械、运输等不同的产业或行业部门，则在国民经济中构成产业关联。

根据上述理论分析，本书主要对世界各个国家的出版产业，主要是西方发达国家出版产业的发展进行研究，尤其是对现代西方内容产业及版权产业的运行、发展趋势以及在国民经济中的地位和作用、在现实经济生活中的紧密关系进行考察。结合产业经济学的理论方法，本书从出版的定义和内涵出发，将出版产业归纳为与出版生产、交换、分配、消费和服务等活动相关的具有相同或者类似技术、产品的发挥相对独立市场主体作用的企业集合或者系统，主要包括编辑出版、印刷复制和发行贸易三大基础产业。而编辑出版产业则包括传统的图书、期刊、报纸等出版产业，还包括电子音像、出版物、网络、移动和数字等现代出版产业以及版权交易（含版权贸易）。印刷复制产业则包括印刷企业、印刷设备生产、磁介质企业生产、电子出版设施设备生产制造企业、复制生产、复制设备生产制造企业等相关产业。发行贸易产业则包括批发、零售、网上销售、通信阅读传递、网上订制、移动传输等相关产业，以及与出版发行流通密切相关的市场营销、广告推广等企业或者行业以及对外进出口贸易。与出版活动联系紧密的出版创新、企业管理、资本运作等市场企业活动，和出版相关的公共事业、社会活动以及政府管理、政策协调等政府活动也是出版产业的有效产出。这些都可以作为一个更大意义上的出版产业的概念。根据国际上通行的产业划分标准，出版产业中印刷、复制等相关生产行为属于第二产业，编辑、出版、发行、进出口、版权交易、广告营销和政府、事业等相关活动则属于第三产业。因此，可以说，出版产业是一个横跨第二、第三产业的综合性产业，是文化产业的基本组成部分，具有宣教、传播信息和娱乐等多种功能，是文化传承与发展的重要产业表现形式。在具备现代产业经济特点的同时，其以追求社会效益、引领精神文化生活作为终极目标的文化属性是出版产业的基本属性。

需要说明的是，上述对出版产业的定义是建立在国民经济的宏观层面上的，是一个大出版的概念，这种定义与西方的内容产业[①]及美国的版权产业是相吻合的，但划分的方式略有不同。[②] 在中观层面，也就是根据核心出版的理念，在出版界较为认同的是根据出版物形态的不同将出版划分为图书、期刊、报纸、音像、电子和数字出版六大部分，分别归属六个较小的行业，也就是将出版本身视为核心出版产业，而将印刷复制、发行流通放在较为不重要的位置，游离核心出版产业之外。一般而言，在更为狭义的界定中，在过去相当一段时间内，对于特定的出版产业研究，出版业界将当时具有代表性的图书出版视为出版产业。把对图书出版产业的研究简单视为对出版产业的全部研究，这种观点和方法在特定时期是有其历史意义的。随着科学技术的不断进步，根据经济学的主导产业及支柱产业理论，出版产业内部的主导产业及支柱产业的发展演变随着出版技术水平的变化而不断变化，会从传统的图书出版等开始转向电子出版、网络出版、移动出版及数字出版，其出版产业的构成也将随之变化。

综上所述，对出版产业的分析和界定主要有三个层面：一是狭义的出版产业概念（主要是指出版产业的内部各行业[③]，如图书出版等，在很长一段时间内它被业界直接当作出版产业）。二是核心的出版产业概念（即就出版论出版）。三是完整的出版产业（从宏观经济研究的层面涵盖定义，使之与其他产业包括文化产业具有可比性）。本研究将从以上三个方面逐次展开。

（三）出版产业的认识发展——出版业、出版事业与出版产业

根据《出版词典》，出版业又称出版事业，是组织著作物生产或搜集整理已有著作物，使之转化为出版物的社会生产部门。[④]《中国大百科全书 · 新闻出版》一书提出：出版事业有广义和狭义之分，广义是泛指出版企业单位（包括出版、印刷、发行）、出版事业单位（包括出版教育、研究部门）和出版行政管理机关，即包括出版企业和管理部门；狭义就指出版企业。《辞海》也称出版业为“出版事业”，是组织著作物生产或搜集整理已有著作物，使之转化为出版物的社会生产部门。出版业包括精神生产和物质生产双重内容，它的直接产品——出版物，就其

---

① 欧盟的《信息社会 2000 计划》把内容产业的内涵明确为制造、开发、包装和销售信息产品及其服务的产业，其产品范围包括各种媒介的印刷品（书报、杂志等）、电子出版物（联机数据库、音像服务、光盘服务和游戏软件等）和音像传播（影视、录像和广播等）。1998 年，经合组织的《作为新增长产业的内容》专题报告把内容产业界定为“由主要生产内容的信息和娱乐业所提供的新型服务产业”，具体包括出版和印刷、音乐和电影、广播和影视传播等产业部门。

② 所谓版权产业，依照美国的划分包括四类：第一类是核心类的版权产业，其特征是创造有版权的作品或者受版权保护的物质产品，主要指对享有版权的作品的再创作、复制、生产和传播，如报刊、书籍出版业、电台和电视台广播业、录音节目制作及影视磁带出版业、电影制作、戏剧创作演出、广告业，还有电脑软件发展和资料处理等资讯产业；第二类，属于部分的版权产业，就是说有一部分物质产品是有版权的；第三类，发行类版权产业，是指对有版权的作品进行批发和零售，如书店、音像制品出租店等；第四类，与版权有关的产业，指在生产销售过程中，要用到或部分用到与版权有关的产品，如电脑、收音机、电视机、录影机、音响设备等产业。

③ 行业在本书中一般是指产业低一级的产业，即相对出版产业而言的内部各个行业。

④ 赵晓恩.出版词典[M].北京：中国书籍出版社，1991.

本质意义来说,是生产负载品。[①]

这种定义主要是和出版政策相联系的。1950 年,当时的政务院作出《关于改进和发展全国出版事业的指示》,首次提出要把出版业当成新中国的一项崭新事业来加速发展。1983 年,中共中央和国务院作出《关于加强出版工作的决定》,明确提出出版的基本方针是“两为”方针,即为人民服务和为社会主义服务,同时指出我国的出版事业与资本主义国家的出版事业是有区别的,我国的出版事业是党领导的社会主义事业的一个组成部分,出版事业的发展既是社会主义精神文明建设的一部分,又是物质文明建设的组成部分。因此,在相当长的时期内,中国政府将出版机构归入了事业范畴,把出版产品和出版服务视为公共产品。在这种状况下,中国学术界对出版业的研究主要集中在对编辑学和具体出版实务如出版管理、发行管理和印刷管理等方面的研究。这段时期,在国内许多论著中出版业一般被称为出版行业或出版事业,是生产、传播出版物的各个出版单位及其设施和活动的总称。

自新中国成立至改革开放后的 20 世纪 80 年代末期,我国一直称出版业为出版事业,这在理论界并无异议。事实上,当时的出版机构特征也是公益性的或是公众性,不以营利为目的。

到了 20 世纪 90 年代中后期,我国出版理论界开始出现“出版产业”这一概念,以便与出版事业或者出版业相区别。1999 年 9 月,时任中央宣传思想工作领导小组组长王茂林在全国新闻出版局长座谈会上明确指出:“新闻出版要当作一个产业来办。”由此正式开启了对出版产业的理论探讨和实践。

在中国出版科学研究所从 2003 年开始每年出版的《中国出版业发展报告》中,“出版业”所用的英文单词就是“Industry”,但在本书有关章节中,出版业包括了体制改革、行政管理等政府内容。需要说明的是,英文“Industry”在中文翻译中既可称为产业又可称为行业,都是指在市场经济中企业的集合体,二者之间并无本质区别,并非一般观念上的产业和事业的区别。相较而言,产业比行业更专业和学术,也更能为理论界和业界所接受,同时也和过去常常提到的出版业相区别,所以“出版产业”慢慢被沿用。因此,我们也可以看到,由于西方国家采取的是市场经济,出版企业都是自负盈亏的经济体,而非我们中国的不以营利为目的的事业单位,所以在国外一般称出版行业为“出版业”“出版商”等,较少用“出版事业”。如日本的《出版事典》中称:“出版业是指把出版作为常规经营的营利企业,非营利的不能称为出版业。”英国《不列颠百科全书》认为:“出版是一项涉及印刷品的选择、编辑和销售的活动,是一个综合性的行业,其‘出版史’条目把新闻业也纳入出版业范围。”因而,现在中国关于出版产业、出版行业的概念在很大程度上和国外基本相一致,但目前对于出版业的观念应该还是包括出版产业和出版事业的一个更为综合的概念,具有较为明显的时代特点和中国特色。

以上发展历程可以较为清晰地显示我国出版业的发展实践和理论实践,它经历了出版事业、出版产业化、出版产业(出版行业)的认识发展过程。

---

① 辞海编委会.辞海:缩印本[M].上海:上海辞书出版社,1980.

三、出版产业的作用

明确出版产业的定义和内涵，可以充分发挥市场经济的积极作用，优化出版资源的有效配置，促进出版产业按照客观经济规律有序发展。而出版产业的迅速发展则可以推动以印刷业等为代表的制造业的第二产业的发展，出版发行、版权交易、资本运作（金融支持）等产业的发展还可以带动和优化我国第三产业的内部结构，提高第三产业的知识、智力和信息含量，从而提高整个产业结构的优化水平，推动国民经济结构的调整和优化，加快国民经济和社会的稳定、可持续发展。出版产业的作用具体表现在以下几个方面：

（一）有利于推动出版体制和机制的不断改革

通过界定出版产业的内涵和特征，在坚持出版产业意识形态属性的同时，有利于发挥市场机制在出版产业中的决定性作用，彻底转换政府职能，实现出版产业宏观调控的间接化和法制化，发挥出版行业协会的协调指导作用，强化出版企业的市场主体地位，推动从市场体制、行政体制、管理体制、执法体制到微观机制和出版单位内部机制的不断改革和完善，从而将出版产业的经济功能充分发挥出来，实现出版产业经济效益最大化。

（二）有利于推进并发挥出版市场主体的作用

有利于按照现代企业制度的要求实现所有出版企业全面转轨改制，建立起真正的出版市场主体；通过产权明晰和资本运作，促进投资主体多元化，改变出版单位的单一所有制形式，吸收包括外资和民营资本在内的广大社会资本，有利于迅速扩大投资规模，加快出版产业的成长；同时出版企业的股份制改造及上市融资，有利于形成出版企业的品牌和竞争力，并接受公众严格的审查、监督和管理，确保投资者的权益，使出版产业不断做大、做强。

（三）有利于推动出版产业的结构调整和优化

（1）明晰出版产业的内涵和外延，可以推进出版产业按照市场的发展规律要求，优化出版资源，迅速发展壮大出版产业，还可以通过实施对与出版产业有直接和间接关联的产业的大力扶持，改善出版产业的外部产业发展环境，打破阻碍出版产业发展的瓶颈，促进出版产业良性的可持续发展。

出版产业的发展壮大，可以提高出版产业在文化产业结构、国民经济产业结构的比重，从而优化产业结构，使国民经济实现新的增长。

（2）确定出版产业有广义和狭义两种方式，可以在关注较大范围的出版产业发展的同时，更加关注较为狭义和基础的核心出版产业的发展，也更加容易确定出版产业的发展方向和培育重点，有利于夯实出版产业的基础，从而为出版产业本身的可持续发展奠定良好的基础。

（3）通过对出版和出版产业的界定，我们可以认识到出版产业的核心和基础是编辑出版产业，编辑出版产业的内容和作品的创新在很大程度上可以通过出版物的新出品种数和印数、版权交易规模来具体体现。编辑出版产业的内容和作品的创新是出版产业不断发展壮大的重要前提；出版技术和形式的创新是出版产业迅速成长的动力源泉；印刷、复制、发行的不断变革则是出版产业结构调整的关键所在。不断创新是出版产业的生命力所在，也是出版产业可持续发展的原动力。由此可见，重视和发展符合出版产业中现代发展方向的编辑出版产业技术、手段和内容是出版产业发展的重心，也是优化出版产业结构、促进出版产业升级的出发点。

因此，在全球经济一体化的过程中，将出版产业视为国民经济体系中的一个重要产业，并按产业发展规律来发展出版产业，以应对西方各种文化对我国的冲击，对开创我国出版业的新局面、壮大出版产业、弘扬中华传统文化、提高中国的软实力均具有重要的理论和现实意义。

第二节　出版产业的分类与特征

一、产业的不同分类方法

研究一个事物的结构问题，首先需要将这一事物以一定的原则进行分解和组合，然后分析研究其各部分的比例关系和相互联系。产业分类就是人们为了满足不同需要而根据产业的某些相同或相似特征将企业的各种不同的经济活动分成不同的集合，形成多层次的概念。所以，根据产业研究和分析目的的不同，产业的分类方法也有所不同。①

产业分类是进行产业结构研究的基础，产业分类服务于产业结构的研究。由于研究产业结构的角度和目的是多种多样的，产业的分类方法也多种多样。

国民经济中产业的分类方法一般有三次产业分类法、标准产业分类法（国家标准分类法、国际标准分类法）、关联方式分类法、生产结构分类法、资源密集程度分类法和四次产业分类法等。

在实际应用中，产业划分的原则是根据我国国民经济行业分类（GB/T 4754－2011）的规定进行产业（行业）划分的，其标准为：本标准采用经济活动的同质性原则划分国民经济行业，即每一个行业类别都按照同一种经济活动的性质划分，而不是依据编制、会计制度或部门管理等划分。因此在实际的统计中，相关的数据是根据经济活动的同质性来统计核算的。

二、出版产业的分类方式

（一）出版产业的基本分类

基于出版的性质，结合上述对出版产业定义的介绍和出版活动的流程，我们可以将出版产业分为编辑出版、印刷复制和发行贸易三大类产业。编辑出版是出版产业的基础产业，也

① 苏东水.产业经济学：第二版[M].北京：高等教育出版社，2005.

是核心产业，在本书中也称为核心出版产业。这也是出版产业在国民经济中的一般分类，是在宏观经济环境中的一个总体分类方式。

作为出版产业核心与基础的编辑出版产业，其主要结构功能是协调，并很大程度上决定和制约着其他产业的发展和资源的配置，对出版产业的发展速度和发展方向具有决定性的影响。

这种分类方法实际上是较纯粹的理论分类方法，在实际应用中，还有国家统计局的国民经济分类方法、原新闻出版总署的统计上报分类方法和国际分类方法。

在实际应用中，国家统计局发布的相关统计指标和数据基本遵循该分类原则，但也结合了行政主管部门的管理现实，因为行政管理主要涉及各个企业组成的行业，而企业的经营范围不会简单局限于单一的产品，所以统计数据的搜集、上报和汇总就无法做到精确和完整。

需要指出的是，中国的出版主管部门是原国家新闻出版总署（目前更名为国家新闻出版广电总局），其行政管理的工作主要是按照出版的流程和性质所包含的行业进行指导和管理，并在其政府职能部门的划分中得到体现。

（二）出版产业的一般分类

不同的出版物形态的出版原理各有不同，比如同属平面出版物的书、报、刊，其编辑、印刷、发行业务尽管有相同之处，但区别也是非常明显的。图书编辑学、杂志编辑学和报纸编辑学同时存在，就可证明三种出版现象的不同。同理，三者的发行业务也不尽相同。音像出版、电子出版、数字出版的基本原理与平面出版物的出版原理有本质不同，编辑、复制、发行诸环节也不一致。因此，对它们的研究可以相对独立。

按照出版物的形态划分，出版产业可以分为图书出版产业、期刊出版产业、报纸出版产业、音像出版产业、电子出版产业、网络出版产业、数字出版产业等。以上构成出版产业的出版核心，它们是出版产业的最基本的出版内容。

按照出版技术水平和关联度划分，出版产业可以划分为高技术出版产业和传统技术出版产业。

按照出版、印刷、发行的内容、手段和方式等是否创新，还可以将出版产业划分为现代出版产业与传统出版产业（也有学者称其为简单出版产业）。这种分类方式便于研究分析和进行政策指导。

（三）出版产业的性质分类

我们可以从经济学的研究范式，对出版产业进行分类。按照纯粹的经济学产业分类方式——纯产品分类方式，我们首先可以将出版产业分为图书、期刊、报纸、音像、电子、数字出版及印刷、复制、发行、进出口贸易和版权贸易等产业。

按出版内容的记录方式来划分，可以将出版产业划分为文字、图片、多媒体、游戏、动漫和交互式出版等。由于出版内容已经多样化了，因而这种划分方式在出版产业实践中不容易操作，但在具体行业中可以个别实行，进行统计观察。

从出版到达受众的方式来看，可以将出版产业分为有形出版产业（主要是纸质等传统出版物的送达）、电子出版产业、网络出版产业、手机出版产业和数字出版产业等。

从出版内容的表达方式来看，出版产业也可以简单划分为有形出版产业（主要是纸质等传统载体）和无形出版产业（或称虚拟出版产业）两大类别。

此外，按出版物的载体和出版技术的发展历程来划分，则可以将出版产业划分为纸质出版产业、磁介质出版产业（音像出版产业）、电子出版产业（包括软件等）、网络出版产业、多媒体出版产业（包括动漫、游戏等产业）以及手机出版产业和数字出版产业。

按出版的周期和发行的速度来划分，可以将出版产业划分为图书、期刊、报纸、即时出版等发行周期由长到短的各种出版产业，这些产业的载体形式既可以是传统的纸质、磁介质，也可以是现代的电子、网络、多媒体、流媒体和数字形式。

（四）出版产业的其他分类

我们还可以从出版本身的性质特点和出版产业的经济学角度对出版产业进行分类。

从产业在经济中的地位和作用的角度出发，结合产业政策的指导方式，可以将出版产业分为主导出版产业、支柱出版产业、新兴出版产业、淘汰出版产业。

按照产业的生命周期理论，还可以将出版产业分为新兴出版产业、成长出版产业、成熟出版产业和衰退出版产业。上述两种分类方式有助于进行政策分析。

还可以按照产品的性质特点将出版产业分为以下三种：

第一种，作为前期产品的编辑出版行业，作为中期产品的印刷复制行业，以及作为后期产品的发行、进出口行业。

第二种，作为生产产品的印刷、复制行业，作为服务产品的编辑、出版、发行、版权贸易和进出口行业。

第三种，作为基础初始阶段的编辑行业，作为中间行业的印刷行业，作为（中间）辅助产业的复制行业，作为终端产业的出版和版权贸易行业，以及以服务营销为表现形式的发行和进出口行业。

三、出版产业的经济特征

根据上述理论研究和出版产业的定义和内涵，结合出版产业的发展实际，我们可以总结并推断出出版产业的基本特征。

（一）出版产业是文化产业的重要组成部分

文化是人类在社会历史发展进程中所创造的物质财富和精神财富的总和。文化与经济的有机结合，形成具有不同分工、不同层次的文化产业规模。出版具有宣教、信息传播和娱乐的文化功能和文化积累的作用，因而出版产业也是一种文化产业，是民族文化和世界文化发展最重要的组成部分。它跟文化产业一样，具有文化和经济的双重属性，对社会的和谐稳定和经济的可持续发展具有十分重要的作用。

根据国家统计局发布的《文化及相关产业分类》(2012)，新闻出版发行服务位于第一部分文化产品的生产的第一大类，是文化产业的核心层。出版产业是文化产业的核心产业，也是文化产业的重要支柱产业，同时也是引领文化产业不断发展的主导产业，对文化产业的发展起着无可替代的作用。

(二)出版产业是信息产业的核心组成部分

作为出版产业的核心内容——各种形式和内容的出版物，是传播各种知识和信息的载体。出版产业的最终目标是将出版物传播给受众。因此，担负着传播媒介功能的出版产业，在人们的工作、学习、生活中起着传播知识和信息的作用。目前，西方发达国家已经将包括出版、通讯、纸张、广播、电视等在内的13种行业划归为信息产业，因为各种类型的出版物是记录科学文化信息的有效载体。出版产业作为生产和传播信息产品的产业，是信息产业的核心组成部分。

(三)出版产业是充满活力的新兴朝阳产业

相对于传统产业而言，出版产业是将初始的知识进行创作、选择、编辑加工，以宣教、传播信息和娱乐的方式，使之满足受众的阅读或者欣赏需求，最终为受众所接受，达到传播的最终目的。而选择和编辑就是出版的最基本职能。因此，出版产业对从业者的知识结构的要求较高，出版发行人员对知识产品——出版物的编辑加工、装帧印制、宣传发行等要具有较强的知识能力。在当今知识和信息传播时代，所有经济活动都将伴随吸取、消化知识的过程，知识性消费将成为人们的自觉追求，出版产业已经成为连接知识创作和知识消费之间的桥梁，具有无限美好的发展前景。所以从该层面上说，出版产业也是一种具有发展前途的朝阳产业。

(四)出版产业是关联度和影响较大的行业

出版产业在国际通行的第一、二、三产业划分标准中，就其结构和功能而言，应该是高度关联和影响作用较大的产业之一。出版产业中印刷复制的相关生产行为属于第二产业中的制造业；编辑、出版、营销广告、发行流通则属于第三产业。因此，可以说，出版产业是一个横跨第二、第三产业的综合性产业，以属第三产业为主。前向关联影响较大的产业就有造纸和电子设备生产制造等产业，后向关联影响则包括了新闻、传播、广告、法律、咨询等产业，对报纸、期刊、电视、广播等产业影响很大。出版产业在国民经济体系中的地位比较独特，作用很大。

在承认出版产业所搭载的内容有意识形态的特殊性质的同时，应该看到出版产业本身的发展又具有一切现代产业发展的本质属性，具有鲜明的产业关联、产业体系、产业影响力、产业组织、市场结构、投入产出，是一个可以高度产业化和市场化的新兴产业，具有良好的产业业态、盈利模式、资本运作模式和产业发展模式。

第三节　出版产业结构内涵体系

一、产业结构的概念与理论

(一)产业结构界定

1. 结构的概念和应用

结构既是一种观念形态,又是物质的一种运动状态。“结”是结合之义,“构”是构造之义,合起来理解就是主观世界与物质世界结合构造的意思。因此,结构在意识形态世界和物质世界得到广泛应用。例如,语言结构、建筑结构等。这是人们用来表达世界存在状态和运动状态的专业术语。①

《新华字典》把“结构”解释为各组成部分的搭配和排列,也表示在建筑上指承重部分。②《现代汉语词典》对“结构”的解释第一部分与《新华字典》完全相同,第二部分则为建筑物上承担重力或外力的部分的构造。③

“结构”英文对应的是“Structure”,有三种解释:(1)the way in which the parts of something are connected together, arranged or organized; a particular arrangement of parts 结构;构造。(2)a thing that is made of several parts, especially a building 结构体;(尤指)建筑物。(3)the state of being well organized or planned with all the parts linked together; a careful plan 精心组织;周密安排;体系。④

由此,我们可以得出结构(Structure)主要是指组成整体的各部分的搭配和安排,也指某个整体的各个组成部分的搭配和排列状态。

2. 结构主义(Structuralism)的研究观点

结构主义是20世纪60年代在法国兴起的一种哲学思潮。先驱者为瑞士语言学家索绪尔,主要代表人物为C.勒维－斯特劳斯、J.拉康、M.福柯、L.阿尔杜塞等,后期的代表有R.巴尔特、J.德里达等。结构主义的方法被广泛地运用于语言学、社会学、人类学、历史学和文学理论中,也被用来解释马克思主义哲学。结构主义的基本观点大体可以概括为:(1)认识的对象不是事物的现象,而是它的内在结构。(2)组成结构的成分是相互联系、自行调整的,如果一个成分发生变化,则相互联系的整体也发生变化。(3)整体大于部分。(4)社会与人的关系是整体与部分的关系。人只是社会结构的一个成分,没有单独的决定作用。(5)同时性的观察比历时性的观察更重要。⑤

---

① 引自百度百科“结构”词条。

② 姚乃强.汉英双解新华字典[M].北京:商务印书馆国际有限公司,2000:316.

③ 中国社会科学院语言研究所词典编辑室.现代汉语词典:修订本[M].北京:商务印书馆,2001:646.

④ 牛津高阶英汉双解词典:第7版[M].商务印书馆、牛津大学出版社,2009:2006.

⑤ 《中国大百科全书》(简明版)光盘。

丁伯根(J. Tinbergen,1952)认为经济结构是“对有关今年国际对某些变化作出反应的方式的不可直接观察到的特征所作的考虑”①。皮亚杰(1968)指出:“经济结构包含一个功能作用,没有比这更好的说法了,因为经济结构是能够作出‘反应’的,所以经济结构是与功能不能分的。”②

从结构主义角度出发,皮亚杰(1968)认为:“结构是一个由种种转换规律组成的体系。”“而且,这种种转换并不是在这个体系的领域之外完成的,也不求助于外界的因素。总而言之,一个结构包括了三个特性:整体性、转换性和自身调整性。”③

3. 产业结构的概念

虽然“结构”较早被应用于自然科学的研究之中,但产业结构这一经济范畴的使用始于 20 世纪 40 年代,最初其涵义并不规范、明确。因为从字面上看,产业结构既可以解释为某个产业内部的企业关系,也可以解释为各个产业之间的关系结构,甚至有的学者把产业的地区分布状况也纳入了产业结构的概念之中。④

专以产业内的企业间关系为研究对象的“产业组织理论”(Theory of Industrial Organization)的创始人贝恩(J. S. Bain),在 1966 年出版过一本名为《产业结构的国际比较》(*International Differences in Industrial Structure*)的著作。但是,他在这里所说的“产业结构”并非指产业之间的关系结构,而是指产业内的企业间关系。他在 1959 年出版的《产业组织》(*Industrial Organization*)一书中,就已经把产业内的企业间关系用“产业组织”的概念来进行概括了。

随着产业经济学研究的发展,产业结构的研究领域及其内涵逐步明确。产业结构理论、产业组织理论和生产力布局理论被区分开来。产业结构理论专指研究产业间关系的理论;产业组织理论专指研究产业内部企业间关系的理论;生产力布局理论专指研究产业地区分布及其规律的理论。日本是最早使用“产业结构”来明确表述产业间关系并将其用于经济发展战略的国家。

不过,还有人主张,在广义的产业结构理论中还应包括研究产业内企业间关系的“产业组织理论”,而把研究产业之间关系结构的“产业结构理论”称为狭义的产业结构理论。

然而,产业之间关系结构的研究存在两种形态:一是以研究产业之间比例关系及其变化为宗旨的形态,认为产业结构是指分布在国民经济各产业中经济资源之间的相互联系、相互依存、相互提升资源配置效率的运动关系;二是以研究产业之间投入、产出联系为宗旨的形态,认为产业结构是指各产业在经济活动过程中形成的技术经济联系以及由此表现出来的产业间比例关系。这里的产业间技术经济联系主要是指以中间产品投入为纽带的产业关联,产业间比例主要是指产业间产出比例。有人把前者称为“产业发展形态理论”。这样,就又出现了另一个产业结构理论的广义、狭义说。把“产业发展形态理论”称为狭义的产业结构理论,把包括“产业关联理论”在内的叫广义的产业结构理论。因此,也有学者把产业结构定义为“产业间比例关系及其发展规律的形态和产业间投入—产出联系的形态”(刘伟,1995)。

---

① 丁伯根.关于结构概念引起的几个问题[J].政治经济学杂志,1952(62):27-66.

② 皮亚杰.结构主义:1968 年法文初版[M].倪连生,王琳,译.北京:商务印书馆,2009:88.

③ 皮亚杰.结构主义:1968 年法文初版[M].倪连生,王琳,译.北京:商务印书馆,2009:2-3.

④ 杨治.产业经济学导论[M].北京:中国人民大学出版社,1985:30.

研究产业之间的比例关系,大体使用两类指标:一是各产业的就业人数及所占比例,各产业的资本额及所占比例等;二是各产业所创造的国民收入及其在全部国民收入中的比重。一般,在西方产业结构的研究中,为避免重复计算的干扰,不使用总产值作为分析指标。①

上述两类指标,前者是各种"资源"在各产业部门的分配形态,抽象地说,反映一个国家的社会再生产在各产业之间分配劳动力、资金等要素的状况及比例关系;而后者反映的是国民收入是社会再生产的结果。前者为因,后者为果;前者决定后者。各个产业的前一类指标除以后一类指标可以得到反映该部门经济效益的指标。事实上,各个产业部门的经济效益(或者生产率)是有差别的,这种产业之间生产率的比较,为产业结构理论提供了一个可贵的视角。②

本研究根据结构的概念和内涵,结合产业理论研究的发展实际,将产业结构界定为反映各产业在经济活动过程中形成的技术经济联系以及由此表现出来的产业间的比例关系,即产业之间的比例关系及其变化。而其实质是指资源在各产业间配置的状态和由此形成的产业间的相互关系及其变化。

(二)产业结构理论

一般而言,产业结构理论是以研究产业之间的比例关系为对象的应用经济理论。产业结构理论主要研究伴随着经济发展而出现的产业结构的规律及其原因,它通过研究产业结构的历史、现状及未来,总结产业结构发展变化的一般规律,规划未来的产业结构,即为制定产业结构政策服务(杨治,1985)。日本早在 20 世纪 50 年代就开始利用产业结构理论指导产业发展,到了 70 年代初,产业结构的理论已经被世界广泛应用于指导经济发展。

产业结构理论包括产业结构演变理论、产业结构优化理论、产业结构高度化理论、产业结构合理化理论、产业关联理论和产业结构政策理论。

二、产业结构的数学表达式

(一)基本表达式

假设产业结构系统为 A,u_i 为产业 i 在整个产业结构系统中的比重,那么有:

$$\sum_{i=1}^{n} u_i = 1$$

$$u_i = \frac{x_i}{X}$$

其中,$\sum_{i=1}^{n} x_i = X$,X 为产业结构系统的总值,x_i 为产业 i 的行业值。

在实际应用中,总值一般用增加值来比较衡量,也可以采用营业收入、资产、利润等其他经济指标以及就业人数等指标来衡量劳动力的结构与分布,还可以采用行业指标,如出版产

---

① 杨治.产业经济学导论[M].北京:中国人民大学出版社,1985:30.

② 杨治.产业经济学导论[M].北京:中国人民大学出版社,1985:31.

业的内部结构，以及采用出版指标或产品指标。

(二)平衡表达式

用 $\Delta D_i / D_i$ 表示某产业的需求增加率，用 $\Delta GN/GN$ 表示人均国民收入增加率，则该产业的需求收入弹性为：

$$T_i = \frac{\Delta D_i}{D_i} / \frac{\Delta GN}{GN}$$

用 $\Delta S_i / S_i$ 表示某产业产出的增加率，则产业的生产收入弹性为：

$$T_I = \frac{\Delta S_i}{S_i} / \frac{\Delta GN}{GN}$$

对于供求平衡的产业而言，$T_I = T_i$ ；

对于供大于求的产业而言，$T_I > T_i$ ；

对于供不应求的产业而言，$T_I < T_i$ ；

如果 $T_i < 0$，那么该产业进入衰退期，应该从该产业撤资。

(三)影响表达式

在产业体系中，各个产业互相关联，形成一个整体。作为供给者，通过向其他产业提供中间品或者要素来确立自身在产业体系中的地位；作为需求者，通过对其他产业的消费来显示自身在产业体系中的作用。假设 $X = (X_{ij})_{n\times n}$ 为中间投入矩阵，其中 X 的第 i 个行向量即为 i 产业作为供给者对其他产业的投入，而第 j 列向量是 j 产业作为需求方从其他产业中所获得的各种投入。

那么，直接前向关联效应为：

$$L_{F(i)} = \frac{(\sum_{i=1}^{n} X_{ij})}{X_i} (i = 1,2,3,\cdots n)$$

上列公式中，$L_{F(i)}$ 为 i 产业的前向关联指数，X_i 为 i 产业的全部产出，X_{ij} 为 i 产业为 j 产业提供的中间投入。

直接后向关联效应为：

$$L_{B(j)} = \frac{(\sum_{j=1}^{n} X_{ij})}{X_j} (j = 1,2,3,\cdots n)$$

上列公式中，$L_{B(j)}$ 为 i 产业的后向关联指数，X_j 为 j 产业的全部产出，X_{ij} 为 j 产业从 i 产业获得的中间投入。

三、出版产业结构特征体系

(一)出版产业结构的内涵特征

1. 出版产业结构的质和量

根据本研究对出版产业及结构的定义，将出版产业结构定义为反映出版产业总体、各部分在出版经济活动中形成的技术经济联系以及由此表现出来的产业间的比例关系，即出版产业总体与分行业之间的比例关系及其变化。就出版产业而言，其在行业内部的出版活动中对资源的分配和占用及效益情况表现出的经济、产品构成及比例关系，即经济结构和产品结构，是出版产业结构的重要有机组成。

出版产业结构有以下两方面的含义：

(1)出版产业结构的质

这是指出版经济中各产业的素质分布状态，即技术水平和经济效益的分布状态，它揭示了各出版部门产业中起主导作用的行业部门对出版经济的带动作用及其相对应的"结构"效益。这可以从三个方面来考察：其一是从以编辑出版为核心的行业占整个出版行业的比重来考察；其二是从以数字出版等高新技术为代表的现代出版增加值占出版产业的增加值的比重等方面来考察；其三是从出版产业的规模效益和国际竞争角度来考察。这三个方面在开放经济条件下均可以从出版产业的基本结构、行业结构及进出口结构中得到相应反映。

(2)出版产业结构的量

这是指出版经济中各产业和各产业内部的比例关系，即产业间资源的分布状况及相互的比例关系。根据前文对出版产业的三个层面的界定，出版产业这种量的比例关系应该从三个层次来考察：其一是总体出版产业在国民经济、文化产业中的构成比例关系；其二是核心出版产业各自相互构成的比例关系；其三是狭义的出版产业内部的行业构成，即各个具体出版行业的经济结构和出版结构。

2. 出版产业结构的基本特征

产业结构作为一个系统，是由许多相互联系的要素组成的，是有机结合的整体。其表现在组成产业结构中的各个要素不是简单的堆积，而是具有一定的分层体系的，各个要素有相互关联和动态发展演进等特点。

(1)出版产业结构整体的系统性

出版产业结构是出版产业的重要组成部分，作为一个组成系统，其内部组成出版产业之间必定存在着相互依赖和相互作用的关系。这种相互依赖和作用的关联特征，表现在产业结构各要素之间、结构之间、要素与结构之间的连锁和反馈作用，实际上就是系统功能的作用和特点。在出版产业结构这一系统中，这种相互联系、相互依赖、相互作用的关系体现在结构内行业间的相互比例及技术经济联系上。依据这种联系，内部各行业就组成了一个整体功能大于各行业功能简单之和的结构系统。这一特性要求出版产业结构的调整要注重行业结构的协调与合理，从而能够把出版产业结构的整体功能发挥出来。

(2)出版产业结构的层次递进

在一个系统内，可以有多层分级的子系统，显示层层递进的系统结构特点，而层次较低的子系统应当始终围绕上级系统进行运行。而每个经济体系都有一个复杂的内部结构，经济的运行及其发展水平取决于各个不同组成部分的相互关系。

就出版产业结构的层次性而言，其层次性表现在自上而下的三个层次，分别是整体层次、基本层次和内部层次。三个层次环环相扣、层次分明、相互作用、相互影响，形成了一个完整的出版产业结构体系。在出版产业结构体系中，出版产业结构的层次性要求分层次建立合理的行业结构，以适应并促进出版产业的快速、协调发展。

(3)出版产业结构的可转换性

指出版产业结构在不同的发展阶段有不同的结构特点,并遵循一定的客观经济发展规律,而且产业结构的变动是一个由量变到质变、由低级向高级渐进的发展过程。如出版产业的发展过程,要经历一个产生、成长、高速增长、成熟及衰退的生命周期过程。而以一个或多个主导产业为依托的出版产业体系所依赖的逐步形成和发展的出版产业结构也是一个动态的发展过程。它不是僵化不变的,而是随着技术的发展、供给水平的提高和社会需求的变化而变化的。而出版产业结构的演进,就是在出版产业发展的不同时期和阶段,对出版产业结构适时加以调整,以促进出版产业的长期稳定发展。但由于出版产业结构的内部变化调整升级,所以并不否认出版产业结构在一定时期内具有相对的稳定性及合理性。

(二)出版产业结构的分类

根据对出版产业的内涵和分类的认识,我们可以将出版产业结构分为以下四类:

1. 出版产业的整体结构

出版产业的整体结构也可以称为出版产业的总体结构,主要反映出版产业在国民经济、第三产业和文化产业中的比重,从而体现出版产业在国民经济中的地位、作用以及相对发展状况,用以衡量整个出版产业的发展水平。

2. 出版产业的基本结构

出版产业的基本结构也可以称为出版产业的三大结构。根据出版产业的定义和出版产业链的分布,将出版产业分为编辑出版、印刷复制和发行贸易三大类。其中发行贸易包括发行、进出口,印刷复制则涵盖了印刷和复制两个行业。

这种分类主要用以考查出版产业的编辑出版在整个出版产业中的地位和作用。

3. 出版产业的核心结构

出版产业的核心结构主要分为六小类结构和两大类结构。出版产业六小类核心结构主要是指图书、期刊、报纸、音像、电子和数字出版六类出版的比重结构;出版产业两大类结构则是将核心出版归总为传统出版和现代出版两大类,传统出版包括图书、期刊、报纸三个出版行业,现代出版包括音像、电子和数字三个出版行业。

核心出版产业结构主要用以考察编辑出版内部各个出版行业的相互关系和地位状况,重点考察非纸质出版物的结构比重变化,考察出版产业的产业升级和优化情况。

4. 出版产业的行业结构

出版产业的行业结构也称内部结构,主要是指编辑出版中图书、期刊、报纸、音像、电子和数字各个行业内部的结构,用以考察各个出版行业内部的相互结构和作用,研究各个行业在发展过程中的内部结构作用和变化。

一般而言,出版产业中的图书出版结构研究也被学者称为中国出版的传统结构。需要说明的是,这种出版的传统结构实际上只是一个内部的行业结构,也就是图书出版结构。

以上出版产业结构的层级分类是为了便于分析问题和接受产业政策的引导。

(三)出版产业结构的层级体系

在这里,我们将出版产业结构分为四个层级、三个分段,并采用两个指标来进行研究,最后概括一个发展趋势来对中国出版产业结构及其变化进行系统的研究和分析。

1. 四个层级

第一层级:整体结构(总体结构),即出版产业/国民经济、第三产业、文化产业的比重;

第二层级:基本结构(三大结构),主要分析出版编辑、发行流通、印刷复制这三大行业的相互关系;

第三层级:核心结构(核心出版的结构),可以分为六小类(图书、期刊、报纸、音像、电子、数字)和两大类(传统出版、现代出版),主要考察非纸质出版物尤其是数字出版在核心出版中的结构比重变化,分析出版的未来发展趋势。

狭义的传统结构一般是指图书出版的结构。我们这里把传统结构放在第四层级即图书的内部结构进行分析。我们分析的传统结构主要是广义的传统结构,即图书、期刊和报纸出版的相互结构。根据上文定义,广义的现代结构是指音像、电子和数字出版的相互结构,狭义的现代结构特指数字出版结构。

第四层级:内部结构,指各个出版行业的内部结构,包括图书、期刊、报纸、音像、电子和数字出版的内部构成(或者称为行业结构)。

2. 三个分段

宏观分段:与国民经济相关的分段分析;

中观分段:就出版产业本身的产业分析;

微观分段:出版产业的内部分析,或者称为部门分析。

3. 两个指标

经济结构:采用经济指标研究上述结构体系,尤其是整体和基本结构,这是比较分析的基础;经济指标主要包括增加值、营业收入、总产出、利润总额等;

出版结构:也称产品结构,主要是采用出版指标对上述结构体系尤其是核心结构及内部结构进行研究分析。

4. 一个趋势

在科学技术不断发展的情况下,重点研究出版产业结构的高度化发展趋势,对数字出版的发展变化进行分析和展望。

以上出版结构的层级分类体系,可以简称为“四三二一研究体系”。

第 3 章 中国出版产业发展的规模状况[①]

截止到 2012 年年底，我国已有图书出版单位 580 家，报刊社 11,399 家，音像出版单位 369 家，电子出版物出版单位 268 家，网络出版机构 50 家，印刷单位 18 万家，复制单位 313 家，出版物经营单位 17.26 万家。新闻出版单位共计 34.74 万家，就业人数为 477.43 万。2012 年全国出版图书品种达到 41.40 万种，较 2010 年增加 4.45 万种，增长 12.04%，为历史最高水平，图书品种连续数年稳居世界第一位；重版、重印图书 17.20 万种，较 2011 年增加 2.3 万种，增长 6.17%，重版、重印图书品种持续增长。

2012 年，人均年拥有图书 5.90 册，自 1950 年以来年均增长 7.90%；人均年拥有期刊 2.50 册，年均增长 14.57%；每千人日均拥有报纸 97.60 份，年均增长 8.84%；报纸普及率每户 0.33 份，年均增长 3.3%。继 2009 年中国出版产业的营业收入首次突破万亿元大关之后，2012 年全国新闻出版业实现营业收入 1.66 万亿元，增加值 4,616.95 亿元，增加值占当年全国 GDP 的 0.89%，占第三产业增加值的 1.99%，占文化产业的 25.55%。中国出版产业已经成为文化产业的支柱产业，是国民经济的重要产业部门。中国已经是名副其实的出版大国。

第一节　中国出版产业的整体发展规模

一、中国出版产业基本规模发展

(一)中国出版社的规模发展

1. 总量发展

1950 年，中国共有出版社 211 家，其中私营图书出版社 184 家。[②] 到 1957

① 出版产业包括出版编辑、发行流通和印刷复制，在计算汇总规模的指标上有且只能采取经济指标。

② 各年私营出版社的家数：1950 年 184 家，1951 年 321 家，1952 年 356 家，1953 年 290 家，1954 年 97 家，1955 年 19 家，数据来自《中国出版年鉴》(1980)。

年,经过调整合并,出版社减少至103家,其中,中央社55家,地方社48家。1971年更是减少到了历史最低的46家,自此以后逐步回升,1978年超过了100家,达到了105家。不到两年,1981年则超过了200家,恢复到新中国成立初期的数量。1982年为243家,其中,中央社121家,地方社122家,地方社的数量首次超过了中央社的数量。仅仅5年时间,中国出版社的数量就突破了500家的大关,1988年达到了502家,中央社为197家,地方社更是达到了305家。此后,中国出版社的总量一直维持在500以上,并稳步增长。到2012年,中国出版社总量达到了580家,与2011年持平(结构也完全一致),比2010年反而少了1家,中央社为220家(比2010年减少1家),地方社为360家。

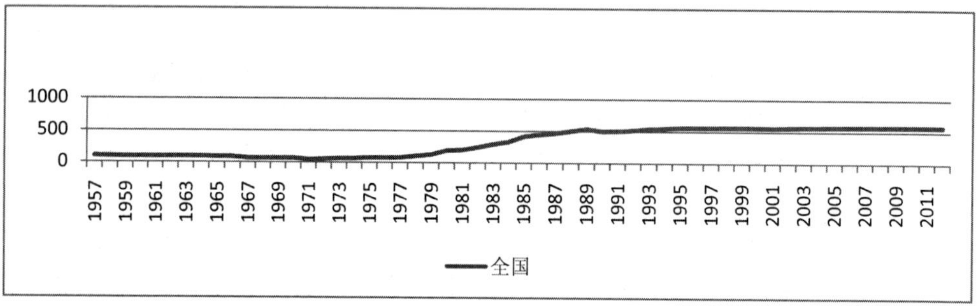

图3-1 中国图书出版社总量变化(1957-2011年) 单位:家

资料来源:《中国出版年鉴》(1980—2013)。

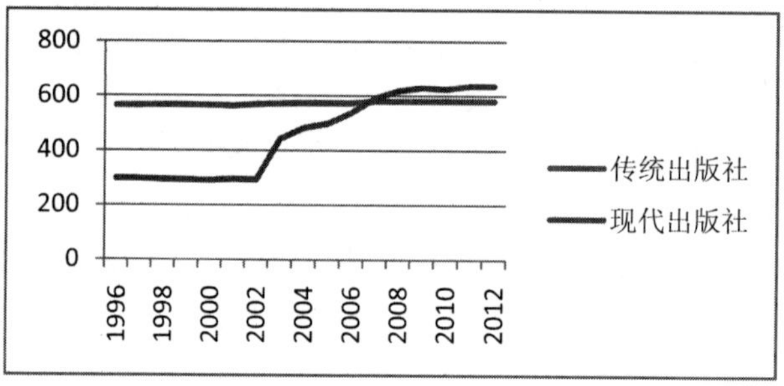

图3-2 中国核心出版的出版社规模变化(1996-2012年) 单位:家

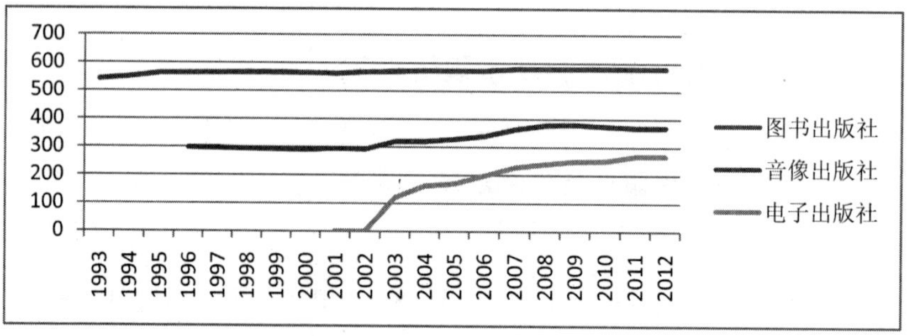

图3-3 中国各类出版社的数量变化(1993-2012年) 单位:家

资料来源:《中国新闻出版统计资料汇编》(各年)。

1996年中国传统出版社为564家,传统出版社的数量规模基本保持在570家左右,2012年增加到了 580 家，绝对规模数量增加了 16 家。1996 年现代出版社只有 297 家，随后不断增长，2003 年增加到 441 家，比 2002 年猛增了 149 家，2007 年为 591 家，开始超越传统出版社的数量，2012 年则增加到了 637 家。

在现代出版社中，音像出版社和电子出版社的规模都在不断扩大，从规模大小来看，音像出版社一直高于电子出版社；从发展趋势来看，电子出版社的数量增长一直明显高于音像出版社。1996 年，音像出版社有 297 家，随后稳定增长，到 2012 年增加到了 369 家。2003 年，电子出版社只有 121 家，其后增长较快，到 2012 年增加到了 268 家，发展趋势良好。

2. 规模分布

本书选取了 2001 年、2009 年和 2011 年三个时间点对中国出版社的规模分布和规模发展进行横向切片式研究分析。

2001 年，中国的出版社整体规模并不大，中央出版社和地方出版社规模分布状况基本一致，年定价总金额规模在 1,000 万－5,000 万元人民币的出版社占比略少，年定价总金额超过 2 亿元人民币的出版社不足总数的 10%，而有 10%以上的出版社年定价总金额不到 1,000 万元人民币，基本上呈正态分布(如图 3－4 所示)。

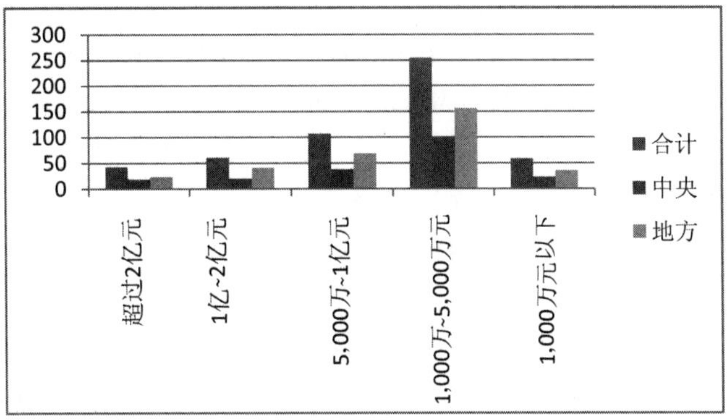

图 3－4　中国出版社规模分布(2001 年)　单位:家

资料来源:根据《中国出版年鉴》(2002)相关数据整理。

地方出版社不同规模的出版社所占比重较高，均超过一半以上，数量占比大多数超过 60%，而中央出版社不同规模出版社所占比例大多低于 40%。中央出版社只是在规模超过 2 亿元以上的出版社中占到了 44.19%，地方出版社占到了 55.81%。中央出版社明显在超大规模上具有一定优势，而地方出版社则明显具有数量和整体优势。

2009 年，随着时间的发展，中国出版社的整体规模迅速扩大，1,000 万元以下的出版社从 2001 年的 11%左右下降到了 6%左右，中央出版社更是从 11.56%下降到了 4.35%，地方出版社也从 2001 年的 11.04%下降到了 7.24%。规模在 1,000 万－5,000 万元的出版社比重也从 2001 年的近半下降到了不足 30%，中央和地方出版社下降同样显著，下降了 12 个百分点。对应规模比重上升的是 5,000 万－1 亿元和 2 亿元以上规模的出版社，中央和地方同样上升明显，尤其是 2 亿元规模以上的，中央和地方出版社的比重分别增加了 11%和 8%，规模扩张趋势非常显著。

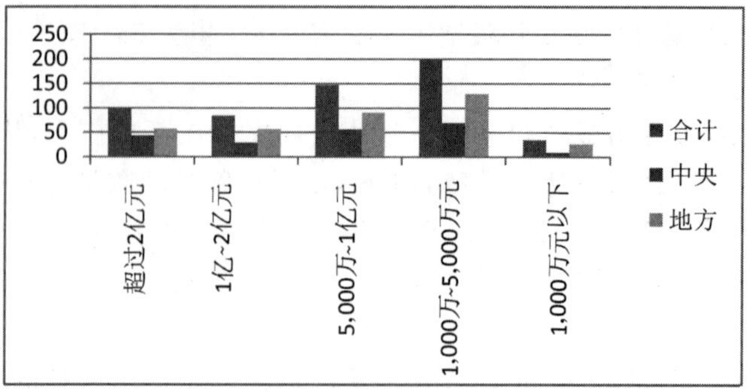

图 3-5　中国出版社规模分布(2009 年)　单位:家

资料来源:根据《中国出版年鉴》(2010)相关数据整理。

备注:2009 年,中央出版社定价总金额超过 10 亿元的有 8 家,其中高等教育出版社的定价总金额达到了 28.1336 亿元,新出占到了 7.9623 亿元。

2009 年,地方出版社定价总金额超过 10 亿元的只有 1 家,为江苏教育出版社,定价总金额仅为 10.3315 亿元。

2009 年,在不同程度规模的出版社所占比重分布中,地方社仍然大多超过中央出版社,尤其在 1,000 万元以下规模的出版社中,地方社更是占到了 74.29%,中央社只占到了 25.71%,是所有规模中中央出版社占比最低的。在所有不同规模中,中央出版社占比最高的是 2 亿元以上规模,所占比例达到了 43%,接近一半。2009 年,中央出版社定价总金额超过 10 亿元的有 8 家,其中高等教育出版社的定价总金额达到了 28.1336 亿元,新出占到了 7.9623 亿元。

2009 年,地方出版社定价总金额超过 10 亿元的只有 1 家,为江苏教育出版社,定价总金额仅为 10.3315 亿元。这种分布状态显示了中央出版社在超大规模上占有一定优势,而地方社在所有规模上都占有优势,在 1,000 万元以下规模中占有绝对优势。

2009 年之后,中国出版社的规模进一步扩大,出版社显示了极为明显的规模上升趋势。2011 年,从统计数据来看,首先是规模在 5,000 万元以下的,不论是中央出版社还是地方出

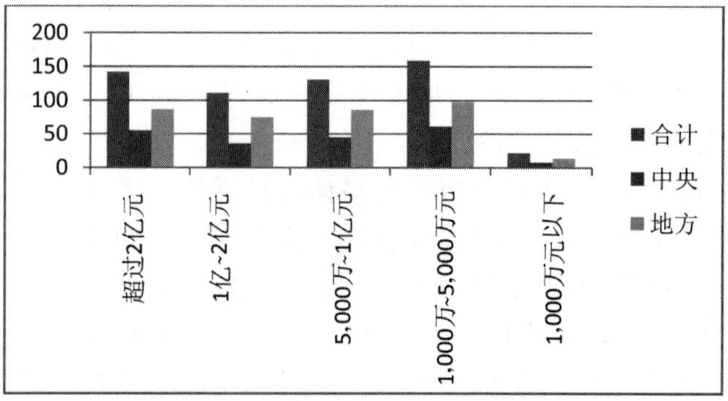

图 3-6　中国出版社规模分布(2011 年)　单位:家

资料来源:根据《中国出版年鉴》(2012)相关数据整理。

版社,比重都进一步萎缩,规模在 1,000 万元以下的比重下降更为明显,中央社和地方社所占比重均不到 4%。其次是规模在 1 亿元以上的出版社比重上升非常明显,尤其是 2 亿元规模的上升尤其显著,在 1 亿—2 亿元之间的上升也极为明显。2011 年,中央出版社定价总金额超过 10 亿元的有 8 家,其中高等教育出版社达到了 30.2840 亿元;排在第二位的人民教育出版社也达到了 21.6849 亿元,2009 年为 17.2718 亿元。

2011 年,地方出版社定价总金额超过 10 亿元的有 3 家,其中江苏教育出版社达到了 14.2868 亿元;重庆出版社为 10.9581 亿元,排在第二;湖南教育出版社为 10.8023 亿元,位居第三;浙江教育出版社则以 9.9453 亿元排在第四。

2011 年、2012 年在不同层级规模的出版社所占比重中,地方社所占比重基本都稳定在 63%左右,而中央出版社则只占到了 35%左右,相对稳定。这显示了地方出版社在数量上所占的绝对优势,也显示了地方出版社飞速发展的态势。

3. 总量结构

中国出版产业的出版社主要由中央出版机构与地方出版机构组成,这是由分属于中央和地方两个不同管理系统的出版体制决定的。从 1980 年至 2012 年期间,出版社总量一直呈现增长的趋势:中央出版社从 1980 年的 110 家增加到了 220 家;地方出版社则从 1980 年的 92 家一路上升到 2012 年的 360 家,上升的幅度非常大。但从相对数量来看,中央出版社的比重一直在下降,从 1980 年占比 52.08%下降到 2012 年的 37.98%。在此期间,中央出版社平均占据了大约 40.01%的数量比重,而地方出版社则平均超过了一半比重,达到了 59.92%。

总体而言,从 1980 年到 1985 年,中央出版社的数量下降较为迅速,而从 1986 年之后,中央出版社和地方出版社的相对比重一直较为稳定,保持在 40%对 60%左右。

在副牌社的构成比例中,中央出版社与地方出版社一直保持相对稳定的局面,平均比重维持在 41%对 59%左右,与总社相应比重较为一致。这种一致性应该是政府管理的作用,而不是市场竞争所致。如果是在市场竞争的状态下,很难想象在二三十年里一直保持高度一致性。

在中国出版产业的发展过程中,图书出版社的数量自 20 世纪 90 年代后期至今就一直比较稳定,变化不大,而以音像出版和电子出版为代表的出版社的发展则极其迅速。音像出版社从 1996 年的 297 家增长至 2012 年的 369 家;电子出版社则从 2003 年的 12 家增长至 2012 年的 268 家。

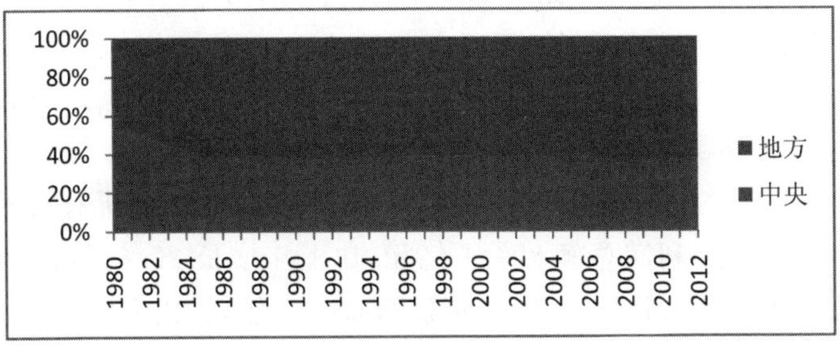

图 3-7　中国出版社总量结构变化(1980-2012 年)　单位:%

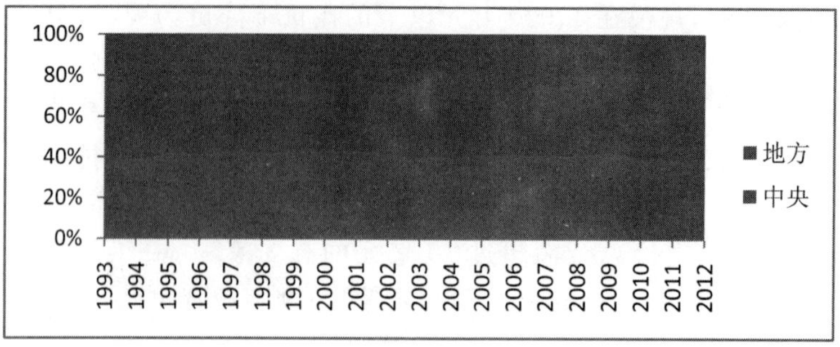

图 3-8 中国出版社副牌社构成变化(1993-2012 年) 单位:%

(二)中国出版企业法人规模

2012 年,中国共有新闻出版单位 34.74 万家,法人单位 16.09 万家,占总数的 46.32%,其中企业法人单位 15.76 万家;非法人单位 0.92 万家,占比 2.64%;个体经营户 17.73 万家,占比 51.04%。

从 2009 年至 2012 年间,中国新闻出版单位总量从 35.73 万家下降到了 34.74 万家,而法人单位从 11.96 万家增加了近 5 万家。与此相对应的是,个体经营户数量下降得非常明显,从 2009 年的 22.28 万家到 2012 年的 17.73 万家,减少了近 5 万家。非法人单位则从 2009 年的 1.48 万家下降到了 2012 年的 0.92 万家,减少了 5,000 多家。

表 3-1 中国新闻出版单位数量 **单位:家**

类　型	2009	2010	2011	2012
法人单位	119,620	136,000	157,559	160,940
企业法人单位	——	131,394	153,113	157,619
非法人单位	14,848	11,000	9,461	9,160
个体经营户	222,815	207,000	179,267	177,310
合计	357,283	354,000	346,287	347,410

说明:未包括数字出版单位、版权贸易与代理单位、行业服务与从事其他新闻出版业务的单位。

2011 年,中国企业法人单位①营业收入为 12,105.3 亿元,比 2010 年增长 21.8%,占全行业营业收入的 91.8%,较 2010 年提高 4.1 个百分点;增加值为 3,170.7 亿元,比上年增长 22.7%,占全行业增加值的 88.5%,较 2010 年提高 8.1 个百分点;总产出为 12,456.2 亿元,比 2010 年增长 22.2%,占全行业总产出的 91.9%,较上年提高 4.4 个百分点;资产总额 12,911.4 亿元,比 2010 年增长 13.6%,占全行业资产总额的 89.6%,较上年提高 0.4 个百分点;所有者权益 6,495.9 亿元,比 2010 年增长 9.7%,占全行业所有者权益的 88.4%,较 2010 年减少 2.2 个百分点;利润总额 899.1 亿元,比上年增长 27.9%,占全行业利润总额的 88.7%,较 2010 年提高 17.5 个百分点;纳税总额 664.0 亿元,比上年增长 11.2%,占全行业

① 由于缺乏 2012 年的相关数据,所以在这里使用的是 2011 年的节点数据。

纳税总额的 88.0%,较 2010 年提高 3.6 个百分点。

表 3-2　中国企业法人整体规模(2009—2012 年)

指标	2009	2010	2011
单位数量	115,131	131,000	153,113
营业收入	8,010.91	9,935.2	12,105.31
增加值	2,205.08	2,584.4	3,170.67
总产出	8,274.17	10,194.0	12,456.18
资产总额	10,117.37	11,361.8	12,911.37
所有者权益	5,351.27	5,921.8	6,495.9
利润总额	565.81	702.9	899.06
纳税总额	500.93	587.2	664.02

说明:未包括数字出版、版权贸易与代理、行业服务与其他新闻出版业务企业。

备注:2010 年数据根据 2011 年增减值估算得到。全行业是指全行业法人单位和非法人单位(但不包括个体经营户)。

表 3-3　中国出版产业企业法人单位所有制状况(2009—2012 年)　　单位:家

指标	国有企业		集体企业	民营企业	外商投资	港澳台商投资	混合投资	合计
		国有全资						
2009	20,600	19,732	7,862	82,848	1,992	2,280	417	115,131
2010	20,389	19,446	7,029	100,032	3,823	626	441	131,397
2011	19,595	19,329	6,017	124,340	2,290	563	574	153,113
增减	-1,005	-403	-1,845	41,492	298	-1,717	157	37,982

备注:2010 年数据为根据 2011 年数据推算得到的估计值。

表 3-4　中国出版产业的企业所有制数量增长率　　单位:%

指标	国有企业		集体企业	民营企业	外商投资	港澳台商投资	混合投资	合计
		国有全资						
2009								
2010	-1.02	-1.45	-10.60	20.74	91.92	-72.54	5.76	14.13
2011	-3.89	-0.60	-14.40	24.30	-40.10	-10.06	30.16	16.53
年均	-2.46	-1.03	-12.50	22.52	25.91	-41.30	17.96	15.33

2012 年中国出版产业共有企业法人单位 15.31 万家,比 2009 年增加了 3.79 万家,保持了年均 15.33%的高速增长。国有企业 2012 年数量为 1.95 万家,比 2009 年下降了 1,000 家,其中国有全资企业 2012 年为 1.93 万家,比 2009 年少了 403 家。集体企业 2012 年为 6,000 家,比 2009 年减少了近 2,000 家,数量持续下降,年均降幅为 12.50%。民营企业

2012 年为 12.43 万家,比 2009 年增加了 4.14 万家,保持了年均 22.52%的高速增长。外商投资企业虽然数量有所波动,但总的趋势是不断增加,2012 年为 0.23 万家,比 2009 年增加了 298 家,年均增长幅度为 25.91%。混合投资的企业数量也在不断增加,2012 年为 574 家,比 2009 年增加了 157 家,由于基数较小,增加的绝对数量不大,但年均增幅也达到了 17.96%。降幅较大的是港澳台投资企业,年均降幅达到了 41.30%,并呈现一直下降的趋势,2012 年数量为 2,290 家,比 2009 年减少了 1,717 家,绝对数量下降了 75.31%,值得关注。

(三)中国出版发行网点规模

中国出版发行网点的数量一直呈现上升趋势,在 1950—1970 年和 2002—2012 年两个时间段,网店的数量规模增长非常迅速。1950 年发行网店只有 742 家(处),1968 年就迅速增加到 12.69 万家,18 年增长了 171 倍多;之后数量开始下降,1980 年则只有 6.43 万家,比 1968 年下降了近一半;在 1985 年又恢复到这一时期的稳定水平,达到 11 万家左右,并一直稳定下降;2003 年则达到阶段性的低点,只有 6.74 万家。从 2004 年开始,受统计口径影响,发行网店数量迅速增加,2005 年达到了 15.95 万家,其后增长较为平缓;2012 年达到了 17.26 万家。

网点数量的变化极大地反映了中国出版产业不平凡的发展历程,有坎坷但也在前进。

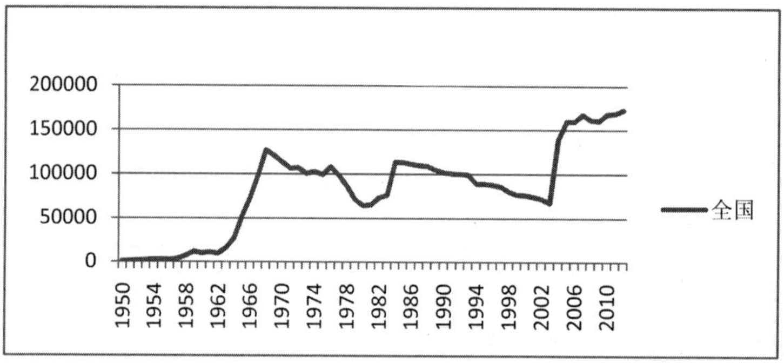

图 3-9 中国出版发行网点数量规模(1950-2010 年) 单位:家

资料来源:1950—1999 年发行网点数量的资料来源为《中国出版年鉴》(2000 年)中《1950—1999 年全国图书发行流转量统计》;2000—2012 年数据来源为《中国新闻出版统计资料汇编》(各年)。

备注:1999—2003 年、2004—2011 年统计口径不一致,需分成两个时间段进行分析比较。

(四)中国出版产业人员规模

2004 年中国出版产业的就业人数为 406.99 万人,到 2012 年增加至 477.43 万人,8 年的年均增长率为 2.02%。在出版产业中,2004 年男性为 227.80 万人,女性为 221.90 万人;到 2012 年男性增长到 2240.93 万人,女性为 223.05 万人;就业年均增长率男性为 3.86%,女性为 0.06%,这表明男性在出版产业就业中的增长比女性快,数量上也较女性占有优势。

中国出版产业中的核心出版就业人数相对较少，2009 年只有 29.37 万人，虽然随后不断增加，但到 2012 年，也才只有 44.86 万人。核心出版的直接就业人数远远少于印刷出版人数，也低于发行贸易人数，这是值得关注的现象。

在出版产业内部，就业人数最多的是印刷复制行业，其次是出版物发行，再次是报纸出版，最后是期刊出版和图书出版。在 2004 年至 2012 年期间，2004 年图书出版人数为 6.29 万人，2012 年达到 6.71 万人，年均增长 2.20%；2004 年期刊出版人数为 8.78 万人，2012 年增加到 9.82 万人，年均增长 8.72%；2004 年报纸出版人数为 23.55 万人，2012 年为 23.51 万人，年均增长 3.81%；2004 年音像制品出版人数为 0.60 万人，2012 年为 0.52 万人，年均增长 -8.16%；2004 年电子出版物出版人数为 0.15 万人，2012 年达到 0.20 万人，年均增长 16.27%；2004 年印刷复制行业就业人数为 337.63 万人，2012 年为 349.63 万人，年均增长 2.13%；2004 年出版物发行就业人数为 70.97 万人，2012 年为 72.11 万人，年均增长 0.78%；2004 年，出版物进出口就业人数为 1.27 万人，2012 年为 0.56 万人，年均增长 -25.91%。

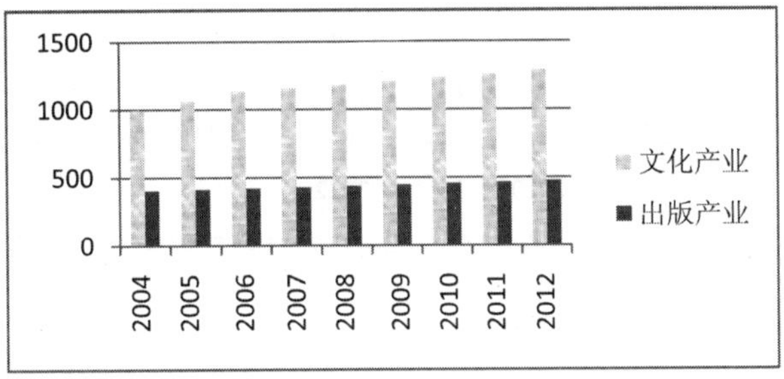

图 3-10　中国文化产业和出版产业的就业人数(2004-2012 年)　单位：万人

备注：2004 年、2009—2012 年文化产业人数根据数据推算得到；2004—2008 年出版产业的就业人数根据数据推算得到。

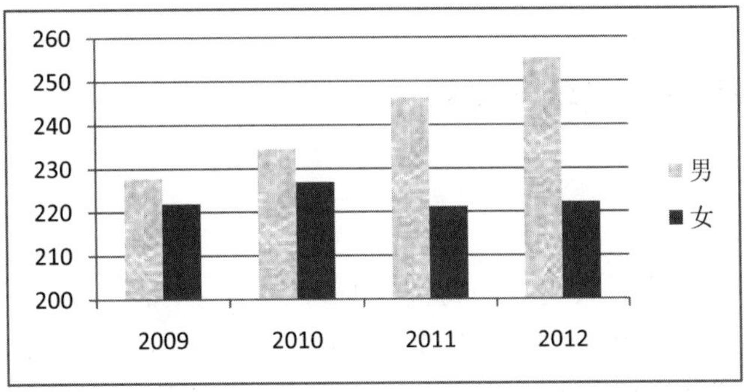

图 3-11　中国出版产业直接就业人数性别规模(2009-2012 年)　单位：万人

总体而言，出版产业就业人数数量增长较为稳定，增长速度相对缓慢。就出版产业内部各行业而言，只有电子出版物出版行业就业人数增长迅速，其他各行业的就业增长非常缓慢；音像出版与出版物进出口甚至出现了负增长，这也从另一方面反映了出版产业的一种发展趋势。

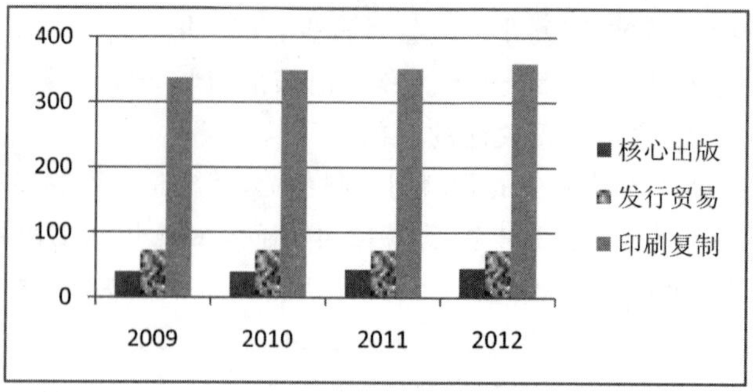

图 3－12 中国出版产业直接就业人数规模(2009－2012 年) 单位：万人

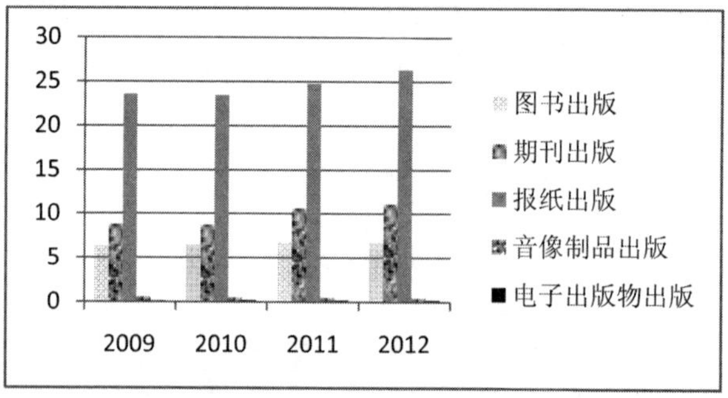

图 3－13 中国核心出版的直接就业人数规模(2009－2012 年) 单位：万人

备注：2010 年数据根据 2011 年数据推算得到。

说明：

1. 因缺乏相关的全面数据，产业类别中未列数字出版。
2. 版权贸易与服务包括版权贸易、版权代理与服务。
3. 行业服务与其他新闻出版业务包括内容的策划、制作和提供，不属于已列举类别的新闻出版业务活动。

二、中国出版产业总体经济规模

(一)营业收入

中国出版产业的营业收入表现为持续增长，从 2009 年的 1.03 万亿元迅速上升到了 2012 年的 1.66 万亿元，其中 2010 增长幅度最大，高达 19.70%。随后几年的增幅有所下降，但 2012 年增幅仍然达到了 14.19%，2009—2012 年的年均增长率达到了 17.20%。

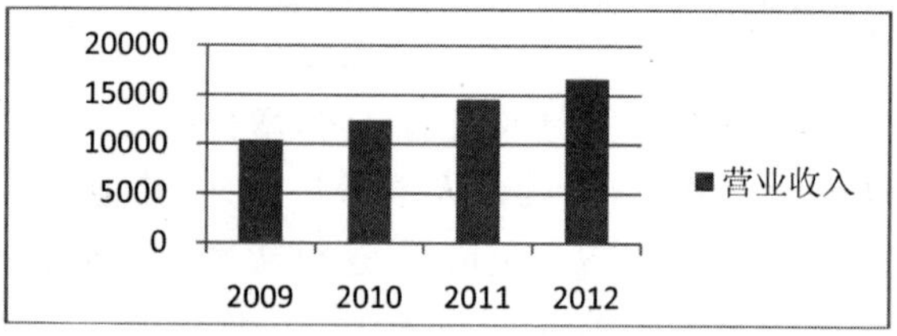

图 3－14 中国出版产业规模(营业收入)(2009－2012 年) 单位：亿元

(二)增加值

2012 年中国出版产业的增加值比 2009 年增加了 50%多,年均增长 14.20%,发展势头极为迅猛。2010 年增幅已达到 13%,2011 年更是达到了 14.79%,2012 年则实现了 14.80%,增幅年年增加,证明其走上了良性发展的轨道。

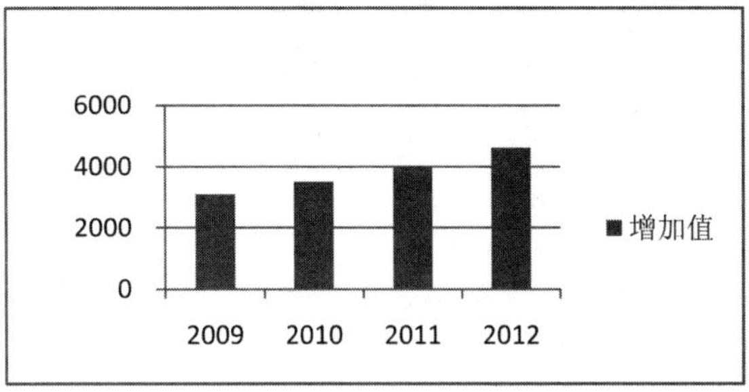

图 3-15　中国出版产业规模(增加值)(2009-2012 年)　单位:亿元

(三)资产总额

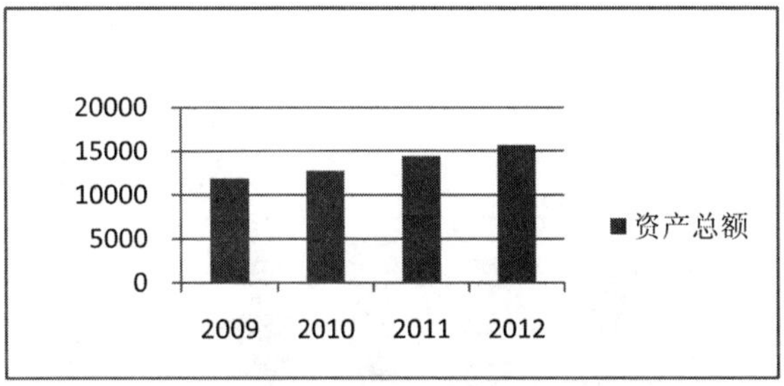

图 3-16　中国出版产业规模(资产总额)(2009-2012 年)　单位:亿元

2009 年到 2012 年,资产总额的增长趋势呈现出稳定的持续增长,2012 年资产总额高达 1.57 万亿元,年均增长率达到了 9.93%,2011 年更是高达 13.19%,比 2009 年增长率高出了近 6 个百分点。中国出版产业资产的增长实现了国有资产保值增值的目标,为产业的良性循环和可持续发展奠定了良好的基础。

三、中国出版产业效益发展规模

(一)所有者权益

从所有者权益(净资产)的增长情况来看,中国出版产业增长与资产总额的增长趋势表现基本一致。2012 年所有者权益超过了 8,000 亿元,2009－2012 年的年均增长率达到了 9.80%;2010 年增长率只有 5.80%;2011 年则为最高,达到了 12.45%;2012 年有所下降,为

11.16%。中国出版产业所有者权益的整体增长表现稳定,说明中国出版产业运行和市场化发展前景良好。

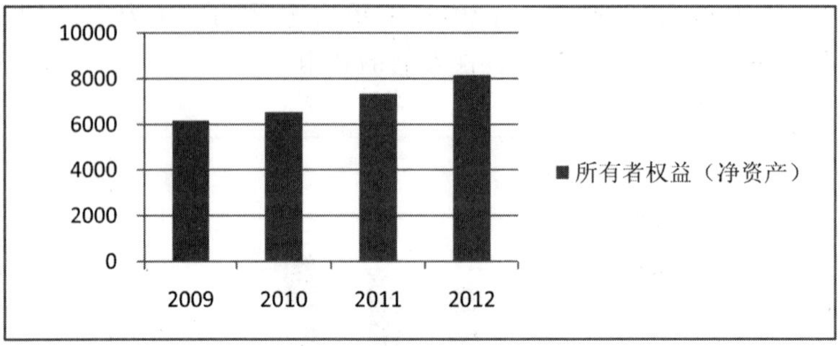

图 3-17　中国出版产业规模(净资产)(2009-2012 年)　单位:亿元

(二)利润总额

中国出版产业实现的利润总额一直呈现出稳定上升趋势,增长率在 2011 年最少,但也达到了 4.84%;2010 年的增长率最高,为 20.4%;2012 年则为 16.79%;2009—2012 年期间年均增长率达到了 14.01%,增长势头强劲。这种稳定而持续的增长,充分说明中国出版产业的市场化改革中产业的整体运营效率在逐步稳定提高,为整个出版产业的转型打下了良好基础。

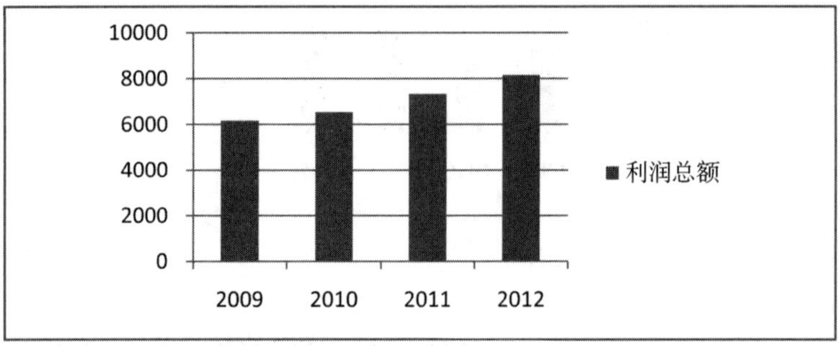

图 3-18　中国出版产业规模(利润总额)(2009-2012 年)　单位:亿元

(三)纳税总额

中国出版产业的纳税总额在 2009—2012 年期间表现为绝对值不断增长,呈现出增长率持续下降、不断放缓的趋势。2012 年中国出版产业纳税总额达到了近 900 亿元,比 2009 年增加了 30%多,年均增长率为 12.06%,2010 年增长率最高,实现了 14%的增长,随后呈下降趋势。中国出版产业纳税的绝对和相对数量增长的变化趋势,在一定程度上揭示了纳税增长乏力、缺乏后劲的趋势,需要政府和产业引起重视,并采取有效措施应对,以促进中国出版产业为国家做出更大和更持久的贡献。

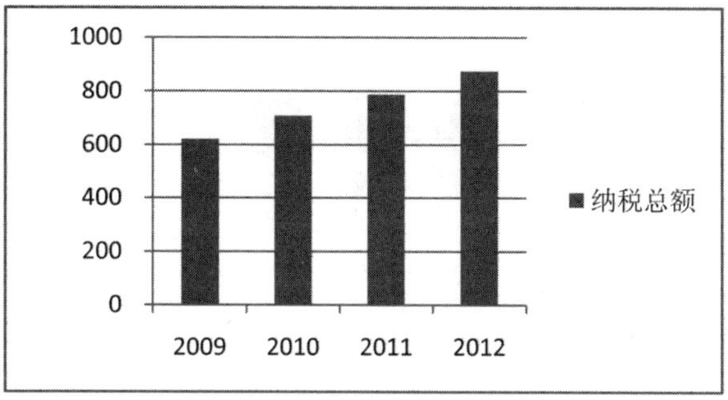

图 3 - 19　中国出版产业规模(纳税总额)(2009 - 2012 年)　单位:亿元

第二节　中国核心出版产业的规模发展[①]

一、中国核心出版的产业规模

(一)中国核心出版的经济规模

中国核心出版产业随着出版产业的总体增长一起快速增长。2009 年,核心出版的营业收入达到了 2,061.29 亿元,经过年均 22.30%的高速增长,到 2012 年增加至 3,769.75 亿元,增加了 88.28%。2009 年,核心出版的增加值为 783.4 亿元,2012 年达到 1,322.19 亿元,年均增长 19.09%,三年增长了 68.78%。2009 年,核心出版的总产出为 2,099.84 亿元,经过年均 22.04%的增长,到 2012 年增加到了 3,816.39 亿元,增长了 81.74%。2009 年,核心出版实现利润 224.35 亿元,经过年均 21.17%的增长,到 2012 年利润达到了 397.40 亿元,增长了 77.13%。2012 年和 2009 年相比,核心出版的各项经济指标都增长了将近一倍,这是非常显著的成就。

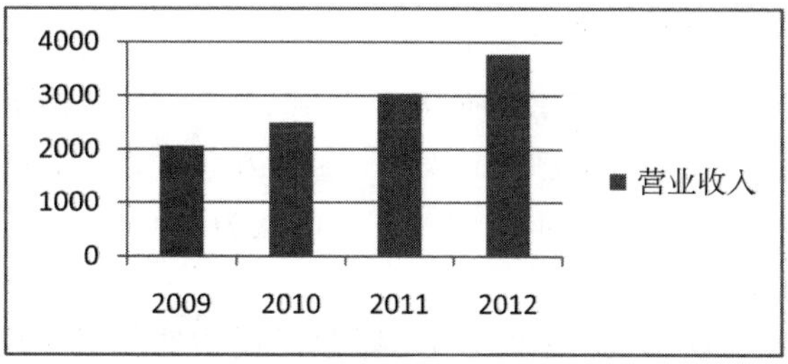

图 3 - 20　中国核心出版的经济规模(营业收入)(2009 - 2012 年)　单位:亿元

① 核心出版包括数字出版,规模加总只能采取经济指标,无法采取出版指标。

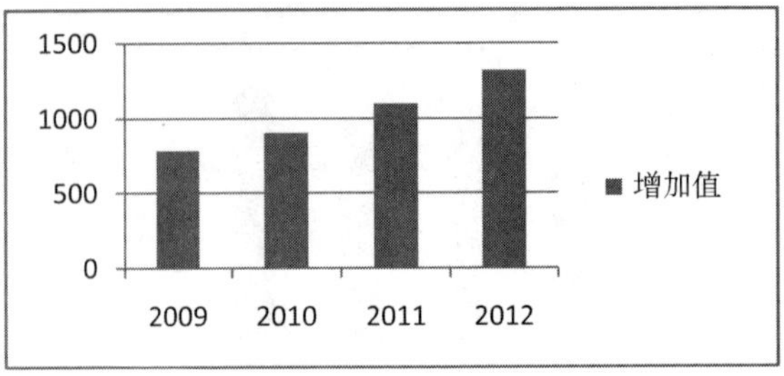

图 3-21　中国核心出版的经济规模(增加值)(2009-2012 年)　单位:亿元

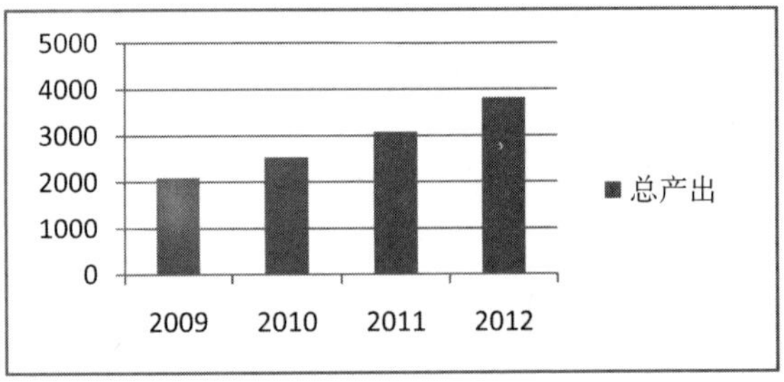

图 3-22　中国核心出版的经济规模(总产出)(2009-2012 年)　单位:亿元

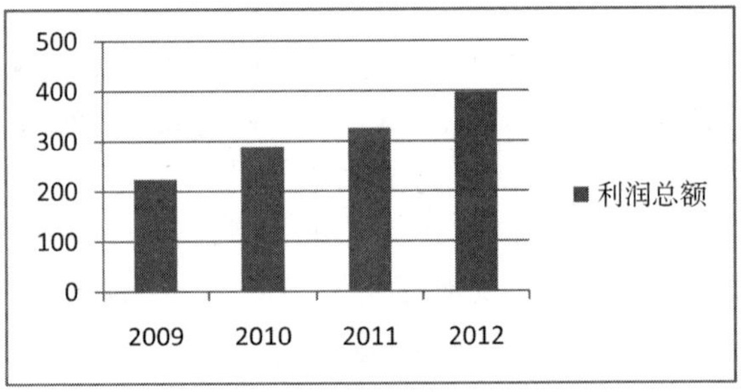

图 3-23　中国核心出版的经济规模(利润总额)(2009-2012 年)　单位:亿元

(二)中国核心出版的出版规模

中国核心出版的种数规模增长较为明显和迅速,2000 年的出版种数还只有 17.4 万余种,经过持续不断上涨,到 2012 年已经达到了 45.6 万余种,增长了近两倍,年均增长率为 8.41%;增长率最高为 2011 年,达到了 13.44%,最低为 2006 年,达到了 4.11%,增速十分显著,且较为稳定和持续。

相较核心出版的种数规模,核心出版的总印数规模增速相对平缓。2000 年核心出版的总印数为 423.87 亿册、张,2012 年增长到 601.56 亿册、张,净增加 177.69 亿册、张,年均增长实现了 2.97%,最高是 2002 年,实现了 5.61%,最低则为 2009 年,只有 -0.59%的增长。在 2000—2009 年期间的增长呈现出一种下降的趋势,稍后又开始了上升的增速趋势,但与之前的四年基本持平。

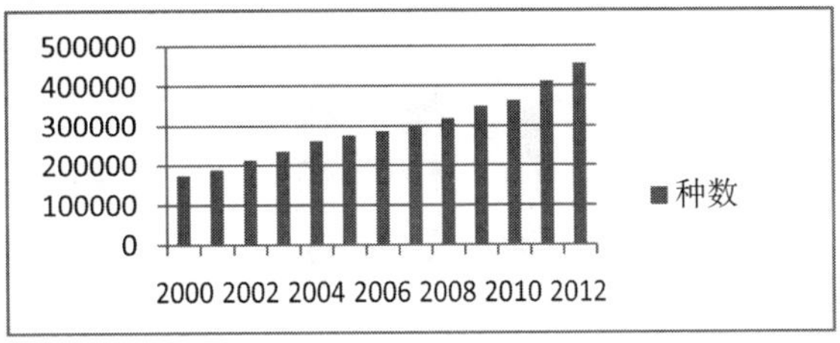

图 3-24　中国核心出版的出版规模(种数)(2000-2012 年)　单位:种

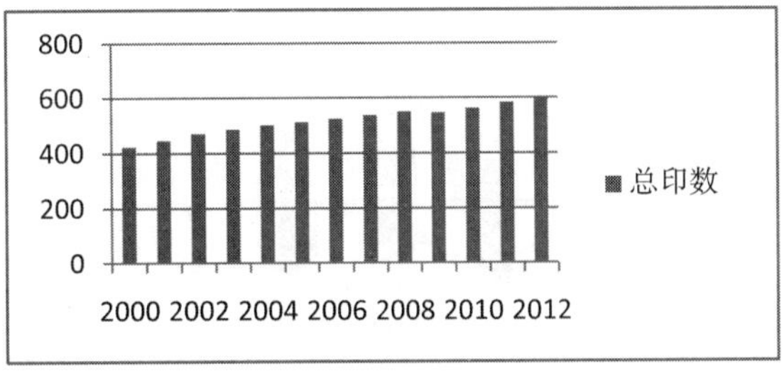

图 3-25　中国核心出版的出版规模(总印数)(2000-2012 年)　单位:亿册、张

二、中国传统出版的产业规模

(一)中国传统出版的经济规模

2009－2012 年期间,中国传统出版的营业收入的年均增长率达到了 13.29%,低于整个出版产业 17.19%的年均增长速度,增长率也呈现了下降的趋势,但整个营业收入的绝对规模还是表现出不断上涨的态势。传统出版的增加值的规模也显示出不断增长的态势,但在此期间的年均增长率为 12.45%,不仅低于出版产业年均 14.21%的水平,更是低于核心出版的 19.09%的水平,增长速度呈现出明显的下降趋势。传统出版的总产出在 2009 年为 1,274.00 亿元,到 2012 年增长到了 1,841.60 亿元,年均增长率为 13.09%,呈现了先上升后下降的明显特征,增长速度低于出版产业年均 16.81%的水平,更低于核心出版 22.04%的水平。2009 年,传统出版实现利润总额为 157.58 亿元,到 2012 年上升到了 239.74 亿元,年均增长幅度为 15.20%,高于出版产业年均 14.03%的水平,但低于核心出版 21.17%的水平指标。从经济指标数据来看,中国传统出版的规模增长幅度没有现代出版高,但效益的增长仍然在整个出版产业中比较突出;绝对的效益规模在整个出版产业中排倒数第二,仅高于现代出版。

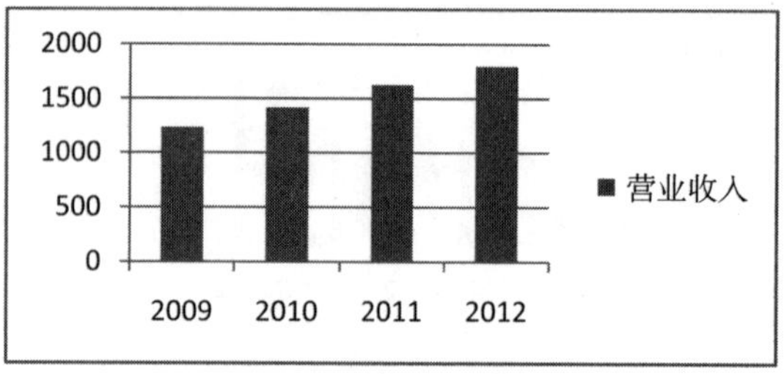

图 3 - 26　中国传统出版的营业收入(2009 - 2012 年)　单位:亿元

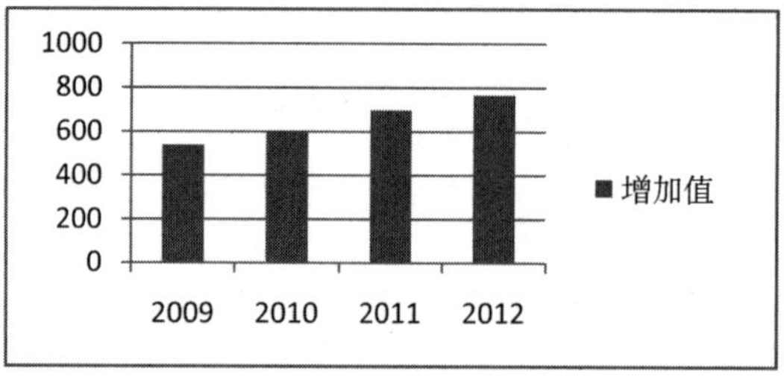

图 3 - 27　中国传统出版的增加值(2009 - 2012 年)　单位:亿元

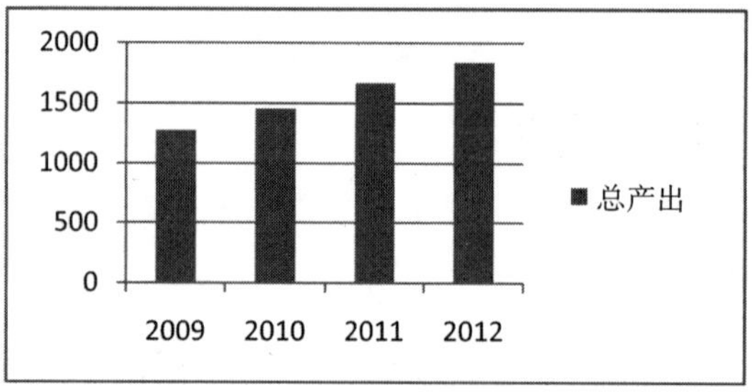

图 3 - 28　中国传统出版的总产出(2009 - 2012 年)　单位:亿元

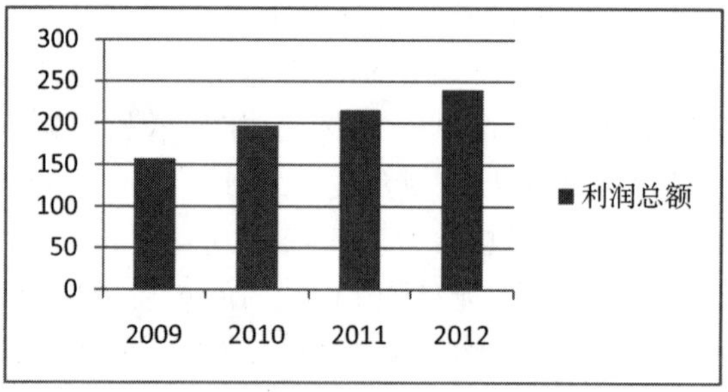

图 3 - 29　中国传统出版的利润总额(2009 - 2012 年)　单位;亿元

(二)中国传统出版的出版规模

中国传统出版的种数出版规模在 2000 年为 15.41 万种,经过年均 8.88%的不断增长,到 2012 年增加到了 42.57 万种，增长势头迅猛。增长率最高为 2011 年的 13.44%，最低为 2006 年的 4.11%，增长的幅度虽然起伏较大，但总体呈现出不断增长的趋势。就传统出版的总印数规模而言，2009 年为 421.45 亿元，到 2012 年增加到了 594.99 亿元。而其增长的速度相对种数则缓慢一些，在 2009－2012 年期间年均增幅为 2.97%，最高为 2002 年的 5.61%，最低为 2009 年的 －0.59%，整个期间呈现出一种增长率不断下降的趋势。

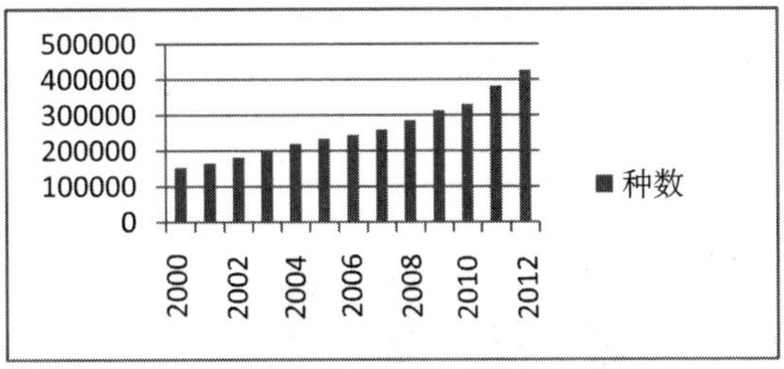

图 3－30　中国传统出版的出版规模(种数)(2000－2012 年)　单位:种

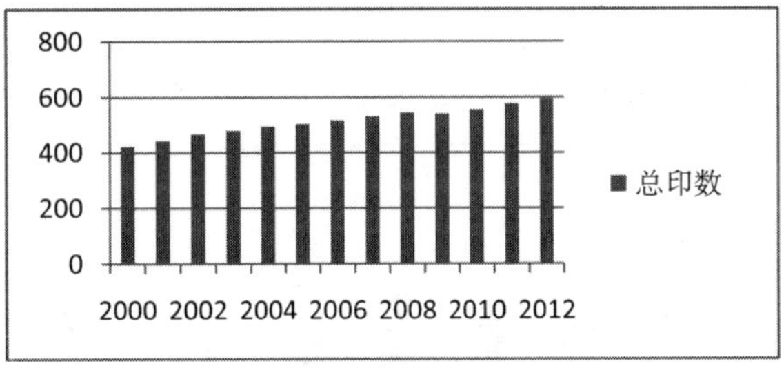

图 3－31　中国传统出版的出版规模(总印数)(2000－2012 年)　单位:亿册、张

(三)中国传统出版的行业规模①

1. 图书出版产业规模

(1)经济规模

2009 年中国图书出版营业收入为 462.76 亿元，经过四年年均 16.10% 的增长，到 2012 年增加到了 723.51 亿元；2009 年图书出版增加值为 188.50 亿元，到 2012 年为 255.17 亿元，年均增长 10.70%；2009 年图书出出版人均增加值为 29.97 万元，2012 年为 38.03 万元，每年稳步增长，年均增长 8.45%；2009 年图书出版总产出为 477.73 亿元，2012 年增加到 751.16 亿元，年均增长 16.32%；2009 年图书出版实现利润 74.77 亿元，2012 年增加到 115.22 亿元，年均增长 15.86%。

① 图书的出版统计可以从 1949 年开始计算，但传统出版则从 1978 年开始计算。

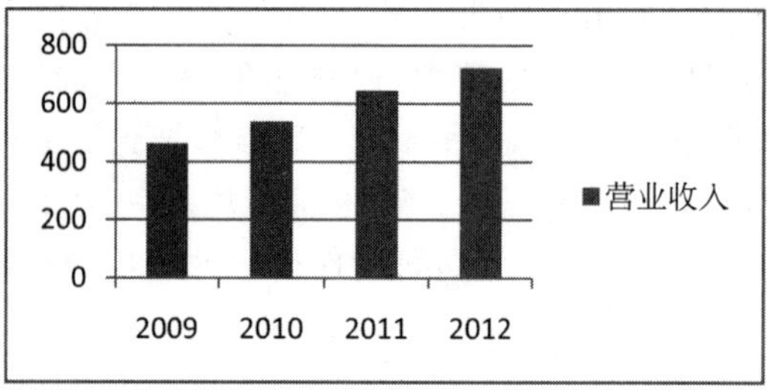

图 3－32　中国图书出版产业规模(营业收入)(2009－2012 年)　单位:亿元

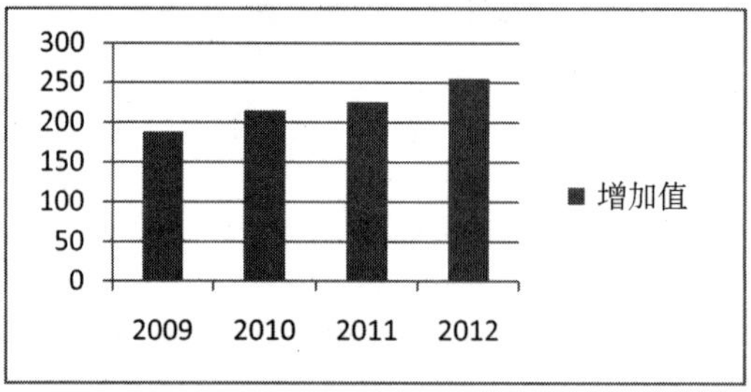

图 3－33　中国图书出版产业规模(增加值)(2009－2012 年)　单位:亿元

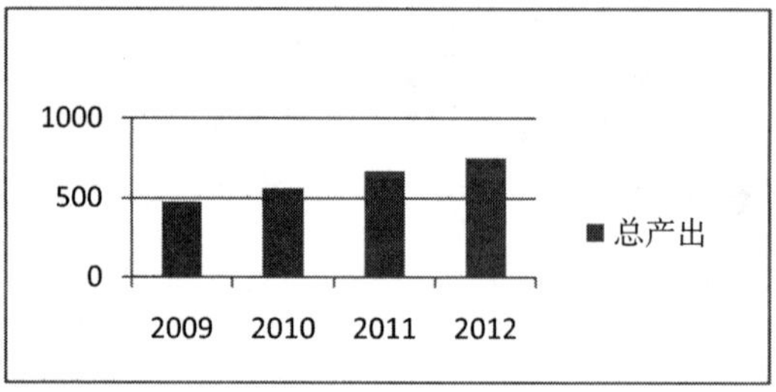

图 3－34　中国图书出版产业规模(总产出)(2009－2012 年)　单位:亿元

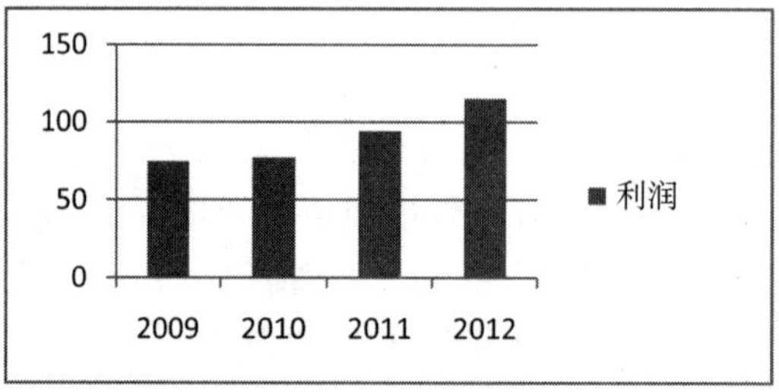

图 3－35　中国图书出版产业规模(利润)(2009－2012 年)　单位:亿元

(2)产品规模

①图书出版规模①

1950 年,中国图书品种只有 6,408 种,品种数量一直呈现不断上升的趋势,而且在 1980

---

① 由于表格较长,这里只是给出相应的图例。

年之后，上升趋势更加显著。2004 年，我国出版图书品种首次突破 20 万种，达到 20.83 万种，短短五年时间，到 2009 年突破 30 万种，跃升到 30.17 万种。不到三年时间，2012 年首次突破 40 万，达到了 41.40 万种，增加的幅度十分惊人。中国图书出版的增长幅度在 1978 年之前波动较大，显示了不太稳定的特点，但在 1978 年至 2012 年期间，图书出版的品种增幅开始趋于稳定，而且增速也保持在比较高的水平，品种的数量年均增幅达到了 10.39%，在传统出版中增幅仅次于报纸品种的增幅，显示了强劲的增长态势。与我国图书出版品种的庞大数量相比，我国图书出版产业的质量仍有很大的提升空间。影响世界的 100 种书和 100 个作家都没有我国的，因此我国只能称为图书出版大国，而非图书出版强国。① 我国图书出版的进出口数量规模也十分有限，还没有形成一定的国际竞争力和影响力。

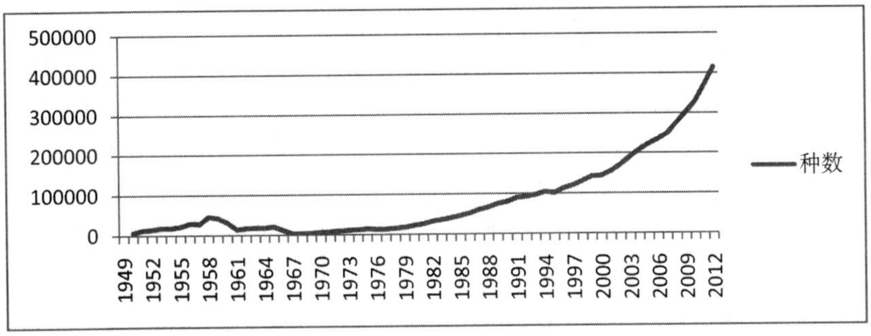

图 3-36　中国图书出版种数规模(1949-2012 年)　单位:种

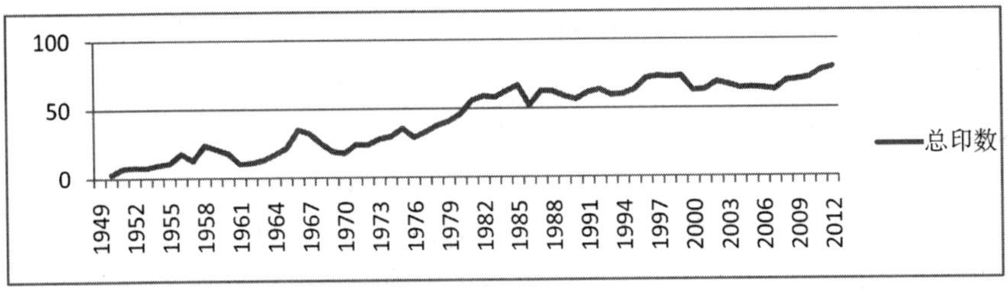

图 3-37　中国图书出版总印数规模(1949-2012 年)　单位:亿册

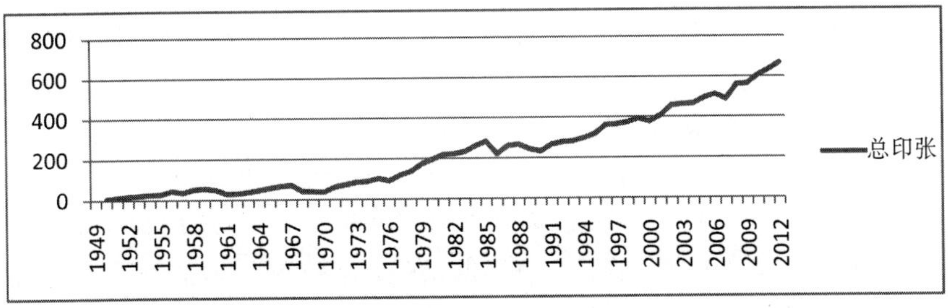

图 3-38　中国图书出版总印张规模(1949-2012 年)　单位:亿印张

① 柳斌杰.出版体制改革与改革中的出版业[J].出版科学,2007(5).

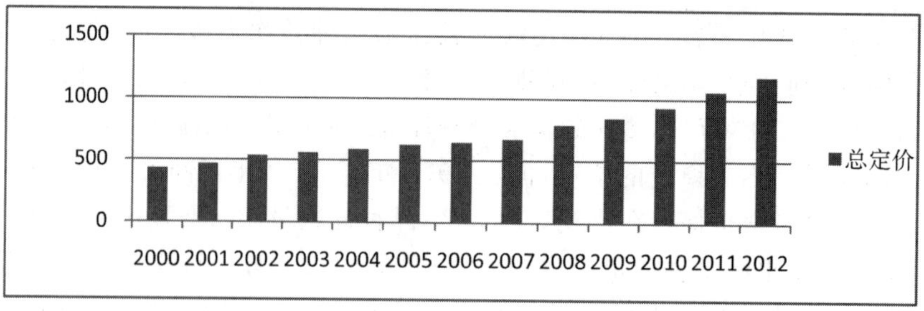

图 3－39　中国图书出版总定价规模(2000－2012 年)　单位:亿元

中国图书出版的总印数规模自 1949 年开始就表现为不断增长的态势,1982—2003 年虽表现得较为和缓一些,但绝对数量的增幅也是非常显著的。1950 年中国图书的总印数只有 2.75 亿册,1955 年达到了 10.79 亿册,随后不断增加,到 2012 年为 79.25 亿册,几乎接近 80 亿册。中国图书出版的总印数增长率在 1949 年至 1972 年间波动较大,自 1973 年之后,图书总印数的增长幅度开始趋于稳定。1949 年至 2012 年整个期间,图书总印数的增长率年均达到了 8.33%,1978 年至 2012 年期间的增长率年均则只有 2.56%,但增长稳定。

中国图书出版的总印张规模一直呈现不断增长的态势,在 1972 年之前增长较为缓慢,1951 年只有 5.91 亿印张,但 1951 年增长迅猛,达到了 12.63 亿印张,增长了 113.71%,之后到 1973 年,都是在较为剧烈的波动中不断增长;1973 年之后,增长趋于平稳,增长的幅度也趋于收窄。1949 年至 2012 年的总印张年均增幅为 9.95%,1978 年至 2012 年的总印张年均增长幅度为 5.16%。由于前者的积累,后者基数较大,因此总印张数的绝对增幅还是十分显著的。

中国图书出版的总定价规模的增长相对缓慢,2002 年图书总定价为 430.10 亿元,增长幅度有所起伏,基本保持在年均 8.88%。2011 年,图书总定价超过了千亿元,达到了 1,063.06 亿元,2012 年则增加到了 1,183.37 亿元。

②书籍规模①

1949 年,中国书籍出版的种数仅为 4,759 种,在随后的 30 年中一直起起伏伏,但总量都不大,增长幅度也是波动较大。到 1979 年,书籍出版的种数增长开始趋于稳定,种数的绝对数量也开始趋于明显增长。1980 年书籍的种数首次破万,达到了 1.57 万种,随后不断增加,2012 年更是突破 4 万,达到了 4.13 万种。在 1949 年至 2012 年期间,书籍种数年均增长幅度为 11.69%,在 1979 年之后增幅虽然比前期要小,但由于增长稳定,因此,种数绝对数量的增加也是非常显著的。

在 1980 年之前,中国书籍总印数绝对数量的增加一直较为缓慢,这也可以从之前总印数的增长率起伏波动较大看出,虽有正的较高增长,但也经常出现负的增长,因此绝对数量的增长不高。1950 年书籍出版的总印数为 0.97 亿册,到 1980 年增加到了 13.55 亿册,1981 年更是迅速增加到了 28.31 亿册,随后一直不断增长,到 1999 年增加到了 72.68 亿册,并保持数量相对稳定,2012 年则达到了 78.90 亿册。整个期间的年均增长率为 13.75%,增长的趋势较为明显,但近几年书籍总印数增长已经趋于稳定。

---

① 由于表格较长,这里只是给出相应的图例。

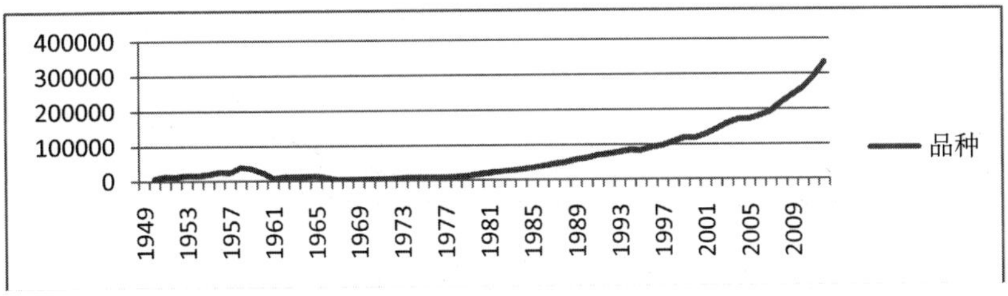

图 3－40　中国书籍品种规模(1949－2009 年)　单位:种

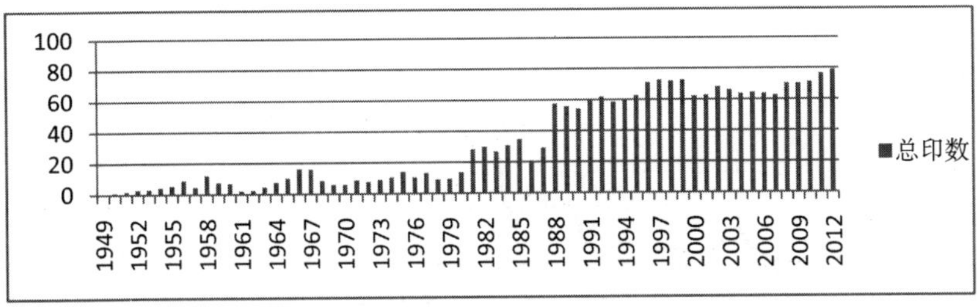

图 3－41　中国书籍总印数规模(1949－2012 年)　单位:亿份

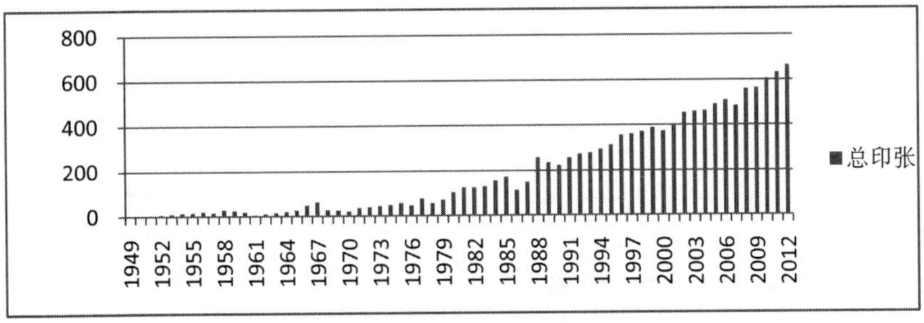

图 3－42　中国书籍总印张规模(1949－2012 年)　单位:亿印张

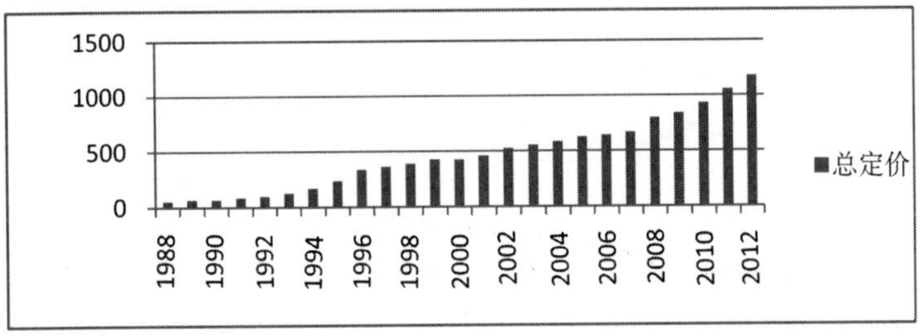

图 3－43　中国书籍总定价规模(1988－2012 年)　单位:亿元

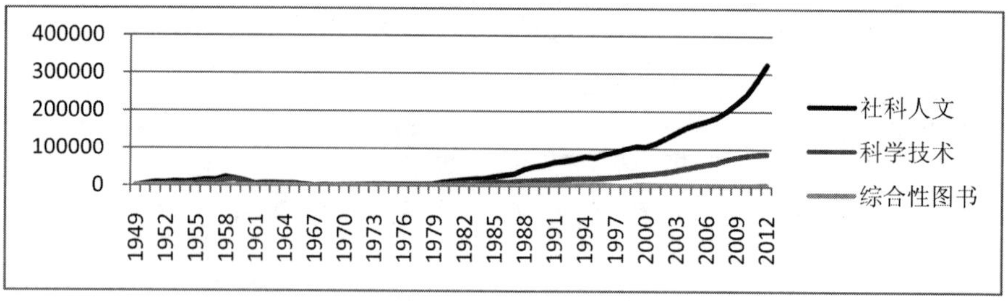

图 3-44 中国书籍分类规模(品种)(1949-2012 年) 单位:种

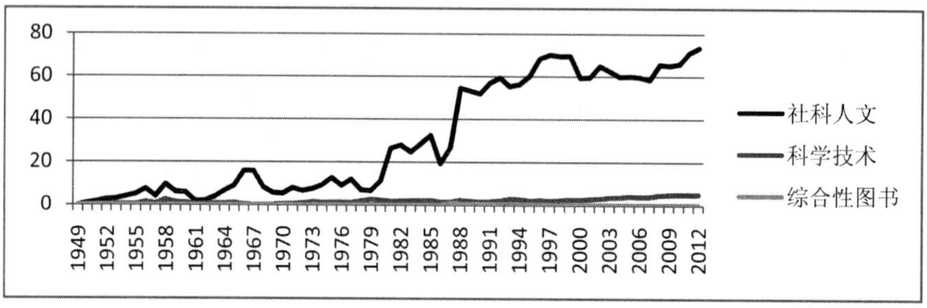

图 3-45 中国书籍分类规模(总印数)(1949-2012 年) 单位:亿份、册

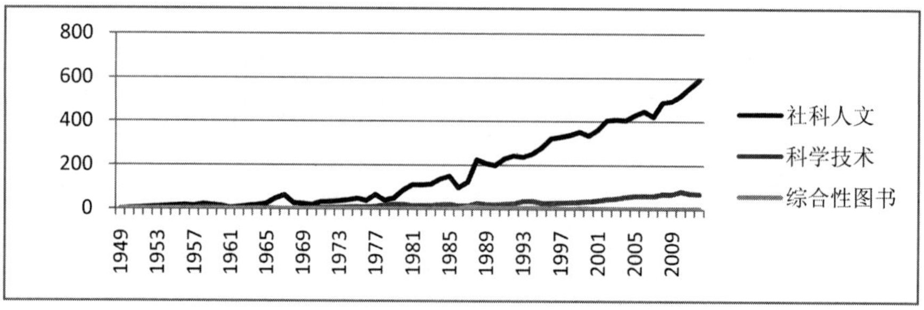

图 3-46 中国书籍分类规模(总印张)(1949-2009 年) 单位:亿印张

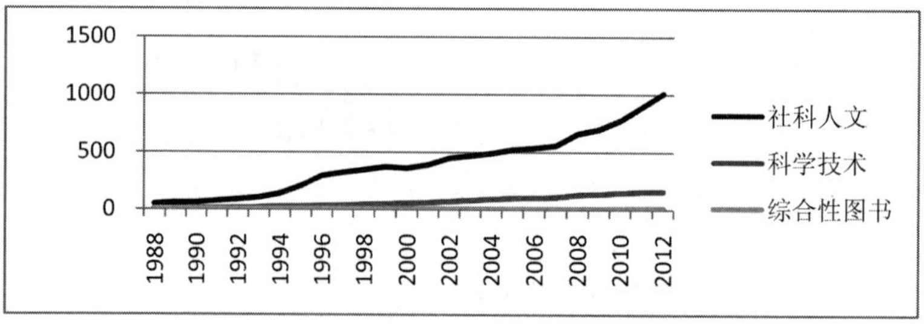

图 3-47 中国书籍分类规模(总定价)(1988-2012 年) 单位:亿元

1978 年之后,中国书籍出版的总印张数呈现了较为明显的增长,增长率则在 1991 年之后趋于稳定,并保持了个位数的增长,而 1990 年之前书籍总印数的增长率上下起伏波动非常大,并且时正时负,增长很不稳定。1950 年书籍的总印张为 3.08 亿印张,1980 年增长到了 104.86 亿印张,突破百亿,到 2012 年,短短 32 年的时间,书籍的总印张数增长到了 664.82 亿,是 1950 年的 215.85

倍,1950年至2012年整个期间的年均增长率为5.05%。

在1988年至2012年期间,中国书籍的总定价年均增长率保持在16.77%,虽然有所起伏,但总体趋势还是比较平稳的。1988年中国书籍总定价为55.27亿元,2012年增长到1,176.60亿元,绝对数量增加了21.28倍,增长比较明显。

从书籍的具体分类来看,社科人文、科学技术及综合性图书的种数在1979年之前都几乎保持不变,而且三者数量也基本相等。在此之后,三者出现了显著的不同变化,品种数量增加最多的是社科人文类书籍,其次是科学技术类书籍,而综合性图书则几乎没有明显的增加。社科人文类与科学技术类书籍品种增长率保持了较高的一致性,科学技术类则表现得要更为剧烈一些,社科人文类相对缓和一些;综合性图书除了在1999年有短暂的较为剧烈的增幅外,总体在水平线上下浮动,1988—2012年的年均增幅在7.49%,是书籍中增幅最少的。科学技术类书籍在1949—2012年期间的年均增长率最高为17.01%,社科人文类书籍的年均增长率为10.75%,但由于社科人文类的品种数量基数较大,1950年为4,117种,科学技术类仅为642种。因此经过65年的发展,2012年社科人文类的品种达到了32.39万种,科学技术类品种为8.60万种,绝对数量相差越来越大,综合性图书则始终保持在2,000—3,000左右的水平。

中国书籍中的社科人文、科学技术和综合性书籍的总印数的规模和增长率变化趋势基本与相应的种数变化趋势一致。不过,社科人文类的总印数增长得更快,而科学技术类的总印数增长得更为缓和,综合性图书则依然基本不变。从总印数的增长率来看,科学技术类书籍的增长波动还是比社科人文类书籍大,而且更为显著;综合性书籍的增长率比种数指标的增长率波动要大,显示出一定的不稳定性。三类书籍的总印张数量和增长率变化与对应总印数的变化趋势较为一致。

中国书籍出版中的社科人文类书籍的总定价增长较快,1988年为46.58亿元,经过年均13.20%的高速增长,到2012年达到了1009.03亿元。1988年科学技术类书籍的总定价为6.48亿元,到2012年增加到了157.85亿元,年均增幅为0.44%,增长较为缓慢。综合性书籍的总定价在1988年只有2.22亿元,到2012年增长到了9.72亿元,虽说增长了三倍多,但绝对数量相比较而言增长不明显,在书籍出版中几乎可以说是稳定增长。

③课本规模①

中国课本出版的种数、总印数、总印张和总定价的规模都在不断增长,种数规模的增长趋势相对平缓一些,而总印数、总印张和总定价的增长趋势更为明显。中国课本出版的种数规模在1979年后开始显著增长,增长率则在1972年之前波动较大,之后开始趋于稳定。1950年中国课本种数为641种,2012年已经超过8万种,达到了8.13万种,保持39.69%的高速年均增长率。课本出版的发展态势是非常值得赞叹和令人期待的。

课本总印数规模在1950年只有1.54亿册,经过年均2.04%的增长,到2012年达到了34.75亿册,增长了21.56倍。1950年课本总印张数为2.83亿印张,到2012年则增长到了270.79亿印张,增长了94.69倍,年均增长幅度为3.94%。课本总定价的增长相对缓和一些,增长率波动不大,显示了一定的起伏性。1988年课本总定价为162.36亿元,到2012年

① 由于表格较长,这里只是给出相应的图例。

增长为 351.13 亿元,增长率 1.16 倍,年均增幅保持在 5.88%。

在课本的四个分类(大专及大专以上、中学、小学和其他)中,1986 年之前,四个分类的种数总量差别不大,1998 年之后,四个分类的种数总量差距逐渐拉大,而中学和小学的课本种数相对增长缓慢,增长较快的是大专及大专以上和其他类别的课本,增长幅度最大的是大专及大专以上类别的课本。这种增长的态势,是比较符合实际情况的。在 1980 年至 2012 年期间,虽然课本各个分类的种数增长率波动较大,但大专及其以上的种数增长率仍然有 13.55%的年均增长,中学课本种数的增长率为 8.41%,小学课本种数的增长率为 8.53%,其他类课本种数的增长率为 9.59%,都保持了一定的增长,显示了中国教育欣欣向荣的发展态势。

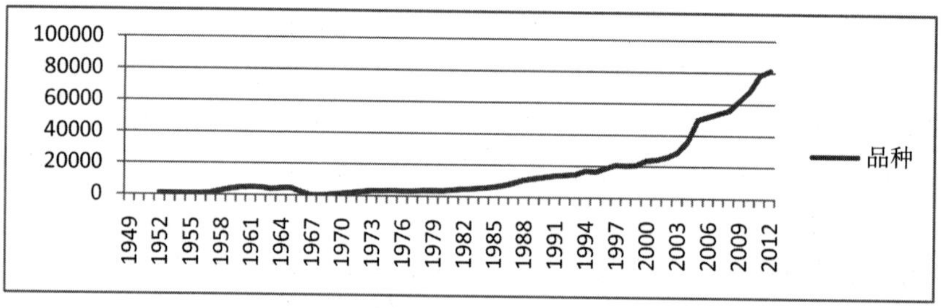

图 3-48 中国课本规模(品种)(1949-2012 年) 单位:种

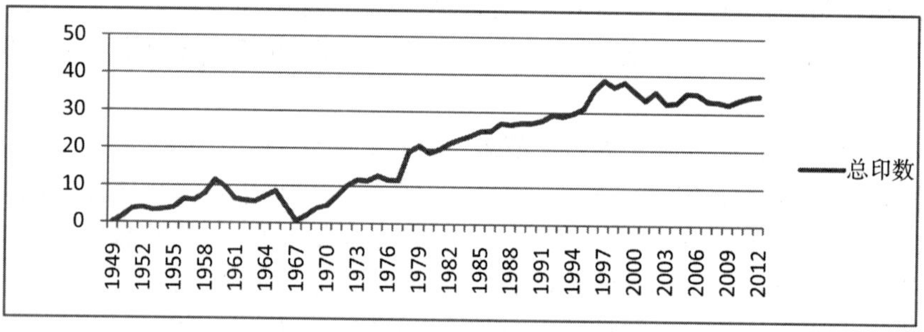

图 3-49 中国课本规模(总印数)(1949-2012 年) 单位:亿张

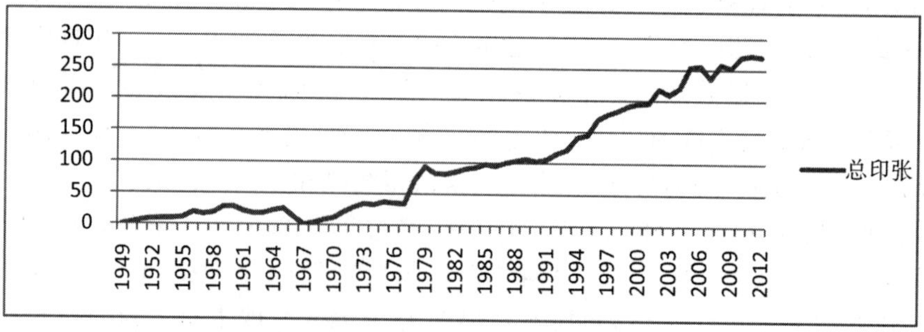

图 3-50 中国课本规模(总印张)(1949-2012 年) 单位:亿印张

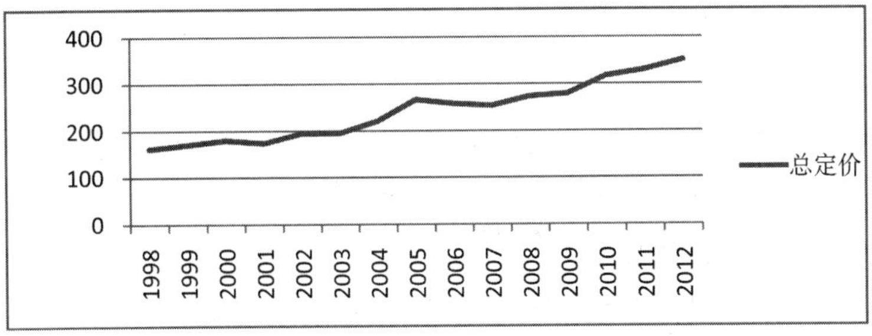

图 3－51　中国课本规模(总定价)(1998－2012 年)　单位:亿元

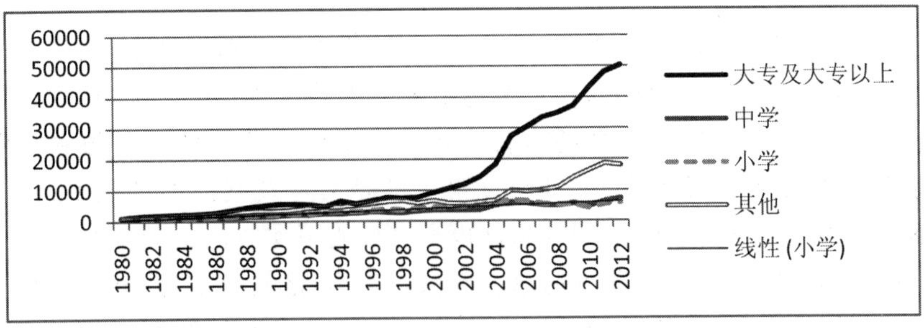

图 3－52　中国课本分类规模(品种)(1980－2012 年)　单位:种数

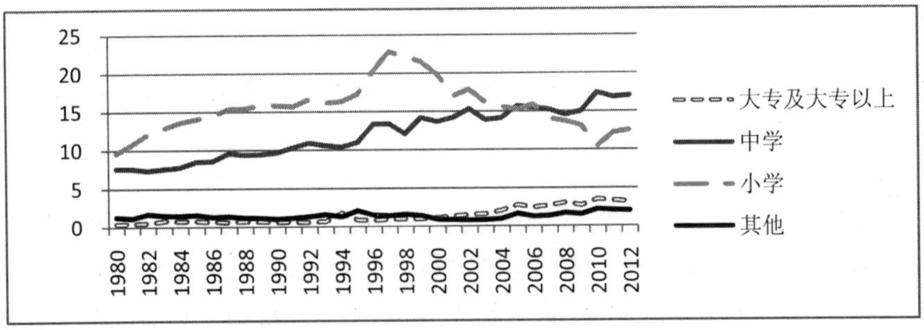

图 3－53　中国课本分类规模(总印数)(1980－2012 年)　单位:亿张

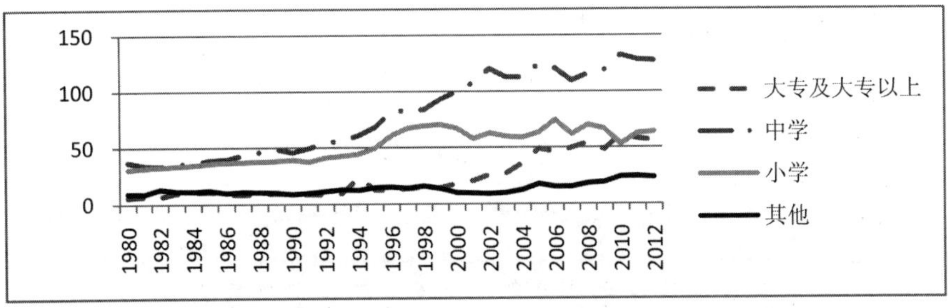

图 3－54　中国课本分类规模(总印张)(1980－2012 年)　单位:亿印张

在课本出版的总印数和总印张的数量上,中学和小学课本的数量远远超过了大专及其以上和其他类别课本的数量;总印数以小学课本为最高,2005 年后中学课本的总印数开始

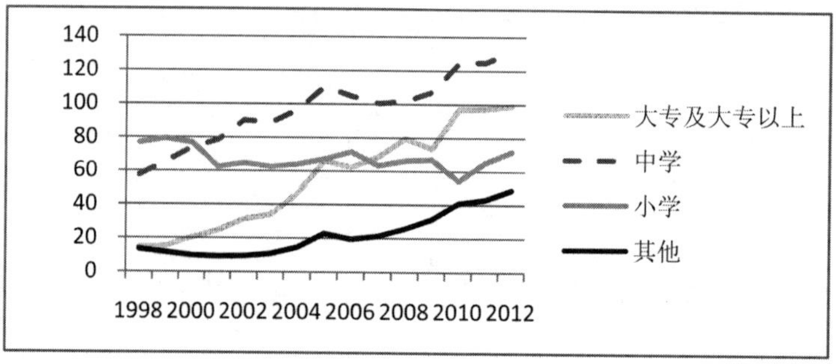

图 3－55 中国课本分类规模(总定价)(1998－2012 年) 单位:亿元

超过小学课本;总印张数则是中学课本一直高于小学及其他类别的课本,大专及其以上的课本的总印张数则从 1999 年开始远远超过其他类别的总印张数,并且从 2009 年开始超过小学课本的总印张数,显示了较为强劲的增长态势。课本各个分类的总印数和总印张数的增长率虽然有波动,但基本比较稳定,变动幅度最大的是大专及其以上的课本,小学课本的增长率变动幅度最小,中学的变动幅度其次,这也充分说明了课本出版的特点。

课本总定价的规模除了小学课本的总定价保持在 70 亿元上下外,其他三种分类的课本都表现出显著的增长态势,增长最为迅猛的当属大专及其以上的课本,其次是中学课本,其他类课本增长速度也很快。1998 年大专及其以上的课本的总定价为 14.53 亿元,中学课本的总定价为 57.52 亿元,小学课本为 76.87 亿元,其他类课本的总定价为 13.45 亿元,分别经过年均 15.79%、6.33%、0.07%和 11.41%的增长,到 2012 年分别达到了 98.94 亿元、131.67 亿元、71.77 亿元和 48.76 亿元的规模,期间增长率波动都较大,显示一定的不稳定性。

④图片规模

中国图片品种数量的规模在 1982－1991 年有短暂的上升,但数量基本维持在 1,000 种上下,增长率每年波动很大,这种数量上的稳定和增长率的波动显示了图片出版的巨大波动性。这种波动和不稳定性在图片出版的总印数、总印张上也得到了验证,只是总印数的增长率波动相对平缓一些,总印张的增长率幅度更大一些。中国图片出版的总定价则表现为一路不断下滑的趋势,1988 年为 4.58 亿元,2012 年则只有 1.00 亿元,年均降幅 8.38%。考虑到物价因素,图片经济规模的下降更加明显。

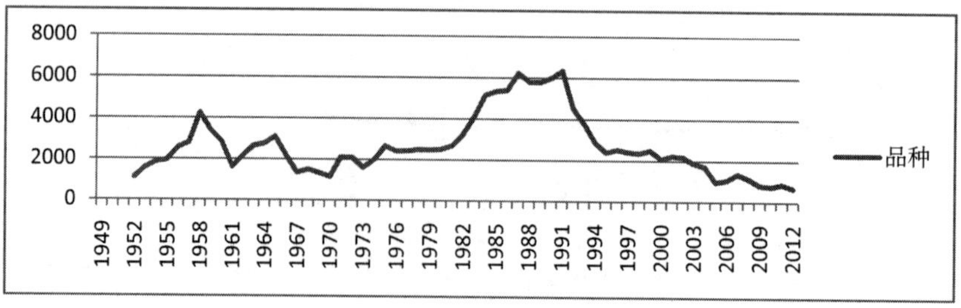

图 3－56 中国图片品种规模(1949－2012 年) 单位:种

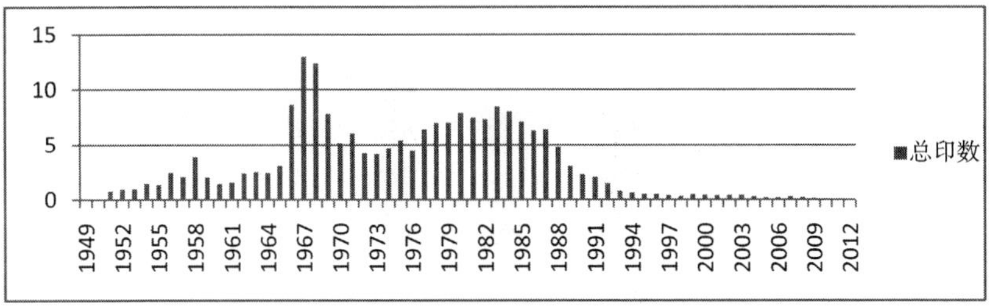

图 3－57　中国图片总印数规模(1949－2012 年)　单位:亿张

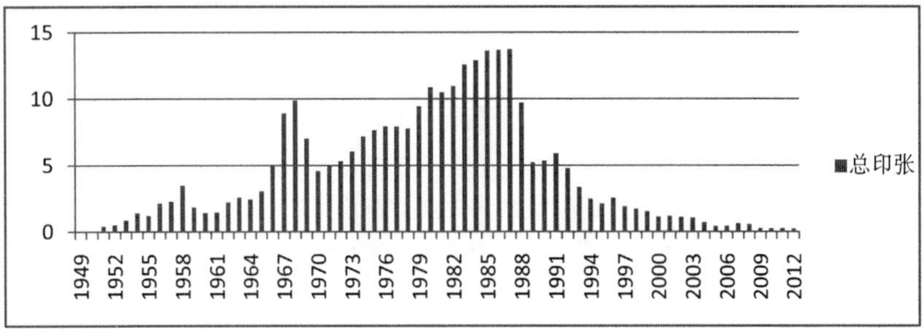

图 3－58　中国图片总印张规模(1949－2012 年)　单位:亿印张

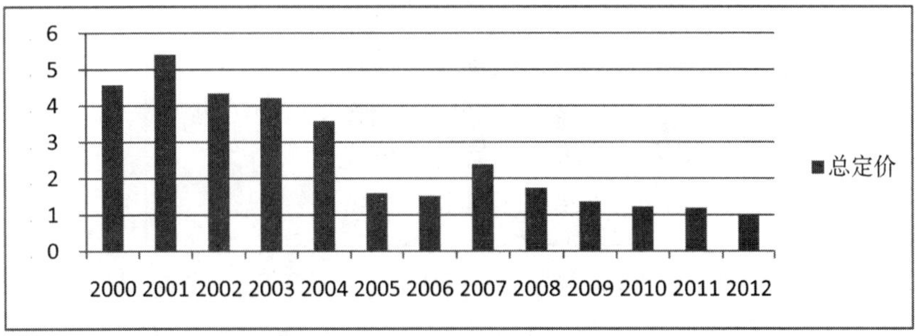

图 3－59　中国图片总定价规模(2000－2012 年)　单位:亿元

2. 期刊出版产业规模

(1)经济规模

2009 年中国期刊出版营业收入为 145.90 亿元，到 2012 年为 220.86 亿元，年均增长 15.67%；2009 年中国期刊出版增长值为 70.20 亿元，2012 年增加到 155.82 亿元，增长一倍多，年均增长 39.24%；2009 年中国期刊出版人均增长值为 8.00 万元/人，2012 年增加到 13.96 万元/人，年均增长 25.09%，增长较为迅速；2009 年中国期刊出版的总产出为 150.25 亿元，2012 年增加到 230.14 亿元，年均增长 15.90%；2009 年中国期刊出版实现利润 12.37 亿元，2012 年增加到 25.28 亿元，年均增幅 27.91%。

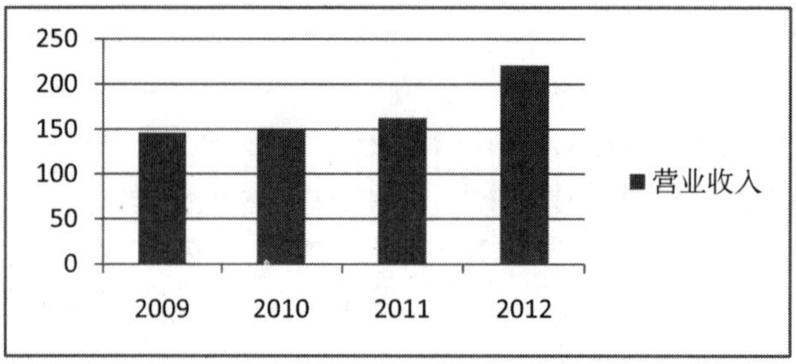

图 3-60　中国期刊出版规模(营业收入)(2009-2012 年)　单位:亿元

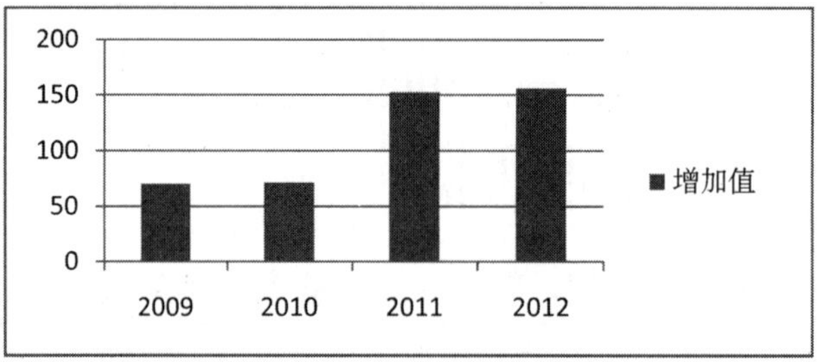

图 3-61　中国期刊出版规模(增加值)(2009-2012 年)　单位:亿元

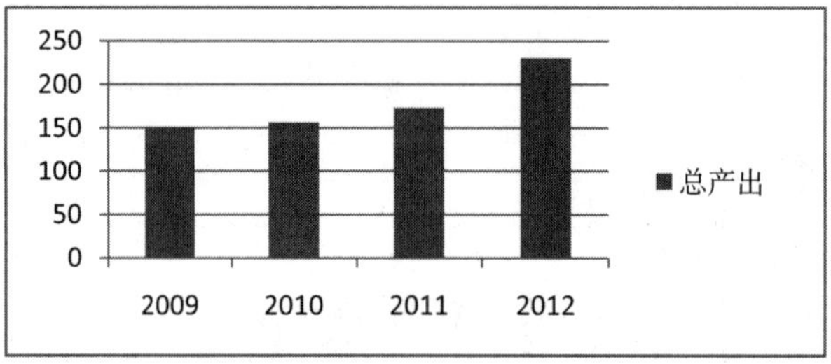

图 3-62　中国期刊出版规模(总产出)(2009-2012 年)　单位:亿元

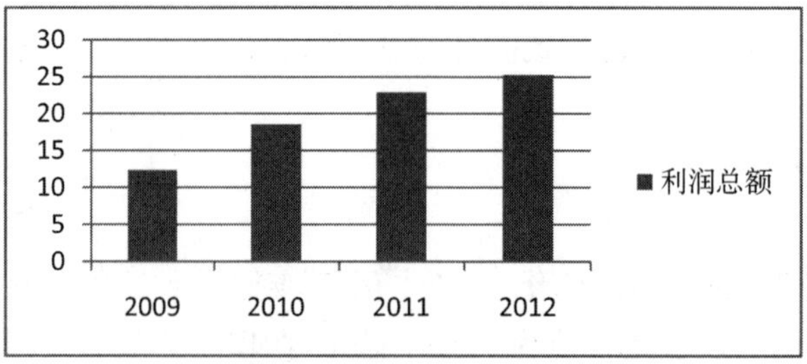

图 3-63　中国期刊出版规模(利润总额)(2009-2012 年)　单位:亿元

(2)产品规模

①期刊出版总量规模

中国期刊出版的种数总量在 1976 年之前一直变化不大,有 600 种左右。虽然在 1967 年至 1971 年低于 100 种,由于基数较低,所以总体处于比较稳定的状态。1973 年期刊种数的总量规模较小,因此数量的稍加变化对期刊种数的增长率波动起伏影响较大。1971 年、1972 年的种数增长率甚至分别达到了 242.86％和 169.44％，而 1966 年、1967 年的种数增长率分别下降了 75.82％和 85.86％，显示了历史的真实波动状况。1949 年中国期刊的种数只有 257 种，经过年均 13.35％的增长，到 2012 年期刊种数已经达到了 9,867 种，是 1949 年的 38.39 倍，增长十分显著，但近几年，期刊在种数数量上一直保持较为稳定的态势，增长率只有 0.33％左右。

1952 年，中国期刊平均期印数为 1,195 万册，到 1973 年增长到了 2,667 万册(1967 年至 1970 年的期刊种数低于 1,000 万册)，随后不断增长，1999 年增加到 21,845 万册，稳定在 2 万册左右，2005 年下降到 1.63 万册，其后基本维持在 1.65 万册上下，整个期间的年均增长率达到 8.18％；总体而言，在 1976 年之前，期刊平均期印数增幅波动较大，之后则表现为增幅平稳的态势。

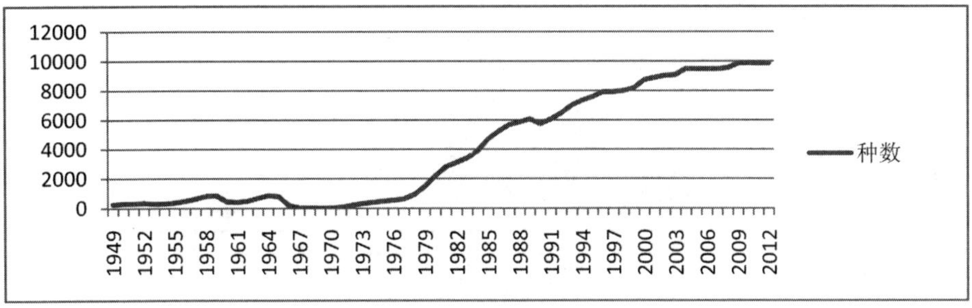

图 3－64　中国期刊出版种数规模(1949－2012 年)　单位：种

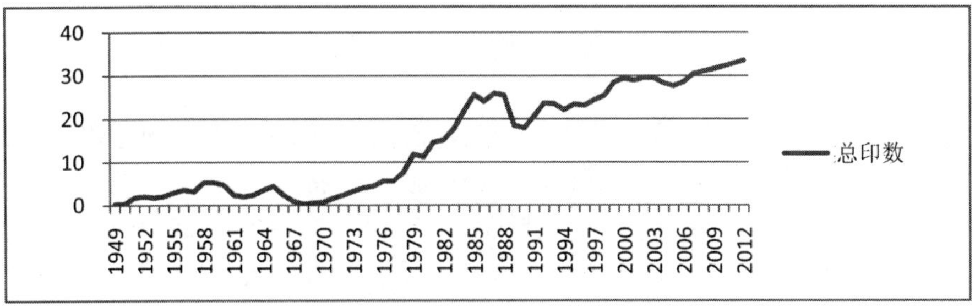

图 3－65　中国期刊出版总印数规模(1949－2009 年)　单位：亿册

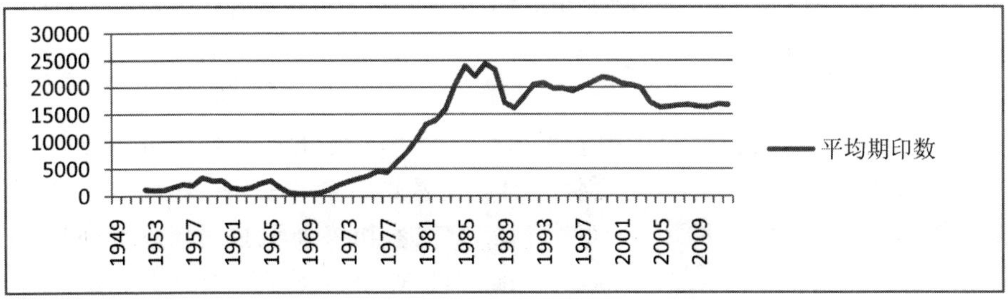

图 3－66　中国期刊出版平均期印数规模(1949－2009 年)　单位：万册

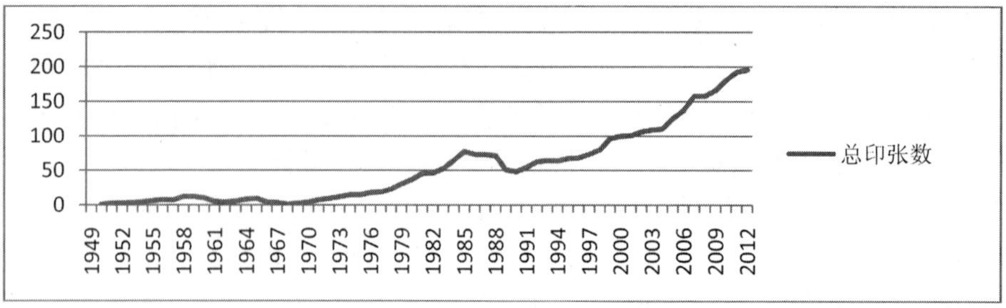

图 3－67　中国期刊出版总印张数规模(1949－2012 年)　单位:亿印张

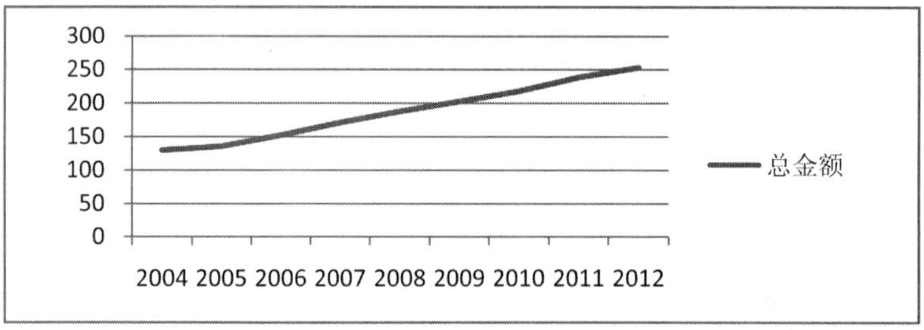

图 3－68　中国期刊出版总金额规模(2004－2012 年)　单位:亿元

1949 年,中国期刊总印数只有 0.20 亿册,到 1973 年,总印数增长一直较缓慢,1973 年达到 3.22 亿册,虽然增长幅度较大,但绝对数量仍然较小。从 1974 年开始,期刊的总印数规模迅速扩大,到 2012 年,期刊总印数已经达到 33.48 亿册;从 1949 年至 2012 年,期刊总印数的年均增长率为 16.82%,增长十分显著。

虽然期刊的总印张数也保持了一直不断增长的态势,但幅度没有期刊总印数那么大,总印张数的总量与增长率的变化与总印数的对应变化基本保持一致。1950 年,期刊总印张数为 0.79 亿印张,到 1973 年,总印张数都保持了较为稳定的数量;从 1974 年 9.47 亿的印张数开始不断增长,到 2012 年期刊的总印张数已经达到了 196.01 亿;在 1950 年至 2012 年期间,总印张数的年均增长率为 15.05%。

期刊总金额的增长基本保持了线性增长的态势。2004 年,期刊总金额为 129.91 亿元,以年均 8.70%的幅度增长,到 2012 年期刊总金额已经达到了 252.68 亿元,每年的增长幅度保持在 6%—8%,增长十分稳定。

②期刊出版内容规模

从期刊五个分类的种数数量变化中我们可以看出,自然科学技术类期刊的种数数量最多,数量的增长也最快;哲学社会科学类期刊的数量及增长幅度排在第二;文化教育类期刊的数量虽然排在第三且有所增长,但相对缓慢;文学艺术和综合类的期刊数量则相对保持了极高的稳定性。1980 年,自然科学技术、哲学社会科学、文化教育、文学艺术和综合类的种数数量分别为 1,384 种、210 种、179 种、265 种和 58 种,以年均 4.18%、8.73%、7.03%、3.42%和 8.30%的幅度增长;到 2012 年,期刊五个分类的种数分别达到了 4,953 种、2,559 种、1,350 种、635 种和 370 种,总数也达到了 9,867 种,接近一万种。

1980 年，中国期刊五个分类的平均期印数从高到低分别为文学艺术类 0.2604 亿册、自然科学技术类 0.2590 亿册、哲学社会科学类 0.16 亿册、文化教育类 0.12 亿册、综合类 0.08 亿册，分别经过 -0.35%、1.06%、5.40%、4.82%和 2.06%的年均增长，到 2012 年分别达到了 0.16 亿册、0.32 亿册、0.73 亿册、0.34 亿册和 0.12 亿册。

1980 年，期刊总印数从高到低分别为哲学社会科学类 2.56 亿册、文学艺术类 2.53 亿册、自然科学技术类 2.19 亿册、文化教育类 1.23 亿册和综合类 1.00 亿册，到 2012 年分别达到了 14.43 亿册、4.04 亿册、4.86 亿册、7.60 亿册和 2.55 亿册，年均增长率分别为 6.17%、3.16%、2.83%、7.62%和 8.28%。我们可以看出，数量增长最多的是综合类，其次是哲学社会科学类，文化教育类的增长数量也较多。

1980 年，中国期刊出版的总印张数分别为综合类 2.90 亿印张、哲学社会科学类 7.623 亿印张、自然科学技术类 6.97 亿印张、文化教育类 4.22 亿印张和文学艺术类 11.20 亿印张，分别经过 8.95%、10.26%、5.80%、9.24%和 4.66%的年均增长，到 2012 年分别达到了 13.23 亿印张、74.81 亿印张、37.94 亿印张、46.96 亿印张和 23.08 亿印张。

期刊总金额的增长呈现出近乎线性的特点，金额最高的、增长速度最快的综合起来看还是哲学社会类科学期刊，其次是文化教育类和自然科学技术类；从 2010 年开始，文化教育期刊在金额上超越自然科学技术类期刊，文学艺术类期刊则在 2010 年后在金额上超越了综合类期刊。除了综合类期刊，其余各类期刊的增长率保持了较高的相似性，只是波动的幅度有所区别。2008 年，综合类期刊总金额为 21.80 亿元，哲学社会科学类期刊总金额为 63.32 亿元，自然科学技术类期刊总金额为 43.64 亿元，文化教育类期刊总金额为 15.70 亿元，文学艺术类期刊总金额为 15.70 亿元，分别经过 -4.61%、12.60%、4.75%、16.68%和 15.93%的年均增长，到 2012 年分别达到了 16.42 亿元、101.41 亿元、52.07 亿元、55.88 亿元和 26.90 亿元。

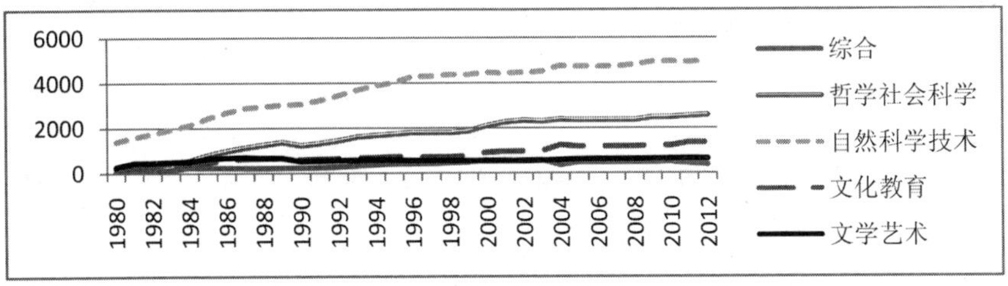

图 3-69　中国期刊出版的产品规模(内容)(品种)(1980-2012 年)　单位:种

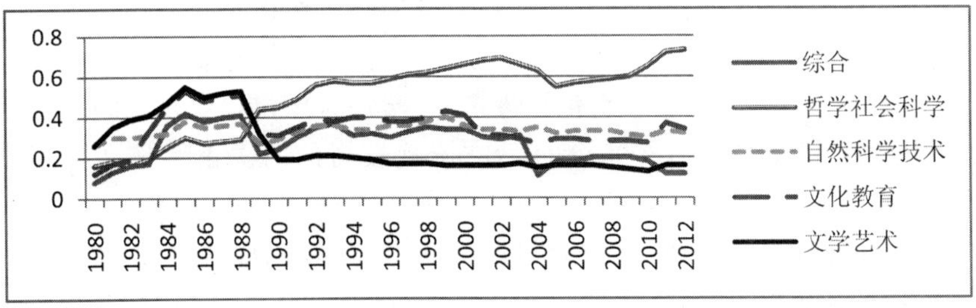

图 3-70　中国期刊出版的产品规模(内容)(平均期印数)(1980-2012 年)　单位:亿份

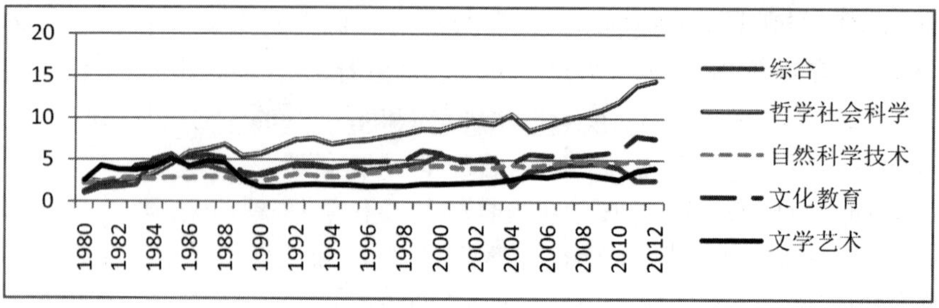

图 3-71 中国期刊出版的产品规模(内容)(总印数)(1980-2012 年) 单位:亿份

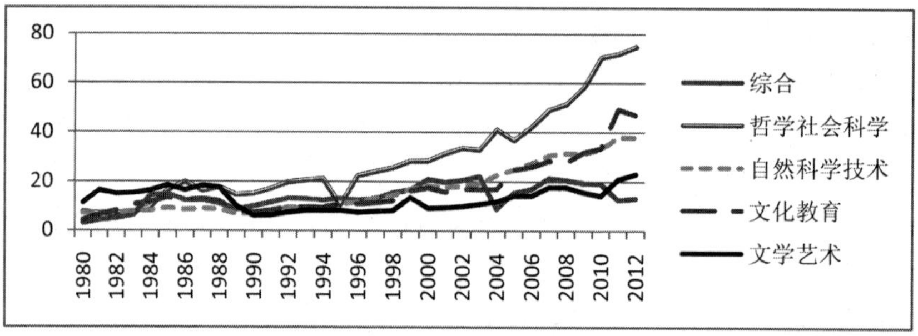

图 3-72 中国期刊出版的产品规模(内容)(总印张)(1980-2012 年) 单位:亿印张

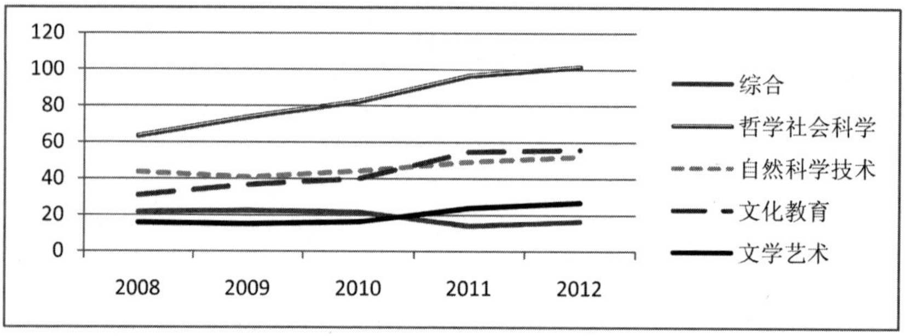

图 3-73 中国期刊出版的产品规模(内容)(总金额)(2008-2012 年) 单位:亿元

③期刊出版刊期规模

中国期刊的月刊和双月刊的种数数量增长较为一致。2000 年,月刊种数超越双月刊种数,随后在 2010 年两者开始接近,但月刊种数数量仍然排在第一。期刊中,季刊的种数规模则经历了先上升后下降的过程,1998 年前后处于波峰,2005 年有短暂的反弹,但并没有能够阻止明显的下降趋势。从增长率的变化趋势来看,期刊的月刊和双月刊的增长率较为稳定;而季刊的增长率相对波动较大,2005 年前后在出现较高的两次正增长之后,又出现了较高的负增长。

中国期刊的月刊和双月刊的平均期印数呈现出下降趋势,月刊在 2004 年之后尤其显著,季刊的平均期印数增长相对平稳。从增长率来看,月刊和双月刊的平均期印数增长幅度保持了相对稳定,而季刊的平均期印数在 2004 年之后波动较大,先后在 2005 年和 2010 年有两次大的增幅。

从中国期刊的总印数的规模变化来看，月刊的总印数的数量呈现下降的趋势，尤其在2003—2004 年下降明显，在 2004 年之后，月刊的总印数规模保持了相对平缓的稳定态势。双月刊的总印数规模虽然表现了不断下降的态势，但由于规模相对较小，因此，下降幅度不是特别明显。季刊由于本身规模较小，所以数量一直较为稳定。从总印数规模的增长率变化来看，月刊、双月刊基本保持了稳定的增幅，而季刊在 2005 年波动较大。

不同期刊规模的总印张数都呈现了相对稳定的趋势。2004 年，月刊的总印张数为最低，前后都保持了较稳定的发展趋势；双月刊则呈现了相对较弱的下滑趋势，但不十分明显；季刊虽然在 2005 年有短暂的上升，但由于本身基数较小，加之变化增幅也较小，所以不是十分明显。从总印张的增长率趋势来看，除了季刊在 2005 年有较大幅度的变化之外，月刊、双月刊和季刊在整个期间变化都较平稳。

中国期刊总金额规模总体比较平稳。月刊总金额最高，并保持了略微不断上涨的态势；而双月刊和季刊则表现得基本稳定，两者的总金额也相对较小，双月刊比季刊的总金额要高。从期刊总金额的增长率来看，月刊的增长幅度较稳定，双月刊和季刊的增长幅度则是有升有降，季刊的波动更大一些。

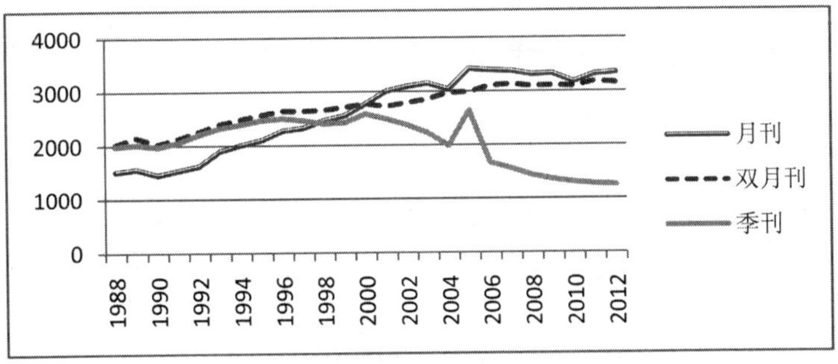

图 3 - 74　中国期刊出版的产品规模(刊期规模)(品种)(1988 - 2012 年)　单位:种

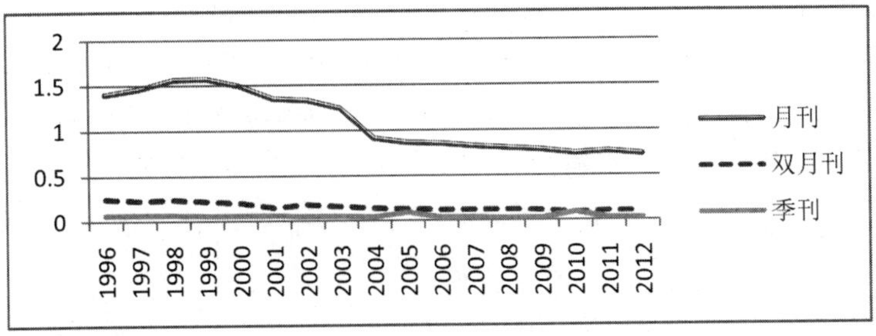

图 3 - 75　中国期刊出版的产品规模(刊期规模)(平均期印数)(1996 - 2012 年)　单位:亿份

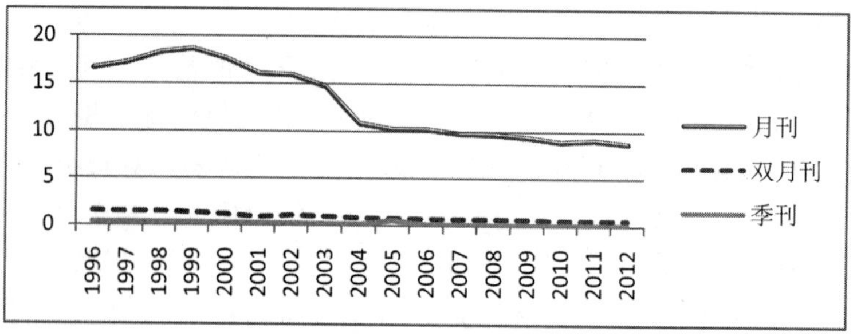

图 3－76　中国期刊出版的产品规模(刊期规模)(总印数)(1996－2012 年)　单位:亿份

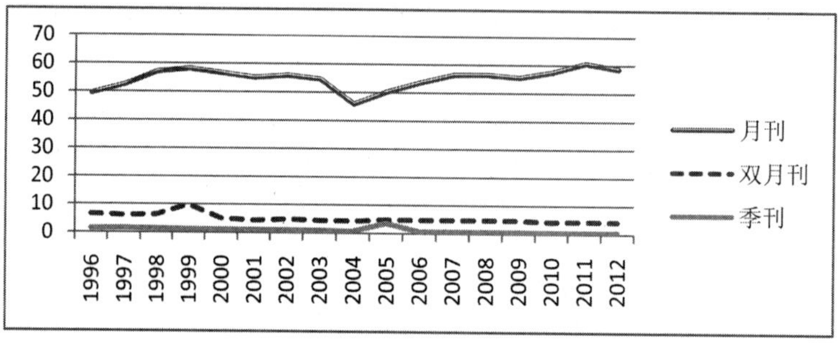

图 3－77　中国期刊出版的产品规模(刊期规模)(总印张)(1996－2012 年)　单位:亿印张

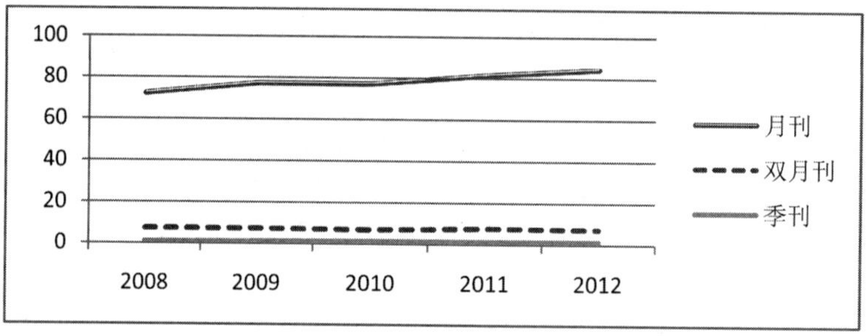

图 3－78　中国期刊出版的产品规模(刊期规模)(总金额)(2008－2012 年)　单位:亿元

3. 报纸出版产业规模

(1)经济规模

2009 年,中国报纸出版营业收入为 627.55 亿元,到 2012 年增长到 852.32 亿元,年均增长 10.86%;2009 年,中国报纸出版增加值为 280.40 亿元,2012 年增加到 355.02 亿元,年均增长 8.32%;2009 年,中国报纸出版人均增加值为 11.91 万元/人,2012 年增加至 13.49 万元/人,年均增长 4.52%;2009 年,中国报纸出版总产出为 646.02 亿元,2012 年增加到 860.30 亿元,年均增长 10.10%;2009 年,报纸出版实现利润 70.44 亿元,2012 年增加到 99.24 亿元,年均增长 13.86%。

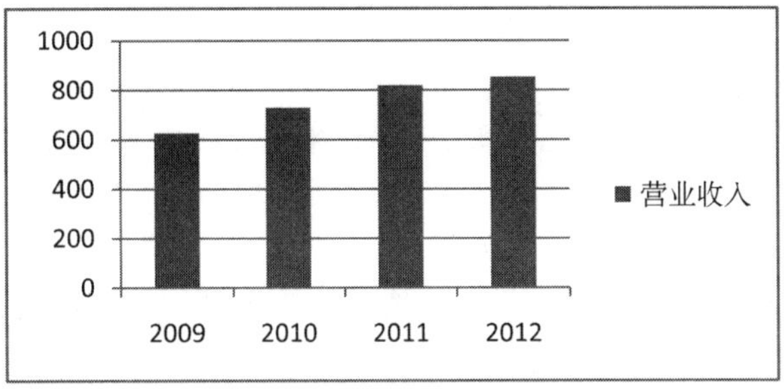

图 3－79　中国报纸出版的规模(营业收入)(2009－2012 年)　单位:亿元

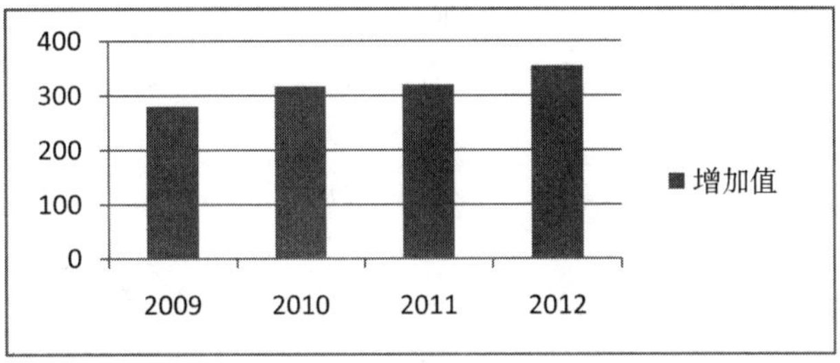

图 3－80　中国报纸出版的规模(增加值)(2009－2012 年)　单位:亿元

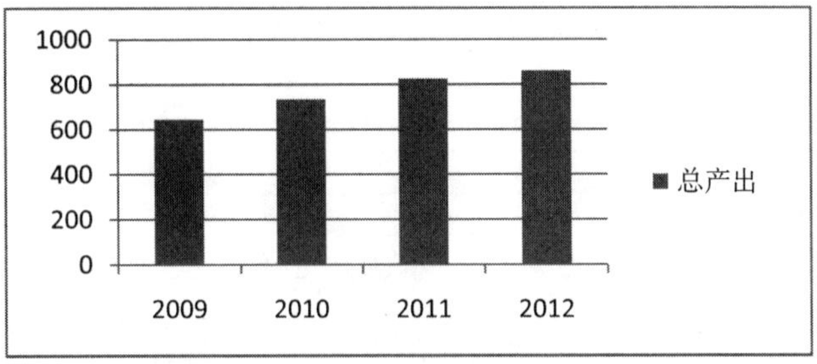

图 3－81　中国报纸出版的规模(总产出)(2009－2012 年)　单位:亿元

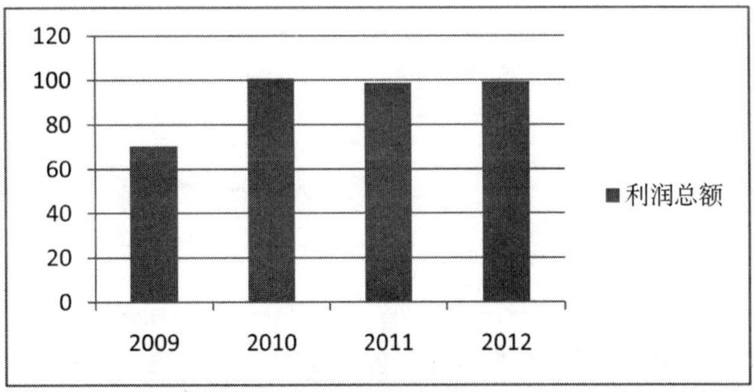

图 3－82　中国报纸出版的规模(利润总额)(2009－2012 年)　单位:亿元

(2)产品规模①

①报纸总量规模

中国报纸的种数规模在1982年之前变化不大或者变化不明显,1982年之后,有了较快的增长,1997年开始趋于平稳。报纸种数增长率在1970—1985年之间的波动幅度较大,但在1987年之后,种数增长率一直较为稳定,这反映了报纸种数的规模也趋于稳定。

中国报纸的平均期印数在1972年之前增长一直不明显,在此之后增长迅速,虽在1990年前后稍有波动,但之后显示了微弱的增长态势。报纸平均期印数的增长率在1973年之前波动较为剧烈,但此之后,尤其在1991年之后增长率趋于平稳,增长的数量也开始趋于稳定。

中国报纸的总印数的规模呈现较为明显的近似线性增长的态势,在1973年之前波动较大,之后相对较小,在1994年之后更是波动幅度逐步稳定并且区间逐渐收窄,显示了较强的稳定增长特征。

相对总印数而言,中国报纸的总印张数的规模变化更为迟缓。1977年之后,报纸的总印张数开始缓慢增长,到1993年之后开始有较大幅度的增长。报纸的总印张数年度增幅一直处于波动状态,但总体而言都是正的增幅,只有1961和1989年出现了较为明显的负增长。

2008年,中国报纸的总定价金额为317.96亿元,经过年均8.14%的增长,到2012年报纸的总定价金额达到了434.39亿元,期间一直处于稳定持续的增长状态。

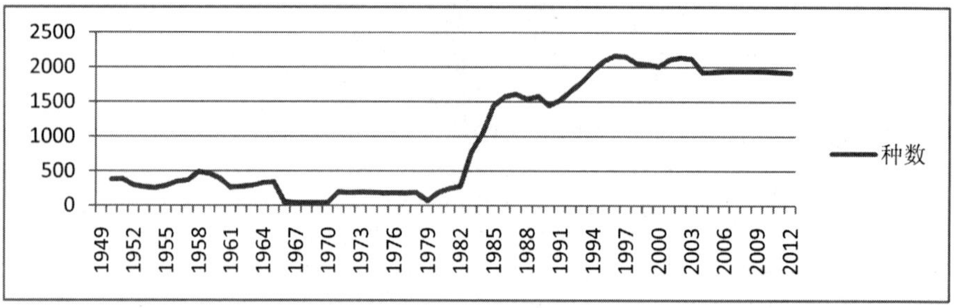

图3-83 中国报纸出版的种数规模(1949-2012年) 单位:种

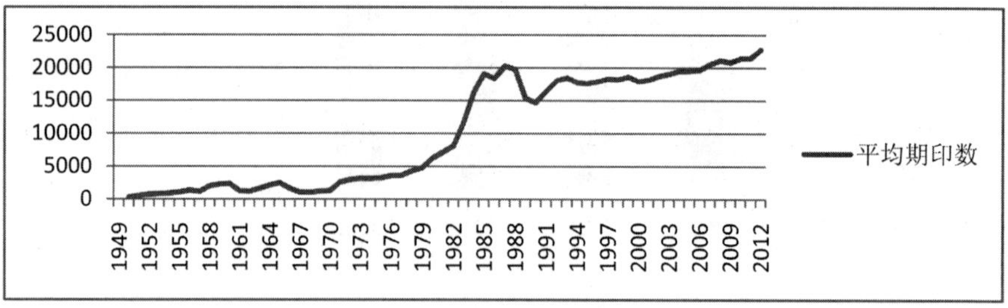

图3-84 中国报纸出版的平均期印数规模(1949-2012年) 单位:亿张

① 报纸的产品总量规模统计从1949年开始,各种分类的规模从1983年开始。

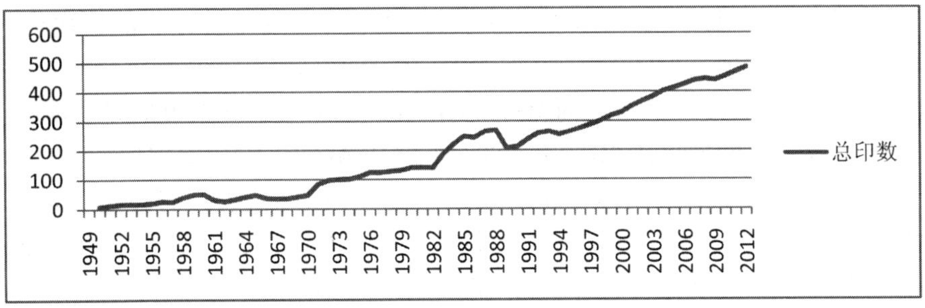

图 3-85　中国报纸出版的总印数规模(1949-2012 年)　单位:亿份

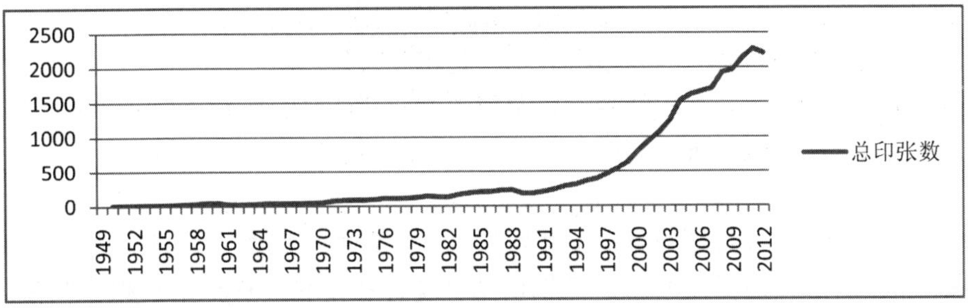

图 3-86　中国报纸出版的总印张数规模(1949-2012 年)　单位:亿印张

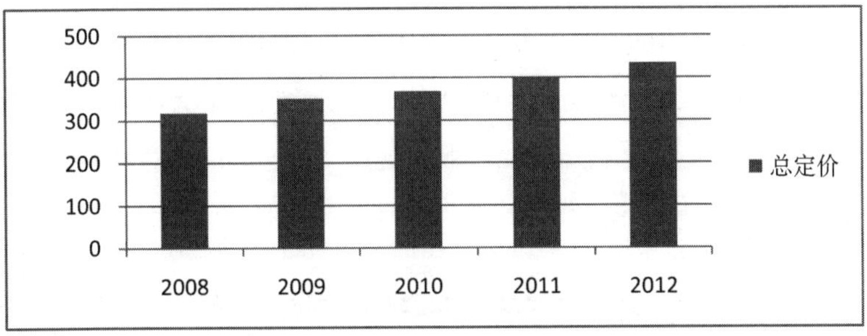

图 3-87　中国报纸出版的总定价规模(2008-2012 年)　单位:亿元

②各级报纸规模

从各级报纸的种数规模发展来看,中央级报纸的种数一直较低,但保持了相对平缓的增长态势;省级报纸与地市级报纸显示了较为一致的增长态势,并且两者的种数也大体接近。在 1994 年之前,省级报纸种数略高于地市级报纸,之后地市级报纸略高于省级报纸种数;县级报纸在 2003 年之前一直处于缓慢的增长态势,但之后种数迅速下降,这也说明县级报纸的发展困境。从增长率的发展变化来看,中央、省级及地市级报纸的增长变化基本保持了较为一致的趋势变化,并且在 1997 年之后,年度增幅区间逐步收窄。增长幅度变化较大的是县级报纸的种数,在 2003 年前后增减的幅度都很大,显示了极大的不稳定性。

从报纸的平均期印数来看,高居榜首的当属省级报纸的规模,并且基本保持了较为明显的增长态势;位居第二的则是地市级报纸,处于不太明显的增长;中央报纸的平均期印数则位居第三,基本处于水平不变的状态;县级报纸的平均期印数在整个报纸出版中处于稳定且基本很小的规模。各级报纸的年度增长率的波动起伏不是特别稳定，尤其是县级报纸的平均期印数在2003年有明显的下降。

中国报纸的总印数规模占第一的仍然是省级报纸；省级报纸和排在第二的地市级报纸一样呈现了不断增长的趋势；而中央报纸的总印数规模在保持相对稳定的情况下，前后两个阶段表现略有起伏；县级报纸还是表现出稳定中的超低规模状态，而且近些年规模不断缩减。中央、省级和地市级的报纸总印数增长率虽然有所波动，但波幅没有县级报纸总印数的增长率那么剧烈。这也表明中央、省级及地市级报纸具有相对稳定性，县级报纸表现为不确定性。

除了县级报纸总印张规模一直处于极低的水平之外，中央、省级及地市级报纸在1997年之后都开始了迅速增长，之前三者总印张规模数量相差不是特别明显，但在1998年之后，省级报纸的总印张数量增长尤为迅速，其次是地市级报纸，最后是中央级报纸。中央级报纸增长相对较小，而且数量基本保持相对稳定的状态。总印张的增长率以县级报纸变动最大，其次是地市级报纸；省级报纸的总印张增长率有一定的起伏；中央级报纸的总印张增长率则相对变化最小。

中央、省级及地市级报纸的总定价基本保持了一致的增长态势，而且规模的差距也呈现出一定的稳定特点；县级报纸的总定价规模则基本保持了相对极低的规模水平和不变的状况。从报纸总定价的增长率变化趋势来看，中央级报纸的总定价增长率基本稳定在10%左右；省级及地市级报纸的总定价增长率则有所起伏；变化最大的是县级报纸的总定价增长率，而且增长率下降趋势明显。

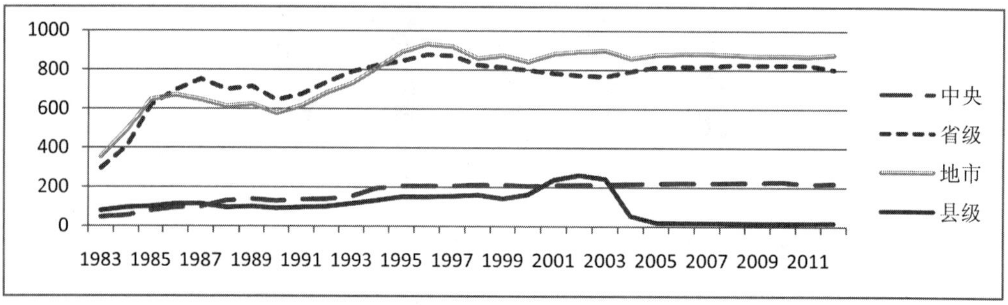

图3-88 中国各级报纸的出版规模(品种)(1983-2011年) 单位:种

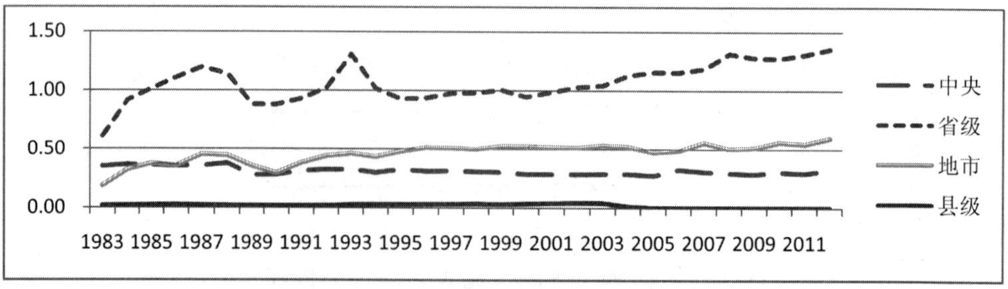

图3-89 中国各级报纸的出版规模(平均期印数)(1983-2011年) 单位:亿份

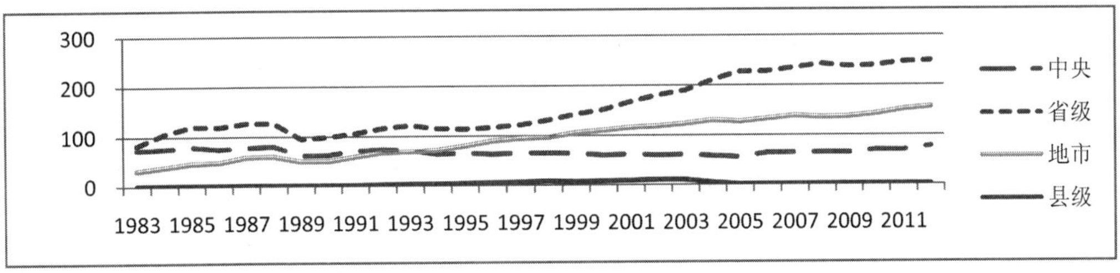

图 3－90　中国各级报纸的出版规模(总印数)(1983－2011 年)　单位:亿张、册

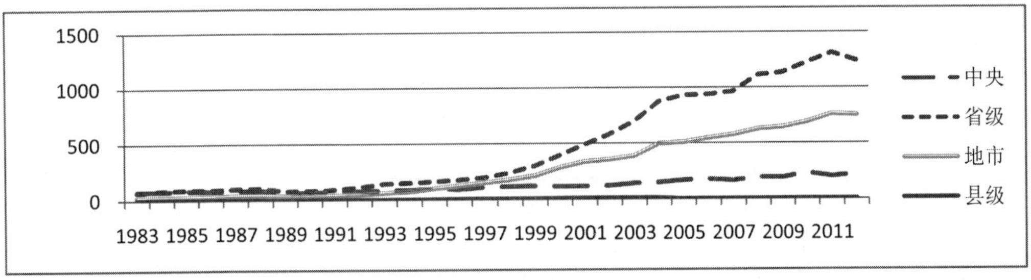

图 3－91　中国各级报纸的出版规模(总印张)(1983－2011 年)　单位:亿印张

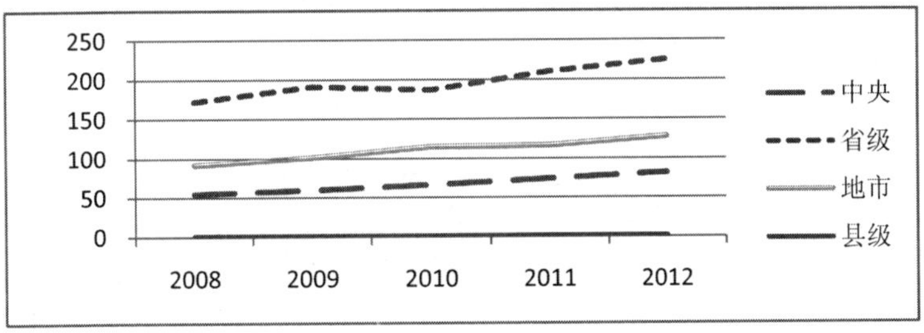

图 3－92　中国各级报纸的出版规模(总定价)(2008－2012 年)　单位:亿元

③类别报纸规模

中国综合类报纸和专业类报纸的种数规模经历了此消彼长的变化过程,而对应种数的增长率也是出现了相应的正负增长幅度的变化趋势,而且高度一致,这种变化实在令人惊异。

中国综合类报纸和专业类报纸平均期印数的规模及其增长率的变化也呈现了较高程度的此消彼长的态势,虽然在时间上和幅度上比较接近,但还是有些许差异。

中国综合类和专业类报纸的总印数规模都呈现出明显的增长态势,综合类报纸总印数规模增长得更为迅速,专业类则较为和缓一些。从总印数增长率来看,综合类报纸的总印数增幅较为稳定、和缓,而专业类报纸总印数的增长率则起伏较大。

综合类报纸的总印张数增长非常迅速,而专业类报纸的总印张数增长相对较为和缓;综合类报纸总印张数的增长率呈现波动且不断下降的态势,而专业类报纸则波动起伏较大。

中国综合类和专业类报纸的总定价都表现出不断上升的明显态势,而综合类报纸的规模近乎专业类报纸的两倍;综合类报纸定价总金额呈现不断下降的趋势,而专业类报纸定价总金额则呈现先下降后上升的趋势。

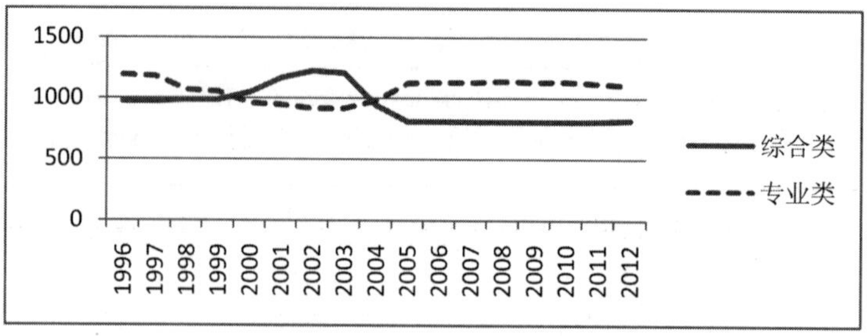

图 3-93 中国报纸出版的出版规模(综合类与专业类)(种数)(1996-2012 年) 单位:种

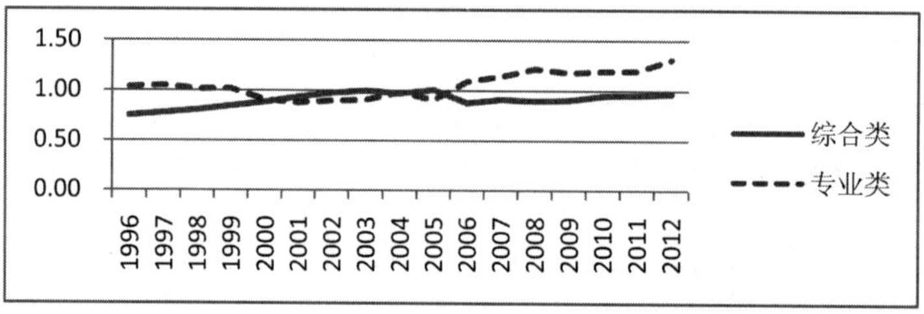

图 3-94 中国报纸出版的出版规模(综合类与专业类)(平均期印数)(1996-2012 年) 单位:亿份

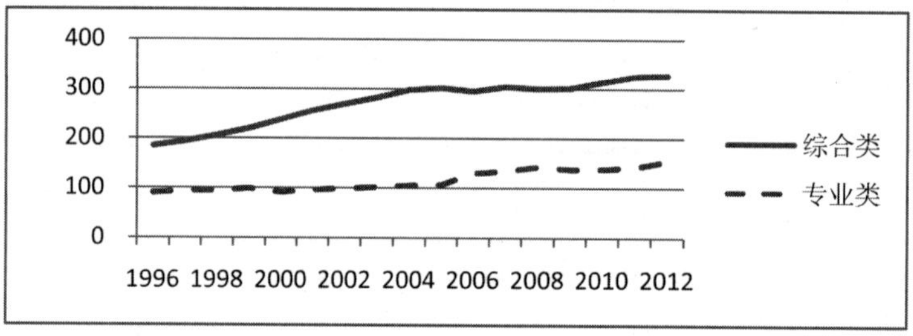

图 3-95 中国报纸出版的出版规模(综合类与专业类)(总印数)(1996-2012 年) 单位:亿份

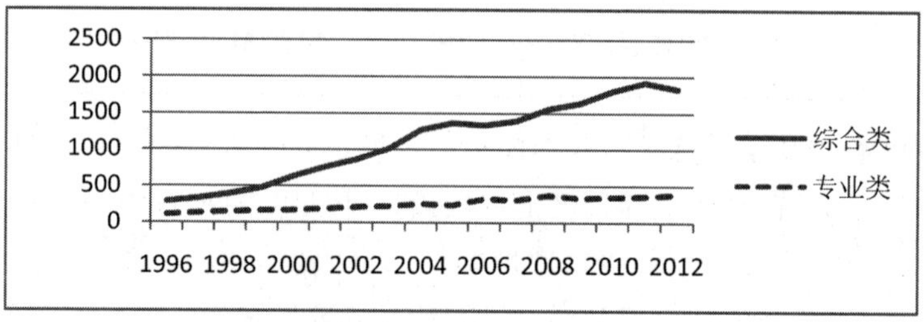

图 3-96 中国报纸出版的出版规模(综合类与专业类)(总印张)(1996-2012 年) 单位:亿印张

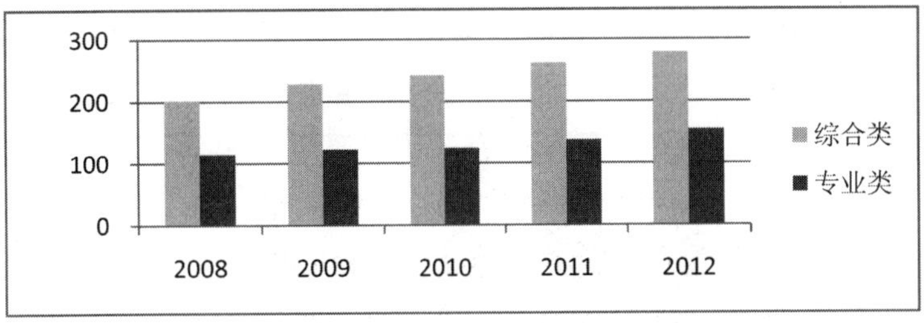

图 3－97　中国报纸出版的出版规模(综合类与专业类)(总定价)(2008－2012 年)　单位:亿元

三、中国现代出版的产业规模

(一)中国现代出版的经济规模

2009 年,中国现代出版的营业收入规模只有 825.07 亿元,经过年均 33.80％的高速增长,到 2012 年已经达到了 1,973.06 亿元,在短短三年的时间里,绝对规模增加了一倍多,每年的增长幅度都在上升,呈现出不断加速增长的态势。2009 年,现代出版的增加值为 244.30 亿元,到 2012 年增加到了 556.18 亿元,三年时间里,绝对数量增加了将近一倍,年均增幅达到了 31.72％,呈现不断增长的态势。2009 年,现代出版的总产出为 825.84 亿元,经过年均 33.79％的高速增长,2012 年达到 1,974.79 亿元,增加了一倍多。现代出版在 2009 年实现利润仅为 66.77 亿元,经过年均 33.54％的飞速增长,到 2012 年已经达到了 157.66 亿元,绝对规模增加了一倍多,效益和规模同步大幅度增长。

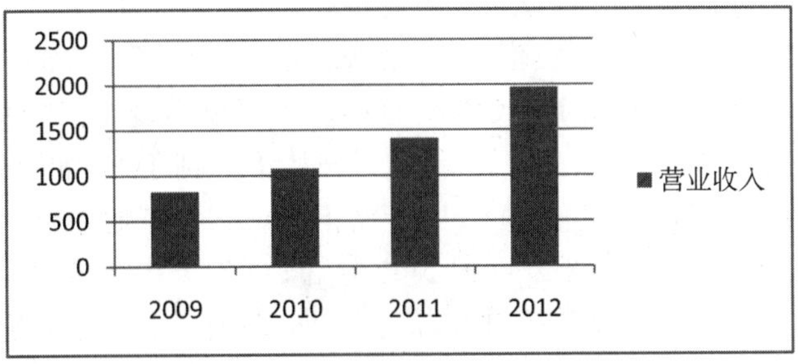

图 3－98　中国现代出版的营业收入(2009－2012 年)　单位:亿元

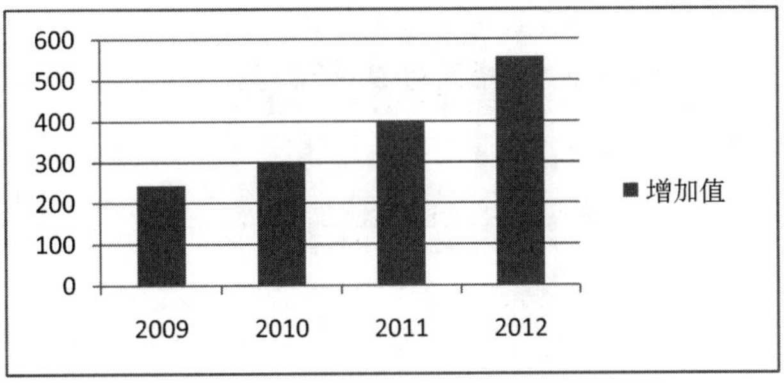

图 3－99　中国现代出版的增加值(2009－2012 年)　单位:亿元

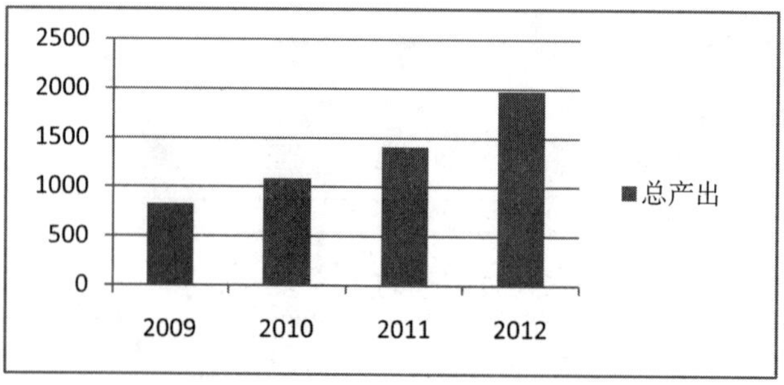

图 3-100　中国现代出版的总产出(2009-2012 年)　单位:亿元

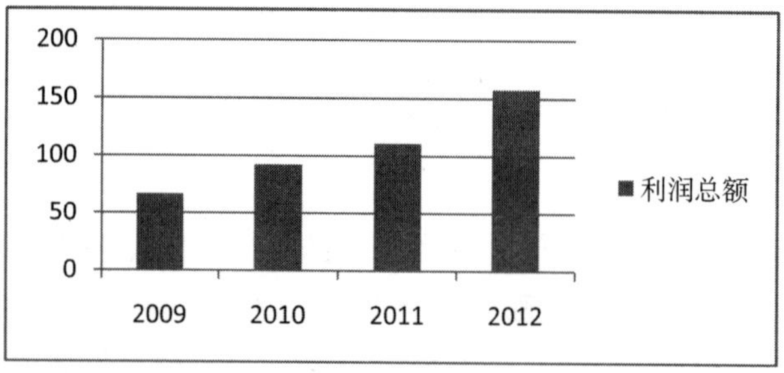

图 3-101　中国现代出版的利润总额(2009-2012 年)　单位:亿元

(二)中国现代出版的出版规模

中国现代出版的种数规模呈现了先增加后减少的变化趋势。2009 年现代出版的种数为 1.99 万种,到 2005 年增加到 4.11 万种,随后不断下降,到 2012 年则降至 3.03 万种,年均增长 4.40%。虽然现代出版的种数增长幅度波动较大,但增幅下降的趋势十分明显。

在 2009 年至 2012 年期间,中国现代出版的总印数规模表现为波动的特征,从 2009 年的 2.42 亿份,上涨到了 2005 年的 7.56 亿份,随后开始下降到了 2008 年的 5.90 亿份,随后又开始上升到了 2010 年的 6.83 亿份,之后又开始下降,2012 年则降到 6.57 亿份。从现代出版的总印数的增长率来看,虽然在 2001—2002 年和 2007—2010 年期间有显著的增长,而且整个期间的年均增长率也达到了 10.41%,但整个期间的增长率下降趋势非常明显。

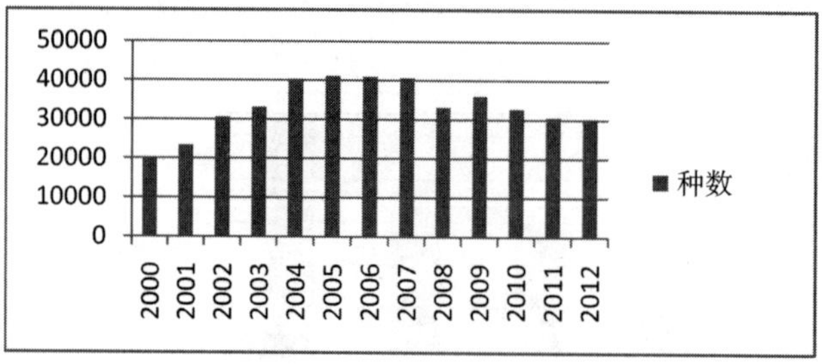

图 3-102　中国现代出版规模(种数)(2000-2012 年)　单位:种

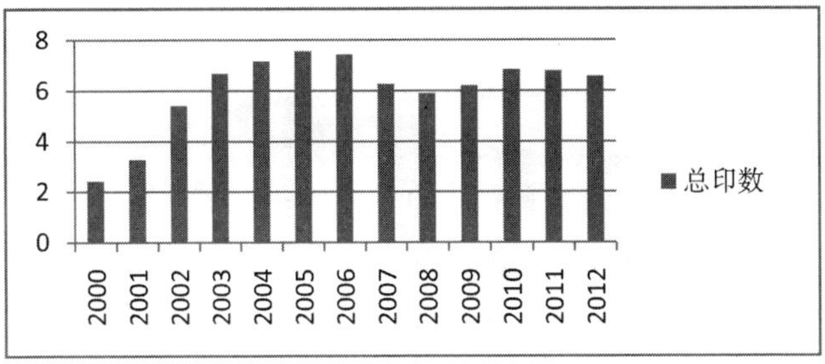

图 3－103　中国现代出版规模(总印数)(2000－2012 年)　单位:亿份、张、盒

(三)中国现代出版的行业规模

1. 音像制品规模发展

(1)音像制品的经济规模

2009 年,中国音像制品出版营业收入为 19.42 亿元,到 2012 年增加到 28.34 亿元,年均增长 13.93%;2009 年中国音像制品出版增加值为 7.70 亿元,2012 年增加到 9.34 亿元,年均增长 7.01%;2009 年中国音像制品出版人均增加值为 12.83 万元/人,2012 年增加到 20.30 万元/人,年均增长 16.75%;2009 年中国音像制品出版总产出为 19.97 亿元,2012 年增加到 29.80 亿元,年均增长 14.57%;2009 年中国音像制品出版实现利润 2.28 亿元,2012 年增加至 3.44 亿元,年均增长 14.98%。

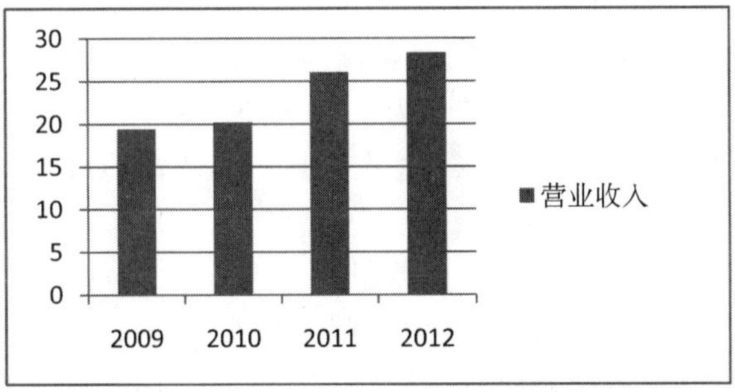

图 3－104　中国音像制品出版的规模(营业收入)(2009－2012 年)　单位:亿元

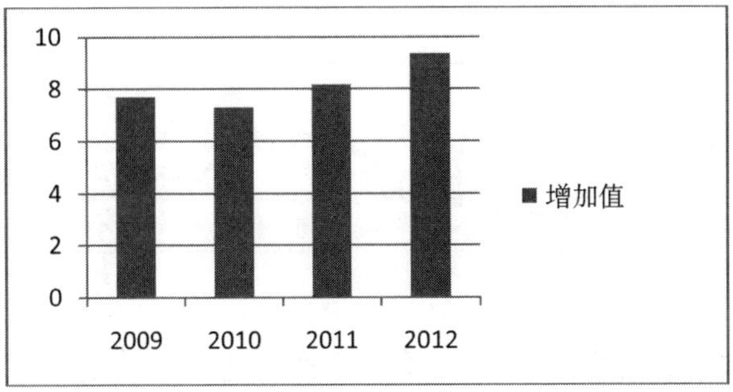

图 3－105　中国音像制品出版的规模(增加值)(2009－2012 年)　单位:亿元

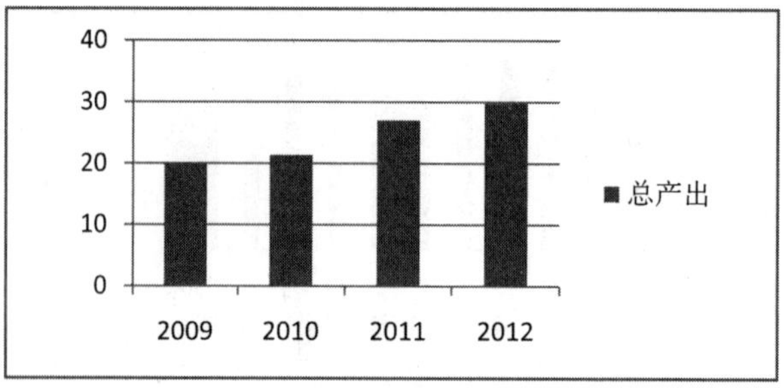

图 3-106　中国音像制品出版的规模(总产出)(2009-2012 年)　单位:亿元

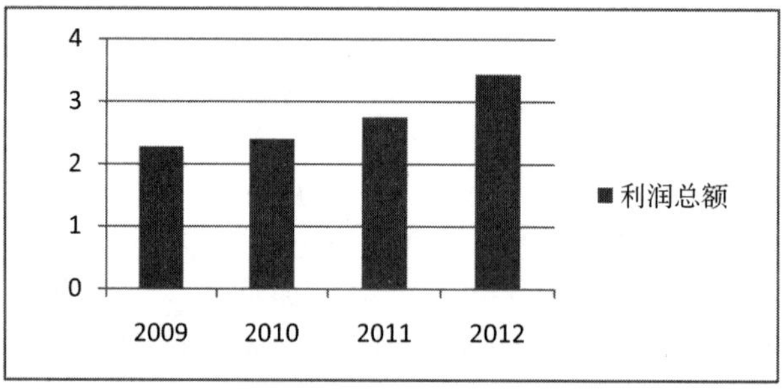

图 3-107　中国音像制品出版的规模(利润总额)(2009-2012 年)　单位:亿元

(2)录音制品的出版规模

无论是种数规模还是数量规模,中国录音制品出版都呈现了先增长后不断减少的发展趋势。1993 年,录音种数为 3,150 种,数量为 1.09 亿张(盒);2005 年,录音种数增长到 1.63 万种;2006 年,录音数量达到 2.60 亿张(盒);2012 年,录音的种数和数量分别下降到了 9,591 种和 2.28 亿张(盒)。

在录音制品出版中,录音带的种数和数量都是相对较高的。1993 年,录音带种数为 2,736 种,而激光唱盘只有 378 种,高密度激光唱盘只有 36 种;2004 年,录音带种数增长到 8,724 种;激光唱盘则在 2005 年达到历史最高的 7,493 种;高密度激光唱盘在 2010 年到达了历史最高水平的 2,217 种。之后,录音带、激光唱盘和高密度激光唱盘的种数都开始不断下降,到 2012 年分别降至 2,681 种、5,029 种和 1,881 种。

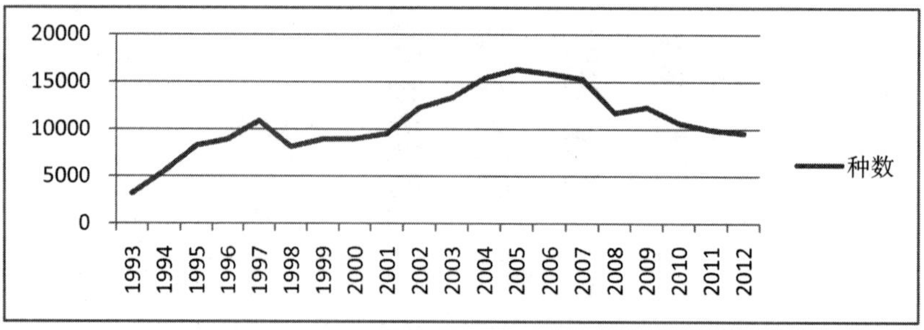

图 3-108　中国录音制品的出版规模(种数)(1993-2012 年)　单位:种

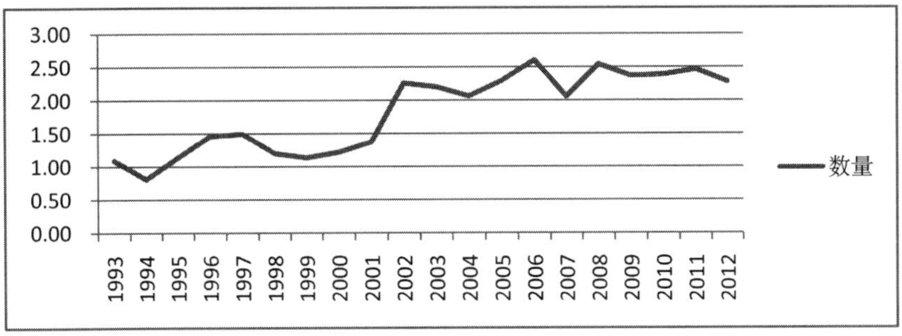

图 3－109　中国录音制品的出版规模(数量)(1993－2012 年)　单位:亿张(盒)

1993 年,录音带、激光唱盘和高密度激光唱盘的数量分别为 1.07 亿张(盒)、0.01 亿张(盒)和 0.01 亿张(盒)。2006 年,录音带数量增长到历史最高的 1.84 亿张(盒);激光唱盘的数量在 2005 年达到了历史最高的 0.71 亿张(盒);高密度激光唱盘则在 2010 年达到历史最高的 0.25 亿张(盒)。之后录音带、激光唱盘和高密度激光唱盘的数量都开始不断下降,2012 年分别降至 1.73 亿张(盒)、0.35 亿张(盒)和 0.20 亿张(盒)。

(3)录像制品的出版规模

中国录像制品出版的品种和数量都呈现了先缓慢增长后不断下降的发展趋势。录像制品的种数在 1993 年为 2,566 种,到 2004 年达到了历史最高的 1.89 万种,2012 年则下降到了 8,894 万种。录像制品的数量在 1993 年为 0.04 亿张(盒),到 2005 年增长到历史最高的 3.86 亿张(盒),之后开始不断下降,2012 年降至 1.66 亿张(盒)。

在中国录像制品中,录像带的种数和数量规模下降得最为明显。1993 年,录像带的种数为 2,338 种,数量为 0.03 亿张(盒);种数最多时为 1997 年的 5,317 种,数量最多时为 1995 的 0.04 亿张(盒);之后开始不断下降,到 2012 年录像带的种数只有 134 种,数量只有 0.01 亿张(盒),下降幅度和趋势非常明显。高密度激光视盘的种数和数量是录像制品中上升最快和最明显的,1993 年种数只有 228 种,数量不到 0.01 亿张(盒),到 2012 年品种增长为 6,553 种,数量增加到了 1.16 亿张(盒),虽然数量比 2011 年的最高 1.49 亿张(盒)少一些,但总体增长的趋势还是十分明显的。无论种数还是数量,高密度激光视盘都经历了一个明显的先增长后不断下降的过程。1995 年,高密度激光视盘的种数为 461 种,2004 年达到了 1.54 万种,到 2012 年降到了 2,207 种。1993 年,高密度激光视盘的数量不足 0.01 亿张(盒),到 2007 年增长到最高的 1.16 亿张(盒),之后下降又开始上升。2009 年降至 0.74 亿张(盒)后,2011 年回升到历史最高的 1.49 亿张(盒),2012 年则变为 1.16 亿张(盒),数量波动起伏较大。

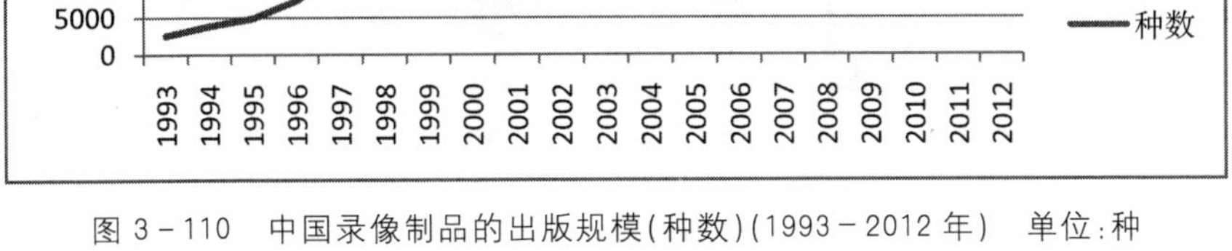

图 3－110　中国录像制品的出版规模(种数)(1993－2012 年)　单位:种

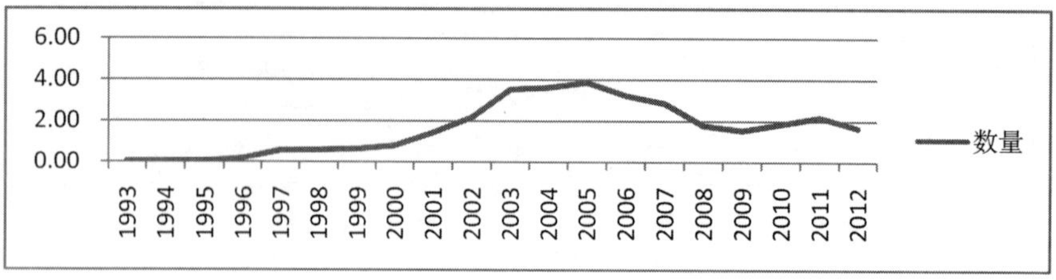

图 3-111 中国录像制品的出版规模(数量)(1993-2012 年) 单位:亿张(盒)

2. 电子出版规模发展

(1)经济规模

2009 年,中国电子出版物出版营业收入为 6.25 亿元,2012 年为 9.23 亿元,年均增长 16.98%;2009 年,中国电子出版物出版增加值为 2.00 亿元,2012 年增加到 4.58 亿元,增加了一倍多,年均增长 33.21%;2009 年,中国电子出版物出版人均增加值为 13.33 万元/人,2012 年增加到 20.82 万元/人,年均增长 16.74%;2009 年,中国电子出版物出版总产出为 6.47 亿元,2012 年增加到 9.50 亿元,年均增幅 17.01%;2009 年,中国电子出版物出版实现利润 0.58 亿元,2012 年增加到 2.27 亿元,年均增长 59.25%。

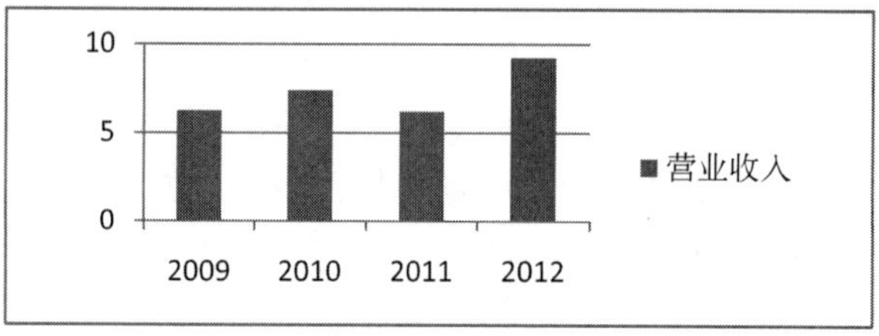

图 3-112 中国电子出版的出版规模(营业收入)(2009-2012 年) 单位:亿元

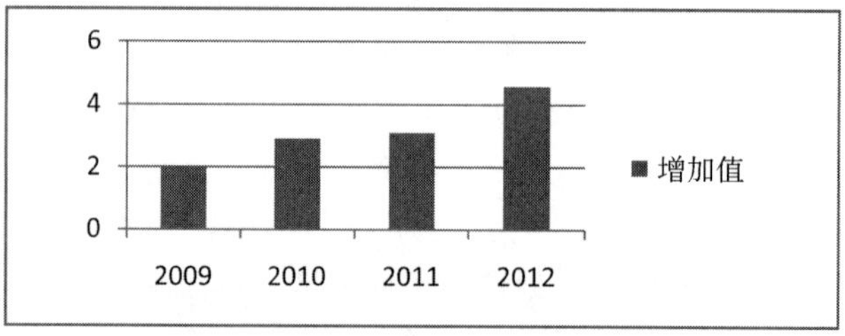

图 3-113 中国电子出版的出版规模(增加值)(2009-2012 年) 单位:亿元

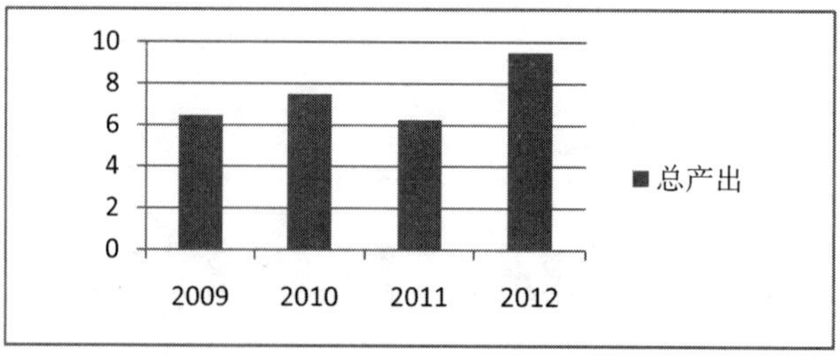

图 3-114 中国电子出版的出版规模(总产出)(2009-2012 年) 单位:亿元

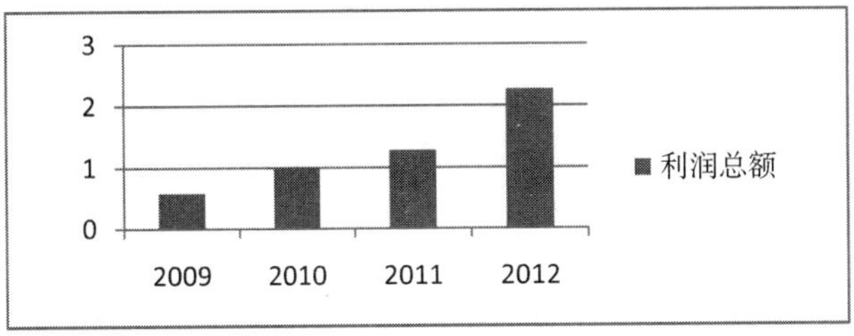

图 3-115　中国电子出版的出版规模(利润总额)(2009-2012 年)　单位:亿元

(2)产品规模

虽然从 2000 年才开始统计中国的电子出版物,但从一开始,电子出版物的种数和数量就呈现出一直不断增长的态势,中间虽有所波动,但整体却呈现出线性增长的特征。2000 年,电子出版物的种数和数量分别为 2,254 种和 0.40 亿张(盒),到 2012 年分别增长到了 1.18 万种和 2.63 亿张(盒),增长十分明显。

在中国电子出版物中,只读光盘的规模相对较大。2000 年种数和数量分别为 2,222 种和 0.40 亿张(盒),到 2012 年增加到了 7,620 种和 2.03 亿张(盒)。高密度只读光盘和交互式光盘的规模相对较小,2000 年分别只有 7 种和 25 种,数量为 1.47 万张(盒)和 25.64 万张(盒),到 2012 年增长到了 3,352 种和 850 种,数量则分别增长到了 0.51 亿张(盒)和 0.10 亿张(盒),增长非常明显。

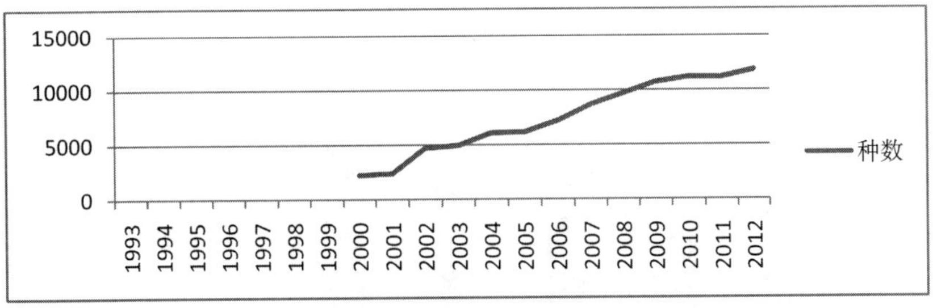

图 3-116　中国电子出版的出版规模(种数)(1993-2012 年)　单位:种

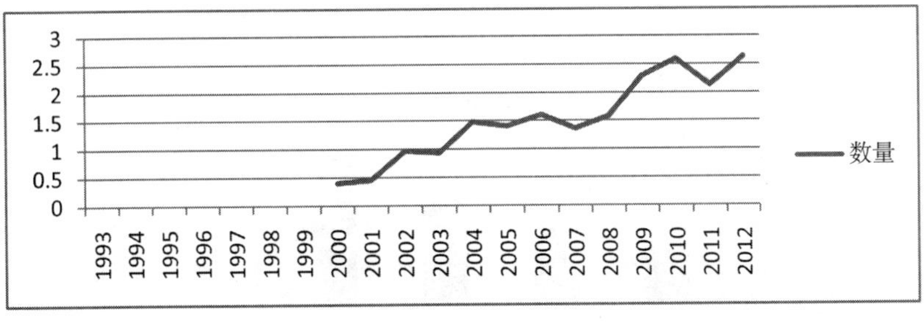

图 3-117　中国电子出版的出版规模(数量)(1993-2012 年)　单位:亿张

3. 数字出版规模发展

2009 年,中国数字出版营业收入为 799.40 亿元,2012 年达到了 1935.49 亿元,年均增长 34.35%;2009 年,中国数字出版增加值为 234.60 亿元,2012 年增加到 542.26 亿元,增加近一倍,年均增长 32.38%;2009 年中国数字出版总产出为 799.40 亿元,2012 年增加到 1935 亿元,增长一倍多,年均增幅 34.35%;2009 年中国数字出版实现利润 63.91 亿元,2012 年增加到 151.95 亿元,仅排在印刷复制和出版物发行之后,年均增幅 33.86%,增长强劲,排在行业第二。

2012 年,中国国民各类数字媒介阅读率已达到 40%,网络文学用户数达 3 亿,手机出版产值在 2012 年达到 486.50 亿元,增加值达到了 136.30 亿元,是数字出版的第一大门类。同时,中国先后建立了 9 个国家级数字出版基地,发挥人才、资金和技术优势,发展数字出版。

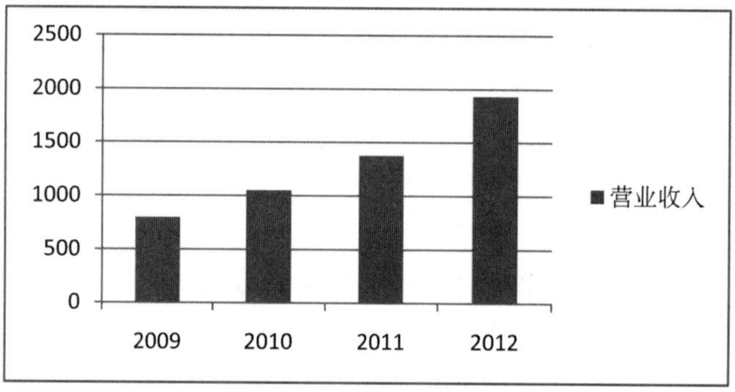

图 3-118　中国数字出版的规模(营业收入)(2009-2012 年)　单位:亿元

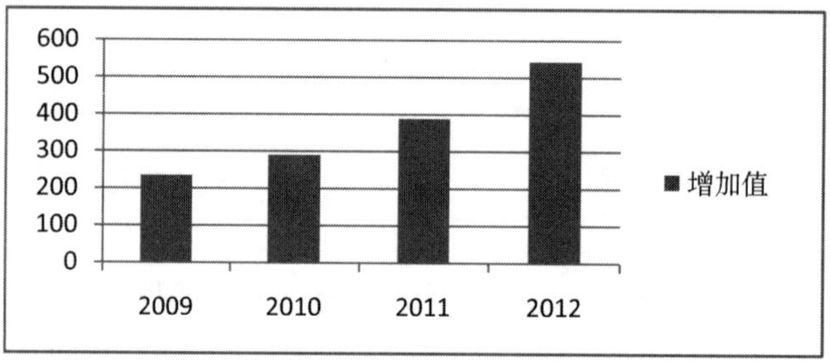

图 3-119　中国数字出版的规模(增加值)(2009-2012 年)　单位:亿元

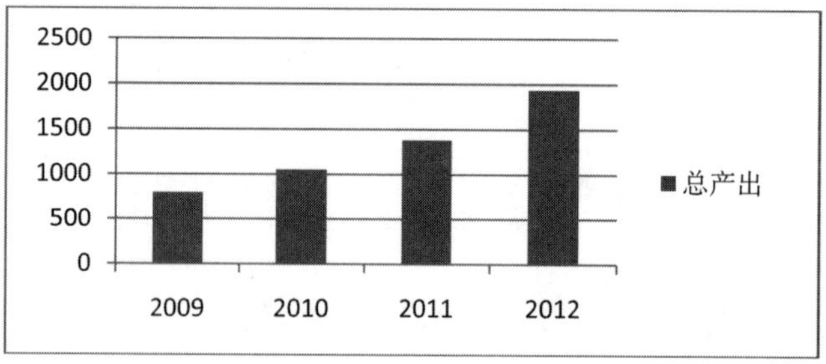

图 3-120　中国数字出版的规模(总产出)(2009-2012 年)　单位:亿元

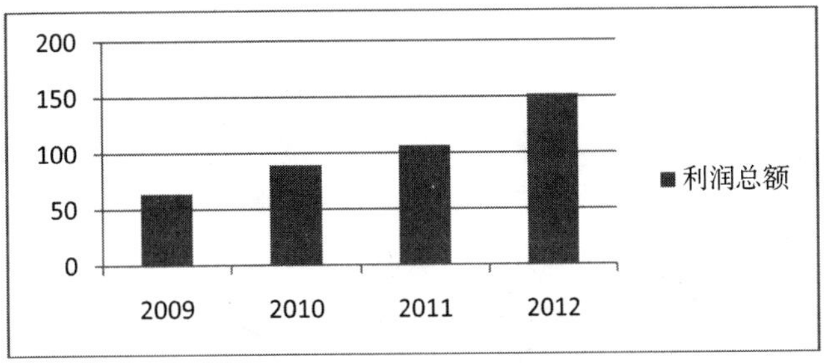

图 3-121　中国数字出版的规模(利润总额)(2009-2012 年)　单位:亿元

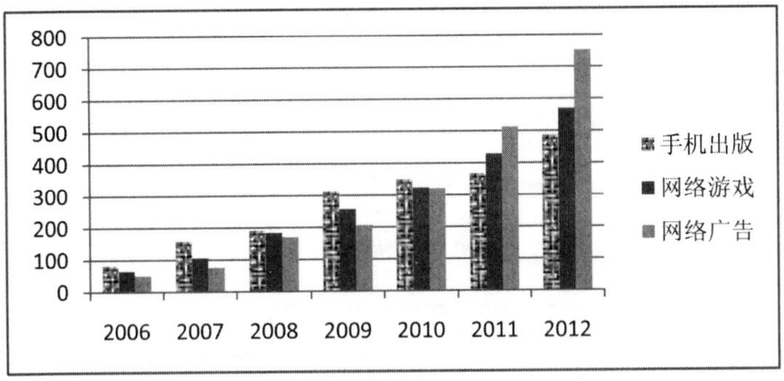

图 3-122　中国数字出版产业分类的营业收入 1(2006-2012 年)　单位:亿元

备注:

1. 2006 年、2007 年、2008 年数字出版的数据来源于《中国出版年鉴》(2009)。

2. 电子书不包括电子阅读器,这与公开统计数据有所不同,也是便于与 2008 年之前的数据进行比较。

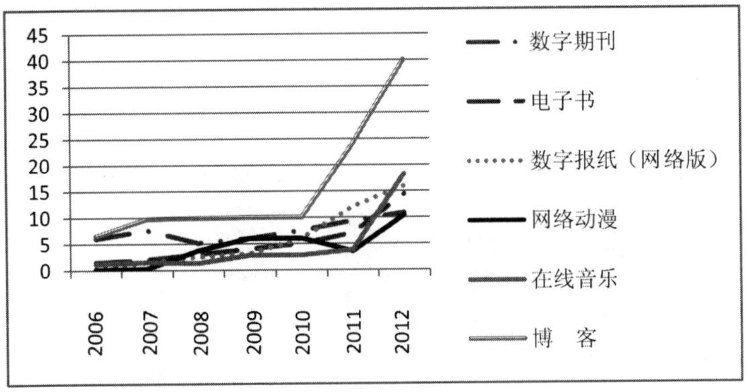

图 3-123　中国数字出版产业分类的营业收入 2(2006-2012 年)　单位:亿元

备注:

1. 2006 年、2007 年、2008 年数字出版的数据来源于《中国出版年鉴》(2009)。

2. 电子书不包括电子阅读器,这与公开统计数据有所不同,也是便于与 2008 年之前的数据进行比较。

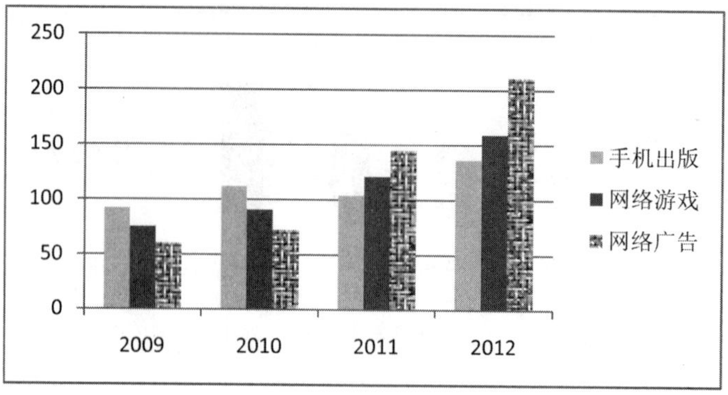

图 3-124　中国数字出版产业分类的增加值 1(2009-2012 年)　单位:亿元

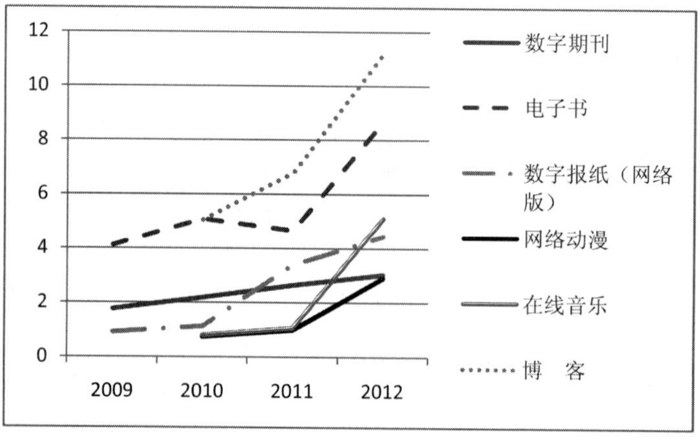

图 3-125　中国数字出版产业分类的增加值 2(2009-2012 年)　单位:亿元

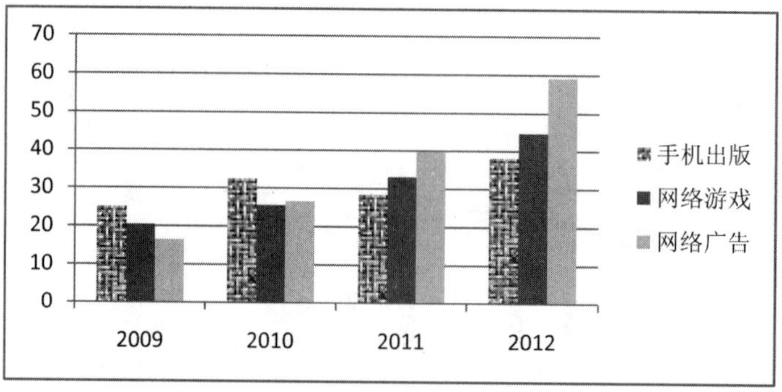

图 3-126　中国数字出版产业分类的利润总额 1(2009-2012 年)　单位:亿元

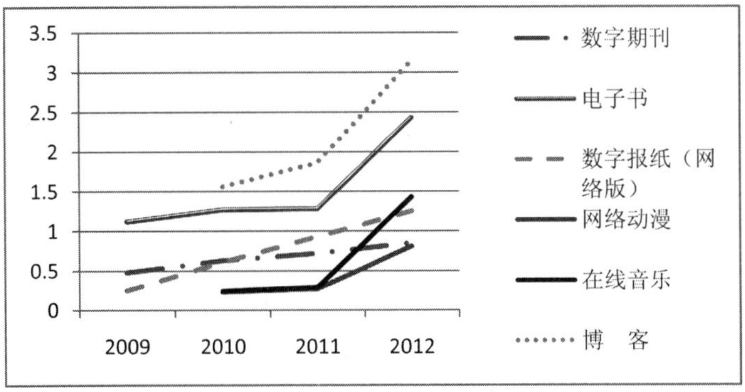

图 3－127　中国数字出版产业分类的利润总额 2(2009－2012 年)　单位:亿元

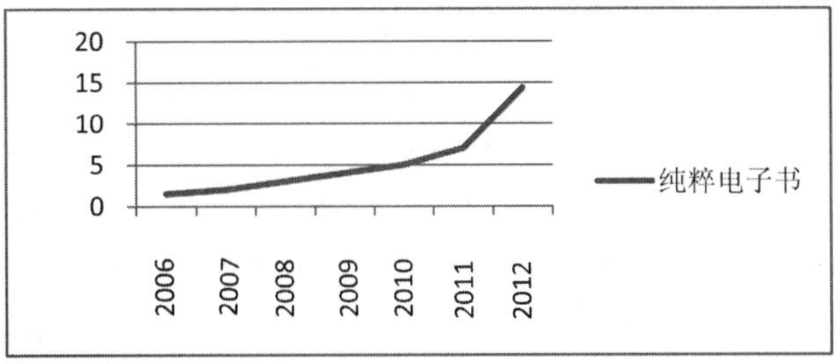

图 3－128　中国电子书(不包括电子阅读器)的营业收入规模(2006－2012 年)　单位:亿元

在中国数字出版中，纯粹电子书(即不包括电子阅读器)的营业收入增长非常迅速。2006 年，电子书的营业收入只有 1.50 亿元，到 2008 年即增加了一倍，上升到了 3.00 亿元；2011 年又增加了一倍，增加到了 7.00 亿元；只过了一年，到 2012 年纯粹电子书的营业收入又增加了一倍多，达到了 14.36 亿元。不到 5 年时间，电子书的营业收入净增加了 8.57 倍，年均增长 47.79%，增长迅猛。中国电子书 2010 年出货量占全球的 21.4%，中国成为仅次于美国的全球第二大电子书市场。但 2012 年国内电子书的营业收入只是当年图书出版营业收入的 1.98%，不足 2%，虽然增长迅速，但规模还是偏小。

2009 年，中国电子书的增加值仅为 4.11 亿元，到 2012 年则增加到了 8.69 亿元，增加了一倍多，年均增长 33.95%。2009 年，电子书实现的利润为 1.12 亿元，到 2012 年增长到了 2.43 亿元，增加了一倍多，年均增长 34.67%。

手机出版在数字出版中的规模是最大的。2006 年，手机出版营业收入为 82.25 亿元，到 2012 年增长到了 486.50 亿元，增加了 4.91 倍，年均增长 37.75%。2009 年，手机出版的增加值为 92.16 亿元，到 2012 年增长到了 136.60 亿元，年均增长 15.15%。2009 年，手机出版实现利润 25.10 亿元，2012 年实现利润为 38.19 亿元，年均增长 17.05%。

网络游戏的规模在数字出版中排在第二位。2006 年，网络游戏的营业收入为 65.40 亿元，到 2012 年增长到了 569.60 亿元，增加了 7.71 倍，年均增长 44.42%。2009 年，网络游戏的增加值为 75.19 亿元，2012 年增加到了 159.58 亿元，增加了一倍多，年均增长 28.64%。2009 年，网络游戏实现利润 20.48 亿元，经过年均 29.80%的增长，到 2012 年实现利润 44.72 亿元,增加了一倍多。

网络广告的规模在数字出版中排在第三位。2006 年,网络广告的营业收入为 49.80 亿元,经过年均 60.05%的增长,到 2012 年增加到了 753.10 亿元,不到 6 年增加了 14.12 倍。2009 年,网络广告的增加值为 60.49 亿元,到 2012 年增加到了 210.99 亿元,年均增长 55.07%。2009 年,网络广告实现利润 16.48 亿元,经过年均 53.195%的增长,到 2012 年增加到了 59.12 亿元。

博客的规模虽然在数字出版中排在第四位,但规模已经非常小了。2006 年,博客的营业收入只有 6.50 亿元,经过年均 43.20%的不断增长,到 2012 年增长到了 40.00 亿元。2010 年,博客的增加值为 5.05 亿元,2012 年增加到了 11.21 亿元,增加了一倍多,年均增长达到了 49.76%。2010 年,博客实现利润 1.56 亿元,不到两年增加了一倍,2012 年实现利润 3.14 亿元,年均增长 43.93%。

数字期刊、数字报纸、网络动漫和在线音乐在数字出版中规模更小。2006 年,上述出版的营业收入分别为 6.00 亿元、0.25 亿元、0.10 亿元和 1.20 亿元,到 2012 年则分别达到了 10.83 亿元、15.90 亿元、10.36 亿元和 18.20 亿元,年均增长率分别为 12.77%、136.12%、291.08%和 90.37%,增长速度虽然很快,但由于基数太小,所以总量规模增加相对有限。

2009 年,数字期刊、数字报纸的增加值分别为 1.76 亿元和 0.91 亿元,经过年均 19.91%和 85.37%的增长,到 2012 年分别达到了 3.03 亿元和 4.45 亿元。2010 年,网络动漫和在线音乐的增加值分别为 0.74 亿元和 0.80 亿元,经过年均 113.55%和 205.41%的增长,到 2012 年分别达到了 2.90 亿元和 5.10 亿元。2009 年,数字期刊、数字报纸实现利润为 0.48 亿元和 0.25 亿元,经过年均 21.20%和 76.87%的增长,到 2012 年分别达到了 0.85 亿元和 1.25 亿元。2010 年,网络动漫和在线音乐实现利润 0.23 亿元和 0.24 亿元,到 2012 年实现利润达到了 0.81 亿元和 1.43 亿元,年均增幅分别为 109.53%和 206.08%,增长还是非常明显的。

第三节　中国非核心出版产业规模发展

一、中国出版发行流通规模状况

2009 年,中国出版产业的发行贸易的营业收入为 1811.75 亿元,随着年均 11.43%的增长,到 2012 年营业收入达到 2505.11 亿元;2009 年,发行贸易的增加值为 448.05 亿元,2012 年增加到 615.27 亿元,四年间年均增长 11.55%;2009 年,发行贸易的总产出为 1869.19 亿元,到 2012 年增加到了 2553.06 亿元,年均增长 11.03%;2009 年,发行贸易实现利润 204.15 亿元,2012 年则下降到了 198.17 亿元,年均下降 0.73%。发行贸易所有指标的增长率与出版编辑和印刷复制两大行业相比增长是最低的,其中利润的增长率是唯一负增长的。

在出版产业的发行贸易行业中,2009 年中国出版物发行营业收入为 1758.50 亿元,2012 年增加到 2418.65 亿元,增加近一半,年均增长 11.24%。中国出版物发行的增加值在 2009

年为 441.43 亿元，到 2012 年增加到了 609.49 亿元，年均增长 11.08%。2009 年，中国出版物发行行业的人均增加值为 4.61 万元/人，2012 年增加到了 10.98 万元/人，年均增长 10.98%。2009 年出版物发行总产出为 1815.58 亿元，2012 年达到了 2465.96 亿元，年均增长 10.84%，2011 年增长达到了 16.87%，为这一期间的最高增长。2009 年，中国出版物发行实现利润 201.31 亿元，2012 年下降到了 196.03 亿元，表现为一直下降的趋势，说明行业竞争激烈，年均下降幅度达 0.62%。

由上可以看出，随着信息技术的不断发展，传统的发行贸易行业受到了极大的挑战。

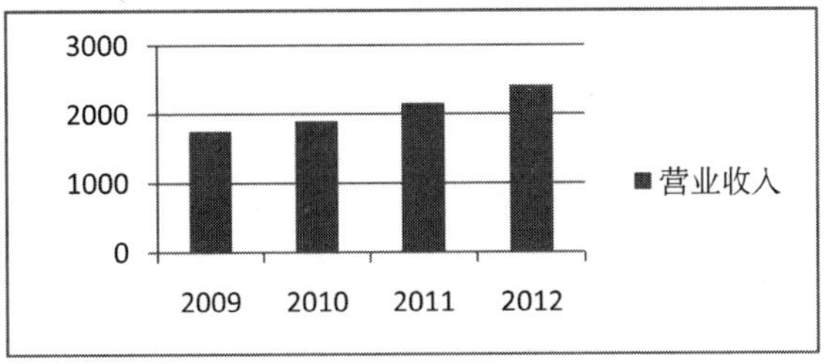

图 3－129　中国出版物的发行规模(营业收入)(2009－2012 年)　单位:亿元

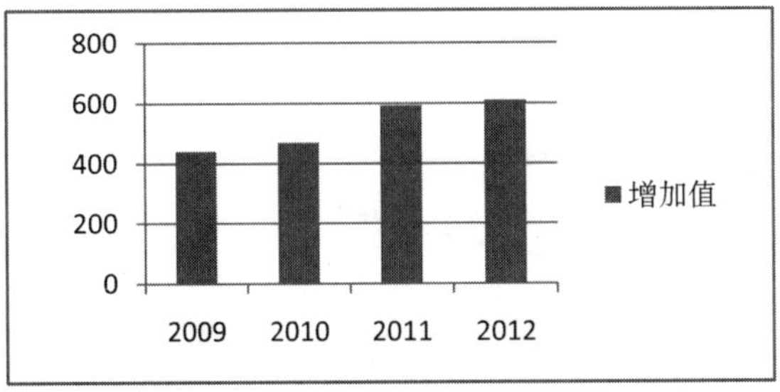

图 3－130　中国出版物的发行规模(增加值)(2009－2012 年)　单位:亿元

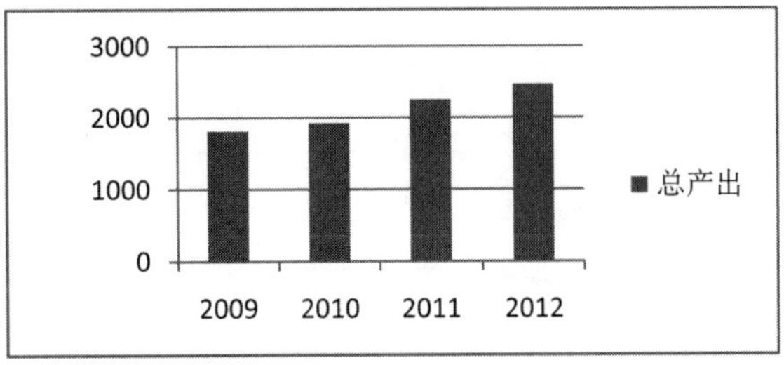

图 3－131　中国出版物的发行规模(总产出)(2009－2012 年)　单位:亿元

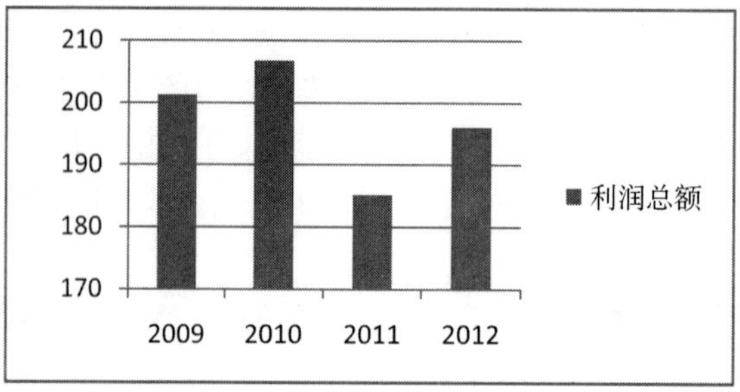

图 3－132　中国出版物的发行规模(利润总额)(2009－2012 年)　单位:亿元

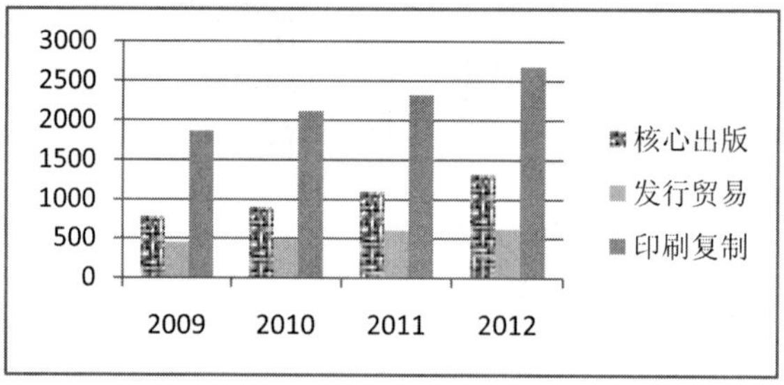

图 3－133　中国出版三大产业增加值规模(2009－2012 年)　单位:亿元

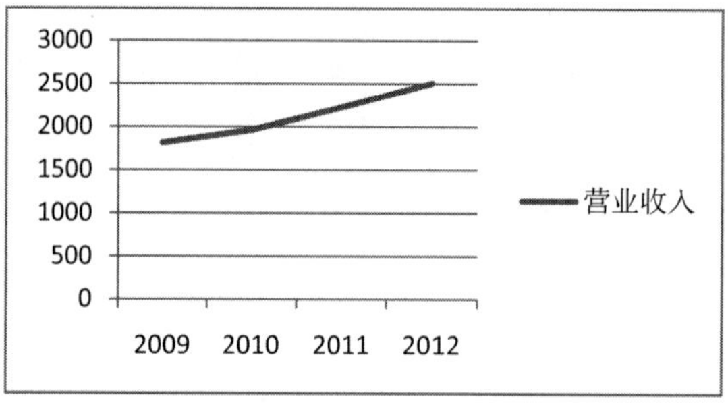

图 3－134　中国出版发行贸易的营业收入(2009－2012 年)　单位:亿元

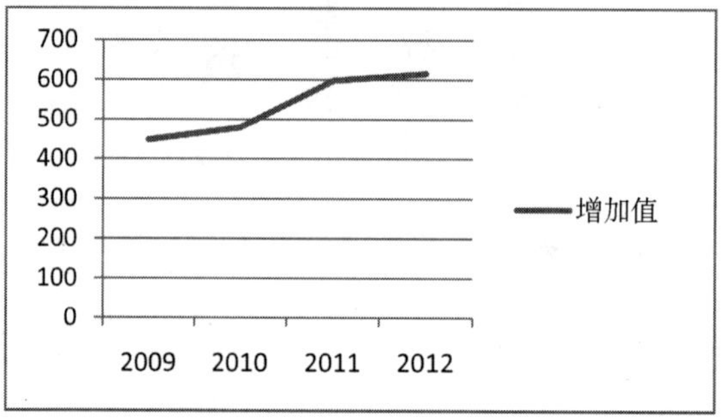

图 3－135　中国出版发行贸易的增加值(2009－2012 年)　单位:亿元

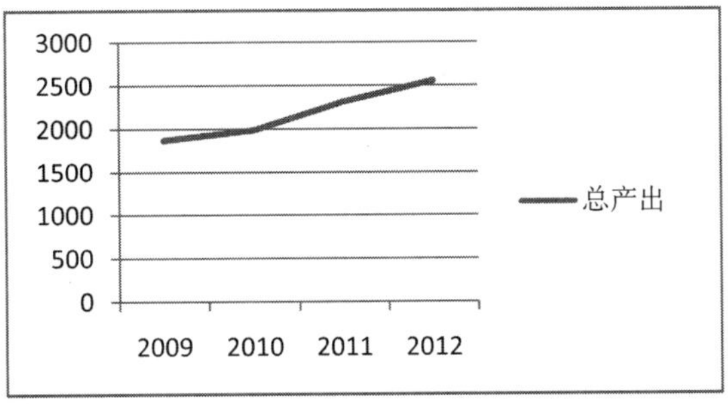

图 3-136　中国出版发行贸易的总产出(2009-2012 年)　单位:亿元

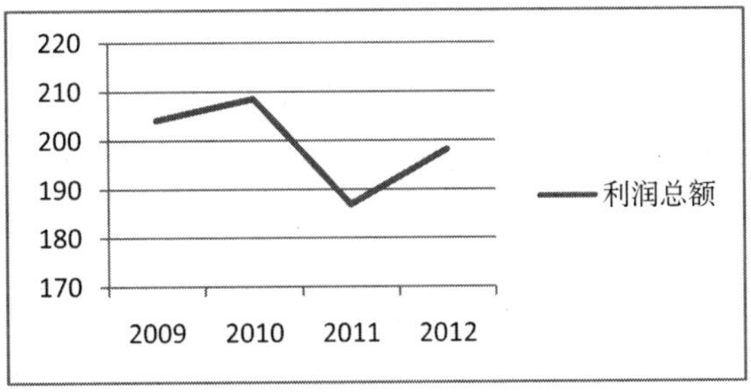

图 3-137　中国出版发行贸易的利润总额(2009-2012 年)　单位:亿元

二、中国出版对外贸易状况

2009 年,中国出版物进出口的营业收入为 53.23 亿元,2012 年增加到了 86.46 亿元,年均增长 18.17%;中国出版物进出口的增加值在 2009 年为 6.62 亿元,2012 年为 5.78 亿元,年均增长 0.23%,主要是 2011 年下降比较多,比 2010 年下降了 39.38%,波动比较大;2009 年,中国出版物进出口行业的人均增加值为 5.21 万元/人,2012 年增加至 18.65 万元/人,年均增长 123.24%;中国出版物进出口总产出在 2009 年为 53.61 亿元,到 2012 年则增加到了 87.10 亿元,年均增长 18.19%;2009 年,中国出版物进出口利润总额为 2.84 亿元,随后一直下降,2010 年和 2011 年都只有 1.70 亿元上下,到 2012 年略有回升,达到 2.14 亿元,年均降幅为 5.04%。

(一)出版进出口规模

1997 年,中国出版物进出口经营单位累计进口 125,578 种,数量为 89.13 亿册,金额为 0.42 亿美元,其中图书、期刊、报纸共计 120,380 种,数量为 0.02 亿册,金额为 0.37 亿美元;音像及电子出版物 5,198 种,数量为 89.11 亿册,金额为 0.04 亿美元。2011 年,中国出版物累计进口 1,134,528 种,数量为 39.93 亿册,金额为 4.25 亿美元,其中图书、期刊、报纸共计 1,119,975 种,数量为 0.30 亿册,金额为 2.84 亿美元;音像及电子出版物累计进口 14,553 种,数量为 39.62 亿册,金额为 1.41 亿美元。2012 年,中国出版物累计进口数量为 18.88 亿册,其中图书、期刊、报纸共计 0.32 亿册,音像及电子出版物 18.56 亿册。2012 年,中国出版物累计进口金额为 4.68 亿美元,其中图书、期刊、报纸共计 3.01 亿美元,音像及电子出版物为 1.67 亿美元。

1997 年,中国出版物进出口经营单位累计出口 126,364 种,数量为 2.22 亿册,金额为 0.12

亿美元,其中图书、期刊、报纸共计 125,993 种,数量为 0.05 亿册,金额为 0.12 亿美元;音像及电子出版物 371 种,数量为 1.17 亿册,金额为 0.0022 亿美元。2011 年,中国出版物累计出口 922,803 种,数量为 7.82 亿册,金额为 0.39 亿美元,其中图书、期刊、报纸共计 914,726 种,数量为 0.11 亿册,金额为 0.39 亿美元;音像及电子出版物 8,077 种,数量为 7.71 亿册,金额为 0.0035 亿美元。2012 年,中国出版物累计出口数量 9.51 亿册,其中图书、期刊、报纸共计 0.16 亿册,音像及电子出版物 9.34 亿册。2012 年,中国出版物累计出口金额为 0.49 亿美元,其中图书、期刊、报纸共计 0.49 亿美元,音像及电子出版物为 0.0034 亿美元。

1997 年,中国出版物进出口经营单位累计进出口种数为 251,942 种,数量为 91.35 亿册,金额为 0.54 亿美元,其中图书、期刊、报纸共计 246,373 种,数量为 0.07 亿册,金额为 0.49 亿美元;音像及电子出版物 5,569 种,数量为 90.28 亿册,金额为 0.04 亿美元。2011 年,中国出版物累计进出口 2,057,331 种,数量为 47.75 亿册,金额为 4.64 亿美元,其中图书、期刊、报纸共计 2,034,701 种,数量为 0.41 亿册,金额为 3.23 亿美元;音像及电子出版物 22,630 种,数量 47.33 亿册,金额 1.41 亿美元。2012 年,中国出版物累计进出口数量为 28.39 亿册,其中图书、期刊、报纸共计 0.48 亿册,音像及电子出版物 27.91 亿册。2012 年,累计进出口总额为 5.17 亿美元,其中图书、期刊、报纸共计 3.50 亿美元,音像及电子出版物为 1.67 亿美元。

1997 年,中国出版物进出口经营单位累计进出口差额为 786 种,数量为 - 86.92 亿册,金额为 - 0.3 亿美元,其中图书、期刊、报纸共计 5,613 种,数量种数 0.03 亿册,金额为 - 0.25 亿美元;音像及电子出版物 - 4,827 种,数量为 - 86.94 亿册,金额为 - 0.04 亿美元。2011 年,中国出版物累计进出口差额 - 211,725 种,数量 - 32.11 亿册,金额为 - 3.86 亿美元,其中图书、期刊、报纸共计 - 205,249 种,数量为 - 0.19 亿册,金额为 - 2.45 亿美元;音像及电子出版物 - 6,476 种,数量为 - 31.91 亿册,金额为 - 1.41 亿美元。2012 年,中国出版物累计进出口数量差额 - 9.37 亿册,其中图书、期刊、报纸共计 - 0.16 亿册,音像及电子出版物 - 9.22 亿册。2012 年,中国出版物累计进出口总额差额为 - 4.19 亿美元,其中图书、期刊、报纸共计 - 2.52 亿美元,音像及电子出版物 - 1.67 亿美元。

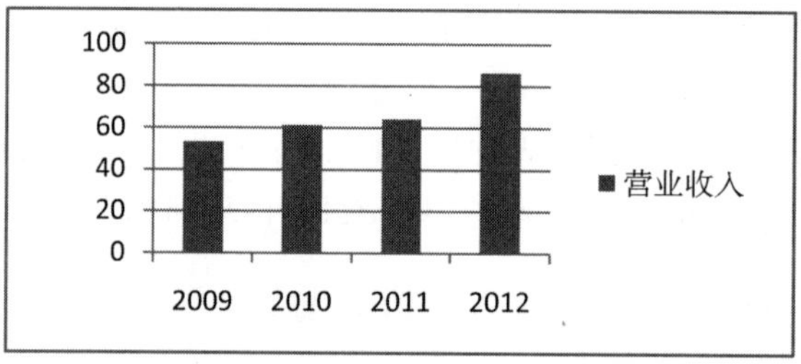

图 3 - 138　中国出版物进出口规模(营业收入)(2009 - 2012 年)　单位:亿元

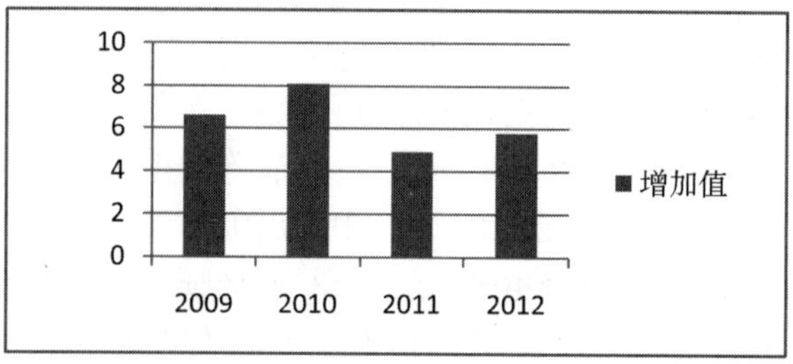

图 3 - 139　中国出版物进出口规模(增加值)(2009 - 2012 年)　单位:亿元

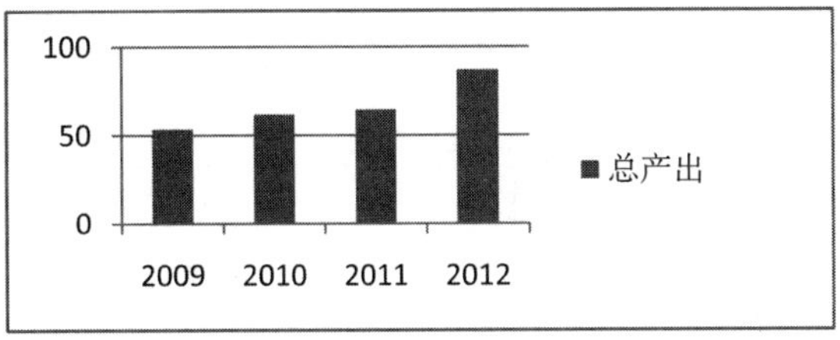

图 3－140　中国出版物进出口规模(总产出)(2009－2012 年)　单位:亿元

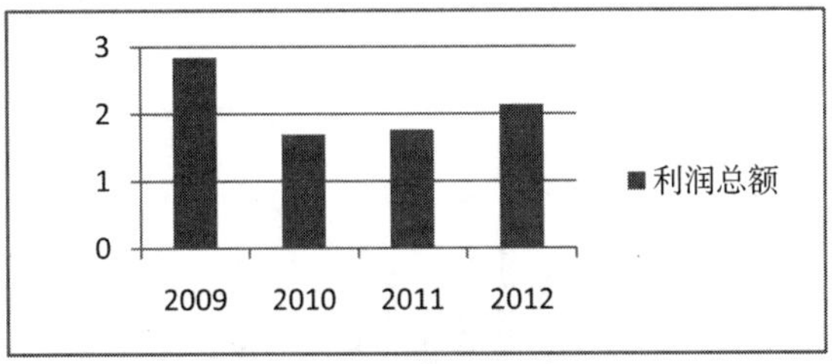

图 3－141　中国出版物进出口规模(利润总额)(2009－2012 年)　单位:亿元

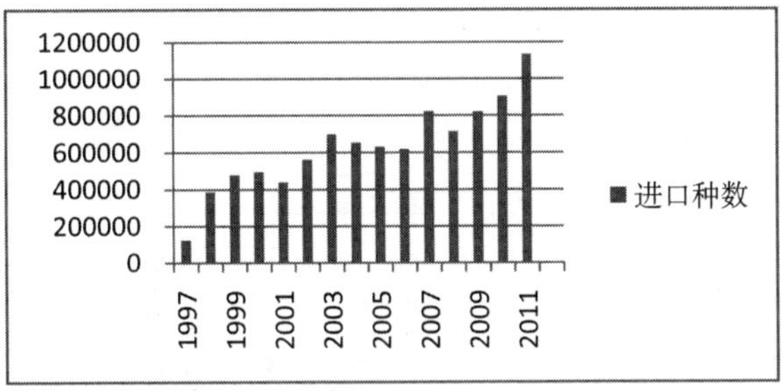

图 3－142　中国出版产业累计进口种数(1997－2011 年)　单位:种

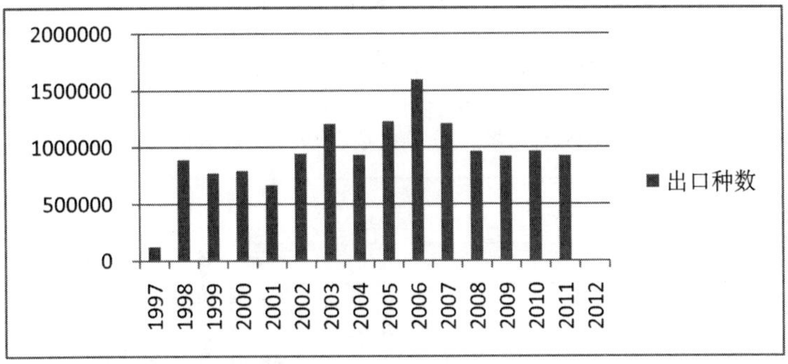

图 3－143　中国出版产业累计出口种数(1997－2012 年)　单位:种

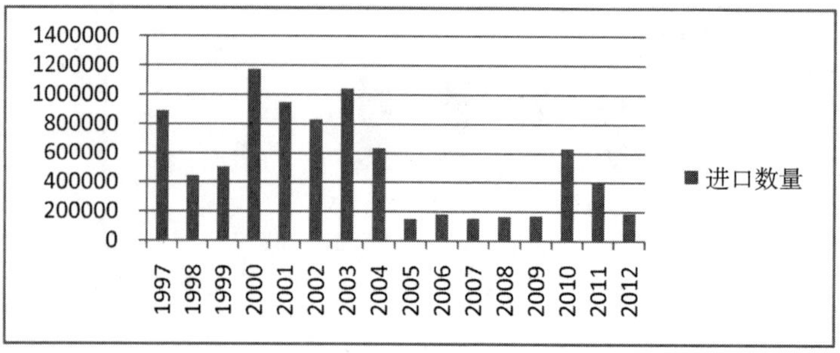

图 3-144　中国出版产业累计进口数量(1997-2012 年)　单位:万张

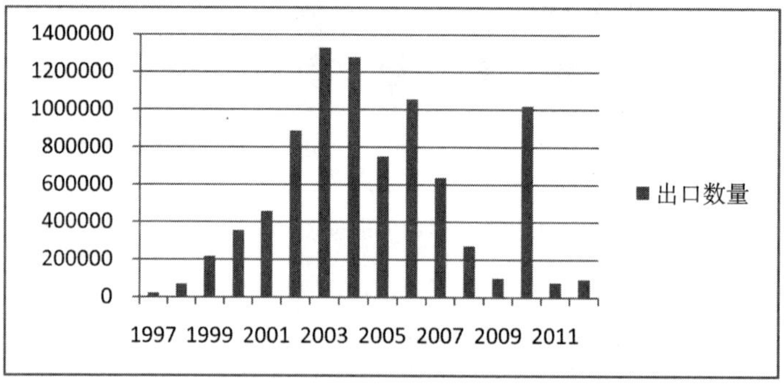

图 3-145　中国出版产业累计出口数量(1997-2011 年)　单位:万张

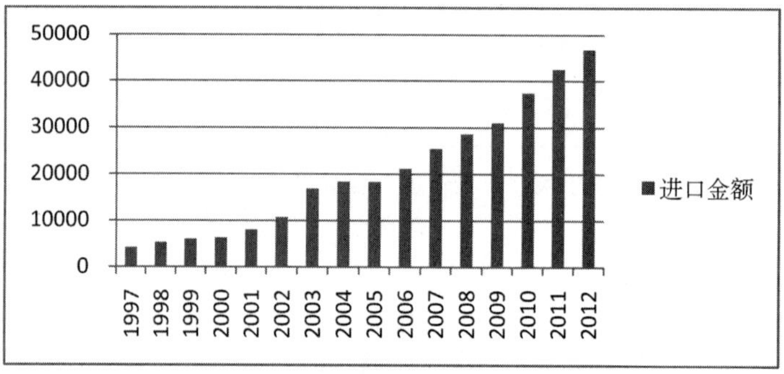

图 3-146　中国出版产业累计进口金额(1997-2012 年)　单位:万美元

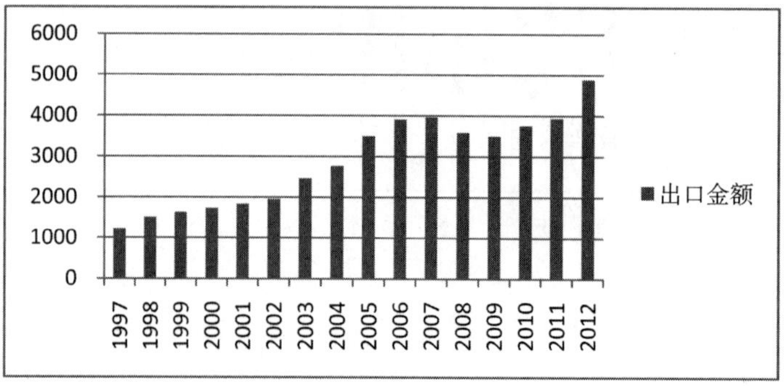

图 3-147　中国出版产业累计出口金额(1997-2012 年)　单位:万美元

(二)版权贸易规模①

2007 年,中国版权引进 11,101 种,其中图书 10,255 种,录音制品 270 种,录像制品 106 种,电子出版物 130 种,软件 337 种,电影 1 种,电视节目 0 种,其他 2 种。2009 年,中国版权引进 13,793 种,其中图书 12,914 种,录音制品 262 种,录像制品 124 种,电子出版物 86 种,软件 249 种,电视节目 155 种,其他 3 种。到 2012 年,中国版权引进 17,589 种,其中图书 16,115 种,录音制品 475 种,录像制品 503 种,电子出版物 100 种,软件 103 种,电影 14 种,电视节目 278 种,其他 1 种。

2007 年,中国版权输出 2,593 种,其中图书 2,571 种,录像制品 19 种,录音制品 0 种,电子出版物 1 种,电视节目 2 种,软件 0 种,电影 0 种。2009 年,中国版权输出 4,205 种,其中图书 3,103 种,录音制品 77 种,录像制品 0 种,电子出版物 34 种,软件 0 种,电视节目 988 种,其他 3 种。到 2012 年,中国版权输出 9,365 种,其中图书 7,568 种,录音制品 97 种,录像制品 51 种,电子出版物 115 种,软件 5 种,电影 2 种,电视节目 1,508 种,其他 19 种。

2007 年,中国版权贸易种数为 13,694 种,其中图书 12,826 种,录音制品 270 种,录像制品 125 种,电子出版物 131 种,软件 337 种,电影 1 种,电视节目 2 种,其他 2 种。到 2012 年,中国版权贸易种数达到了 26,954 种,其中图书 23,683 种,录音制品 572 种,录像制品 554 种,电子出版物 215 种,软件 108 种,电影 16 种,电视节目 1786 种,其他 20 种。

2007 年,中国版权贸易差额为 - 8,508 种,其中图书 - 7,684 种,录音制品 - 270 种,录像制品 - 87 种,电子出版物 - 129 种,软件 - 337 种,电影 - 1 种,电视节目 2 种,其他 - 2 种。到 2012 年,中国版权贸易差额为 - 8,224 种,其中图书 - 8,547 种,录音制品 - 378 种,录像制品 - 452 种,电子出版物 15 种,软件 - 98 种,电影 - 12 种,电视节目 1,230 种,其他 18 种。从版权贸易的差额可以看出,除了电子出版物、其他类和电视节目外,出版的版权贸易全为净进口,形势不容乐观。

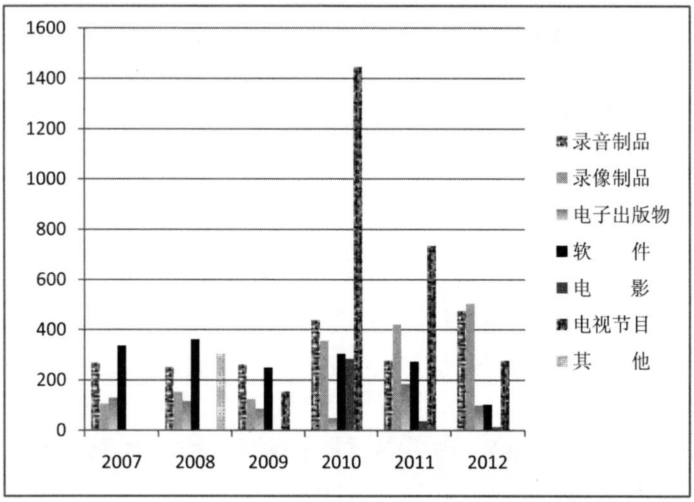

图 3 - 148　中国版权贸易引进数量(2007 - 2012 年)

① 从 2005 年《中国新闻出版统计资料汇编》开始登记版权贸易的引进和输出情况,即 2004 年开始有正式的统计,但由于 2006 年之前的统计口径略有不同,所以采用的数据是从 2007 年开始统计的。

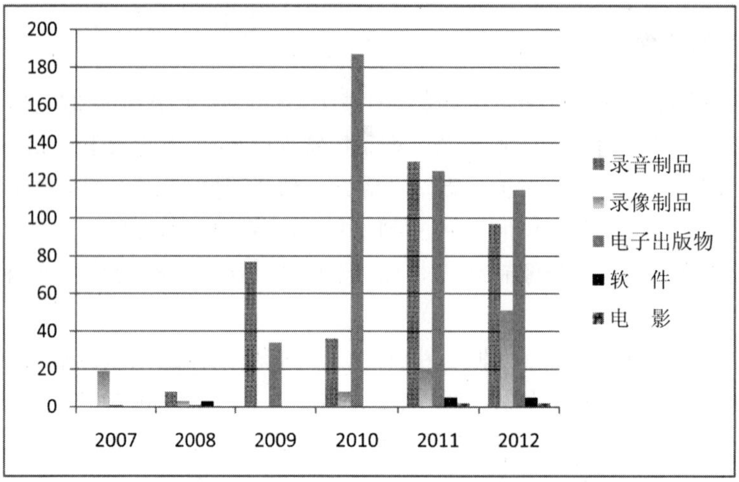

图 3－149　中国版权贸易输出数量(2007－2012 年)

三、中国印刷复制产业发展状况

(一)印刷复制总体规模①

印刷是评价一个国家文化指标的尺度,从印刷文化就可以了解一国的文化水平。2009 年,中国印刷复制产业的营业收入为 6,457.90 亿元,2012 年增至 10,360.49 亿元,首次突破万亿元大关,年均增长 17.16%;2009 年,中国印刷复制产业的增加值为 1,864.90 亿元,2012 年增长至 2,679.51 亿元,年均增长 12.87%;2009 年,中国印刷复制产业的人均增加值为 5.52 万元/人,2012 年增加到 7.45 万元/人,年均增长 10.50%;2009 年,中国印刷复制产业的总产出为 6,516.10 亿元,2012 年增加到 10,627.02 亿元,首次突破万亿元大关,年均增长 17.80%;2009 年,中国印刷复制产业实现利润 426.82 亿元,2012 年增加到 721.81 亿元,连续排在行业首位,但年均增幅为 19.20%,没有电子出版、数字出版和期刊出版增幅大。

(二)印刷复制产业规模

1. *印刷规模*

2009 年,中国印刷复制产业的营业收入为 6,162.67 亿元,2012 年达到了 9,953.24 亿元,年均增长 17.44%,其中 2010 年增幅较大,达到 23.70%;2009 年,中国印刷复制产业的总产出为 6,381.13 亿元,2012 年为 9,953.24 亿元,年均增长 16.15%;2009 年,中国印刷复

① 根据《中国新闻出版统计资料汇编》(各年)数据进行汇总和归纳得到,与新闻出版总署出版产业司发布的《新闻出版产业分析报告》(各年)数据在复制和印刷的分类数据上略有出入。排版、制版、装订主要活动仍然属于印刷活动,因此可以加总在印刷大类中进行统计。根据《国民经济行业 GB/T 4754 — 2011》,打字复印的主要活动分类是办公服务,本书根据活动的实际特点,将之纳入复制大类,因此与《新闻出版产业分析报告》的数据有所出入。

在《新闻出版产业分析报告 2011 年》中,印刷合计除了出版物印刷、包装装潢印刷和其他印刷品印刷三大项以外,还有其他分类。这三项总计数据小于印刷的合计数,因此,对印刷复制总数与印刷各分类加总推导得到的复制加总数据会比实际值大,但考虑了数据的历史一致性,且不会影响结构的演变分析,所以采用了复制加总数据,特此说明!

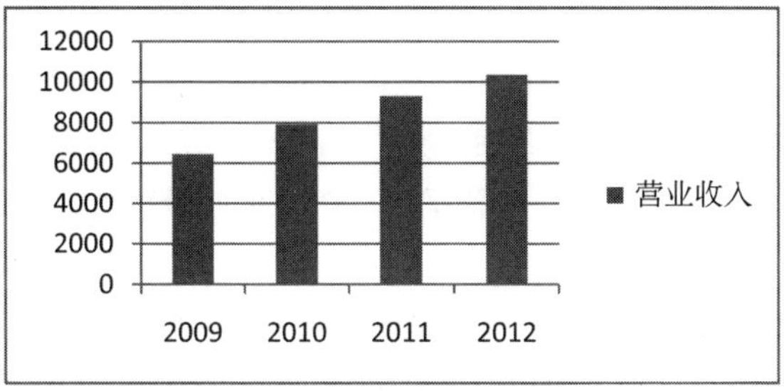

图 3－150　中国印刷复制产业的规模(营业收入)(2009－2012 年)　单位:亿元

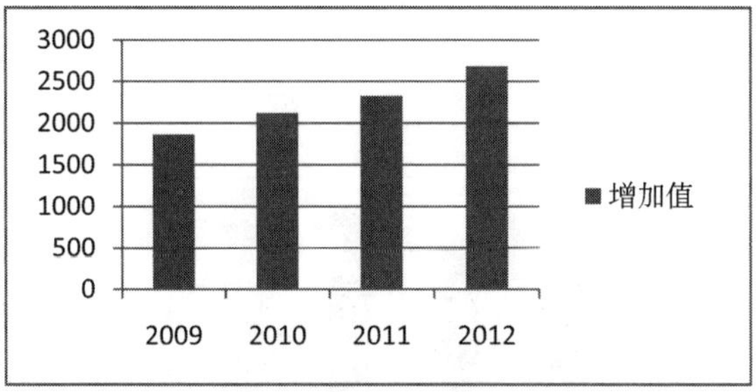

图 3－151　中国印刷复制产业的规模(增加值)(2009－2012 年)　单位:亿元

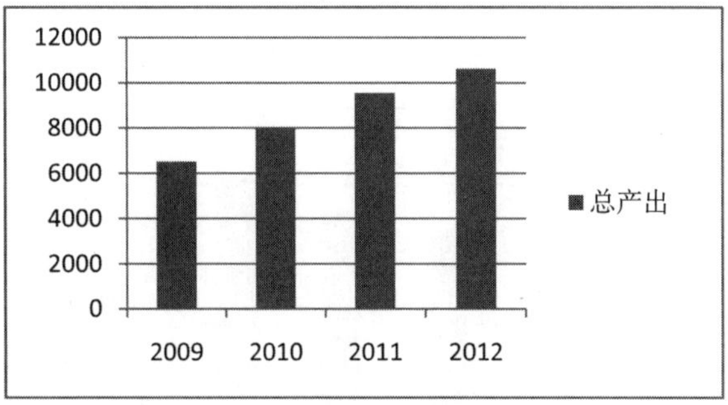

图 3－152　中国印刷复制产业的规模(总产出)(2009－2012 年)　单位:亿元

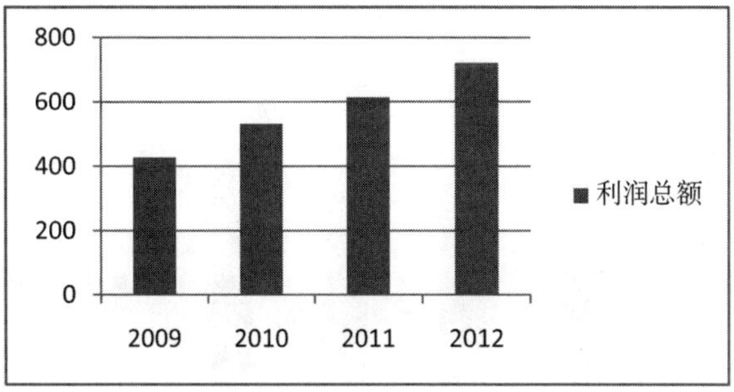

图 3－153　中国印刷复制产业的规模(利润总额)(2009－2012 年)　单位:亿元

制产业的增加值为1,748.57亿元,2012年为2,573.73亿元,年均增长13.79%;2009年,中国印刷复制产业的利润为419.44亿元,2012年为682.13亿元,年均增长18.00%。

在印刷产业内部,2009年出版物印刷的营业收入为326.69亿元,2012年为518.15亿元,年均增长16.90%;2009年包装装潢印刷的营业收入为1,163.34亿元,2012年为1,742.65亿元,年均增长14.32%;2009年其他印刷品印刷的营业收入为253.54亿元,2012年为312.98亿元,年均增长7.45%,2011年增幅最高,为15.73%。

2009年,出版物印刷的总产出为1,073.05亿元,2012年为1,397.70亿元,年均增长9.29%;2009年包装装潢印刷的总产出为4,592.14亿元,2012年为7,523.00亿元,年均增长18.13%;2009年其他印刷品印刷的总产出为715.94亿元,2012年为1,032.54亿元,年均增长13.18%。

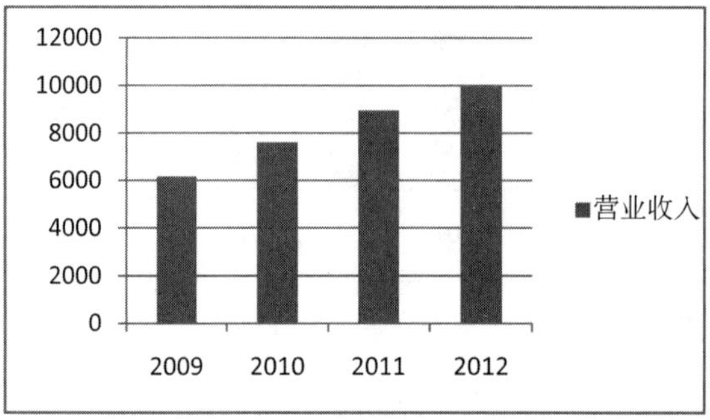

图3-154 中国印刷产业规模(营业收入)(2009-2012年) 单位:亿元

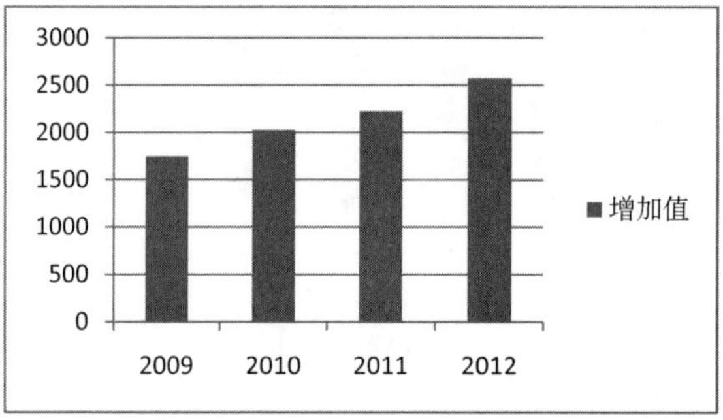

图3-155 中国印刷产业规模(增加值)(2009-2012年) 单位:亿元

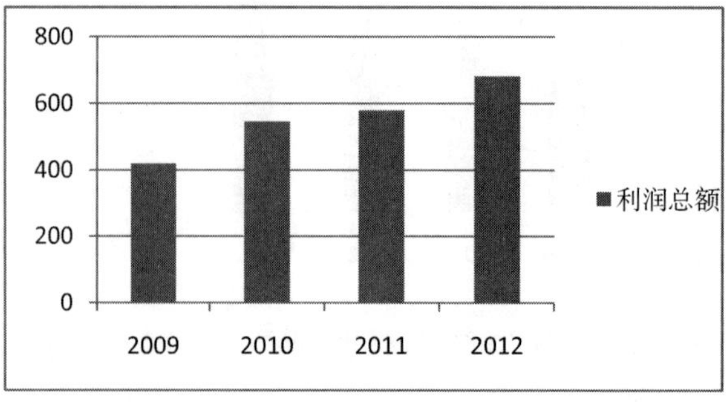

图3-156 中国印刷产业规模(利润总额)(2009-2012年) 单位:亿元

2009 年，出版物印刷的增加值为 326.69 亿元，2012 年为 518.15 亿元，年均增长 16.90%；2009 年，包装装潢印刷的增加值为 1,168.34 亿元，2012 年为 1,742.65 亿元，年均增长 14.32%；2009 年，其他印刷品印刷的增加值为 253.54 亿元，2012 年为 105.73 亿元，年均增长 7.45%。

2009 年，出版物印刷利润为 71.05 亿元，2012 年为 106.82 亿元，年均增长 15.63%；2009 年，包装装潢印刷为 286.71 亿元，2012 年为 475.75 亿元，年均增长 19.38%；2009 年，其他印刷品印刷利润为 61.68 亿元，2012 年为 99.56 亿元，年均增长 18.70%。

2. 复制规模

2009 年，中国复制产业的营业收入为 116.29 亿元，2012 年为 105.73 亿元，年均下降 -2.07%，其中 2010 年下降最为迅速，为 -21.52%。2009 年，中国复制产业的总产出为 308.35 亿元，2012 年为 673.78 亿元，年均增幅为 38.15%，2012 年增幅最大为 110.58%。2009 年，中国复制产业的增加值为 116.29 亿元，2012 年为 105.73 亿元，年均降幅 2.07%。2009 年，中国复制产业的利润为 44.58 亿元，2012 年为 39.68 亿元，年均下降 2.10%，其中 2010 年下降最多为 -26.42%。

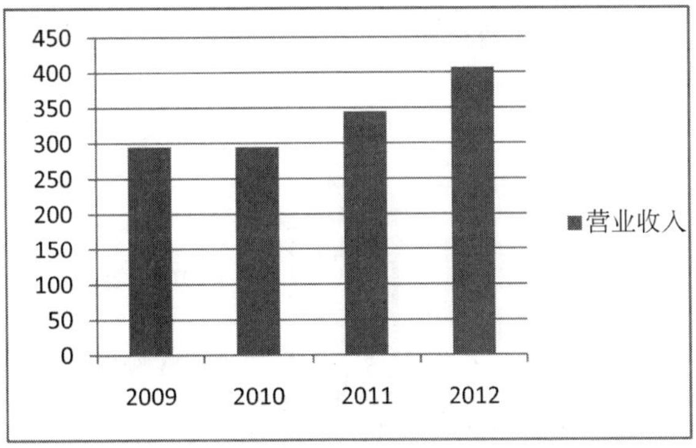

图 3-157　中国复制产业规模(营业收入)(2009-2012 年)　单位:亿元

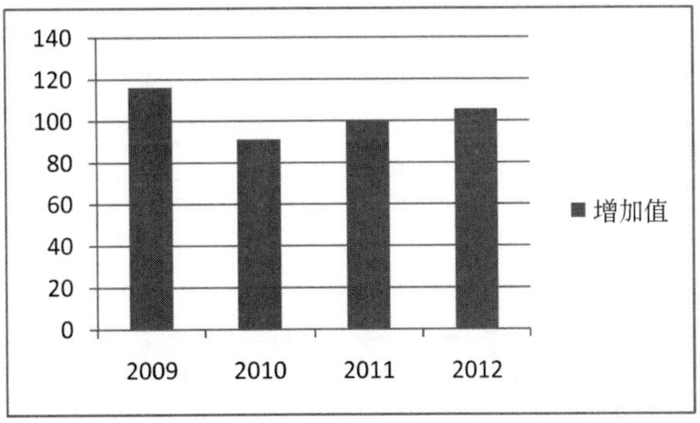

图 3-158　中国复制产业规模(增加值)(2009-2012 年)　单位:亿元

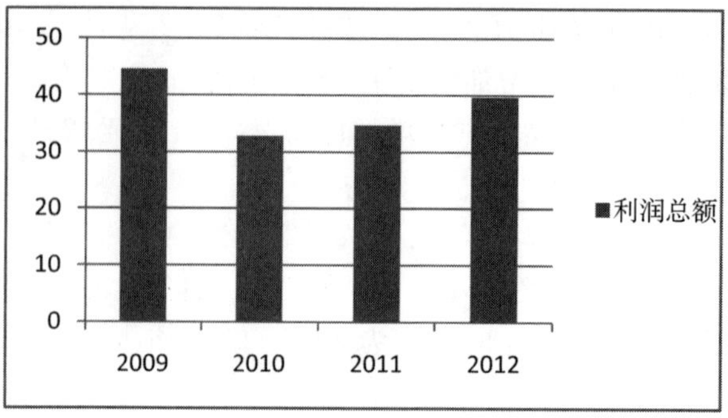

图 3-159　中国复制产业规模(利润总额)(2009-2012 年)　单位:亿元

(三)印刷复制人员规模

1996 年,中国印刷复制产业的直接就业人数为 258.22 万人,经过年均 2.09%的增长,到 2012 年,直接就业人数达到 359.62 万人,增加了近 40%,其中出版物印刷年末职工人数增长较快,虽然在过程中有增有减,起伏较大,但仍然保持了年均 12.13%的增长幅度。2009 年,出版物印刷年末职工人数为 33.34 万人,2012 年增长到 55.09 万人,增加了近 70%。

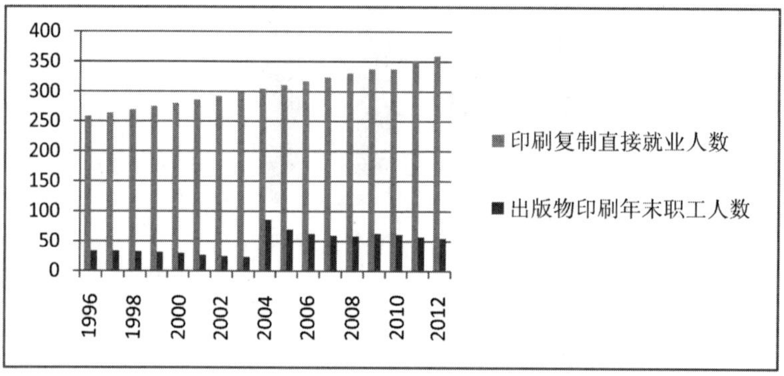

图 3-160　中国印刷复制产业人员规模(1996-2012 年)　单位:万人

第 4 章

中国出版产业结构演变与发展

中国出版产业由核心出版、印刷复制和发行贸易构成，在内部结构上体系完备、层级关系上层级分明。各个层级的出版结构构成是相互联系、相互作用的，却又在不同经济技术水平上具有高度的同质性，形成了个体和整体的关系，为中国出版产业的发展提供了良好的结构支撑。

第一节　中国出版产业整体与基本结构变动过程

一、中国出版产业整体结构的变动

(一)中国出版产业在国民经济中的结构演变

中国出版产业的绝对规模发展非常迅速，经济总量不断增加，取得了较为突出的成绩。但就中国出版产业在国民经济中所占相对规模而言，比重却是不断下降的，下降的趋势虽平缓，但也较为明显，到 2012 年下降趋势得以缓解，比重有所上升。

从中国出版产业与国民收入的相对规模而言，以当年价计算，从 2004 年至 2012 年的 9 年期间，所占平均比重为 0.94%。2004 年相对规模最大，为 1.05%，以后逐年下降，2012 年出版产业在国民收入中的比重减至 0.85%，之后又逐渐上升到了 0.89%，上升了 4‰，2004 年至 2012 年净减少 0.16%。如果以产业在国民收入中占比 5%以上为支柱产业来衡量出版产业，那么出版产业距离支柱产业还很远。

同样在 2004—2012 年，以 2004 年为基期，中国出版产业的不变价增加值在 GDP 中所占比重表现出来的相对规模下降趋势更为严重，净减少 0.12%。2004 年的相对规模最大，达到了 1.05%，随后一路下滑，到 2011 年只有 0.89%，相比当年价下降得更多，处于历史最低水平，2012 年有明显上升，比重恢复到0.93%。这一方面说明出版产业因供不应求而造成需求紧张,另一方面也说明出版产业的价格上涨领先于国民经济。

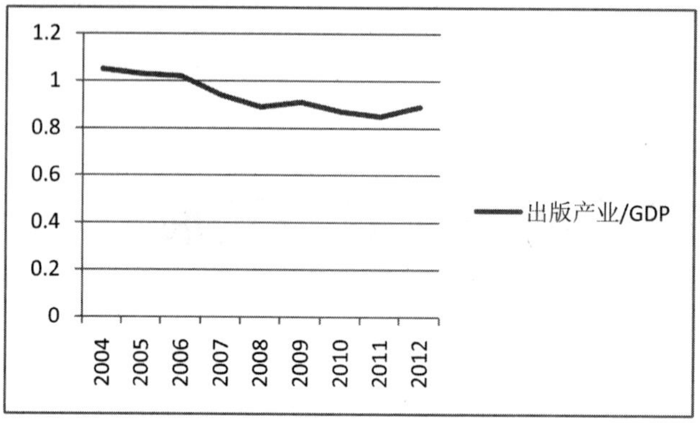

图 4-1 出版产业增加值在国民收入结构中的变化趋势当年价(2004-2012 年)

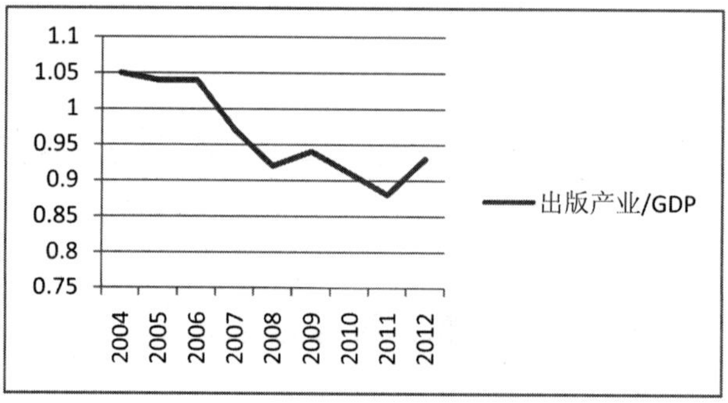

图 4-2 出版产业增加值在国民收入结构中的变化趋势不变价(2004 年为基期)(2004-2012 年)

(二)中国出版产业在第三产业中的结构演变

首先,从2004年至2012年,无论是以当年价还是以2004年为基期的不变价为衡量依据,中国出版产业在第三产业中的比重都呈现了平缓的连续下降的趋势。2004年中国出版产业的比重最高,当年价和不变价的比重均为2.60%,其后不断下降,2011年当年价占比为1.96%,不变价占比为2.12%,2012年当年价略有上升,达到1.99%,不变价则为2.17%。期间以当年价来衡量,中国出版产业相对规模年均为2.23%,净减少0.61%;不变价则为2.36%,净减少0.43%。这说明出版产业的价格上涨低于第三产业的上涨幅度,实际出版产业在第三产业中的规模是略有增长的。

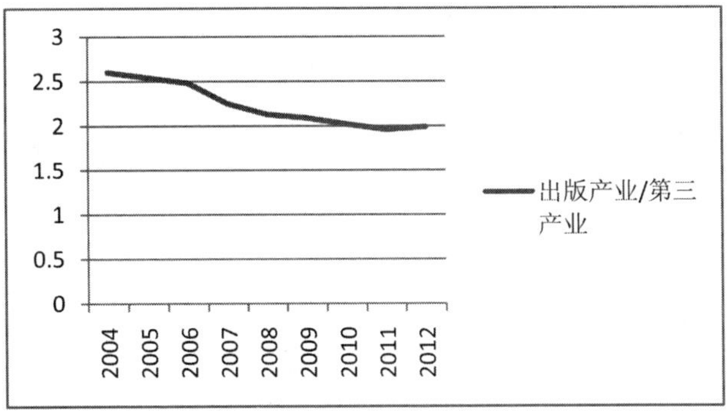

图 4-3　出版产业增加值在第三产业结构中的变化趋势当年价(2004-2012 年)

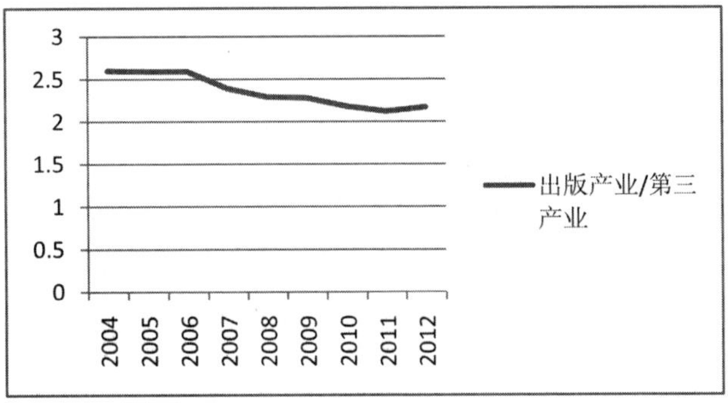

图 4-4　出版产业增加值在第三产业结构的变化趋势不变价(2004-2012 年)

(三)中国出版产业在文化产业中的结构演变

2004—2012 年期间，无论是以当年价还是以 2004 年为基期的不变价来衡量，中国出版产业在文化产业中的比重呈现平稳的持续下降趋势，到 2012 年开始稳定走平。值得欣慰的是，以不变价统计得到的出版产业在文化产业中的相对规模年均为 38.80%，比当年价计算得到的比重高出近 2 个百分点，这说明出版产业在文化产业中占据了三分之一强，是值得令人称赞的。但令人忧虑的是，从发展趋势来看，虽然出版产业的发展速度很快，绝对规模在不断增加，但在文化产业中的相对规模有萎缩的趋势，没有文化产业整体发展得快。

2004 年，中国出版产业在文化产业中的比重为 50.33%，2007 年跌至 40%以下，2012 年的当年价更是降到了 25.55%，不变价则为 27.98%，下降得稍缓一些。出版产业在文化产业、第三产业和国民经济中都呈现出这种趋势，说明出版产业在整个国民经济的飞速发展中相对规模和速度都比较落后。

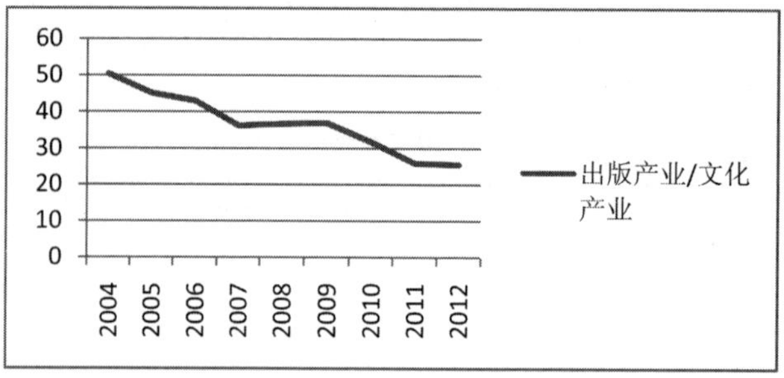

图 4－5　出版产业增加值在文化产业结构中的变化趋势当年价(2004－2012 年)

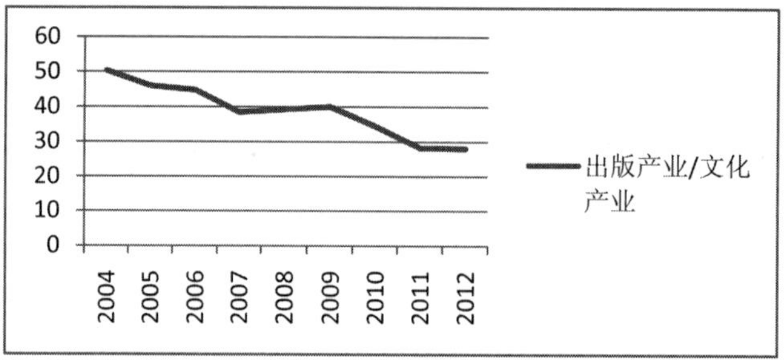

图 4－6　出版产业增加值在文化产业结构中的变化趋势不变价(2004－2012 年)

二、中国出版产业基本结构的变动①

中国出版产业的基本结构反映的是核心出版(编辑出版行业)、印刷复制和发行贸易三大产业分别在出版产业中的比重和相互关系。由于印刷复制和发行贸易产业只有经济指标，没有与核心出版相对应的出版指标，所以二者只有经济指标的比较与衡量。在经济指标中，首先看最为客观的增加值是国民体系中不同行业进行比较的基础，因此是最为重要的；其次是营业收入增加值，这是评价产业规模的指标，总产出指标与营业收入指标类似，可以加以参考；最后是利润，它主要考察行业的效益和可持续的发展性能，也是较为重要的经济指标。

(一)中国出版产业基本结构的增加值构成

在中国出版产业基本结构的增加值构成中，印刷复制产业以年均 59.14％的占比位于首位，总体变动趋势是稳定中略有下降。2009 年，印刷复制出版增加值在基本结构中占比 60.16％，随后有所下降，到 2012 年占比 58.04％，净减少 2.12％，减少最多的年份为 2011 年，比 2010 年减少了 2.72％。

与印刷复制出版增加值一样，发行贸易出版增加值的比重也呈现出在波动中略微下降的态势。2009 年，发行贸易出版增加值在出版的基本结构中占比 14.5％，之后有所下降，到

① 核心出版即编辑出版，因为编辑出版是出版产业的核心，故本文也将其称为核心出版。

2011 年又增加到了 14.87%，随后在 2012 年下降到了 13.33%，净减少 1.12%，年均保持在 14.08%的水平。

核心出版在出版产业基本结构的增加值构成中保持了不断增长的态势。2009 年增加值的比重为 25.27%，到 2012 年增加到了 28.64%，净增加了 3.37%，并保持了年均 26.76%的水平。

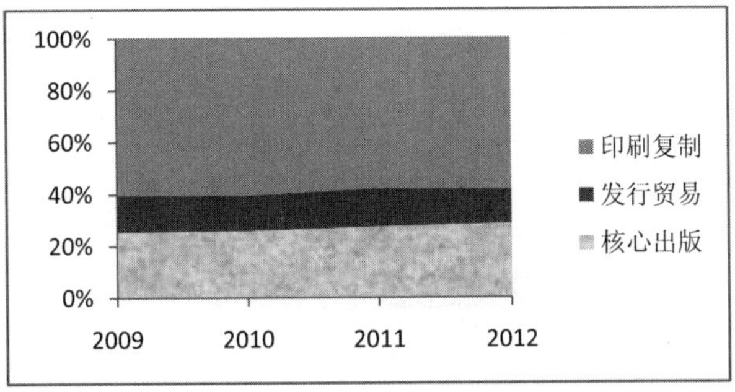

图 4－7　中国出版产业基本结构的增加值(当年价)(2009－2012 年)　单位:%

(二)中国出版产业基本结构的营业收入构成

在中国出版产业基本结构的营业收入构成中，印刷复制占比年均达到了 62.18%，2009 年为 60.86%，2010 年和 2011 年有所增加，2011 年增加到了 63.87%，为历史最高，2012 年回落到了 61.68%，整个期间净增加了 0.82%，基本保持了稳中略有增长的态势。

在中国出版产业基本结构的营业收入构成中，排在第二的是核心出版。核心出版在 2009 年的比重为 19.93%，随后不断稳定增长，到 2012 年增加到了 22.66%，年均实现了 20.90%的占比。

在中国出版产业基本结构的营业收入构成中，发行贸易年均仅为 15.93%，而且呈现出不断下降的趋势。2009 年，发行贸易在出版产业基本结构的营业收入构成中占比 17.52%，到 2012 年降至 15.06%，降幅达到 2.46%。

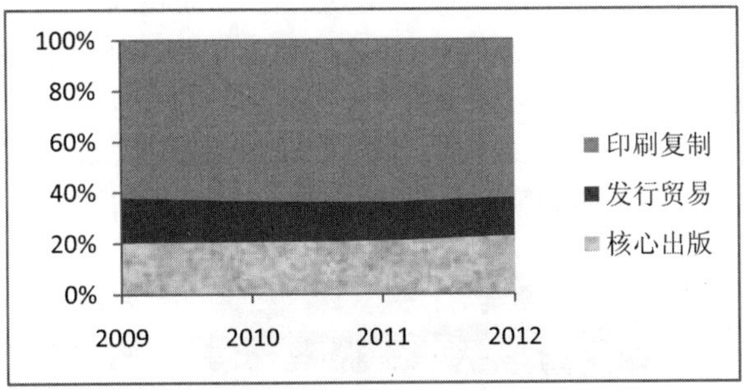

图 4－8　中国出版产业基本结构的营业收入(当年价)(2009－2012 年)　单位:%

(三)中国出版产业基本结构的总产出构成

在中国出版产业基本结构的总产出构成中，印刷复制仍然排在首位，年均占比为

62.54%，而且保持了稳定且略微增长的态势。2009 年，印刷复制在总产出中的比重高达 61.08%，到 2011 年增加到了 83.91%的历史最高水平，2012 年则回落到 62.52%，净增加 1.44%。

在中国出版产业基本结构的总产出构成中，核心出版以年均 20.68%排在了第二位，2009 年占比为 19.68%，经过不断增长，到 2012 年增加到 22.45%，净增加 2.77%。

在中国出版产业基本结构的总产出构成中，2009 年发行贸易占比 17.52%，随后不断下降，到 2012 年降为 15.02%，净减少 2.50%。

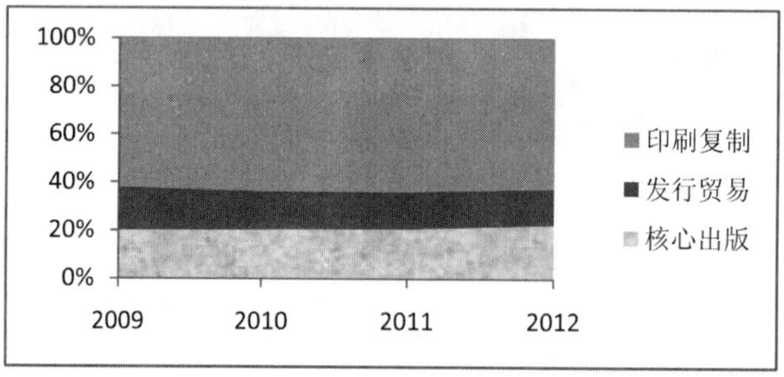

图 4－9　中国出版产业基本结构的总产出（当年价）（2009－2012 年）　单位：%

(四)中国出版产业基本结构的利润总额构成

印刷复制在中国出版产业基本结构的利润总额构成中继续以年均 51.60%的占比保持在首位，但与营业收入和总产出的比重相比有所下降。2009 年，印刷复制的利润比重为 47.78%，随后不断增加，到 2012 年增加到 54.79%，净增加 7.01%，增幅既是在三个产业中也是在营业收入和总产出中最高的。

在中国出版产业基本结构的利润总额构成中，核心出版的利润总额年均占比 27.77%，而且保持了不断增长的态势。2009 年，核心出版的利润比重为 25.12%，2012 年增长到 30.17%，净增加 5.05%。核心出版的利润比重和比重增幅都表现出比其规模指标更为良好的发展趋势，这是令人可喜的。

发行贸易的实现利润总额在出版产业中年均占比仅为 18.46%，而且呈现出不断下降的趋势，2009 年为 22.85%，2012 年下降到 15.04%，净减少 7.81%，下降的绝对幅度和相对幅度都是比较大的，这是值得关注的发展态势。

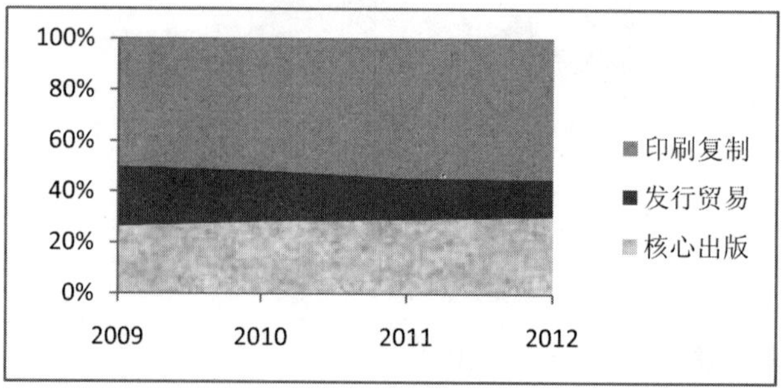

图 4－10　中国出版产业基本结构的利润总额（当年价）（2009－2012 年）　单位：%

三、中国出版产业的其他结构变动

(一)中国新闻出版单位数量结构①

表 4-1　中国新闻出版单位比重　　单位:%

类　型	2009	2010	2011	2012	年均
法人单位	33.48	38.40	45.50	46.32	40.93
非法人单位	4.16	3.10	2.73	2.64	3.16
个体经营户	62.36	58.50	51.77	51.04	55.92
合 计	100	100	100	100	100

说明:未包括数字出版单位、版权贸易与代理、行业服务与从事其他新闻出版业务的单位。

表 4-2　中国新闻出版单位比重增减　　单位:%

类　型	2009	2010	2011	2012	净增减
法人单位		4.92	7.1	0.82	12.84
非法人单位		-1.06	-0.37	-0.09	-1.52
个体经营户		-3.86	-6.73	-0.73	-11.32
合 计					

2009 年至 2012 年期间,中国出版产业的法人单位年均占比为 40.93%,而且每年都呈现不断增长的趋势,2012 年达到 46.32%,比 2009 年增加 12.84%,增长势头强劲。这充分说明,中国经营性新闻出版单位的转企改制工作成效显著。我国新闻出版行业的市场主体基本形成。

中国出版产业的个体经营户规模很大,虽然有一直下降的趋势,但年均占比为 55.92%,仍然超过了一半的比重,说明以公有制为主体、多种所有制共同发展的产业格局基本形成。2009 年个体经营户占比高达 62.36%,2012 年下降至 51.04%,净减少 11.32%,下降趋势明显而且幅度较大,这是值得令人关注的。

非法人单位在中国出版产业中比重较小,年均占比只有 3.16%左右,而且呈现不断下降的趋势。2009 年,非法人单位占比 4.16%,2012 年占比 2.64%,下降幅度为 1.52%,几乎占到了三分之一多。这种情况值得我们关注,并需要审慎对待。

---

① 2011 年数据资料来源于新闻出版总署出版产业发展公司的《2011 全国新闻出版业单位数量及就业人员情况分析》,载于《2011 年全国新闻出版业分析报告》第五部分。

(二)中国出版产业的企业法人结构①

1. 中国出版产业的企业法人规模结构

表 4-3 中国出版企业法人整体规模的比重(2009—2012 年) 单位：%

指标	2009	2010	2011
单位数量	85.62	89.40	91.67
营业收入	83.96	87.70	91.77
增加值	76.96	80.40	88.49
总产出	83.84	87.50	91.90
资产总额	85.39	89.20	89.55
所有者权益	86.75	90.70	88.44
利润总额	68.22	71.20	88.69
纳税总额	80.76	84.40	88.02

说明：未包括数字出版、版权贸易与代理、行业服务与从事其他新闻出版业务的企业。

表 4-4 中国出版企业法人整体规模比重的增减(2009—2012 年) 单位：%

指标	2009	2010	2011
单位数量		3.8	2.3
营业收入		3.7	4.1
增加值		3.4	8.1
总产出		3.7	4.4
资产总额		3.8	0.3
所有者权益		3.9	−2.3
利润总额		3.0	17.5
纳税总额		3.6	3.6

说明：未包括数字出版、版权贸易与代理、行业服务与从事其他新闻出版业务的企业。

从中国出版产业的企业法人规模来看，无论是规模比重还是效益比重，都占据了出版产业近 70%以上的比重，而且基本呈现出不断增加的趋势。到 2012 年，单位数量、营业收入和总产出占比更是超过了 90%，显示了出版企业法人规模的绝对优势。

① 缺乏 2012 年的公开数据(《2012 年全国新闻出版产业分析报告》没有公开相关数据)。

2. 中国出版产业的企业法人单位的所有制结构

表 4-5　中国出版产业的企业法人单位的所有制结构　　单位:%

指标	国有企业		集体企业	民营企业	外商投资	港澳台商投资	混合投资	合计
		国有全资						
2009	—	17.14	6.83	71.96	1.73	1.98	0.36	100.00
2010	—	14.80	5.35	76.13	2.91	0.48	0.34	100.00
2011	—	12.62	3.93	81.21	1.50	0.37	0.37	100.00
年均	—	14.85	5.37	76.43	2.05	0.94	0.36	

表 4-6　中国出版产业的企业法人单位的所有制结构变化　　单位:%

指标	国有企业		集体企业	民营企业	外商投资	港澳台商投资	混合投资
		国有全资					
2009							
2010		-2.34	-1.48	4.17	1.18	-1.50	-0.02
2011		-2.18	-1.42	5.08	-1.41	-0.11	0.03
净增减		-4.52	-2.90	9.25	-0.23	-1.61	0.01

在中国出版产业的企业法人单位的所有制结构中,2009 年至 2011 年期间,民营企业年均占比最高,为 76.43%,占有绝对的优势,而且从 2009 年的 71.96%一直上升到 2011 年的 81.21%,增幅高达 9.25%。排在第二位的是国有企业中的国有全资企业,年均占比为 14.85%,一直处于不断下降的状态,从 2009 年的 17.14%下降到 2011 年的 12.62%,降幅为 4.52%,下降趋势明显。排在第三位的则是集体企业,年均占比也呈现明显的下降趋势,2009 年为 6.83%,2011 年则下降到 3.93%。外商投资企业位列第四,占比呈现出波动状态,2010 年最高,达到 2.91%,2009 年和 2011 年则分别为 1.73%和 1.50%,年均为 2.05%,在整个法人单位中比重偏小,甚至可以说是微不足道。港澳台商投资的企业年均占比只有 0.94%,而且呈现非常明显的下降趋势,从 2009 年的 1.98%下降到 2011 年的 0.37%,降幅为 1.61%,高达 81.31%。排在最后的则是混合投资的企业,比重一直徘徊在年均 0.36%上下,没有明显的变化,这说明中国出版产业的市场化改革的道路还很漫长,还有很多工作需要去做。

(三)中国出版产业直接就业人数及性别结构

中国出版产业的直接就业人数的性别结构较为均衡,2009 年至 2012 年期间,男性平均占比约 51.90%,女性平均占比约 48.10%,男性占比略微高一些。从期间的变化趋势来看,男性占比呈现出逐步上升的趋势,而女性占比则处于一直下降的状态。2009 年男性占比为 50.66%,之后一直上升到 2012 年的 53.46%;2009 年女性占比为 49.34%,随后一直下降,

2012 年下降到 46.54%;两者之间的差距从 2009 年的 1.32%上升到 2012 年的 6.92%,差距逐步拉大。

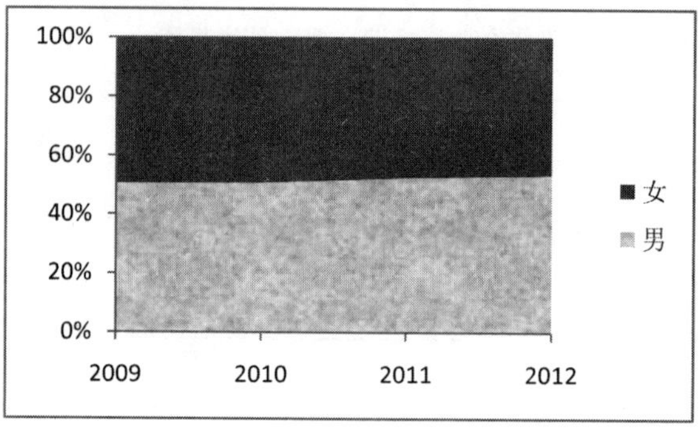

图 4-11　中国出版产业直接就业人数性别比重趋势(2009-2012 年)　单位:%

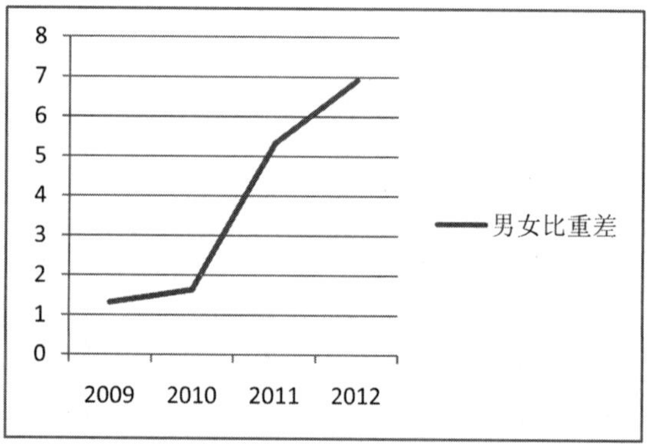

图 4-12　中国出版产业男女比重差变化趋势(2009-2012 年)　单位:%

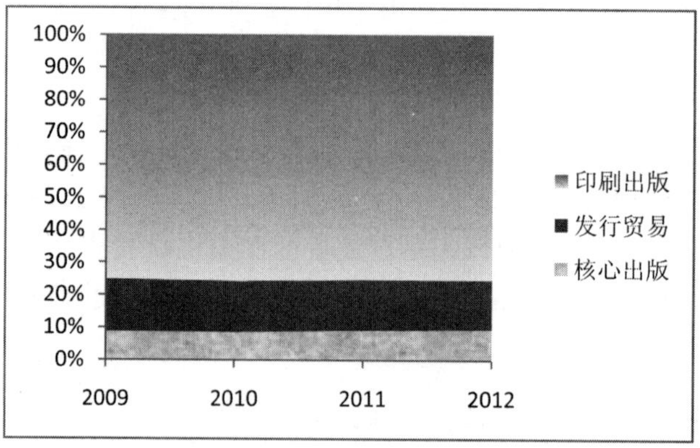

图 4-13　中国出版产业直接就业人数比重(三大类)(2009-2012 年)　单位:%

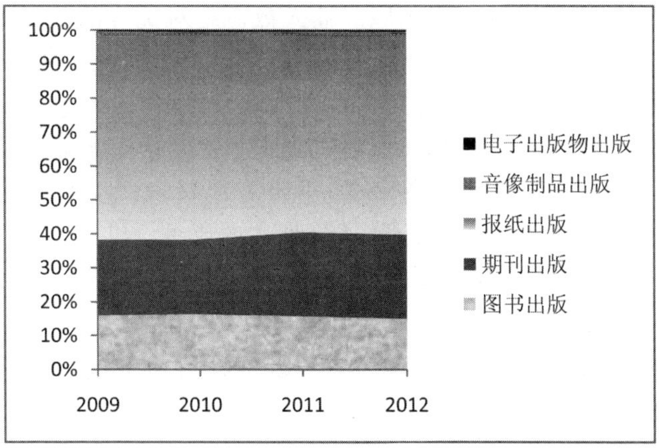

图 4－14　中国核心出版直接就业人数比重(2009－2012 年)　单位:%

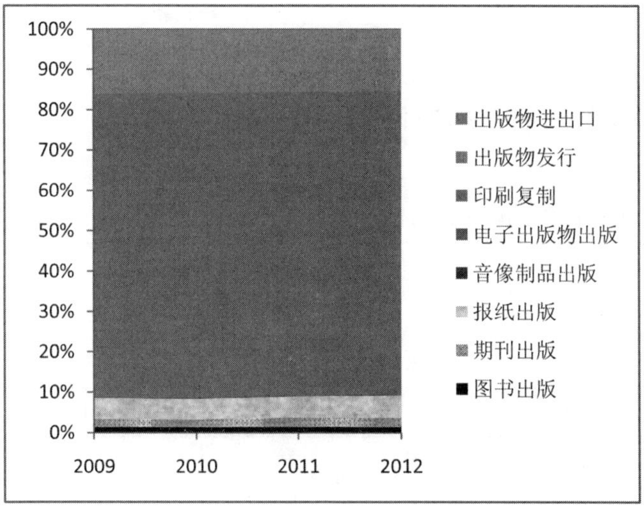

图 4－15　中国出版产业分行业直接就业人数比重(2009－2012 年)　单位:%

说明:

1. 因缺乏相关的全面数据,产业类别未列数字出版。
2. 版权贸易与服务包括版权贸易、版权代理与服务。
3. 行业服务与其他新闻出版业务包括内容的策划、制作和提供,行业服务和其他不属于已列举类别的新闻出版业务活动。

就整个中国出版产业直接就业人数的行业分布而言,核心出版(编辑出版)、发行贸易和印刷出版三大行业占比在 2009 年至 2012 年期间都保持了较为稳定的发展趋势。核心出版稳定在 8.95%左右,发行贸易维持在 15.7%上下,而印刷复制则保持在 75.35%上下。印刷复制的比重占整个出版产业的近三分之二,表现出人数上的绝对优势;而核心出版的比重不到 10%,虽然有逐年不断增加的趋势,但人数在整个出版产业中处于绝对的劣势;发行贸易在人数上则呈现出略微下降的趋势,2009 年占比为 16.17%,2012 年则为 15.27%,下降了近 1 个百分点,这与核心出版形成了鲜明的对比。

2009年至2012年期间,中国核心出版产业人数占绝对优势的是报纸出版,虽然期间略有下降,但比重一直保持在59.00%上下,说明超过一半以上的人员集中在报纸出版。期刊出版的人数占比紧随其后,年均占比为23.55%,呈现出不断上升的趋势,2012年为24.88%,比2009年上升2.58%,增幅在核心出版中最高。图书出版位居第三,年均占比为15.73%,在人数上也呈现出下降的趋势,2012年比重为14.96%,比2009年下降了1.02%。现代出版中无论是音像制品还是电子出版,人数所占的比重可以说微不足道,音像制品的人数年均只占到1.25%,而且还呈现出不断下降的趋势,2012年占比1.03%,比2009年下降了0.50%,几乎是自身的三分之一。电子出版的年均人数占比更是只有区区的0.47%,虽然呈现出不断上升的趋势,但2012年为0.49%,比2009年的0.38%上升了0.11%,说明它还有极大的上升空间。

第二节 中国出版产业发行贸易结构变动过程[①]

一、中国出版发行贸易结构变化

表4-7 中国出版产业发行贸易结构(总产出) 单位:%

总产出	2009	2010	2011	2012	年均
出版物发行	97.13	96.87	97.20	96.59	96.95
出版物进出口	2.87	3.13	2.80	3.41	3.05
合计	100	100	100	100	

表4-8 中国出版产业发行贸易结构增减(总产出) 单位:%

总产出	2009	2010	2011	2012	净增减
出版物发行	-0.26	0.32	-0.61	-0.55	
出版物进出口	0.26	-0.32	0.61	0.55	

① 根据《中国新闻出版统计资料汇编》相关资料我们得知,出版物发行类别中的全国新华书店系统、出版社自办发行单位出版物销售中含有出版总额类别。而出版物进出口类别中的统计是根据全国出版物进出口经营单位进行统计的,2012年开始进行全国累计统计(包括全国出版物进出口经营单位)。由此我们可以推断,进出口类别的销售部分是涵盖在出版物发行类别中的,有部分进行了重复计算。原国家新闻出版总署出版产业发展司编的《中国新闻出版产业分析报告》年度报告,对出版产业的总量规模的计算是将出版物发行和出版物进出口累计相加的。据此,我们采用后一种统计口径,即对出版物发行、进出口进行分别累计,不考虑可能重复的部分(另:出口总额占销售总额的4%左右,数量较小)。

表 4-9　中国出版产业发行贸易结构(增加值)　　单位:%

增加值	2009	2010	2011	2012	年均
出版物发行	98.52	98.31	99.18	99.06	98.77
出版物进出口	1.48	1.69	0.82	0.94	1.23
合计	100	100	100	100	

表 4-10　中国出版产业发行贸易结构增减(增加值)　　单位:%

增加值	2009	2010	2011	2012	净增减
出版物发行	-0.21	0.87	-0.12	0.54	
出版物进出口	0.21	-0.87	0.12	-0.54	

表 4-11　中国出版产业发行贸易结构(营业收入)　　单位:%

营业收入	2009	2010	2011	2012	年均
出版物发行	97.06	96.87	97.11	96.55	96.90
出版物进出口	2.94	3.13	2.89	3.45	3.10
合计	100	100	100	100	

表 4-12　中国出版产业发行贸易结构增减(营业收入)　　单位:%

营业收入	2009	2010	2011	2012	净增减
出版物发行	-0.19	0.24	-0.56	-0.51	
出版物进出口	0.19	-0.24	0.56	0.51	

表 4-13　中国出版产业发行贸易结构(利润总额)　　单位:%

利润(结余)总额	2009	2010	2011	2012	年均
出版物发行	98.61	99.18	99.05	98.92	98.94
出版物进出口	1.39	0.82	0.95	1.08	1.06
合计	100	100	100	100	

表 4-14　中国出版产业发行贸易结构增减(利润总额)　　单位:%

利润(结余)总额	2009	2010	2011	2012	净增减
出版物发行		0.58	-0.13	-0.13	0.32
出版物进出口		-0.58	0.13	0.13	-0.32

在中国出版产业的发行贸易结构中,出版物发行相对出版物进出口的所有经济指标来说都占有绝对的优势比重。这说明中国出版物的主要市场仍然集中在国内,国外对国内的影响十分有限,这里既有市场因素的影响,也有国家政策的因素在起作用。

2012 年出版物发行的总产出在发行贸易结构中占比为 96.59%,比 2009 年减少了 0.55%,虽然 2011 年比重有所回升,但总趋势是下降的,年均占比 96.85%。出版物进出口的总产出指标比重则呈现为总体上升的趋势,2012 年为 3.41%,比 2009 年的 2.87%增加 0.54%,2011 年最低,为 2.80%,年均占比 3.05%。

2012 年出版物发行的增加值在发行贸易结构中占比 99.06%,比 2009 年 98.52%的比重增加了 0.54%,年均占比 98.77%,呈现出略微上升的趋势。出版物进出口的增加值年均占比 1.23%,2012 年比重为 0.94%,比 2009 年减少 0.54%,下降幅度达到了自身的三分之一,下降趋势非常明显。

2012 年出版物发行的营业收入在发行贸易结构中占比为 96.55%,比 2009 年下降了 0.51%,年均占比 96.90%。2012 年出版物进出口的营业收入比重为 3.45%,比 2009 年增加 0.51%,增幅为自身的六分之一左右,表现出较为明显的增长趋势,在 2009 年至 2012 年期间,年均比重为 3.10%。

从发行贸易结构的利润结构来看,出版物发行仍然占到了比重的绝大部分,年均占比为 98.94%,而出版物进出口年均则只占到了 1.06%。从利润和增加值指标来看,就年均比重而言,出版物进出口行业的竞争优势更为明显。

2012 年出版物发行的利润结构的比重为 98.92%,虽比 2011 年下降了 0.13%,但总体一直表现为上升的趋势,而且比 2009 年的 98.61%增加了 0.32%,增幅不大。2012 年出版物进出口的利润比重为 1.08%,比 2009 年下降 1.39%,降幅达到 0.32%,占自身比重的近四分之一,虽在 2011 年有所上升,但总体的下降趋势十分明显。

二、中国出版发行贸易企业法人单位的所有制结构①

表 4-15 中国出版发行贸易企业法人所有制结构(营业收入) **单位:%**

主要指标	国有全资	集体企业	民营企业	港澳台商投资	外商投资	混合投资	合 计
2009	33.96	3.88	60.53	0.22	0.29	1.12	100.00
2010	32.12	1.13	62.19	0.06	2.14	0.89	98.53
2011	32.92	1.10	62.86	0.06	2.18	0.87	100.00
年均	33.00	2.04	61.86	0.11	1.54	0.96	

备注:表中 2011 年的数据是按照 2011 年比 2010 年增长相对幅度推算得来的。

① 缺乏 2012 年的公开数据(《2012 年全国新闻出版产业分析报告》没有公开相关数据)。

表 4-16　中国出版发行贸易企业法人所有制结构(增加值)　单位:%

主要指标	国有全资	集体企业	民营企业	港澳台商投资	外商投资	混合投资	合　计
2009	30.90	3.99	62.95	0.40	0.38	1.37	100.00
2010	29.05	1.10	64.89	0.05	1.86	0.75	97.70
2011	28.70	1.07	67.55	0.05	1.89	0.74	100.00
年均	29.55	2.05	65.13	0.17	1.38	0.95	

表 4-17　中国出版发行贸易企业法人所有制结构(总产出)　单位:%

主要指标	国有全资	集体企业	民营企业	港澳台商投资	外商投资	混合投资	合　计
2009	33.83	3.88	60.64	0.23	0.29	1.12	100.00
2010	32.78	1.13	61.81	0.06	2.11	0.86	98.75
2011	32.78	1.10	63.05	0.06	2.15	0.86	100.00
年均	33.13	2.04	61.83	0.12	1.52	0.95	

表 4-18　中国出版发行贸易企业法人所有制结构(资产总额)　单位:%

主要指标	国有全资	集体企业	民营企业	港澳台商投资	外商投资	混合投资	合　计
2009	29.72	3.89	64.34	0.27	0.47	1.30	100.00
2010	33.81	1.06	63.65	0.06	2.01	0.84	101.44
2011	37.94	1.04	58.05	0.06	2.05	0.86	100.00
年均	33.82	2.00	62.01	0.13	1.51	1.00	

表 4-19　中国出版发行贸易企业法人所有制结构(所有者权益)　单位:%

主要指标	国有全资	集体企业	民营企业	港澳台商投资	外商投资	混合投资	合　计
2009	30.55	3.74	63.44	0.26	0.49	1.52	100.00
2010	32.57	1.06	66.11	0.06	2.00	0.88	102.68
2011	36.97	1.04	59.04	0.06	2.04	0.85	100.00
年均	33.36	1.95	62.86	0.13	1.51	1.08	

表 4-20　中国出版发行流通企业法人所有制结构(利润总额)　单位:%

主要指标	国有全资	集体企业	民营企业	港澳台商投资	外商投资	混合投资	合　计
2009	29.55	3.43	64.40	0.31	0.42	1.88	100.00
2010	28.21	1.10	66.93	0.05	1.84	0.73	98.86
2011	27.53	1.08	68.74	0.05	1.86	0.73	100.00
年均	28.43	1.87	66.69	0.14	1.37	1.11	

表 4-21　中国出版发行贸易企业法人所有制结构(纳税)　　单位：%

主要指标	国有全资	集体企业	民营企业	港澳台商投资	外商投资	混合投资	合　计
2009	29.18	3.61	64.90	0.46	0.55	1.30	100.00
2010	29.23	1.08	64.98	0.05	1.81	0.70	97.85
2011	29.23	1.05	67.12	0.05	1.83	0.71	100.00
年均	29.21	1.91	65.67	0.19	1.40	0.90	

从营业收入来看，中国出版发行贸易企业法人所有制结构中占比最高的当属民营企业，年均达到 61.86%，从 2009 年至 2011 年一直处于不断上升的状态，2011 年达到 62.86%，比 2009 年增加 1.33%。国有全资企业以年均 33.00%的占比排在第二位，比重一直较为稳定并略有下降，2009 年比重为 33.96%，到 2011 年下降到 32.92%，降幅为 1.04%。集体企业的年均占比为 2.04%，但比重下降较快，2009 年比重为 3.88%，2011 年则只有 1.10%，降幅为 2.78%，为自身比重的 71.64%。外商投资的年均占比为 1.54%，排在了第四位，虽然占比不大，但增长趋势较为明显，2009 年只有 0.29%，2011 年一路上升到了 2.18%，比 2010 年虽然略有下降，但总的增幅达到了 1.98%，增加了近 9 倍。混合投资企业占比年均只有 0.87%，而且一直呈现不断下降的趋势，2009 年占比 1.12%，2011 年下降到 0.87%，降幅 0.25%，几乎占到自身的五分之一多。港澳台企业的比重本身就微不足道，而且下降幅度更是惊人，2009 年占比为 0.22%，2011 年只有 0.06%，降幅 0.14%，为自身的三分之二，幅度惊人。

从增加值来看，中国出版发行贸易企业法人所有制结构中民营企业、港澳台企业的比重明显要高，说明这两种类型的企业效率略高；集体企业、混合企业基本持平，而国有企业则相对较低，说明国有企业的效率有待提高。民营企业的比重为年均 65.13%，仍然排在第一，并且表现为一直上升的态势，2009 年为 62.95%，2011 年则增加到 67.55%，增幅为 4.60%，是比较明显的。国有全资企业的年均占比为 29.55%，2009 年为 30.90%，是最高比重，之后不断下降，2011 年为 28.70%，降幅为 2.20%。集体企业所占比重也不断下降，2009 年为 3.99%，2010 年降幅最大，达到 1.10%，几乎接近三分之二，下降了 72.44%，到 2011 年则只有 1.07%。外商投资企业虽然比重不大，但表现出一种不断增长的态势，2010 年增幅最大，为 1.46%，几乎是 2009 年的 4 倍，到 2011 年占比为 1.89%，比 2009 年增加了 1.51%。而混合投资企业依然排在倒数第二的位置，年均为 0.95%，2009 年为 1.37%，2010 年降幅较大，达到 0.75%，2011 年则相对稳定，保持在 0.74%的水平。

中国出版发行贸易企业法人所有制结构的总产出、利润、资产总额和纳税结构变化趋势和比重基本上与营业收入和增加值的变化趋势和比重一致。

总体而言，国有企业和集体企业的比重呈现不断下降的趋势，而民营企业和外商投资企业的比重呈现不断上升的趋势，混合投资企业比重虽低但也在增加。令人奇怪的是，港澳台企业的各项指标比重都在不断下降。

三、中国出版发行结构变动过程

(一)发行结构——进销存(图书)

1. 出版物(图书)进销存结构及变化

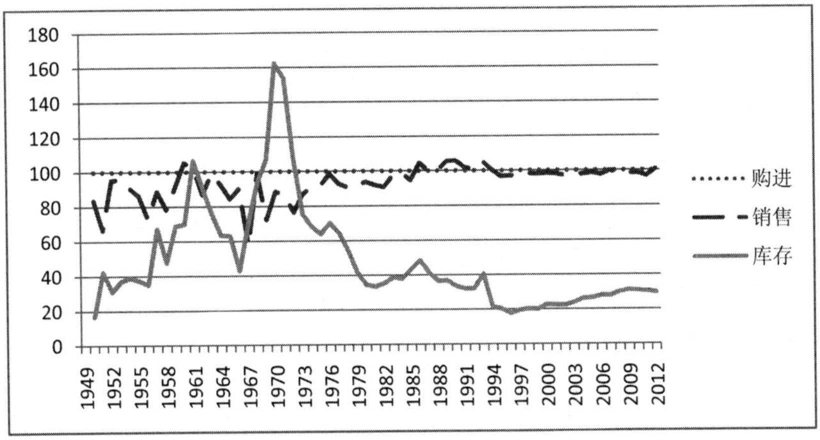

图 4－16　中国图书进销存结构(册数)(1949－2012 年)　单位:%

备注:1. 购进＝销售＋净库存;2. 销售和同期库存与当期购进的占比。

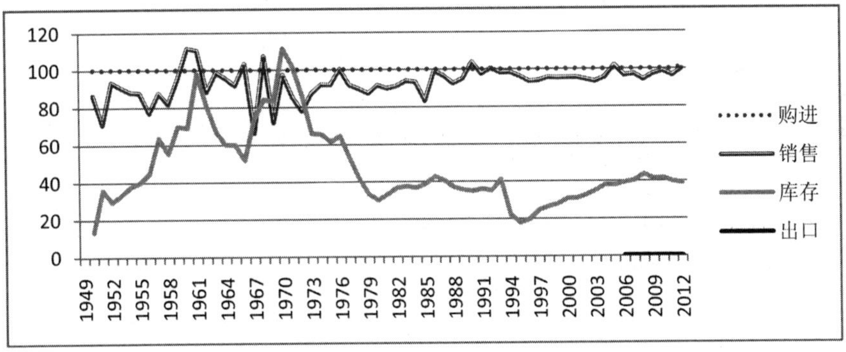

图 4－17　中国图书进销存结构(金额)(1949－2012 年)　单位:%

备注:1. 购进＝销售＋净库存;2. 销售和同期库存与当期购进的占比。

从图中可以看出,在中国图书的进销存结构变化中,金额和数量的变化较为一致,数量变化相对于金额变化而言平缓一些,因此在这里主要分析图书进销存的金额变化。在假定每年的购进金额为 1 的情况下,历年的销售波动均在购进的金额之下,只有在 1960 年、1961 年、1966 年、1968 年、1976 年、1990 年、1992 年和 2005 年少数的几年里销售超过了购进,显示供不应求,而大多数年份都是供过于求。20 世纪 70 年代之后,图书的购进逐步开始与销售相吻合,虽然还是有库存,但逐年减小,购进与销售基本保持一致,显示出良好的市场配置资源的效果。图书的累积库存则在 1961 年和 1962 年达到第一个高峰,在 1970 年和 1971 年甚至超过当年的购进,达到第二个高峰,随后就开始一直下降,到了 20 世纪 90 年代中后期又开始上升。

2. 出版物(图书)库存规模变化

20 世纪 90 年代中后期,我国图书市场由卖方市场转为买方市场,图书发售由包销改为寄销,销售不出去的图书则被返回出版社,形成图书库存。就图书的库存结构而言,可以采用库存/购进和库存/销售两个指标来进一步衡量。从库存/购进的趋势图来看,1961 年出现了第一个库存高峰,随后有所下降,到了 1971 年出现了第二个高峰,随后开始下降,1995 年之后又开始有缓慢上升的迹象。库存/销售的占比一直较高,维持在 30%以上的高位,对此需要关注。一般来说,图书库存有良性和恶性之分:库存不超过年销售的 30%是良性库存,高于 30%则是恶性库存。

图书库存/销售的趋势图清楚地表明,在 1958 年至 1977 年的 20 年期间,库存高于销售的 60%以上,1978 年至 1993 年库存/销售较低,在 40%以下,1994 年开始又有逐步上升的趋势。库存/销售一直较高,一般都在 30%以上,这一现象需要引起关注。

图书高库存和出版社的经营体制直接相关,不少国有出版社还是按照传统码洋核算经济任务,不能形成市场导向的经营机制,导致图书不能按照市场需求进行生产和出版,出版社没有很好地适应市场的变化。

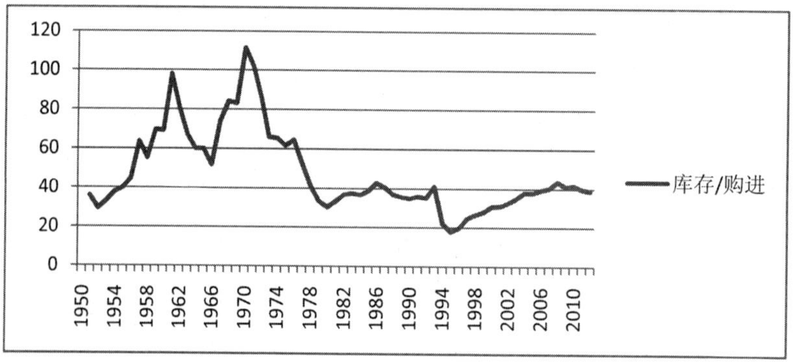

图 4-18 中国出版物销售的库存/购进比重(1950—2010 年) 单位:%

备注:当年累计库存占当年购进的比重。

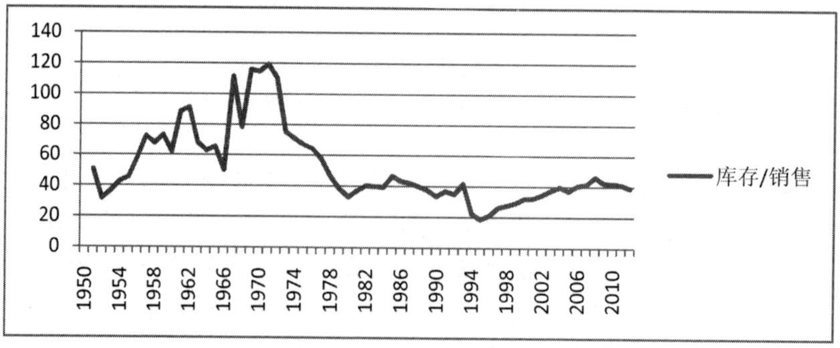

图 4-19 中国出版物销售的库存/销售比重(1950-2010 年) 单位:%

备注:当年累计库存占当年销售的比重。

图书需求的多样性决定了每年出版的图书种类非常多，但无法保证每种图书都畅销。所以，图书发行的退货率居高不下，图书报废率也相当高，各国大抵如此。

发行网点尤其是新华书店的传统发行点的萎缩、覆盖面的减少和地区市场分割、现代发行贸易体系还没有完全建成、现代数字出版对传统图书出版的冲击等，都造成了图书出版库存居高不下。

(二)出版物零售结构①

在出版物零售的结构中，无论是金额指标还是数量指标，图书的零售都占据了无可比拟的绝对优势。虽然图书的比重随时间发展而有所下降，但相对稳定，变化幅度相对较小，图书金额的年均占比为 95.64%，数量年均占比则高达 96.59%，而且数量的比重在 2008 年之后呈现出明显的上升趋势。

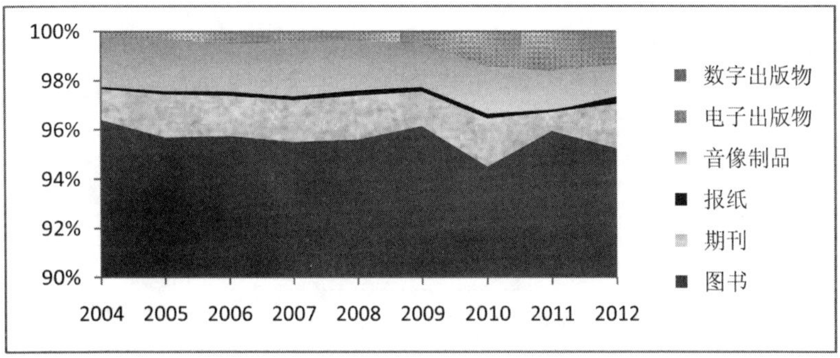

图 4-20　中国出版物零售结构(金额)(2004-2012 年)　单位：%
备注：全国新华书店系统、出版社自办发行单位出版物销售分类情况。

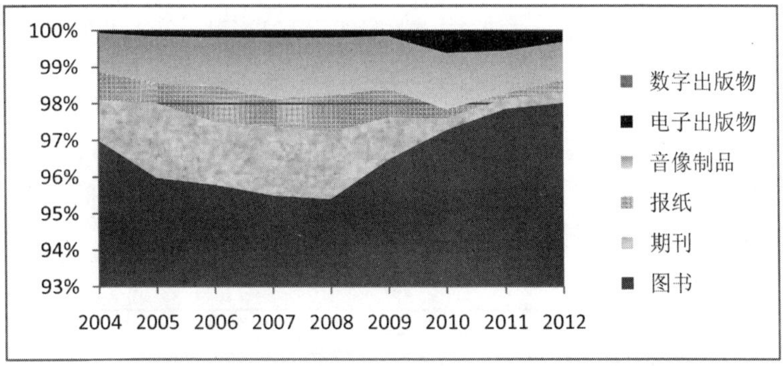

图 4-21　中国出版物零售结构(数量)(2004-2012 年)　单位：%
备注：全国新华书店系统、出版社自办发行单位出版物销售分类情况。

年均比重排在第二的是音像制品，金额年均比重达到 1.88%，数量年均比重为 1.35%；紧随其后的是期刊零售，金额年均比重为 1.56%，数量年均比重为 1.19%；排在第四的是电

① 图书有较为详细的分类，为了便于行业分析，这里进行了合并。2003 年之前只有图书分类，特此说明。

子出版物零售,金额年均比重达到0.74%,数量年均比重则只有0.27%;排在最后的是报纸零售,金额年均比重只有0.18%,数量年均比重为0.27%。数字出版物的零售金额和数量的统计在2012年才开始,只有区区的0.02%,十分弱小,但说明了一种发展趋势。

从发展趋势来看,报纸和期刊的零售数量比重呈现出十分明显的萎缩趋势,金额比重则保持了较为稳定的状态。音像制品的零售比重无论金额还是数量都表现得极为稳定,变化不大。电子出版物的零售比重明显呈现不断上升的趋势,尤其是在2010年之后,金额的比重比数量的增长更为强劲,值得关注。

(三)出版批发零售比例结构

1. 出版城乡零售比

中国出版物城乡零售的比例在2004年至2012年期间保持了不断稳定增长的态势,从2004年的3倍增长到了2012年的4.92倍,增长了近50%,增幅较大。这种增长的态势和幅度,一方面表明城镇比乡村具有更大的零售潜力,也具有更宽广的市场;另一方面,表明乡村的出版市场也急需要开发,以促进中国出版规模的扩大和出版产业的稳步发展。

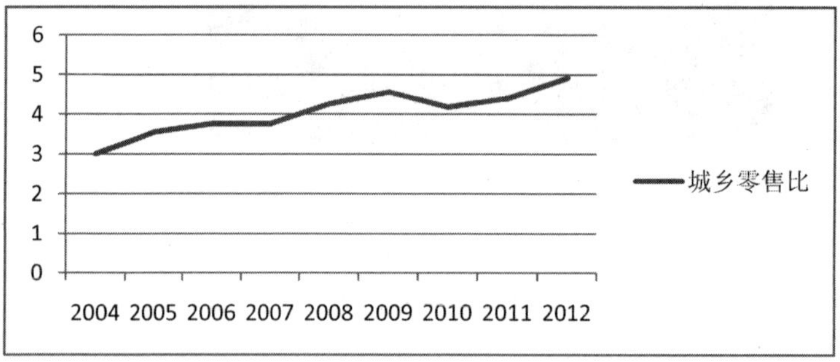

图4-22 中国出版城乡零售比(2004-2012年) 单位:倍数

2. 出版批发零售比

中国出版物批发零售比从2004年到2012年呈现不断上升的趋势,2004年批发零售比为2.125,2012年则上升到了2.330,比2011年虽略有下降,但整个区间的趋势是不断上升的,显示批发零售比的不断增长。

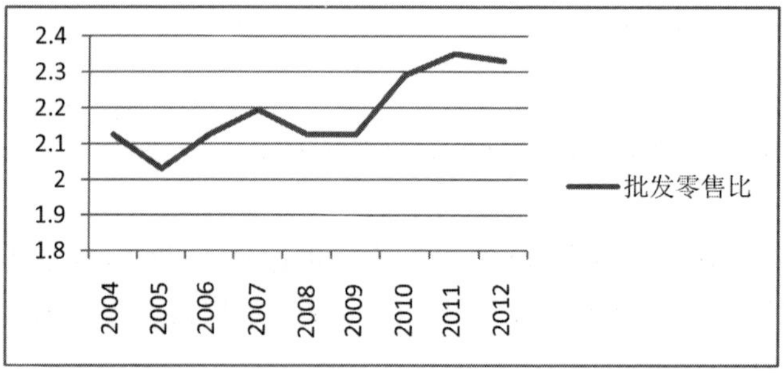

图4-23 中国出版批发零售比(2004-2012年) 单位:倍数

四、中国出版进出口结构的变动

(一)中国出版物出口结构

在中国出版物进出口结构中，出口的图书、报纸和期刊的数量都占据了绝对的地位，比重保持在99%左右，而音像制品和电子出版物的出口数量比重只在1%上下浮动，数量几乎微不足道。

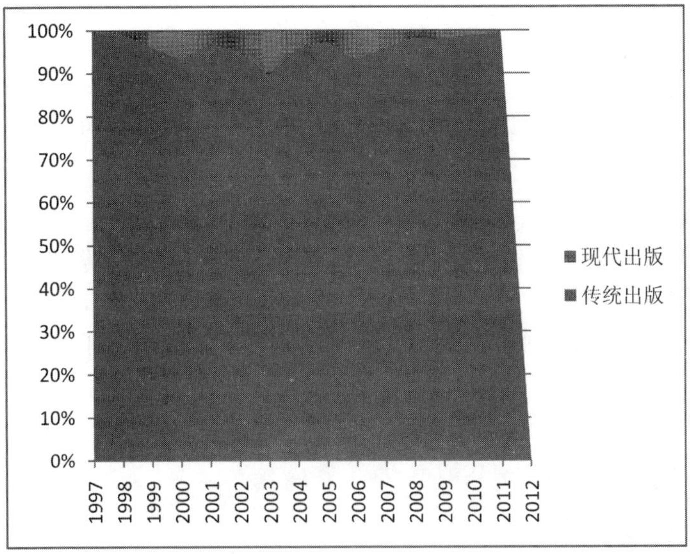

图 4-24　中国出版物出口结构(品种)(1997-2012 年)　单位：%

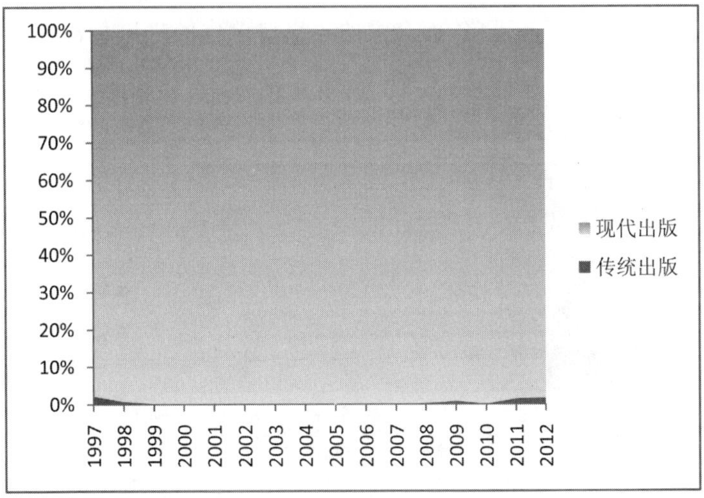

图 4-25　中国出版物出口结构(数量)(1997-2012 年)　单位：%

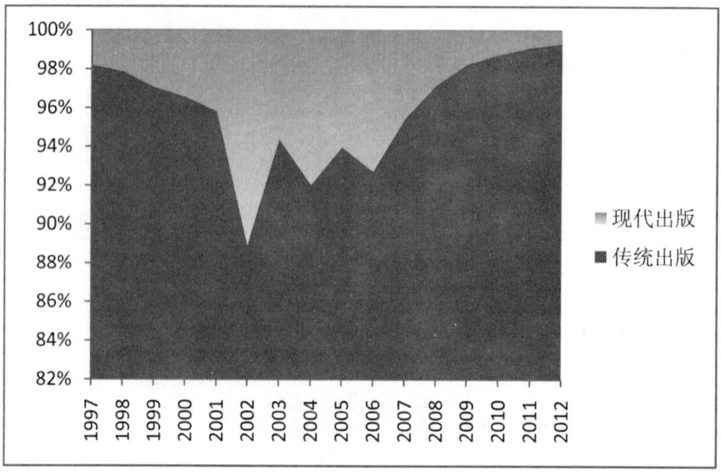

图 4-26 中国出版物出口结构(金额)(1997-2012 年) 单位:%

中国出版物进出口经营单位的图书、报纸和期刊的种次与金额占比仍然占据了 99%左右的份额,而音像制品和电子出版物则只在 1.5%上下浮动,而且下降趋势明显。

从 2011 年的数据来看,图书、报纸和期刊的种次比重虽然有 71.06%,但已不占绝对优势,音像制品和电子出版物的种次比重为 28.94%。图书、报纸和期刊的金额比重在 2011 年也只有 79.69%,2012 年则上升到了 80.00%;音像制品和电子出版物的金额比重 2011 年为 20.31%,2012 年虽略有下降,但也有 20.00%。从全国范围来看,这说明音像制品和电子出版物的出口比重较高,而且具有增长的潜力。

(二)中国出版物进口结构

从进口累计的结构来看,中国出版物进口保持了较高的一致性,图书、报纸、期刊的进口占比保持在 98.70%左右,数量在 99.00%上下,处于绝对的优势地位。进出口经营单位的金额占比约在 72%上下,并不断下降,而全国的进出口单位的进口金额则在 65%左右,也呈现出不断下降的趋势。

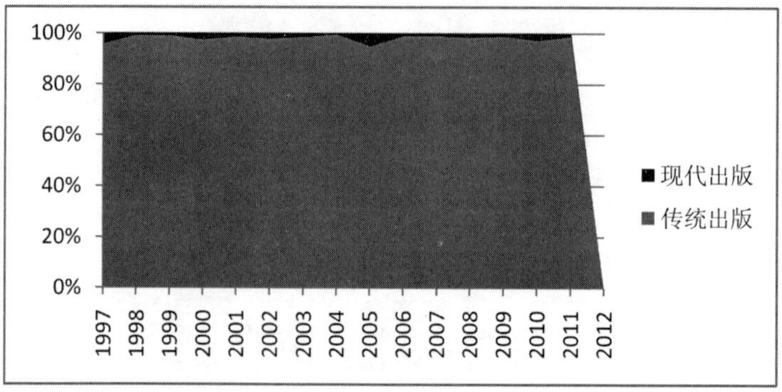

图 4-27 中国出版物进口结构(品种)(1997-2012 年) 单位:%

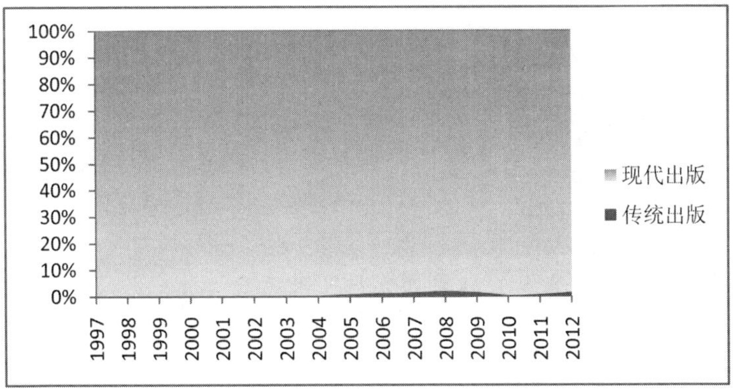

图 4－28　中国出版物进口结构(数量)(1997－2012 年)　单位:%

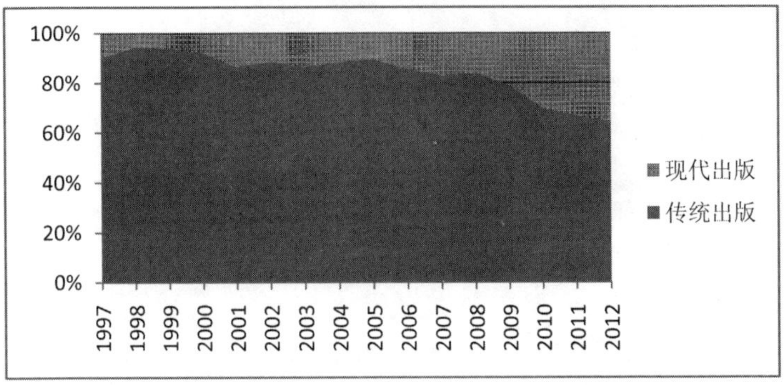

图 4－29　中国出版物进口结构(金额)(1997－2012 年)　单位:%

在音像制品和电子出版物的进口占比中,数量占比为 1%上下,种次占比也在 1.20%左右,并且一直呈现出上升的趋势,金额占比超过了 20%。2009 年进出口经营单位占比 21.03%,为历年最少,随后一直上升,到 2012 年比重增加到 35.65%。全国的音像制品和电子出版物的进口占比 2011 年为 33.25%,2012 年上升到 35.60%,表现出种次减少、金额增加的现象。

(三)中国出版物进出口总额结构

在中国出版物进出口总额结构中,从进出口经营单位和全国范围来看,图书、报纸和期刊的进出口总额的数量占比始终在 99%上下,音像制品和电子出版物占比始终在 1%上下,这表明图书、报纸和期刊的进出口数量占据了绝对的优势。

进出口经营单位的图书、报纸和期刊的种次占比也是达到了 98%,相应的音像制品和电子出版物占到 1%以上;进出口经营单位的图书、报纸和期刊的金额占比达到了 70%上下,呈现出明显的下降趋势,2009 年占比为 80.92%,到 2012 年只有 67.66%,降幅 13.28%。全国的图书、报纸和期刊 2011 年种次占比为 83.03%,金额占比为 68.67%,2012 年金额占比为 66.93%;全国音像制品和电子出版物 2011 年种次占比为 16.97%,金额占比为 31.33%,到 2012 年金额占比上升到 33.07%。

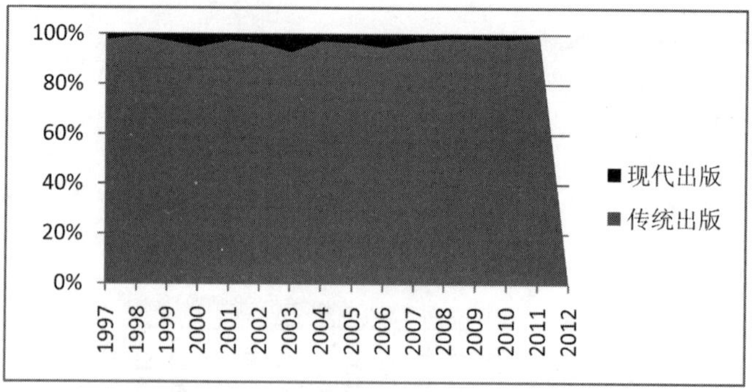

图 4-30　中国出版物进出口总额结构(品种)(1997-2012 年)　单位:%

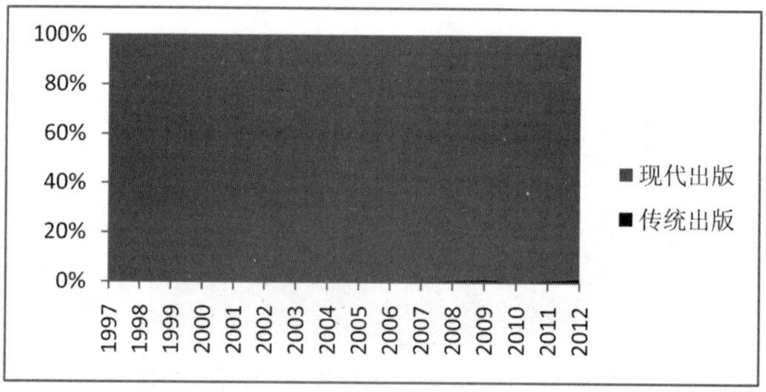

图 4-31　中国出版物进出口总额结构(数量)(1997-2012 年)　单位:%

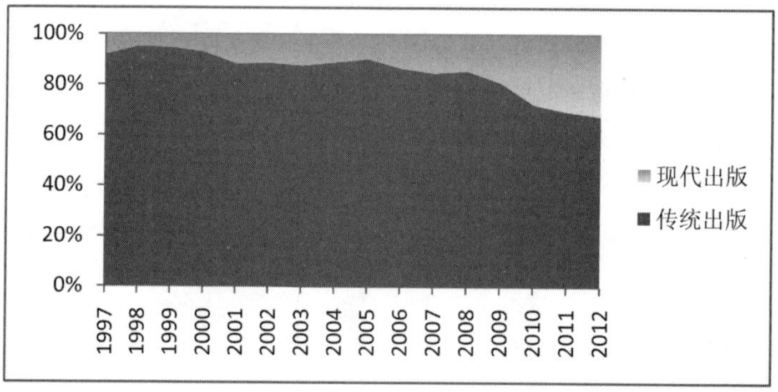

图 4-32　中国出版物进出口总额结构(金额)(1997-2012 年)　单位:%

(四)中国出版物进出口差额结构

在中国出版物进出口差额结构中,进出口经营单位的图书、报纸和期刊的数量占比均在99%上下;全国范围内图书、报纸和期刊的数量占比在 2011 年为 97.86%,2012 年上升到100.64%,超过了 100%,显示了数量上的绝对优势地位。而音像制品和电子出版物的数量占比都在 1%上下,虽然比重波动相对较大,但因为绝对数量有限,因此在整个结构中不是非常重要。

中国进出口经营单位和全国进出口的图书、报纸和期刊的金额占比基本保持一致，大致在 60%以上，但呈现出不断下降的趋势，降幅较为明显。2009 年中国进出口经营单位金额占比为 76.52%，2012 年下降到 60.27%；2011 年全国进出口的金额占比为 64.02%，2012 年只有 60.66%。2009 年中国进出口经营单位的音像制品和电子出版物的金额占比为 23.48%，2012 年上升到 39.34%；2011 年全国进出口的金额占比为 35.98%，2012 年上升到 39.34%。

2011 年全国进出口的图书、报纸和期刊的种次差额占比为 - 17.91%，音像制品和电子出版物的种次差额占比为 117.91%。2009 年全国进出口经营单位的种次差额占比为 89.64%，2012 年上升到 96.94%；2009 年音像制品和电子出版物的种次差额占比为 10.36%，2011 年下降到了 3.06%，下降幅度惊人，值得关注。

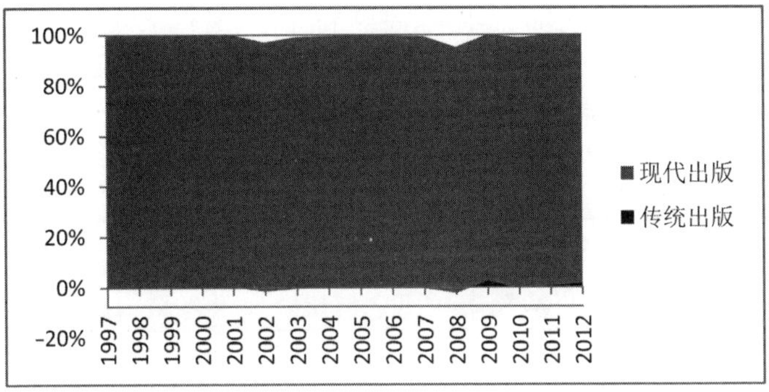

图 4 - 33　中国出版物进出口差额结构(数量)(1997 - 2012 年)　单位:%

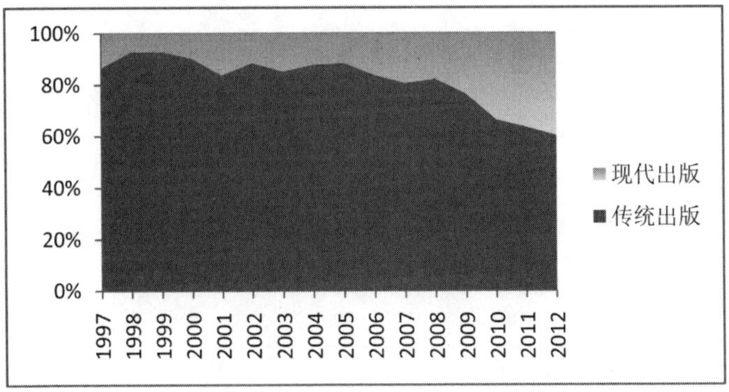

图 4 - 34　中国出版物进出口差额结构(金额)(1997 - 2012 年)　单位:%

(五)版权贸易结构

1. 版权贸易引进输出结构

2007 年到 2012 年期间，图书的版权引进占比在 85%上下，中间略有波动；图书的版权输出占比约在 75%上下，引进占比高于输出占比。电视节目引进占比约在 4%上下波动，最低只有 1.12%，最高达到 8.71%；输出占比则在 16%以上，最高达到 27.43%，显示电视输出占比远高于引进占比。录音制品的引进占比约在2%上下，输出占比约在1%上下，引进占比略高于输出占比。录像制品的引进占比除了2009年为0.90%外，近几年的占比均超过2%，接近3%；输出占比最高只有0.73%，2009年则为0，虽然逐年上升，但比重很小，总的来说是引进大于输出。电子出版物的引进占比基本在1%上下，2011年达到1.11%；输出占比则基本在1%以上，2009年为0.04%，2010年为最高3.29%，引进占比要小于输出占比，这表明良好的发展趋势。

表 4-22　中国版权贸易引进结构(2007—2012 年)　　单位：%

类型	2007	2008	2009	2010	2011	2012
图　书	92.38	92.98	93.63	82.66	88.39	91.62
录音制品	2.43	1.48	1.90	2.64	1.67	2.70
录像制品	0.95	0.90	0.90	2.14	2.53	2.86
电子出版物	1.17	0.69	0.62	0.30	1.11	0.57
软　件	3.04	2.13	1.81	1.83	1.64	0.59
电　影	0.01	0.00	0.00	1.71	0.22	0.08
电视节目	0.00	0.01	1.12	8.71	4.41	1.58
其　他	0.02	1.82	0.02	0.00	0.02	0.01
合　计	100.00	100.00	100.00	100.00	100.00	100.00

表 4-23　中国版权贸易输出结构(2007—2012 年)　　单位：%

类型	2007	2008	2009	2010	2011	2012
图　书	99.15	99.39	73.79	68.18	76.09	80.81
录音制品	0.00	0.33	1.83	0.63	1.67	1.04
录像制品	0.73	0.12	0.00	0.14	0.26	0.54
电子出版物	0.04	0.04	0.81	3.29	1.61	1.23
软　件	0.00	0.12	0.00	0.00	0.06	0.05
电　影	0.00	0.00	0.00	0.00	0.03	0.02
电视节目	0.08	0.00	23.50	27.43	20.03	16.10
其　他	0.00	0.00	0.07	0.33	0.26	0.21
合　计	100.00	100.00	100.00	100.00	100.00	100.00

2. 版权贸易总额及差额结构

2007年至2012年期间，在贸易版权的总额占比中图书基本占80%以上，接近90%。除了2010年差额占比为78.97%，图书在贸易版权的差额占比中占比均在90%以上，2009年和2012年均超过100%，显示了图书版权贸易的绝对垄断地位和在版权出口中的优势。录音制品在贸易版权的总额占比中占2%上下，差额占比在2%和4%上下波动，差额相对占比较大，显示出口具有一定优势。录像制品的总额占比在 1%到 2%之间摆动，但总体呈现上升的态势，从 2009 年的 0.69%提高到 2012 年的 2.06%，趋势还是十分明显的。录像制品的版权贸易差额占比也是一路上升，从 2009 年的 1.29%上升到了 2012 年的 5.50%，显示了录像在竞争上的趋势和竞争能力。电子出版物的版权贸易总额占比在 1%上下波动，版权贸易差额占比在 0 上下起伏，显示了电子出版物版权贸易的不稳定性和脆弱的竞争力。

表 4-24　中国版权贸易总额结构(2007—2012 年)　　单位：%

类型	2007	2008	2009	2010	2011	2012
图　书	93.66	93.79	88.99	78.97	84.47	87.86
录音制品	1.97	1.33	1.88	2.13	1.67	2.12
录像制品	0.91	0.80	0.69	1.63	1.81	2.06
电子出版物	0.96	0.61	0.67	1.06	1.27	0.80
软　件	2.46	1.88	1.38	1.36	1.14	0.40
电　影	0.01	0.00	0.00	1.27	0.16	0.06
电视节目	0.01	0.01	6.35	13.49	9.39	6.62
其　他	0.01	1.59	0.03	0.09	0.09	0.08
合　计	100.00	100.00	100.00	100.00	100.00	100.00

表 4-25　中国版权贸易差额结构(2007—2012 年)　　单位：%

类型	2007	2008	2009	2010	2011	2012
图　书	90.31	91.90	102.33	90.22	99.21	103.93
录音制品	3.17	1.67	1.93	3.69	1.67	4.60
录像制品	1.02	1.03	1.29	3.19	4.53	5.50
电子出版物	1.52	0.80	0.54	-1.26	0.68	-0.18
软　件	3.96	2.47	2.60	2.79	3.03	1.20
电　影	0.01	0.00	0.00	2.60	0.40	0.15
电视节目	-0.02	0.01	-8.69	-1.05	-9.32	-14.96
其　他	0.02	2.12	0.00	-0.17	-0.19	-0.22
合　计	100.00	100.00	100.00	100.00	100.00	100.00

第三节　中国出版产业印刷复制结构变动过程

一、中国印刷复制产业的经济结构

表 4-26　中国印刷复制产业结构(营业收入)　　单位:%

	2009	2010	2011	2012	平均
印　刷	95.43	96.28	96.30	96.07	96.02
出版物印刷	15.95	15.16	14.10	13.49	14.68
包装装潢印刷	68.86	70.39	72.52	72.61	71.10
其他印刷品印刷	10.61	10.72	9.68	9.97	10.24
复　制	4.57	3.72	3.70	3.93	3.98
合　计	100.00	100.00	100.00	100.00	

表 4-27　中国印刷复制产业结构增减(营业收入)　　单位:%

	2009	2010	2011	2012	净增减
印　刷		0.85	0.02	-0.23	0.64
出版物印刷		-0.79	-1.06	-0.61	-2.46
包装装潢印刷		1.53	2.12	0.10	3.75
其他印刷品印刷		0.11	-1.04	0.29	-0.65
复　制		-0.85	-0.02	0.23	-0.64
合　计					

表 4-28　中国印刷复制产业结构(总产出)　　单位:%

	2009	2010	2011	2012	平均
印　刷	95.39	96.30	96.65	93.66	95.50
其中:出版物印刷	16.04	15.09	13.83	13.15	14.53
包装装潢印刷	68.65	70.51	73.10	70.79	70.76
其他印刷品印刷	10.70	10.70	9.72	9.72	10.21
复　制	4.61	3.70	3.35	6.34	4.50
合　计	100.00	100.00	100.00	100.00	

表 4-29　中国印刷复制产业结构增减(总产出)　　单位:%

	2009	2010	2011	2012	净增减
印　刷		0.91	0.35	−2.99	−1.73
出版物印刷		−0.95	−1.26	−0.68	−2.89
包装装潢印刷		1.86	2.59	−2.31	2.14
其他印刷品印刷		−0.01	−0.98	0.00	−0.99
复　制		−0.91	−0.35	2.99	1.73
合　计					

表 4-30　中国印刷复制产业结构(增加值)　　单位:%

	2009	2010	2011	2012	平均
印　刷	93.76	95.70	95.70	96.05	95.30
出版物印刷	17.52	18.31	17.74	19.34	18.23
包装装潢印刷	62.65	65.34	65.25	65.04	64.57
其他印刷品印刷	13.60	12.04	12.71	11.68	12.51
复　制	6.24	4.30	4.30	3.95	4.70
合　计	100.00	100.00	100.00	100.00	

表 4-31　中国印刷复制产业结构增减(增加值)　　单位:%

	2009	2010	2011	2012	净增减
印　刷		1.93	0.01	0.35	2.29
出版物印刷		0.79	−0.58	1.60	1.82
包装装潢印刷		2.69	−0.09	−0.22	2.39
其他印刷品印刷		−1.55	0.67	−1.03	−1.92
复　制		−1.93	−0.01	−0.35	−2.29
合　计					

表 4-32　中国印刷复制产业结构(利润总额)　　单位:%

	2009	2010	2011	2012	平均
印　刷	90.39	94.33	94.34	94.50	93.39
出版物印刷	15.31	13.86	12.75	14.80	14.18
包装装潢印刷	61.79	68.99	65.91	65.91	65.65
其他印刷品印刷	13.29	11.48	15.68	13.79	13.56
复　制	9.61	5.67	5.66	5.50	6.61
合　计	100.00	100.00	100.00	100.00	

表 4-33　中国印刷复制产业结构增减(利润总额)　单位:%

	2009	2010	2011	2012	净增减
印　刷		3.94	0.01	0.16	4.11
出版物印刷		－1.45	－1.11	2.05	－0.51
包装装潢印刷		7.20	－3.08	0.00	4.12
其他印刷品印刷		－1.81	4.20	－1.89	0.50
复　制		－3.94	－0.01	－0.16	－4.11
合　计					

中国印刷复制产业的结构主要表现在营业收入、总产出、增加值和利润总额四个方面,其变化趋势和份额在总体上表现了基本的一致性。下面选取增加值和利润总额进行重点说明。

中国印刷复制产业的增加值年均占比为95.30%,利润年均占比为93.39%,在印刷复制产业中一直保持着不断上升的态势。2009年印刷增加值占比为93.76%,利润占比为90.39%;2012年印刷增加值占比上升到96.05%,利润占比上升到94.50%,均有显著的上升。

在印刷内部,占比最高的是包装装潢印刷,增加值年均占比达到64.57%,利润年均占比达到65.65%,虽有波动,但呈现出上升的趋势。出版物印刷和其他印刷品印刷的占比相差不多:出版物印刷的增加值占比略高,年均占比为18.23%,并且表现为不断上升的态势,其他印刷品印刷的增加值年均为12.51%,呈现出不断下降的趋势。出版物印刷的利润年均占比为14.18%,呈现出波动的特征,其他印刷品印刷的年均占比则保持在13.56%上下,也是表现为波动不稳定的状态。

2009年复制的增加值占比为6.24%,利润占比为9.61%;2012年增加值占比下降到3.95%,利润占比下降到5.50%,下降幅度均较大,几乎占到自身的40%,下降趋势明显。这表明复制在印刷复制产业中不仅处于绝对的弱势地位,而且还在趋于走弱。

二、中国印刷复制产业法人单位的所有制结构①

表 4-34　中国印刷复制产业法人单位的所有制结构(营业收入)　单位:%

主要指标	国有全资	集体企业	民营企业	港澳台商投资	外商投资	混合投资	合　计
2009	9.70	5.82	76.92	3.80	3.44	0.32	100.00
2010	4.59	4.54	86.26	0.68	3.29	0.64	100.00
2011	4.59	4.54	86.26	0.68	3.29	0.64	100.00
年均	6.29	4.97	83.15	1.72	3.34	0.53	

备注:2010年的数据是根据2011年增长幅度估算得到的。

① 缺乏2012年的公开数据(《2012年全国新闻出版产业分析报告》没有公开相关数据)。

表 4-35　中国印刷复制产业法人单位的所有制结构(增加值)

单位:%

主要指标	国有全资	集体企业	民营企业	港澳台商投资	外商投资	混合投资	合　计
2009	10.69	6.28	75.55	3.54	3.61	0.32	100.00
2010	5.05	5.10	85.44	0.65	3.08	0.71	100.00
2011	5.05	5.04	85.44	0.65	3.11	0.71	100.00
年均	6.93	5.47	82.14	1.61	3.27	0.58	

表 4-36　中国印刷复制产业法人单位的所有制结构(总产出)

单位:%

主要指标	国有全资	集体企业	民营企业	港澳台商投资	外商投资	混合投资	合　计
2009	9.74	5.83	76.86	3.79	3.46	0.32	100.00
2010	4.60	4.55	86.24	0.68	3.29	0.64	100.00
2011	4.60	4.55	86.24	0.68	3.29	0.64	100.00
年均	6.31	4.98	83.11	1.72	3.35	0.53	

表 4-37 中国印刷复制产业法人单位的所有制结构(资产总额)

单位:%

主要指标	国有全资	集体企业	民营企业	港澳台商投资	外商投资	混合投资	合　计
2009	11.05	6.09	75.50	3.56	3.48	0.33	100.00
2010	5.44	4.94	85.03	0.70	3.14	0.72	99.97
2011	5.44	4.94	85.03	0.70	3.17	0.72	100.00
年均	7.31	5.32	81.85	1.65	3.26	0.59	

表 4-38　中国印刷复制产业法人单位的所有制结构(所有者权益)

单位:%

主要指标	国有全资	集体企业	民营企业	港澳台商投资	外商投资	混合投资	合　计
2009	11.51	6.39	74.61	3.55	3.60	0.33	100.00
2010	5.59	5.16	84.76	0.69	3.04	0.73	99.97
2011	5.59	5.16	84.76	0.69	3.07	0.73	100.00
年均	7.56	5.57	81.38	1.64	3.24	0.60	

表 4-39　中国印刷复制产业法人单位的所有制结构(利润总额)

单位:%

主要指标	国有全资	集体企业	民营企业	港澳台商投资	外商投资	混合投资	合　计
2009	10.65	6.41	74.81	3.70	4.09	0.34	100.00
2010	4.31	4.92	84.91	0.62	3.10	0.62	98.48
2011	4.25	4.86	86.52	0.62	3.13	0.62	100.00
年均	6.40	5.40	82.08	1.65	3.44	0.53	

表 4-40　中国印刷复制产业法人单位的所有制结构(纳税)　　单位:%

主要指标	国有全资	集体企业	民营企业	港澳台商投资	外商投资	混合投资	合　计
2009	10.46	6.12	76.04	3.42	3.65	0.30	100.00
2010	5.20	5.04	84.30	0.63	3.12	0.73	99.02
2011	5.14	5.04	85.31	0.63	3.15	0.73	100.00
年均	6.93	5.40	81.88	1.56	3.31	0.59	

中国印刷复制产业法人单位的所有制结构的经济指标可以从营业收入、增加值、总产出、资产总额、所有者权益、利润总额和纳税七个方面分别来进行衡量。从整个所有制的不同指标结构来看,虽有所不同,但大体的变化趋势基本保持了一致。以下将重点分析以增加值和利润为指标的所有制结构。

民营企业在中国印刷复制产业法人单位的所有制结构中占据了首位,增加值年均占比达到 82.14%,利润年均占比为 82.08%。民营企业的增加值和利润占比都呈现出逐年增加的良好趋势,2009 年增加值占比为 75.55%,利润占比为 74.81%;2011 年增加值占比增加到了 85.44%,利润占比为 86.52%,占据了整个行业的绝大部分份额,这也反映了中国印刷复制产业的所有制特点。

排在第二位的则是国有全资企业。其增加值年均占比只有区区的 6.93%,利润年均占比则只有 6.40%,不足民营企业的十分之一。国有全资企业的增加值和利润占比下降趋势都较明显:2009 年增加值占比为 10.69%,到 2011 年增加值占比则下降到了 5.05%,降幅为 5.65%,几乎占自身一半;2009 年利润占比为 10.65%,2011 年利润占比为 4.25%,降幅达到了 6.40%,超过了自身的一半,都显示出效益下降的趋势。

集体企业各项占比则排在第三位,增加值年均占比为 5.47%,利润年均占比为 5.40%。集体企业的增加值占比和利润占比都和国有全资企业一样,呈现出不断下降的趋势。2009 年集体企业增加值占比为 6.28%,利润占比为 6.41%,到 2011 年增加值占比下降到了 5.04%,降幅为 1.37%,2011 年利润占比为 4.86%,降幅为 1.01%,下降趋势明显。

外商投资企业的占比排在所有制结构中的第四位,增加值年均占比为 3.27%,利润年均占比为 3.44%,增加值占比和利润占比在总趋势上也表现为不断下降的趋势。2009 年增加值占比为 3.61%,利润占比为 4.09%;2011 年增加值占比为 3.11%,利润占比为 3.13%,都表现了不同程度的下降。

港澳台企业无论是增加值占比还是利润占比,下降都极为迅速。2009 年增加值占比为 3.54%,利润占比为 3.70%,到 2011 年,增加值占比下降到了 0.65%,降幅达到了 2.89%,高达自身的 81.64%,降幅惊人;2011 年利润占比为 0.62%,降幅达到了 3.08%,达到了自身的 83.24%,下降趋势更是明显。

在所有制结构中,混合投资的企业所占比例很小,位居最后,增加值年均占比为 0.58%,利润年均占比为 0.53%。虽然占比微小,但无论增加值占比还是利润都呈现了不断上升的趋势。2009 年增加值占比为 0.32%,利润占比为 0.34%,2011 年增加值占比为 0.71%,利润占比为 0.62%,均比自身增加了 1 倍左右,增长势头强劲。

三、中国印刷复制产业的人员结构

中国出版物印刷工人人数在印刷出版产业中的比例呈现出先下降后显著上升再逐步下降的趋势。1996 年出版物印刷工人占印刷产业人数的 12.91%，之后开始下降，到 2003 年下降到了 7.74%，2004 年又回升到了 28.06%①，随后又开始逐步下降，到 2012 年占比为 15.32%，仍然比 1996 年高出 2.41%。1996 年至 2012 年期间，出版物印刷工人人数年均保持在 15.26%，约占印刷产业总职工人数的六分之一弱。

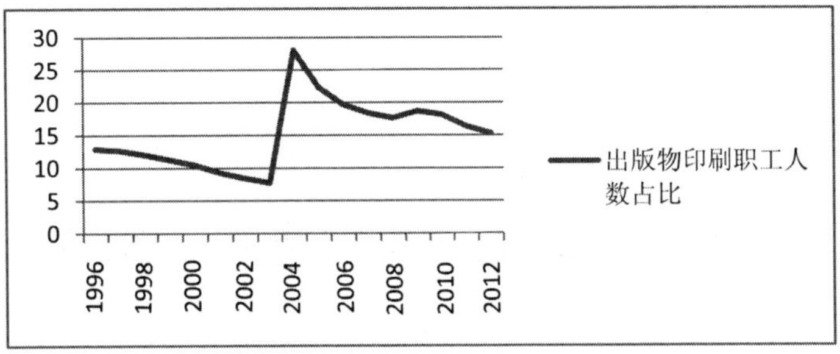

图 4－35　中国出版物印刷工人人数占印刷出版产业职工人数比重趋势(1996－2012 年)　单位：%

备注：

1. 1996—2008 年的印刷复制产业人数根据 2009—2011 年的年均增长率估计得到。

2. 1996—2003 年的出版物印刷人数为两级定点的职工人数。

3. 由于统计口径不一致，在比较中，分为 1996—2003 年、2004—2011 年两个阶段进行分析。

① 这种数据上的较大波动还有可能是数据统计口径发生变化造成的。

第 5 章 中国核心出版产业的变动过程

第一节 中国核心出版产业结构变动过程

一、中国核心出版产业结构的基本演变

(一)中国核心出版产业的经济结构演变

从中国核心出版的经济结构增加值来看,图书出版年均占比为21.92%,期刊出版年均占比为10.63%,报纸出版年均占比为31.72%,音像制品出版年均占比为0.81%,电子出版物出版年均占比为0.30%,数字出版年均占比为34.63%。从增加值的比重分布来看,数字出版占比最高,其次是报纸出版,再次是图书出版,之后是期刊出版,最后是音像制品和电子出版物出版。从增加值的结构变化趋势来看,数字出版表现出直线上升的趋势,说明数字出版处于加速增长中。事实也证明了这一点,2009年,数字出版的增加值比重为29.95%,2012年增长到了41.01%,几乎接近核心出版的一半比重,净增加11.06%,显示出良好的增长态势。图书出版的增加值比重呈现出不断下降的趋势,2009年比重为24.06%,到2012年则只有19.30%,净减少4.76%。报纸出版的增加值比重也呈现出明显的下降趋势,2009年为35.79%,还排在核心出版的首位,到2012年下降了4.07%,只有31.72%,排在第二位。期刊出版和电子出版物出版的增加值比重变化趋势都是有所增加,两者在2009年分别为8.96%和0.26%,到2012年分别为11.78%和0.35%,分别净增加了2.82%和0.09%。音像制品出版的增加值比重则一直呈现出不断下降的趋势,2009年为0.98%,2012年为0.71%,净减少0.27%。

从核心出版的经济结构的营业收入来看,数字出版的比重规模及变化趋势在核心出版的经济结构中优势更明显,并且呈现出不断上升的趋势。2009

年数字出版在核心出版的营业收入中占比为 38.78%，到 2012 年增加到了 51.34%，超过半数比重，净增加了 12.56%，年均占比为 44.41%。而且自 2009 年开始，数字出版的营业收入占比就位居第一，显示了其在核心出版中的重要地位。自始至终都排在第二位的是报纸出版，2009 年在营业收入中占比为 30.44%，随后不断下降，到 2012 年营业收入占比为 22.61%，净减少 7.83%，年均占比为 27.31%，远低于数字出版的营业收入占比。图书出版的营业收入占比排在第三，且呈现不断下降的趋势，2009 年占比为 22.45%，到 2012 年为 19.19%，净减少 3.26%，年均占比为 21.10%。期刊出版在营业收入中的占比有所波动，但变化不大，2009 年为 7.08%，2011 年下降到 5.36%，2012 年又回升到了 5.86%，但总体还是下降的，净减少 1.22%。音像制品和电子出版的营业收入比重很小，2009 年分别为 0.94%和 0.30%，之后不断下降，到 2012 年分别为 0.75%和 0.24%，分别净减少 0.19%和 0.06%，年均占营业收入比重分别为 0.84%和 0.26%。

在中国核心出版的总产出的经济结构中，排在第一的仍然是数字出版，年均占比为 43.76%，而且从 2009 年的 38.07%一直不断增长，到 2012 年增长到了 50.72%，净增加 12.65%。报纸出版年均占比为 27.28%，排在第二，但从 2009 年的 30.77%一直不断下降，到 2012 年只有 22.54%，下降了 8.23%。图书出版在核心出版的营业收入中年均占比为 21.58%，也呈现出不断下降的趋势；2009 年，图书出版在营业收入中占比为 22.75%，2012 年则只有 19.68%，净减少 3.07%。音像出版和电子出版的营业收入比重依然很小，年均占比分别是 0.86%和 0.27%，2009 年分别是 0.95%和 0.31%，而且呈现下降趋势，到 2012 年分别是 0.78%和 0.25%，净减少 0.17%和 0.06%。

数字出版的利润比重在核心出版中虽稳居首位，但是没有增加值和营业收入的比重高，年均只有 32.56%。2009 年为 28.49%，之后不断增加，到 2012 年增加到了 38.24%，净增加了 9.75%，呈现出较好的增长趋势。报纸和图书出版的利润占比紧随数字出版之后，两者相差无几，年均占比分别为 30.36%和 29.48%，只是报纸的利润占比在不断下降，图书的利润占比虽有所起伏，但变化不大，基本稳定并保持了平缓的态势。报纸和图书的利润占比在 2009 年分别为 31.40%和 33.33%，2012 年则分别为 24.97%和 28.99%，净减少 6.43%和 4.34%。音像制品和电子出版一如增加值和营业收入的占比情况，年均只有 0.89%和 0.39%，音像制品的利润占比不断下降，而电子出版的利润占比则不断上升，呈现出不同的发展趋势。2009 年音像制品和电子出版的利润比重分别为 1.02%和 0.26%，到 2012 年分别为 0.87%和 0.57%，两者开始接近，分别净减少 0.15%和净增加 0.31%。

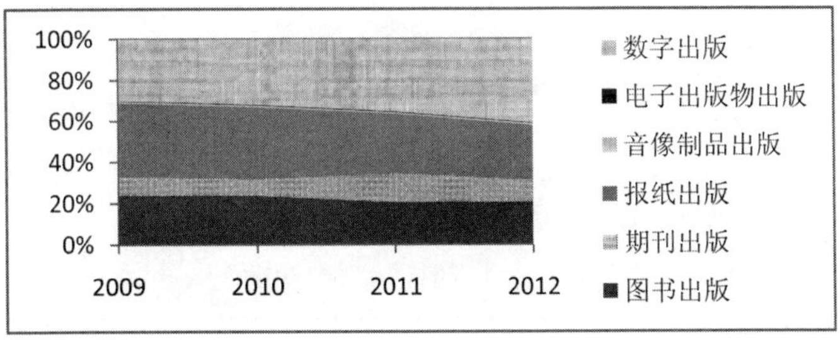

图 5-1　中国核心出版的基本结构(经济结构)(增加值)当年价(2009-2012 年)　单位:%

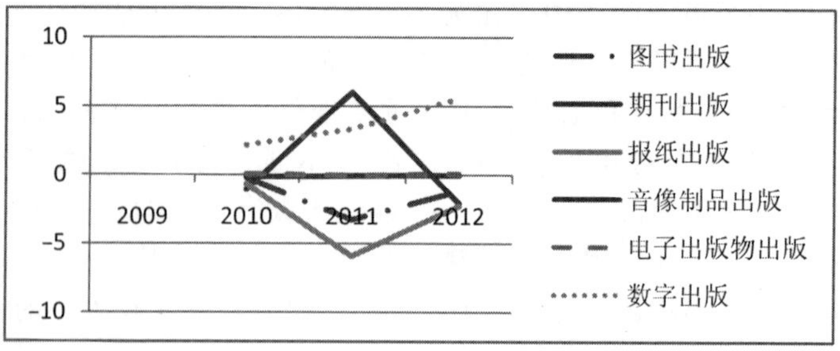

图 5-2　中国核心出版的基本结构变动(经济结构)(增加值)当年价(2009-2012 年)　单位:%

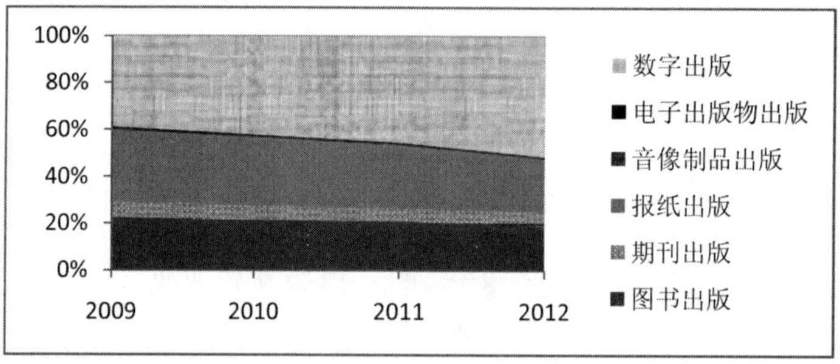

图 5-3　中国核心出版的基本结构(经济结构)(营业收入)当年价(2009-2012 年)　单位:%

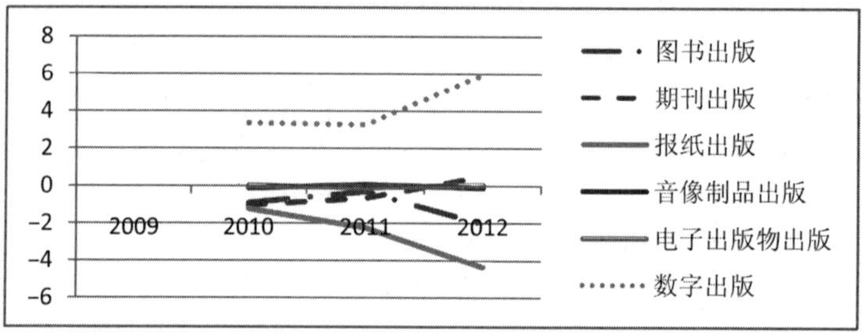

图 5-4　中国核心出版的基本结构变动(经济结构)(营业收入)当年价(2009-2012 年)　单位:%

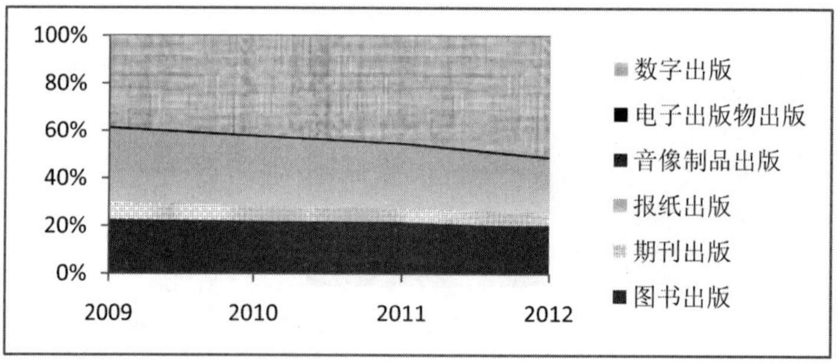

图 5-5　中国核心出版的基本结构(经济结构)(总产出)当年价(2009-2012 年)　单位:%

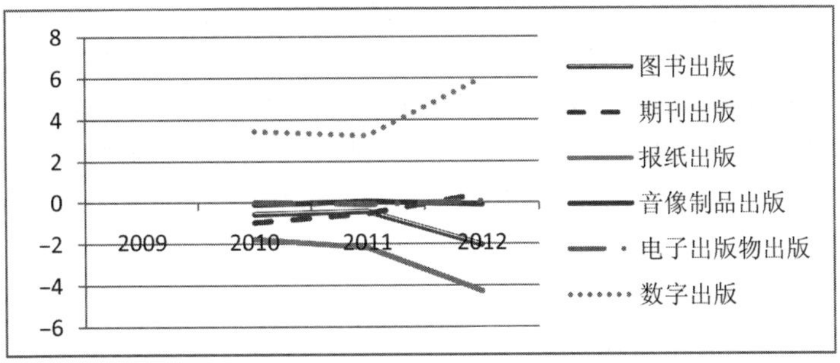

图 5－6　中国核心出版的基本结构变动(经济结构)(总产出)当年价(2009－2012 年)　单位:%

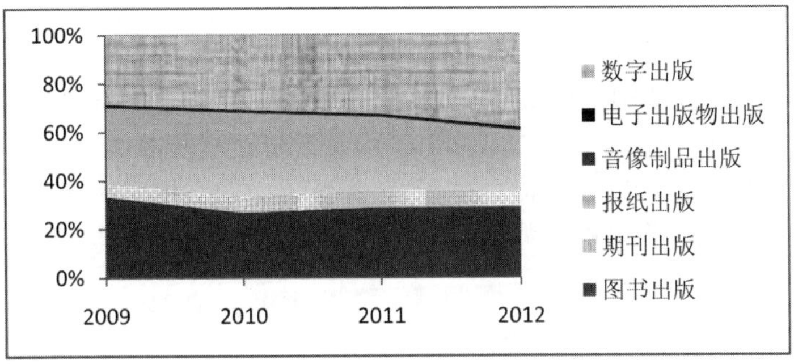

图 5－7　中国核心出版的基本结构(经济结构)(利润总额)当年价(2009－2012 年)　单位:%

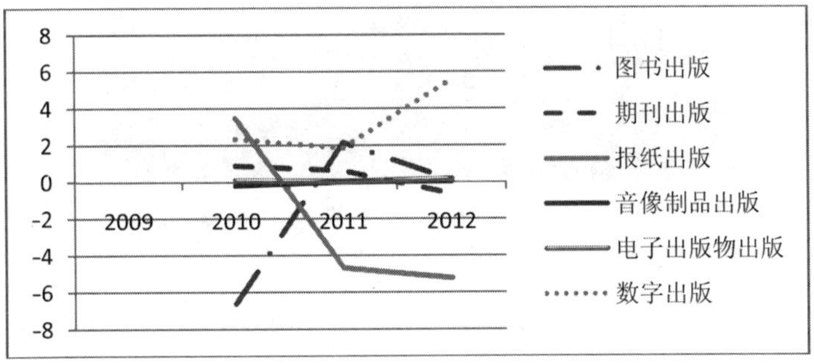

图 5－8　中国核心出版的基本结构变动(经济结构)(利润总额)当年价(2009－2012 年)　单位:%

(二)中国核心出版产业的出版结构演变

图书出版在中国核心出版的出版结构(产品结构)的种数中占据了绝对的优势地位，年均占比为 83.55%，而且呈现出不断增长的趋势，1982 年只有 86.96%，中间虽有下降，到 2005 年降到 80.08%，为最低，但随后不断上升，到 2012 年增长到了 90.77%，净增长 3.81%。从年均占比情况来看，排在第二、三、四位的分别是录像出版、录音出版和期刊出版，年均占比分别为 4.89%、4.83%和 4.18%；录音和录像的种数占比波动较大，而期刊的种数占比则呈现出不断下降的趋势。1983 年上述三种出版的种数占比分别为 2.31%、2.83%和 6.30%，到 2012 年分别为 1.95%、2.10%和 2.16%，分别净减少 0.36%、0.73%

和 4.14%,期刊的种数比重减少得最多。排在后位的分别是电子出版和报纸出版,种数年均占比只有 1.56%和 0.99%。报纸和电子出版的种数占比表现出波动特征,报纸的种数占比总体上表现出下降的趋势,电子出版则表现出不断上升的趋势。1983 年报纸出版种数占比为 1.61%,2000 年电子出版种数占比为 1.30%,到 2012 年,电子出版和报纸两者的种数占比分别为 2.59%和 0.42%,分别净增加 1.29%和 1.19%。

占据中国核心出版总印数前三位的是报纸出版、图书出版和期刊出版,年均占比分别为 78.13%、14.90%和 6.09%,总计占比达到了 99.12%,占据绝对的优势地位。而录音出版、录像出版和电子出版的年均占比分别为 0.38%、0.32%和 0.18%,总计为 0.88%,还不到 1%。报纸出版、录音出版、录像出版的总印数占比呈现出总体不断增加的趋势,而图书和期刊则呈现出不断下降的趋势,上述出版总印数分别净增加 4.31%、0.07%、0.27%、-3.89%、-1.19%。

总定价占比排在前三位的是图书出版、报纸出版和期刊出版,年均占比分别为 61.07%、23.67%和 13.88%,总计达到 98.62%;而录音和录像制品出版总定价年均占比分别只有 0.67%和 0.72%,总计只有 1.39%。图书出版的总定价在核心出版中的占比呈现出上升的趋势,而期刊和报纸出版虽有波动,但总体稳定,报纸出版的占比则有所下降;录音和录像出版的总定价表现出了相对下降的趋势。上升最多的是图书出版,为 2.96%,下降最多的是报纸出版,为 1.75%。

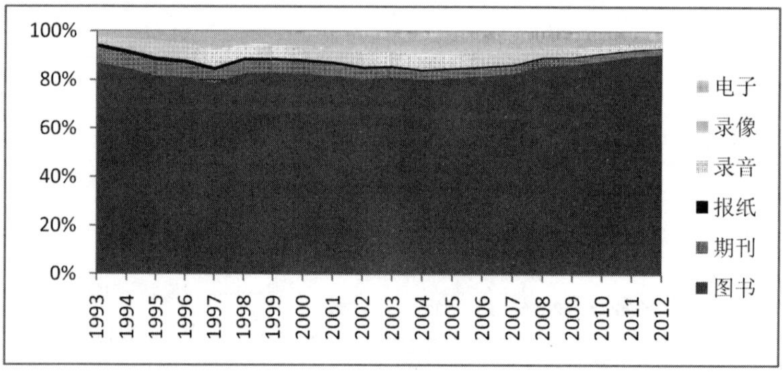

图 5-9　中国核心出版的基本结构(出版结构)种数(1993-2012 年)　单位:%

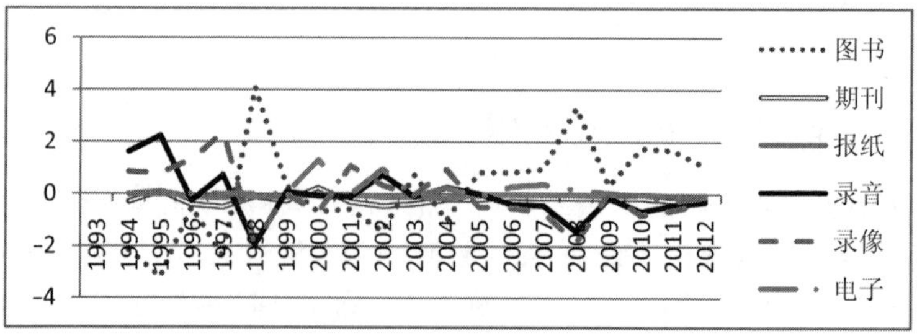

图 5-10　中国核心出版的基本结构(出版结构)变动种数(1993-2012 年)　单位:%

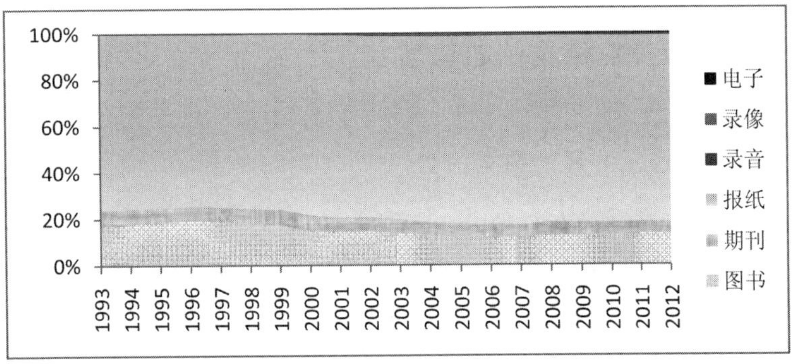

图 5－11　中国核心出版的基本结构(出版结构)总印数(1993－2012 年)　单位:%

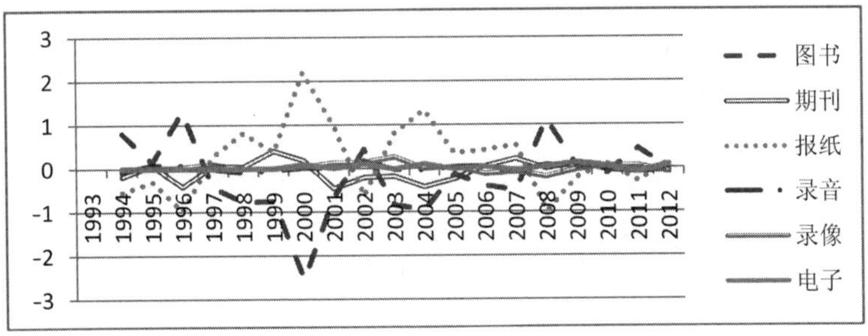

图 5－12　中国核心出版的基本结构(出版结构)变动总印数(1993－2012 年)　单位:%

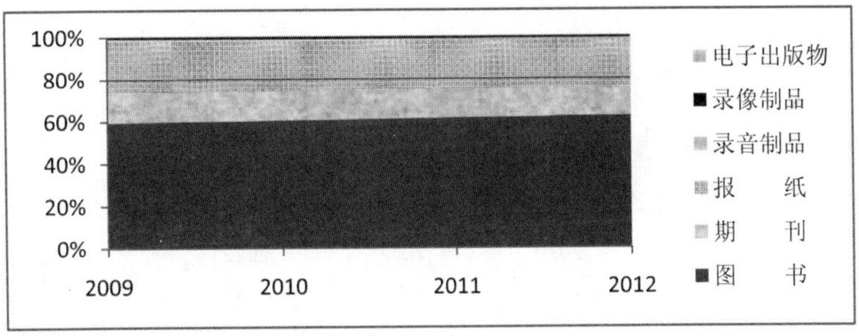

图 5－13　中国核心出版的基本结构(出版结构)定价总金额(2009－2012 年)　单位:%

备注:总定价只有以上四年的数据;数据来源:《中国新闻出版产业分析报告》(2009—2012 年)。

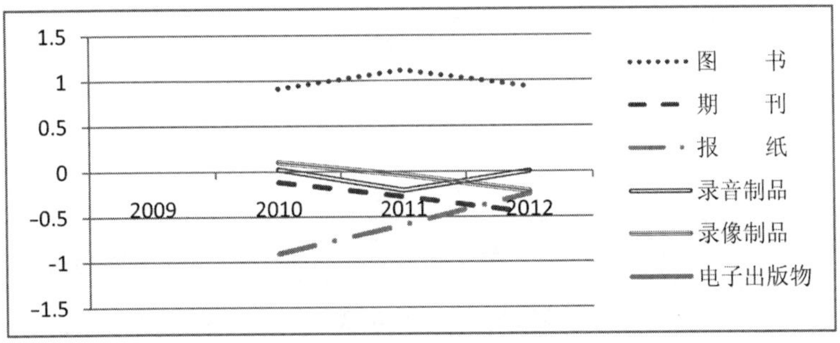

图 5－14　中国核心出版的基本结构(出版结构)变动定价总金额(2009－2012 年)　单位:%

备注:数据来源:《中国新闻出版产业分析报告》(2009—2012 年)。

二、中国核心出版产业结构的趋势演变

(一)中国核心出版产业的经济结构趋势

在中国核心出版增加值比重中,传统出版以年均 64.26%占据较大优势,但呈现出不断下降的趋势。现代出版以年均 35.74%占据劣势,但总体在增加。2009 年,传统出版的增加值比重为 68.82%,到 2012 年为 57.93%,净减少 10.89%;2009 年,现代出版的增加值比重为 31.18%,到 2012 年已经增加到 42.07%,净增加 10.89%。

中国核心出版的营业收入发展趋势是传统出版比重不断减少,现代出版比重不断增加,并且两者比重逐渐接近。2009 年传统出版和现代出版的营业收入比重分别为 59.97%和 40.03%,到 2012 年,传统出版和现代出版的营业收入比重分别为 47.66%和 52.34%,而且现代出版的比重开始超过传统出版的比重,两者营业收入的净增分别为 - 12.31%和 12.31%。

中国核心出版的经济结构变化趋势与营业收入的变化趋势基本一致,2009 年传统出版与现代出版的总产出结构比重分别为 60.67%和 39.32%,传统出版占据优势;到 2012 年,两者总产出的比重分别为 48.26%和 51.74%,比重净增分别为 - 12.41%和 12.42%,增减的趋势变化非常明显。

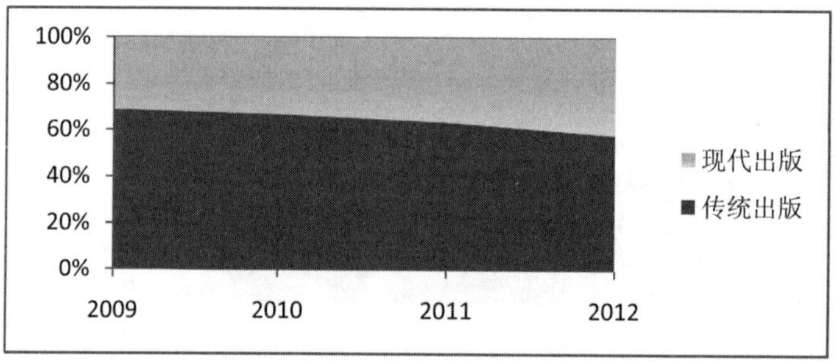

图 5 - 15 中国核心出版基本趋势结构(经济结构)增加值(2009 - 2012 年) 单位:%

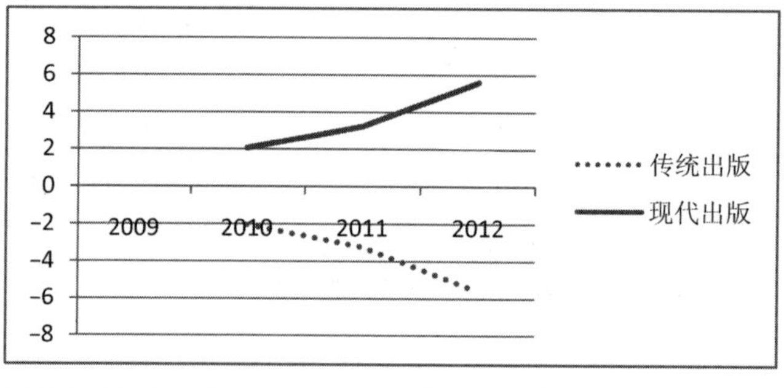

图 5 - 16 中国核心出版基本趋势结构(经济结构)变动增加值(2009 - 2012 年) 单位:%

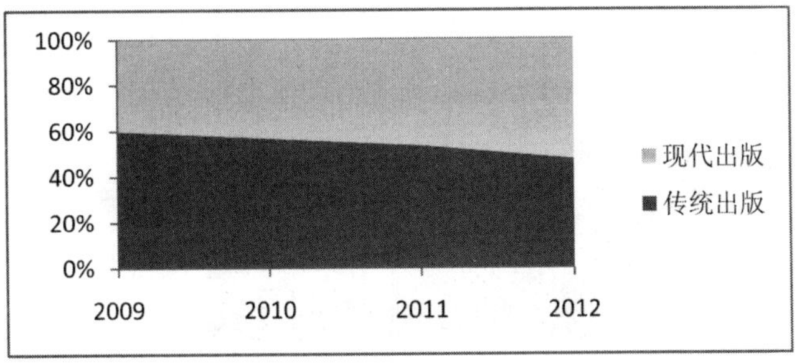

图 5－17　中国核心出版基本趋势结构(经济结构)营业收入(2009－2012 年)　单位:%

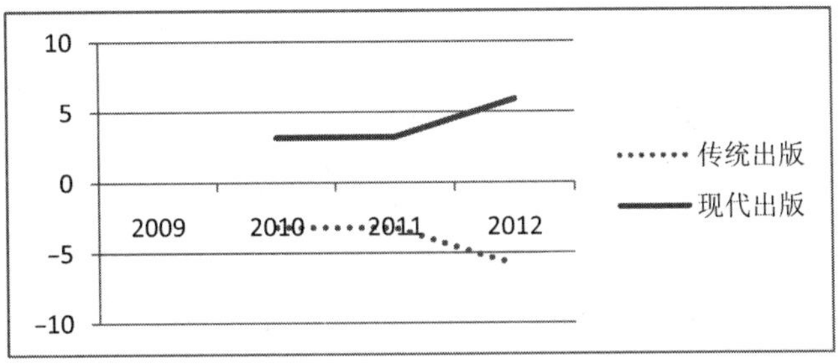

图 5－18　中国核心出版基本趋势结构(经济结构)变动营业收入(2009－2012 年)　单位:%

图 5－19　中国核心出版基本趋势结构(经济结构)总产出(2009－2012 年)　单位:%

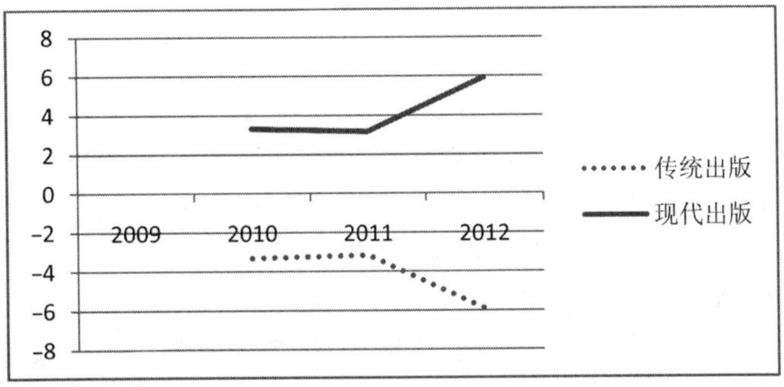

图 5－20　中国核心出版基本趋势结构(经济结构)变动总产出(2009－2012 年)　单位:%

图 5-21　中国核心出版基本趋势结构(经济结构)利润总额(2009-2012 年)　单位:%

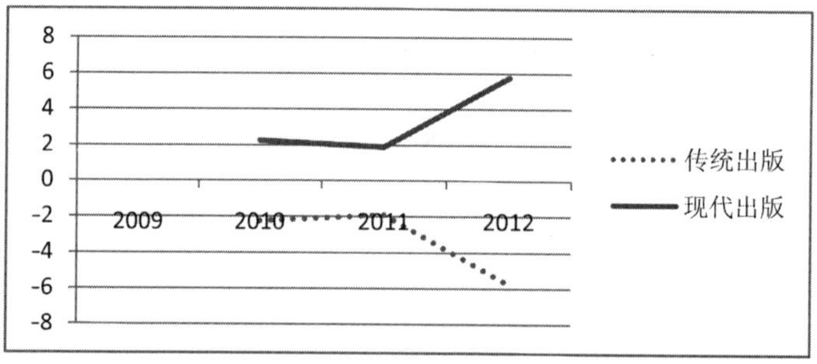

图 5-22　中国核心出版基本趋势结构(经济结构)变动利润总额(2009-2012 年)　单位:%

中国核心出版的利润结构也呈现出传统出版比重不断下降、现代出版比重不断上升的趋势,但结构的主次和优势并没有发生根本改变。2009 年传统出版的利润占比为 70.24%,虽然下降了 9.91%,但到了 2012 年仍然有 60.33%的占比,年均占比为 66.16%,占据了主要地位。2009 年现代出版的利润占比只有 29.76%,虽然增加了 9.91%,但 2012 年占比为 39.67%,年均占比只有 33.84%,仍然处于弱势地位。

上述核心出版的结构说明传统出版的发展速度相对变缓,但仍然具有一定效益优势;现代出版的发展相对较快,但效益有待进一步提高。

(二)中国核心出版产业的出版结构趋势

从中国核心出版的出版结构(产品结构)的种数结构趋势中可以看出,传统出版以年均 88.12%的占比具有明显的主导优势,而现代出版则以年均 11.88%居于绝对的劣势地位。尤其明显的是,传统出版在 2000 年占比为 88.56%,经过短暂略微的下降后迅速回升到了 2012 年的 93.36%,净增加 4.8%,增长趋势明显。与此相对应,2009 年现代出版的占比只有 11.44%,经过短暂略微的上升,到 2012 年则下降到 6.64%,净减少 4.8%。

从中国核心出版的出版结构的总印数结构来看,情况更是惊人。传统出版的总印数年均占比为 98.85%,2009 年更是高达 99.43%,到 2012 年虽然有所下降,但依然保持了 98.91%的占比,只下降了 0.52%;而现代出版的总印数年均占比为 1.15%,2009 年只有 0.57%,虽然上涨了 0.52%,但到 2012 年仍然只有 1.09%。

中国核心出版的出版结构的总定价结构比重情况也是如此。传统出版以年均 98.61%

的占比占据了绝对的优势，而且还在不断增长。2009 年传统出版的总定价占比为 98.52%，到 2012 年为 98.87%，净增加 0.35%；现代出版的总定价占比在 2009 年只有 1.48%，到 2012 年为 1.13%，反而减少 0.35%。

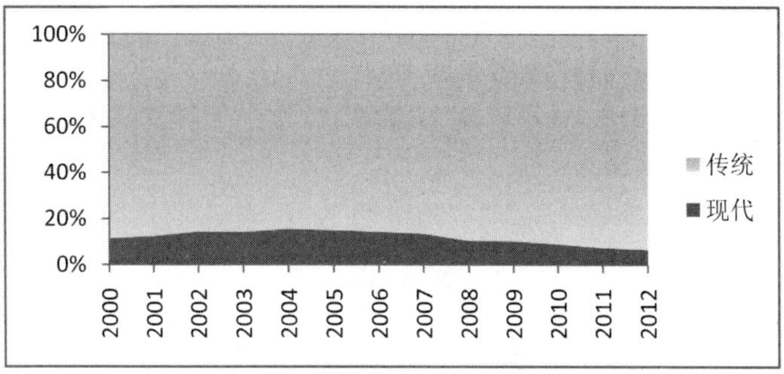

图 5-23　中国核心出版基本趋势结构(出版结构)种数(2000-2012 年)　单位:%

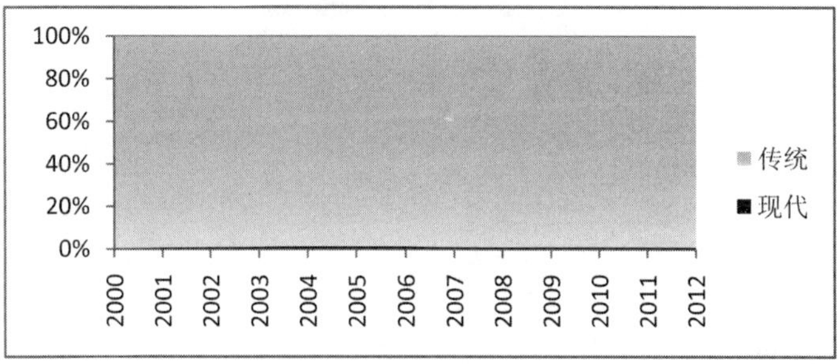

图 5-24　中国核心出版基本趋势结构(出版结构)总印数(2000-2012 年)　单位:%

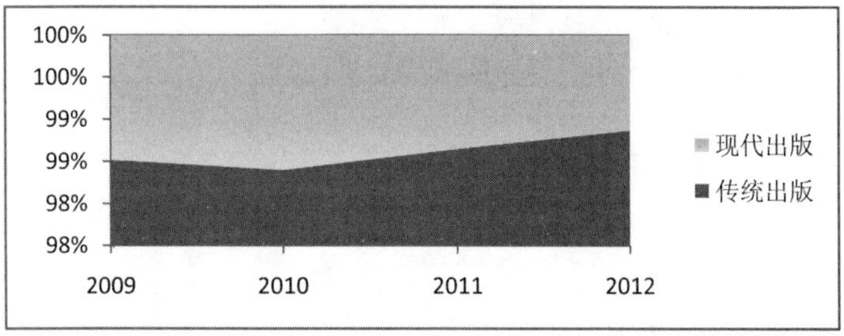

图 5-25　中国核心出版基本趋势结构(出版结构)定价总金额(2009-2012 年)　单位:%

三、中国核心出版产业结构的升级发展

(一)中国出版社结构趋势与发展

1996 年中国传统出版社占据了 65.51%的比重，随后不断减少，2003 年减少尤其明显，只占 56.38%，到 2012 年则只占 47.66%，已经不到一半了。中国现代出版社的数量则不断

增加,1996 年只占 34.49%,但到了 2007 年却已超过了 50%,占比 50.51%,随后继续增长,到 2012 年增长到了 52.34%,占据了主导地位。

中国传统出版社主要是图书出版,因此图书出版的比重变化与传统出版社的比重及其变化一致。在现代出版社中,音像出版社的比重基本保持稳定,1996 年占比为 34.49%,2003 年占比下降到了 31.65%,虽然一直在下降,但到 2012 年还是保持了 30.32%的比重。电子出版社的比重增加主要是对应图书出版社的比重减少。2003 年电子出版社占比为 11.97%,到 2012 年占比为 22.03%,比重不断增加,增加了 10.06%,而且现代出版社比重的增加主要是依靠电子出版社的增加。

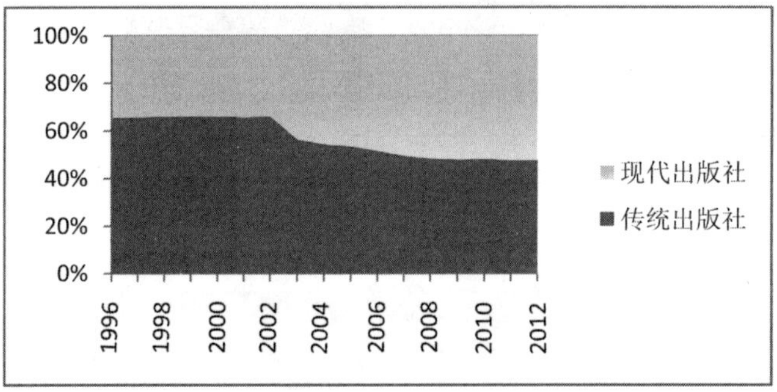

图 5-26　中国出版社结构的趋势与发展(现代出版与传统出版)(1996-2012 年)　单位:%

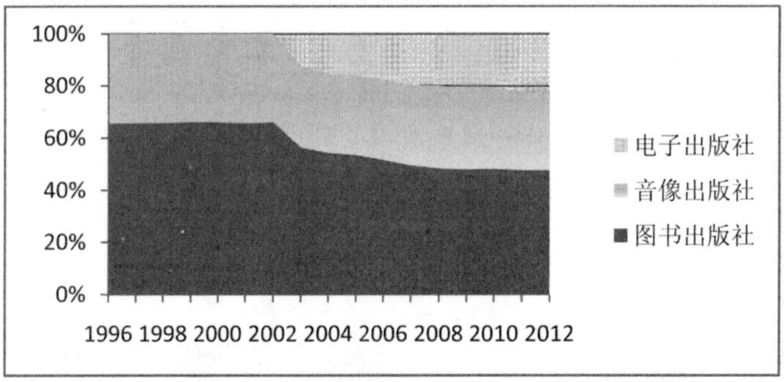

图 5-27　中国出版社结构的分类发展趋势(出版社结构)(1996-2012 年)　单位:%

(二)中国出版产业结构的高度化

中国数字出版在出版产业经济结构中的各项指标具有高度的一致性,无论从增加值、营业收入、总产出还是利润总额的指标来看,比重规模及其变化趋势都高度吻合。2009 年数字出版在出版产业中的增加值占比为 7.57%,到 2012 年为 11.74%,年均占比为 9.32%;2009 年数字出版营业收入在 2009 年占比为 7.73%,到 2012 年达到 11.63%,年均占比为 9.33%;2009 年数字出版在出版产业的总产出中占比为 7.49%,2012 年占比为 11.39%,年均占比为 9.10%;2009 年数字出版的利润在出版产业中的占比为 7.15%,2012 年的占比为 11.53%,年均占比为 9.22%。

中国数字出版在核心出版中的营业收入和总产出的比重规模和变化趋势都基本一致,

并且均位于首位，年均占比分别为 44.41%和 43.76%。2009 年数字出版在核心出版中的营业收入和总产出占比分别为 38.78%和 38.07%，到 2012 年占比分别为 51.34%和 50.72%，比重不断增加，分别净增加 12.56%和 12.65%。2009 年，数字出版的增加值和利润在核心出版中的占比分别为 29.95%和 28.49%，到 2012 年分别增加到了 41.01%和 38.24%，年均占比分别为 34.63%和 32.56%。

中国数字出版在现代出版经济结构中的占比均很高，2009 年增加值、营业收入、总产出和利润的占比分别为 96.03%、96.89%、96.80%和 95.72%，到 2012 年分别增加到了 97.50%、98.10%、97.45%和 96.20%，年均占比分别保持了 96.83%、97.54%、97.45%和 96.20%的水平。

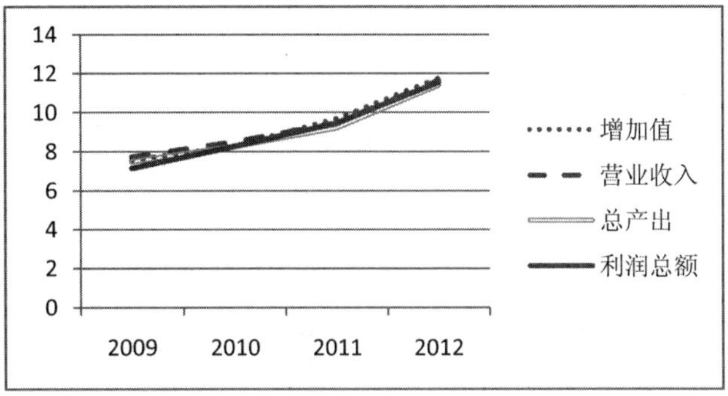

图 5－28　中国数字出版在出版产业中的比重(2009－2012 年)　单位：%

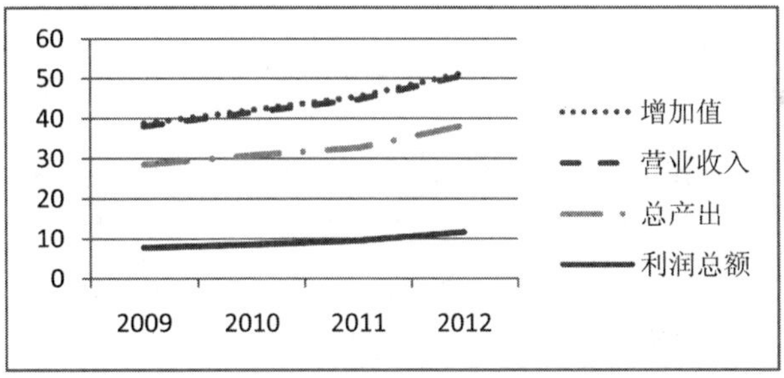

图 5－29　中国数字出版在核心出版中的比重(2009－2012 年)　单位：%

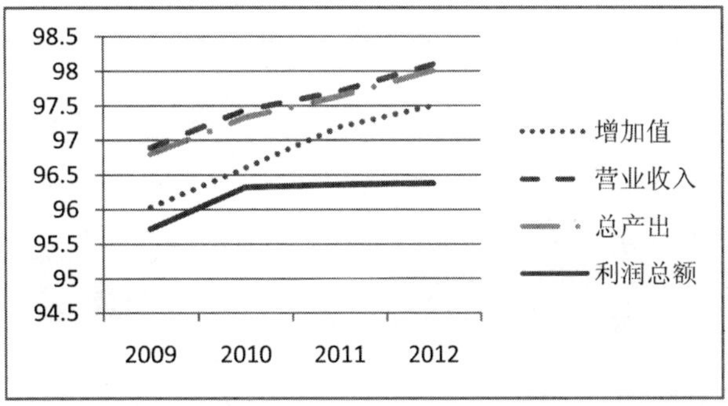

图 5－30　中国数字出版在现代出版中的比重(2009－2012 年)　单位：%

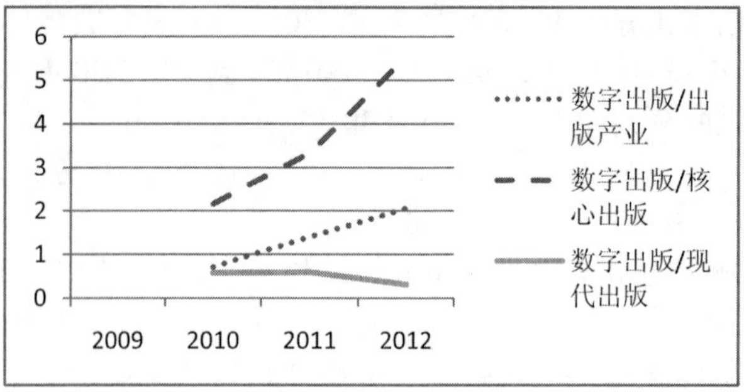

图 5-31　中国出版产业高度化的变动增加值(当年价)(2009-2012 年)　单位:%

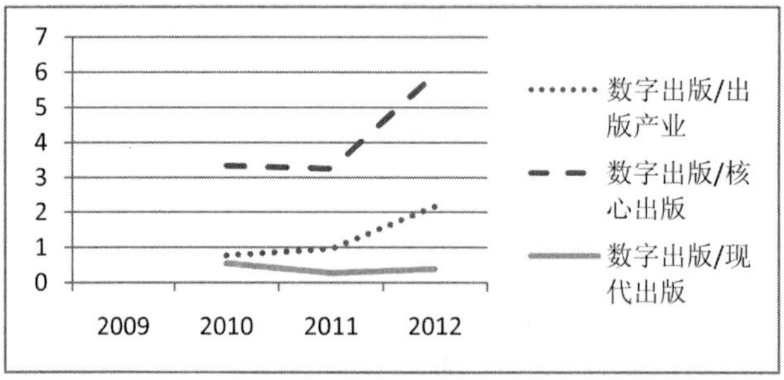

图 5-32　中国出版产业高度化的变动营业收入(当年价)(2009-2012 年)　单位:%

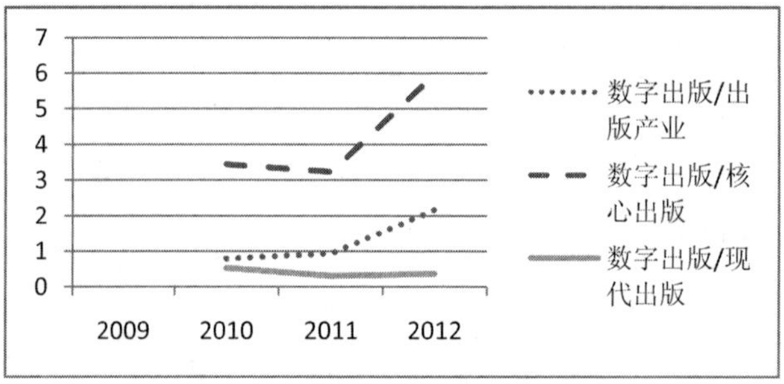

图 5-33　中国出版产业高度化的变动总产出(当年价)(2009-2012 年)　单位:%

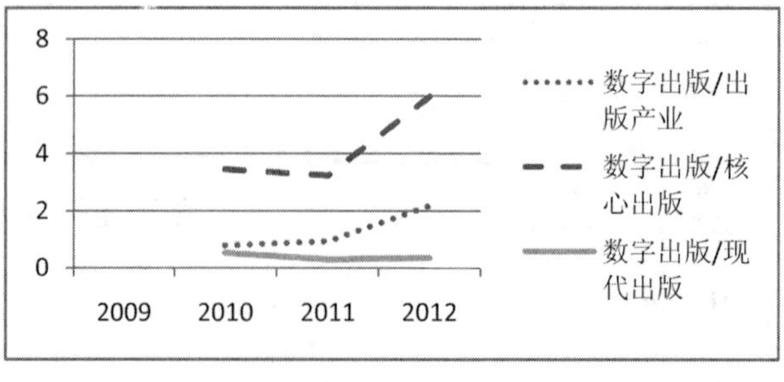

图 5-34　中国出版产业高度化的变动利润总额(当年价)(2009-2012 年)　单位:%

第二节　中国传统出版产业结构变动过程

一、中国传统出版产业结构变动过程

(一)中国传统出版的经济结构

中国传统出版经济结构的增加值构成中，报纸出版的增加值占据了较大份额，年均占比为 49.20%；其次是图书出版的增加值，年均占比为 34.05%；期刊出版的增加值占比最少，年均仅为 16.75%。从发展趋势来看，图书的增加值呈现出不断下降的趋势，2009 年占比为 52.01%，到 2012 年降为 46.35%，净减少了 5.66%；图书出版的增加值比重也出现了略微下降的态势，但基本还算稳定，2009 年图书出版的增加值比重为 34.97%，到 2012 年为 33.31%，下降了 1.66%。期刊出版的增加值比重在 2009 年为 13.02%，随后不断增长，到 2012 年增加到了 20.34%，净增加 7.32%。

从营业收入的构成来看，中国传统出版的经济结构中报纸仍然占据半壁江山，年均占比为 50.00%；图书出版的年均占比为 38.82%，期刊年均占比为 11.18%。2009 年图书出版增加值比重为 37.43%，期刊出版为 11.80%，报纸出版为 50.76%；到 2012 年，这三者的增加值比重分别为 40.27%、12.29%和 47.44%，分别增加了 2.84%、0.49%和减少了 3.32%。

中国传统出版的总产出比重及其变化与营业收入基本一致，报纸出版以年均 49.37%的占比仍然位居首位；其次是图书出版，年均占比为 39.26%；排在末尾的是期刊出版，年均占比只有 11.36%。2009 年图书、期刊和报纸出版的总产出的比重分别为 37.50%、11.79%和 50.71%，到 2012 年则分别为 40.79%、12.50%和 46.71%，分别净增减 3.29%、0.71%和 4.00%。

中国传统出版经济结构的利润结构变化有一定的起伏，图书出版的利润比重先减少后增加，报纸出版的利润比重先增后减，期刊出版的利润比重则是一直在增加。2009 年，图书、期刊和报纸出版的利润比重分别为 47.45%、7.85%和 44.70%，到 2012 年则分别为 48.06%、10.54%和 41.39%，分别净增加 0.61%、2.69%和 - 3.31%。

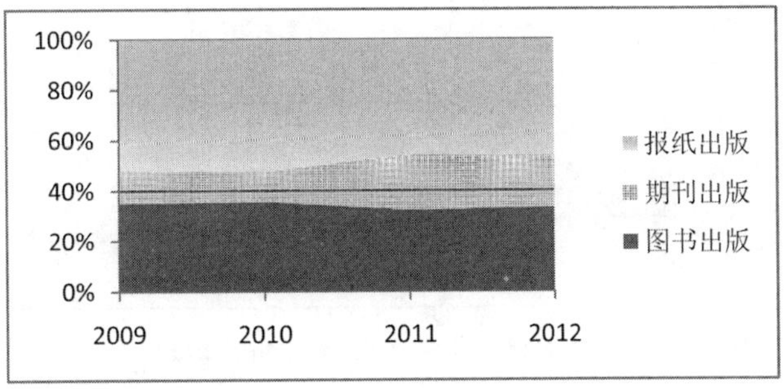

图 5 - 35　中国传统出版的经济结构增加值(当年价)(2009 - 2012 年)　单位:%

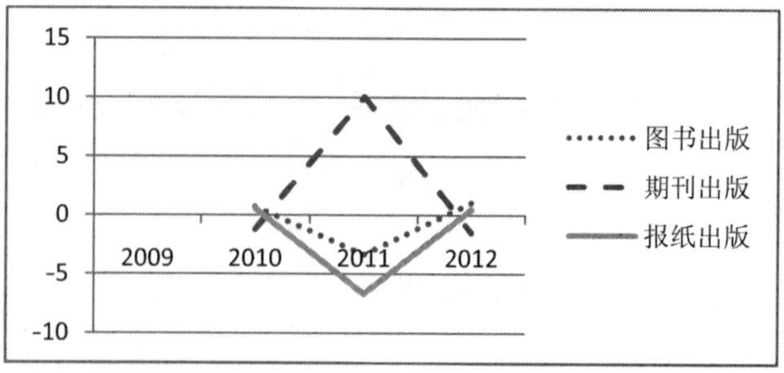

图 5-36　中国传统出版的经济结构增减增加值(当年价)(2009-2012 年)　单位:%

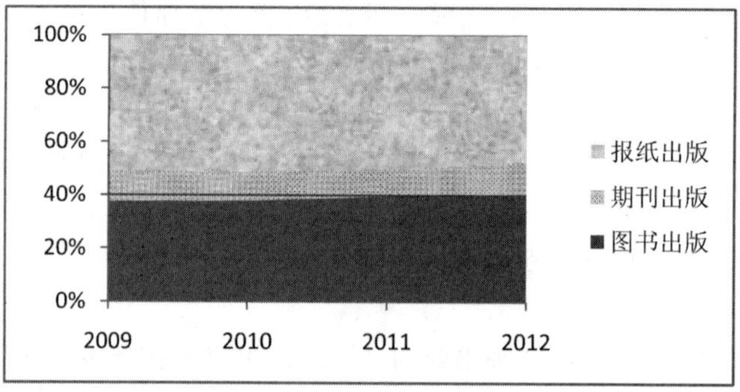

图 5-37　中国传统出版的经济结构营业收入(当年价)(2009-2012 年)　单位:%

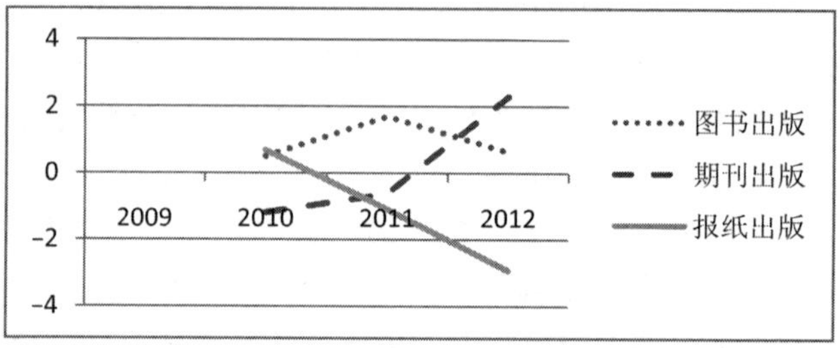

图 5-38　中国传统出版的经济结构增减营业收入(当年价)(2009-2012 年)　单位:%

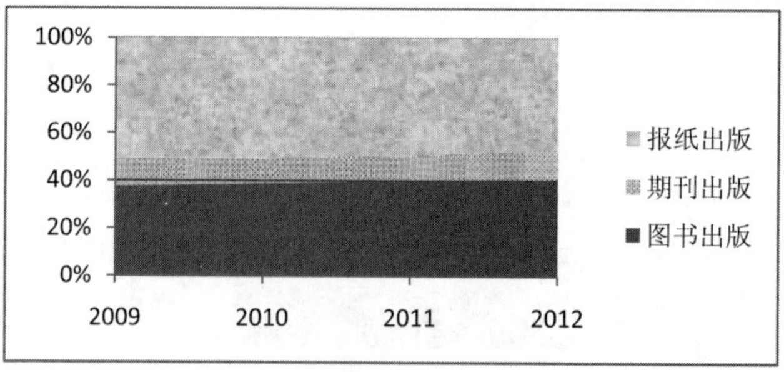

图 5-39　中国传统出版的经济结构总产出(当年价)(2009-2012 年)　单位:%

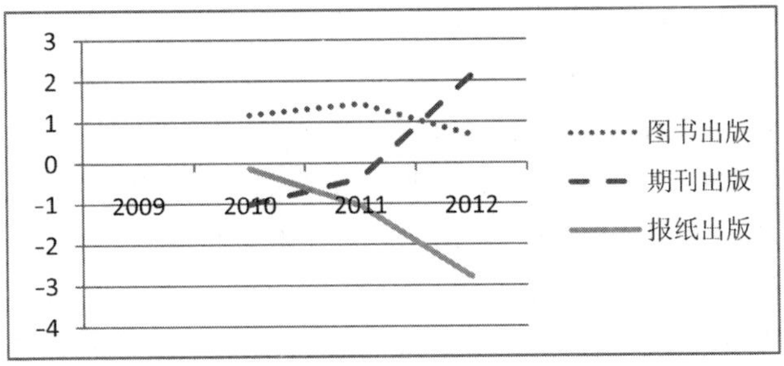

图 5-40　中国传统出版的经济结构增减总产出(当年价)(2009-2012 年)　单位:%

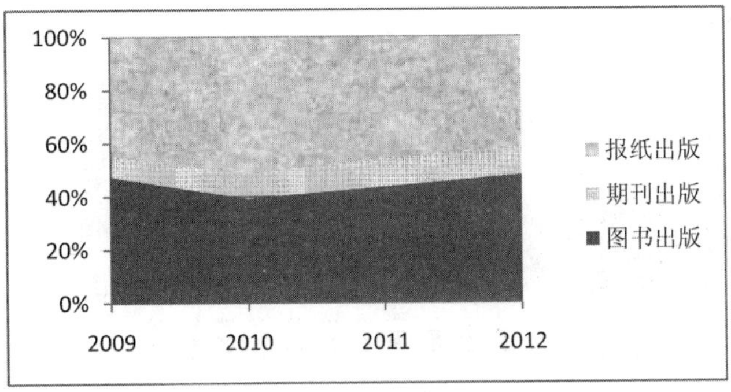

图 5-41　中国传统出版的经济结构利润总额(当年价)(2009-2012 年)　单位:%

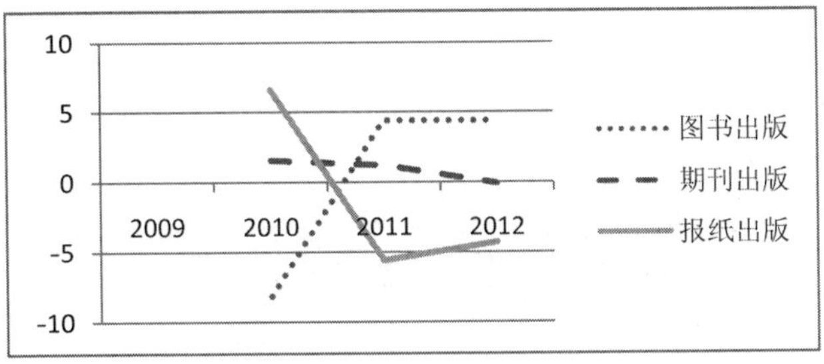

图 5-42　中国传统出版的经济结构增减利润总额(当年价)(2009-2012 年)　单位:%

(二)中国传统出版的出版结构

在中国传统出版的出版结构种数构成中占绝对优势的是图书出版,年均占比高达 92.54%,1978 年即达到 93.07%,随后有所下降,到 1985 年降至最低的 88.11%之后又不断上升,2012 年上升至 97.23%,净增加 4.16%,优势惊人。期刊和报纸的出版种数占比在 1978 年分别为 5.78%和 1.16%,随后有所上升。期刊在 1981 年上升到最高的 9.75%,报纸在 1985 年上升到最高的 2.79%,之后期刊和报纸的出版种数占比都开始显现不断下降的趋势,到 2012 年分别降到了 2.32%和 0.45%,变化十分明显。

在中国传统出版的出版结构总印数构成中,报纸出版的总印数比重占据了绝对优势,年均占比为 76.10%,从 1978 年的 73.80%一直不断增加,到 2012 年增加到了 81.05%,净增加 7.25%。图书出版的总印数比重则一直不断减少,从 1978 年的 21.80%上升到 1982 年的 27.48%,之后开始一路下降,到 2012 年降为 13.32%,净减少 8.48%。期刊出版的总印数比重则保持了相对的平稳,1978 年为 4.40%,到 1982 年上升到了 7.08%,之后又开始平稳下降,到 2012 年保持在了 5.63%的水平,增加了微弱的 1.23%。

在中国传统出版的出版结构中总印张结构与总印数结构相比,报纸的增长趋势更为明显,比重优势更大,图书总印张的比重则下降得更为剧烈,劣势也更明显,而期刊的比重相对变化平缓,在整个传统出版的出版结构中所占比重最小。1978 年报纸总印张数占比为 41.78%,2011 年占比最高,为 73.31%,2012 年回落到 71.93%,净增加 30.15%, 年均占比为 52.48%。

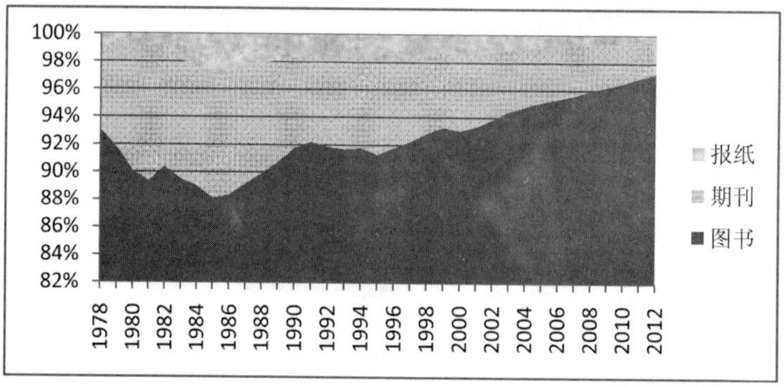

图 5-43 中国传统出版的出版结构(种数)(1978-2012 年) 单位:%

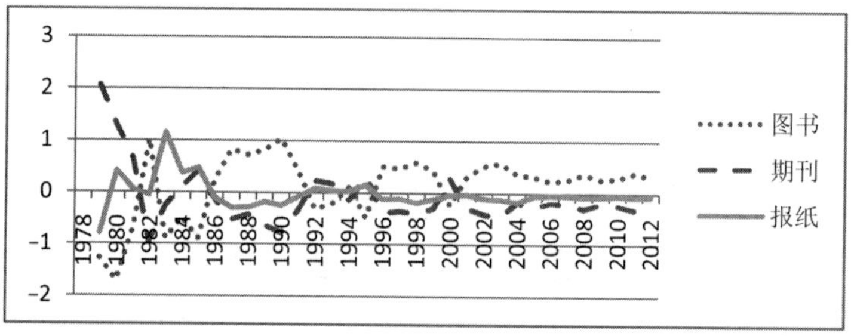

图 5-44 中国传统出版的出版结构变动(种数)(1978-2012 年) 单位:%

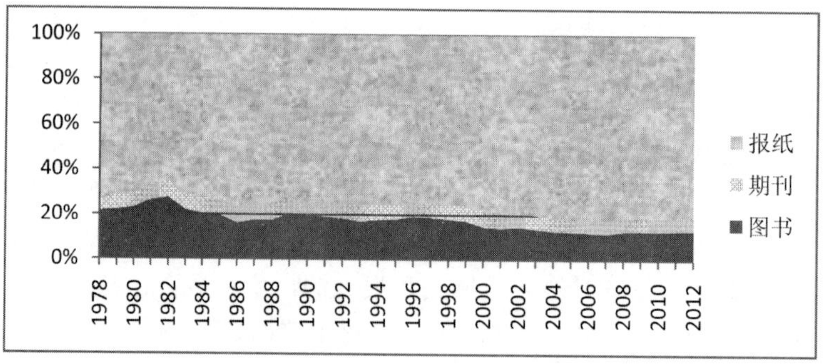

图 5-45 中国传统出版的出版结构(总印数)(1978-2012 年) 单位:%

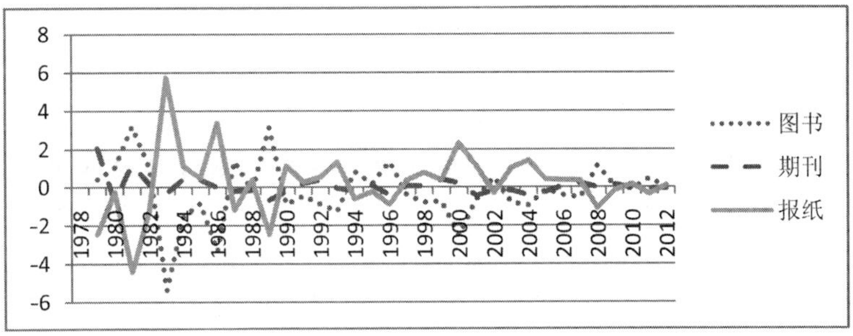

图 5－46　中国传统出版的出版结构变动(总印数)(1978－2012 年)　单位:%

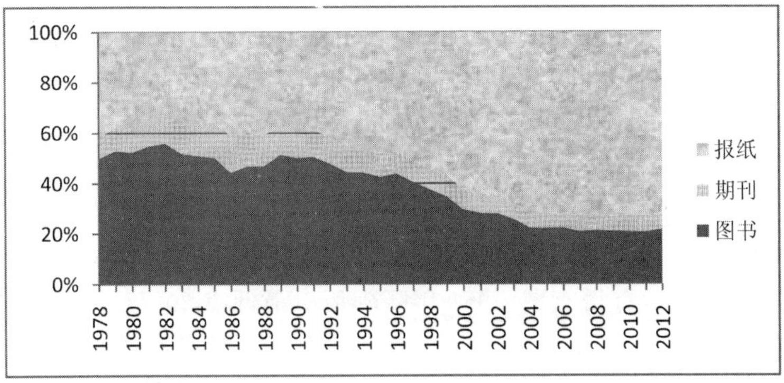

图 5－47　中国传统出版的出版结构(总印张)(1978－2012 年)　单位:%

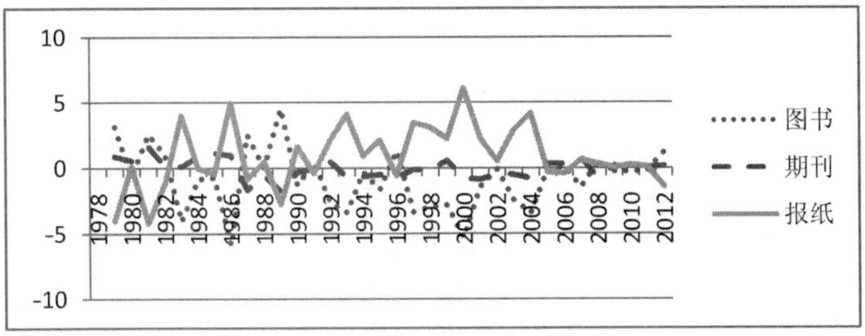

图 5－48　中国传统出版的出版结构变动(总印张)(1978－2012 年)　单位:%

1978 年,图书总印张数占比为 49.85%,1982 年上升到最高的 55.89%之后不断下降,到 2011 年下降到最低,为 20.47%,2012 年又回升至 21.70%,净减少 28.15%,年均占比为 38.53%。1978 年,期刊总印张数占比为 8.37%,最高上升到了 1986 年的 14.69%,随后平稳下降,到 2008 年降至最低,为 5.96%,2012 年回升到 6.38%,净减少 1.99%,基本保持稳定。

二、中国图书出版产业结构变动过程

(一)图书的产品结构

中国图书的产品主要分为书籍、课本和图片三大类,相应的产品结构也是根据上述划分方式确定的。书籍的产品结构包括社科人文、科学技术和综合三大类。课本则分为大专及以上、中学、小学和其他四类结构。

1. 图书的产品结构(书籍、课本和图片三大类)①

在中国图书的产品结构的种数构成中,书籍出版的比重占有较大优势,年均占比为73.50%,从1961年到1978年书籍的占比较低,一般在47%—60%之间波动,1978年之后,书籍比重都在75%上下,并一直保持了增长的态势,2012年增加到了80.20%,虽比1952年的86.03%略有下降,但基本稳定。课本出版种数年均比重也保持了16.35%的水平,1952年只有5.86%,1961年增加到了36.75%的历史最高水平,之后开始下降,1967年下降到1.23%,1968年虽有所回升,但也只有4.90%,之后课本种数的比重逐步回归正常水平,保持在15%以上,2011年达到了21.18%,2012年略微下降到了19.63%,保持了基本的稳定。图片出版的种数比重在1952年为8.11%,随后不断增长,到1967年达到了令人惊讶的46.15%,1968年高达40.85%,随后下降趋势明显,2003年开始不足1%,只有0.99%,2012年更是下降到了0.17%,虽然年均比重也有10.15%,但图片出版的种数比重在图书出版中已经微不足道了。

在中国图书出版的产品结构的总印数构成中,书籍出版的比重相对保持较高的稳定性,1950年只有44.00%,随后有增有减,1961年降到历史最低点20.77%,之后又开始增长,到1966年增长到历史最高点62.36%,之后保持相对稳定,到2012年稳定在55.71%,年均基本维持在45.55%上下。课本出版的总印数比重在1967年分为前后截然不同的两个阶段:1950年课本总印数比重在56.00%,之后开始不断波动,但都维持在50%上下,到1967年突然降到1.61%,随后又开始恢复并不断上升,到2012年为43.85%,年均也基本保持了43.48%的水平。图片出版的总印数比重在1968年分成了前后相同的两个阶段:1951年总印数比重为10.81%,之后开始不断增长,到1968年增长到了49.54%,达到历史最高水平,但之后开始不断下降,趋势非常明显,到2012年,图片出版的总印数比重只占0.10%,比重很小。

在中国图书出版的产品结构的总印张数构成中,书籍出版的比重虽有波动,但整体趋势还是较为稳定的,只是1961年处于21.31%的历史最低点,1968年达到86.35%的历史最高点,到2012年为59.08%,之后一直保持52.98%的年均水平和稳定态势。课本出版的总印张数的比重变化分为前后两个阶段,1950年课本总印张数的比重为47.88%,1961年达到历史最高水平73.60%,随后开始下降,到1967年只有1.01%,为历史最低,之后开始不断增加,到2012年上升到了40.60%,之后一直保持了年均42.62%的水平。图片出版的总印张数比重占比很小,年均只有4.39%,1950年降至3.25%,之后开始不断增加,到1968年的24.71%为历史最高水平,之后又开始下降,到2012年降至0.03%,作用十分微小。

中国书籍出版在图书出版结构中占据了绝对的主导地位,年均占比为63.26%,而课本年均占比也有36.16%,图片占比仅为0.46%,几乎没有优势。2000年书籍的总定价占比达到56.90%,之后不断上升,到2012年上升到69.76%;2000年课本的总定价占比为42.04%,之后不断下降,到2012年降至29.67%;2000年图片的总定价占比为1.06%,中间不断下降,到2012年降到了微不足道的0.08%。

---

① 由于表格较长,所以只给出了相应的图例。

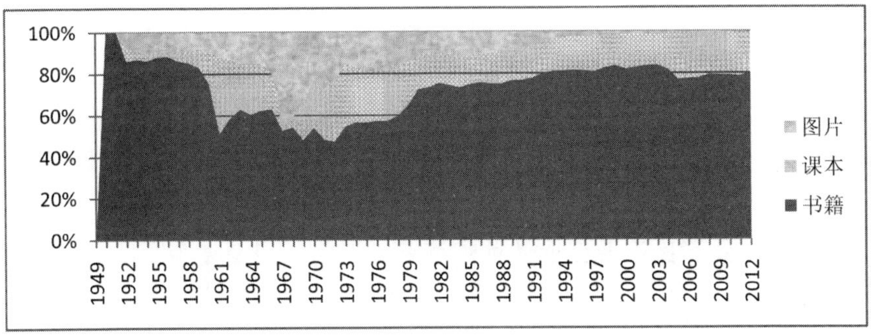

图 5－49　中国图书产品结构(品种)(1949－2012 年)　单位:%

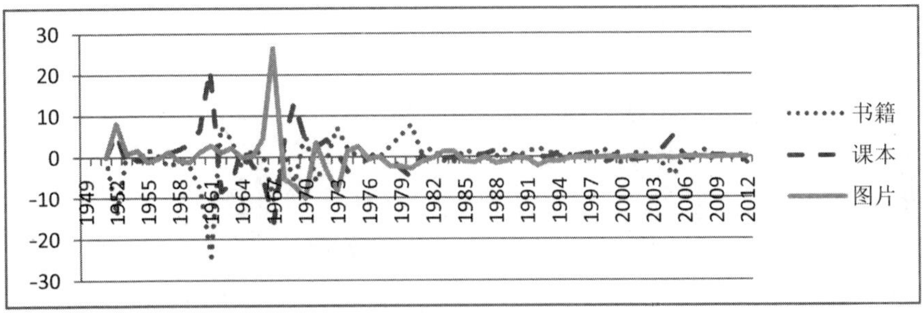

图 5－50　中国图书产品结构变化(品种)(1949－2012 年)　单位:%

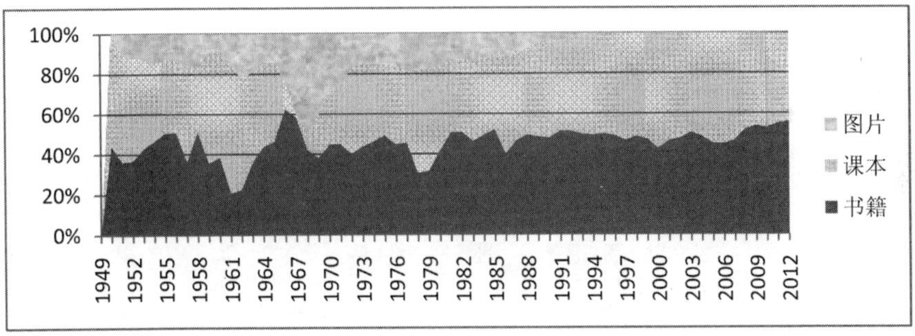

图 5－51　中国图书产品结构(总印数)(1949－2012 年)　单位:%

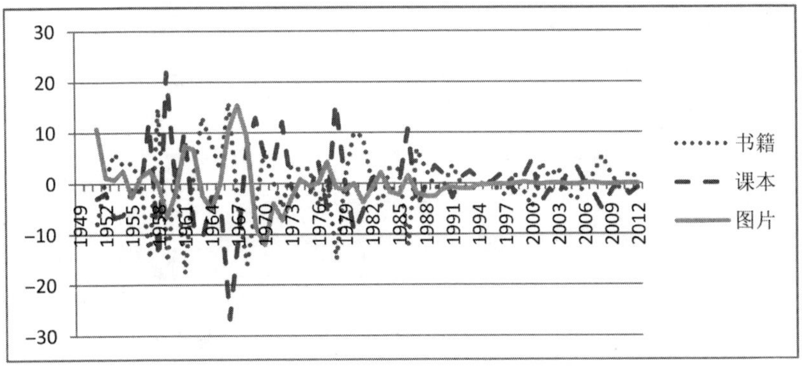

图 5－52　中国图书产品结构变化(总印数)(1949－2012 年)　单位:%

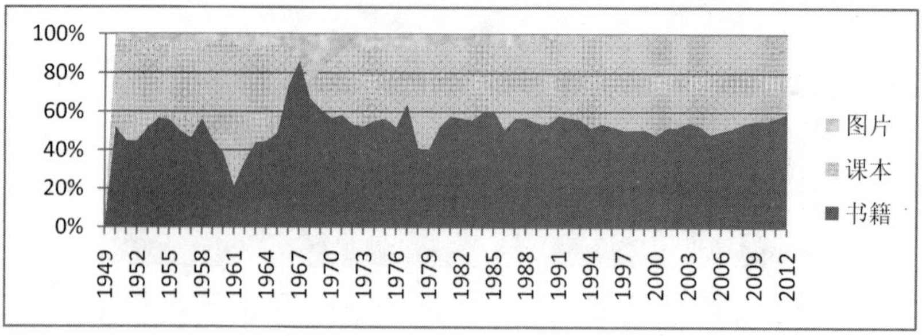

图 5－53　中国图书产品结构(总印张)(1949－2012 年)　单位：%

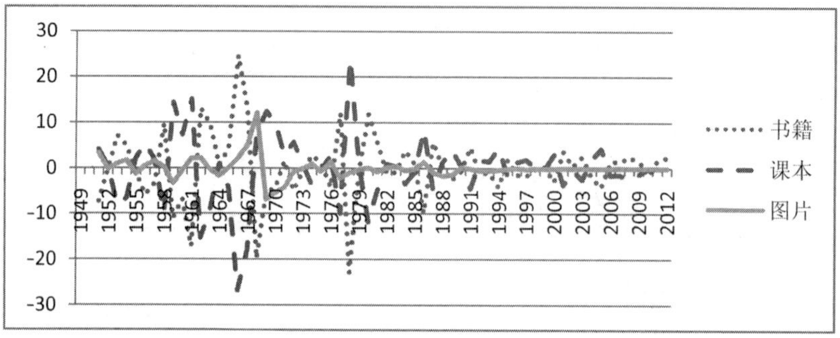

图 5－54　中国图书产品结构变化(总印张)(1949－2012 年)　单位：%

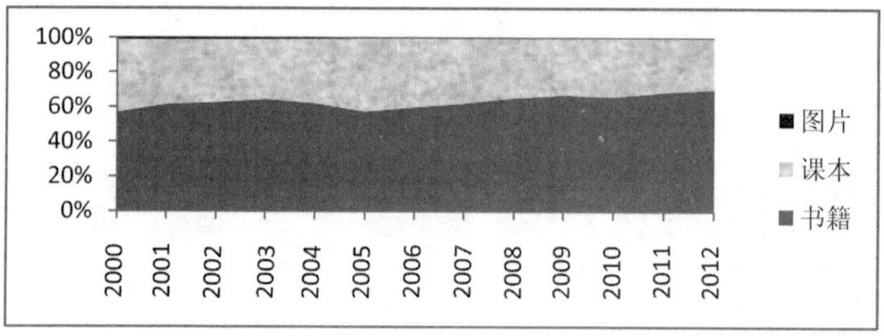

图 5－55　中国图书产品结构(总定价)(2000－2012 年)　单位：%

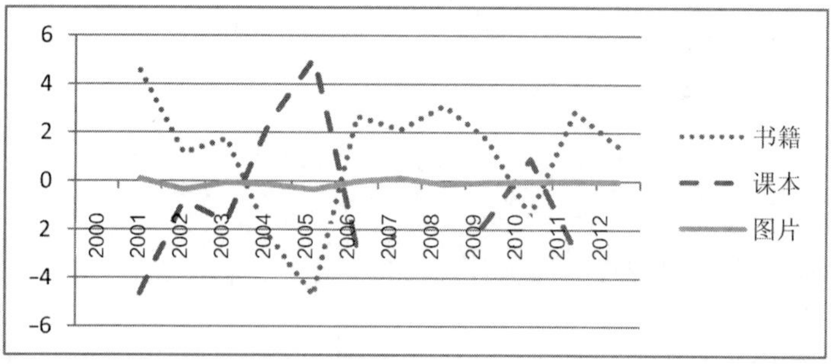

图 5－56　中国图书产品结构变化(总定价)(2000－2012 年)　单位：%

2. 书籍的产品结构①②③

中国书籍产品结构中种数占比占有绝对优势，并且变化相对稳定的是社科人文类书籍出版，年均占比为 71.25%，其次是年均占比为 27.94%的科学技术类书籍，综合性图书的年均占比仅为 0.81%。1950 年，社科人文类书籍的种数占比高达 86.51%，在短暂下降到了 1959 年的 53.59%之后又开始上升，1961 年上升到 72.76%，之后又开始下降，到了 1965 年占比为 54.18%，随后又开始上升，1968 年到了历史最高水平的 90.70%之后开始下降，1973 年达到 59.31%，之后又开始回升，到 2012 年达到了 78.36%，并且之后基本保持了这一水平。科学技术类书籍的种数占比在 1971 年之前波动较大，尤其在 1968 年更是降到了历史最低点的 9.30%，在 1971 年的 26.74%之后有短暂的上升，之后开始稳定在 20%以上，2012 年为 20.82%；但在 1971 年之前，1950 年科学技术类书籍种数占比为 13.49%，随后上升到 1959 年的最高值，为 46.41%，之后波动起伏直至下降到了 1971 年的最低水平。综合类书籍的种数占比在 1987 年为 3.18%，之后虽略有上升，但总体趋势是不断下降的，到 2012 年种数占比仅为 0.83%，作用十分有限。

在中国书籍出版的产品结构中总印数占比占绝对优势的还是社科人文类书籍，年均占比高达 91.37%，1950 年总印数占比即达到了 93.81%，虽然 1982 年之前有起伏波动，但基本稳定在 85%上下，到 2012 年又回升到了 93.23%。科学技术类书籍的总印数也是在 1982 年之前波动起伏较大，之后相对平稳并有所减少，1950 年总印数占比为 6.19%，1958 年达到 20.77%，随后又有所下降，1978 年上升到了历史最高的 27.82%，之后又开始不断下降，2012 年降为 6.46%。1987 年综合性图书的总印数占比为 2.90%，之后开始不断下降，2012 年降至 0.32%。

在中国书籍出版的产品结构的总印张数构成中，社科人文类书籍总印张数占比仍然占据优势地位，年均占比高达 86.37%，1950 年为 90.27%，到 2012 年为 89.05%，期间最低为 1960 年的 68.85%，最高为 1967 年的 99.64%。科学技术类书籍的总印张数占比在 1967 年达到了最低的 0.36%。与社科人文类书籍正好相对应，之前科学技术类书籍的总印张数有波动，但相对后一个时期来说，占比相对较高。1950 年科学技术类书籍的总印张数占比为 9.73%，1951 年即上升到了 16.78%，1960 年达到了 31.35%，之后开始下降。科学技术书籍的总印张数占比在 1961—2012 年的第二个期间，也表现了先上升后不断下降的趋势，但趋势总体平缓，1978 年达到了最高的 30.21%，2012 年平缓下降到了 10.51%，两个期间累计下降了 4.43%。1987 年，综合性图书的总印张数占比为 6.50%，到 2012 年为 0.44%。年均占比保持在 0.79%的水平。

---

① 根据《全国新闻出版产业分析报告》，2009 年社科人文类占比为 79.17%，科学技术类占比为 16.92%，综合性图书占比为 0.63%。按照书籍整体重新统计得到：社科人文类占比为 77.83%，科学技术类占比为 21.37%，综合性图书占比为 0.80%。根据中图法分类统计，没有去除包含的课本类的品种，社科人文类占比为 73.69%，科学技术类占比 25.68%，综合性图书占比为 0.63%。为了便于进行更长时间的历史分析，本书采用中图法的书籍归类，没有去除课本的统计（因为课本不仅存在于文化教育分类中，还存在于其他分类中。由于缺乏数据和依据，故只能采用笼统的归类）。

② 1988 年后书籍分类有所变化，为了保持基本一致并便于研究，本文书将书籍简单分为社科人文、科学技术和综合三大类，由此基本可以分析书籍出版的内容结构变化趋势。

③ 由于表格较长，所以这里没有列出对应表格，而只是给出了相应的图例。

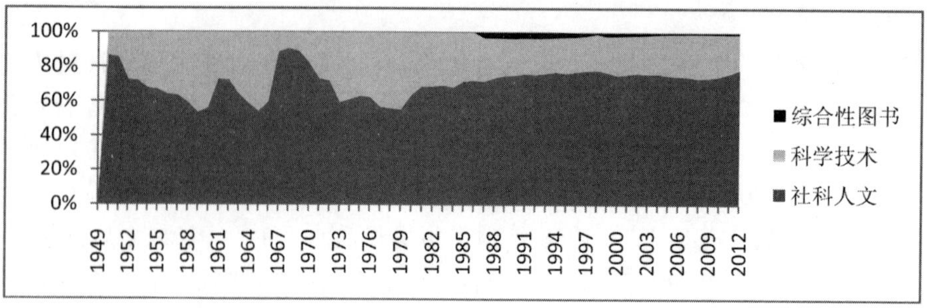

图 5－57　中国书籍的出版结构(种数)(1949－2012 年)　单位:%

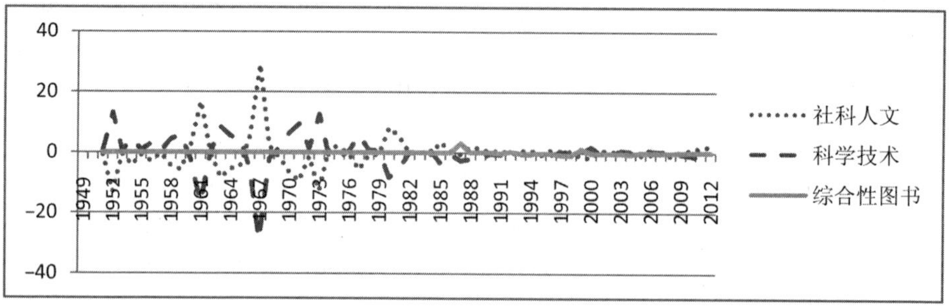

图 5－58　中国书籍的出版结构变动(种数)(1949－2012 年)　单位:%

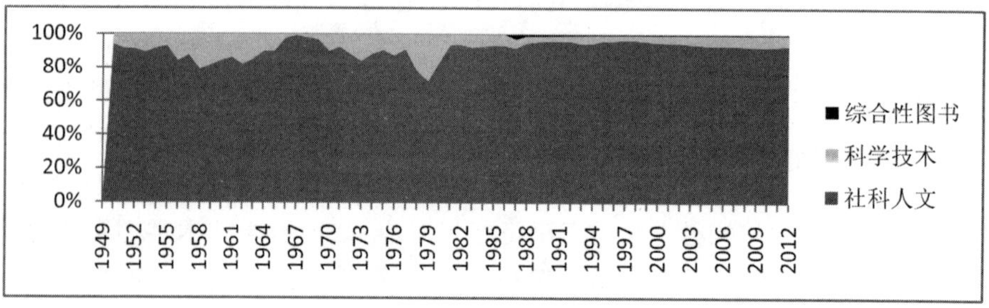

图 5－59　中国书籍的出版结构(总印数)(1949－2012 年)　单位:%

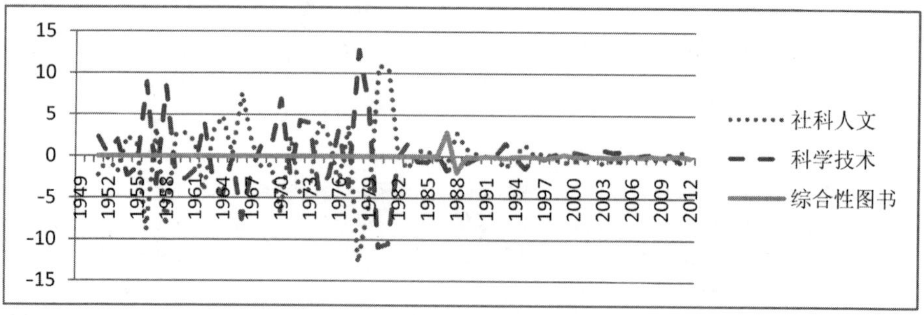

图 5－60　中国书籍的出版结构变动(总印数)(1949－2012 年)　单位:%

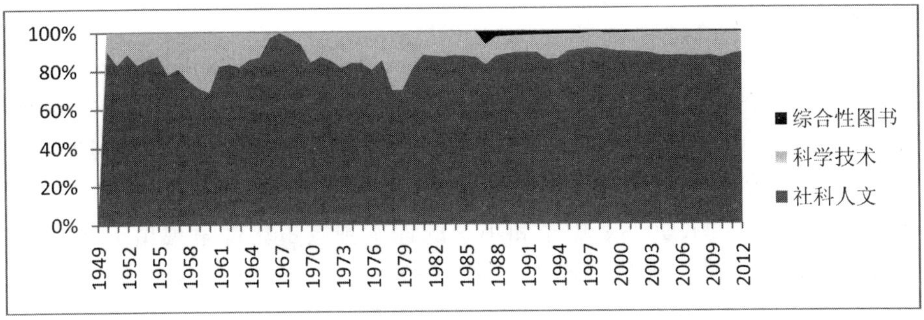

图 5－61　中国书籍的出版结构（总印张）（1949－2012 年）　单位：%

备注：1971 年总印张数为插值法估计值。

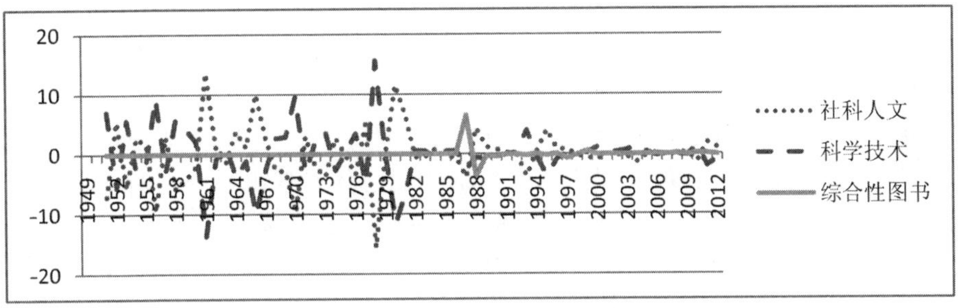

图 5－62　中国书籍的出版结构变动（总印张）（1949－2012 年）　单位：%

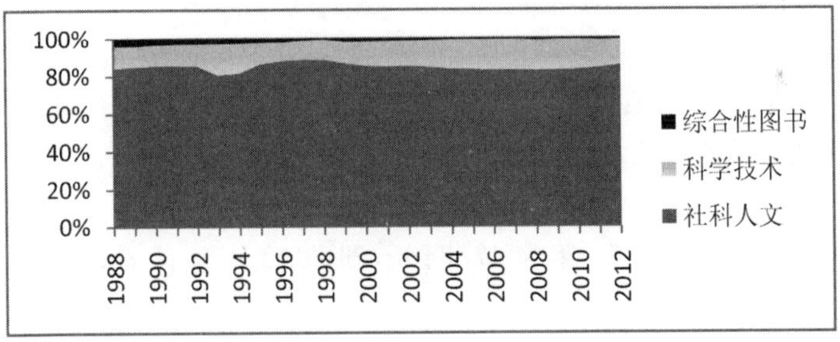

图 5－63　中国书籍的出版结构（总定价）（1988－2012 年）　单位：%

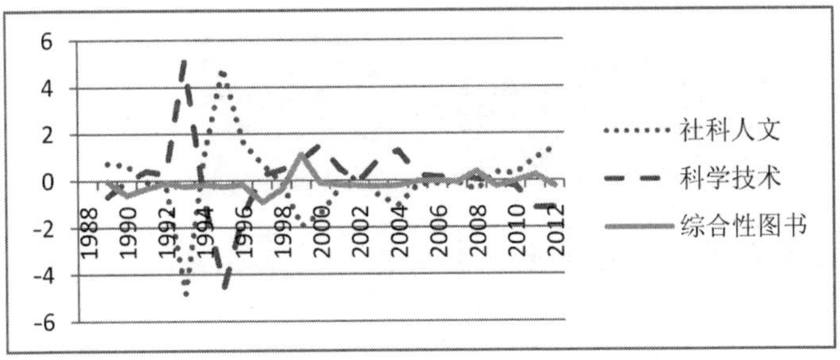

图 5－64　中国书籍的出版结构变动（总定价）（1988－2012 年）　单位：%

3. 课本的产品结构①

在课本出版的产品结构种数构成中,大专及其以上的课本种数占比呈现出不断上升的趋势,并且占据了较大的优势地位。1980 年种数占比为 31.72%,2012 年增长到了 61.85%,净增加了 30.13%,年均占比为 43.93%。在课本种数的占比中,其他类课本的占比排在了第二,年均占比为 26.05%,总体呈现出不断下降的趋势,1980 年为 33.20%,2012 年降为 22.20%,净减少 11.00%。中学和小学的课本种数占比都呈现出不断下降的趋势,1980 年分别为 19.53%和 15.55%,到 2012 年,种数占比分别降至 8.78%和 7.16%,净减少 10.75%和 8.39%,年均占比分别为 12.86%和 14.44%。

在课本的产品结构的总印数构成中,小学课本的总印数占比最高,年均占比达到了 51.49%,其次是中学课本的总印数,年均占比为 39.24%,再次是其他类的课本总印数,年均占比为 4.78%,排在最后的是大专及其以上课本的总印数,年均占比为 4.48%。从变化趋势来看,大专及其以上课本和中学课本的总印数呈现出不断上升的趋势,1980 年占比分别为 2.22%和 40.22%,到 2012 年增加到了 9.26%和 48.91%,分别净增加 7.04%和 8.69%。小学课本的总印数占比则呈现出较为明显的减少趋势,1980 年为 50.66%,2012 年降至 35.98%,净减少 14.68%。其他类课本总印数的占比总体呈现出稳中不断下降的趋势,1980 年总印数占比为 6.89%,到 2012 年降至 5.84%,净减少 1.05%。

中学和小学课本的总印张数占比分别以年均 46.33%和 32.72%排在首位和第二位,1980 年两者占比分别为 44.82%和 37.11%,到 2012 年分别为 47.11%和 23.54%,分别净增加 2.29%和净减少 13.57%。大专及其以上课本的总印张数 1980 年占比为 6.93%,之后不断增加,到 2012 年增加到了 20.68%,净增加 13.75%,保持了年均 12.15%的占比。其他类课本的总印张数占比在 1980 年为 11.14%,到 2012 年降至 8.67%,净减少 2.47%。

大专及其以上、中学和其他类课本的总定价都保持了不断增长的态势。1998 年大专及其以上、中学和其他类课本的总定价占比分别为 8.95%、35.43%和 8.28%,到 2012 年增加到了 28.18%、37.70%和 13.89%,分别净增加 19.23%、2.27%和 5.61%。小学课本的总定价占比是唯一不断减少的,1980 年为 47.34%,到 2012 年只有 20.44%,净减少 26.90%,下降趋势十分明显。

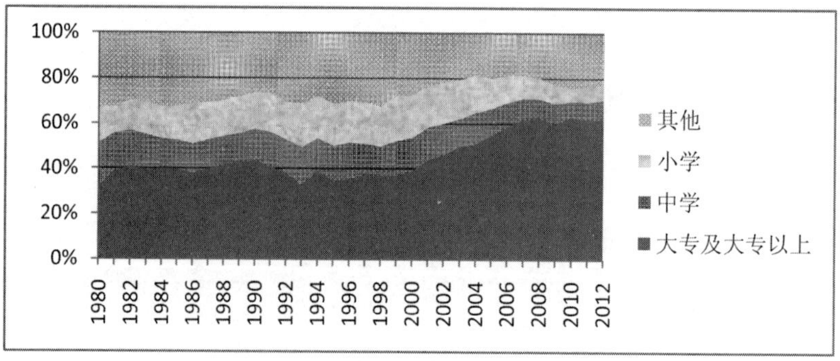

图 5-65 中国课本的出版结构(种数)(1980-2012 年) 单位:%

① 由于表格较长,只是给出了相应的图例。

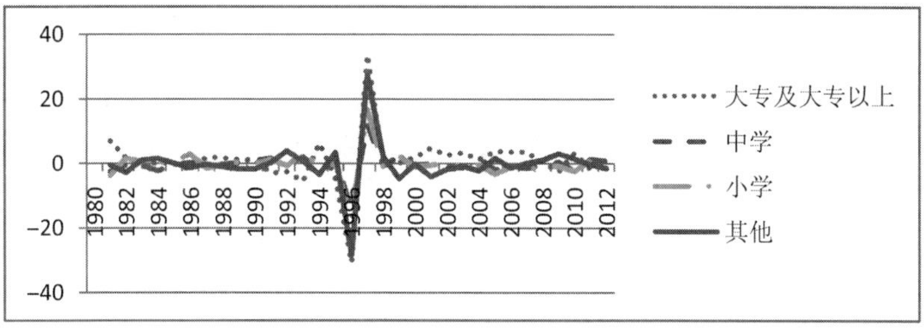

图 5－66　中国课本的出版结构变动(种数)(1980－2012 年)　单位:%

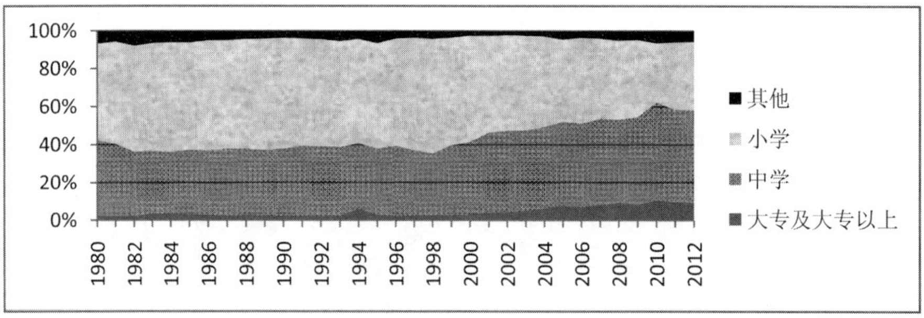

图 5－67　中国课本的出版结构(总印数)(1980－2012 年)　单位:%

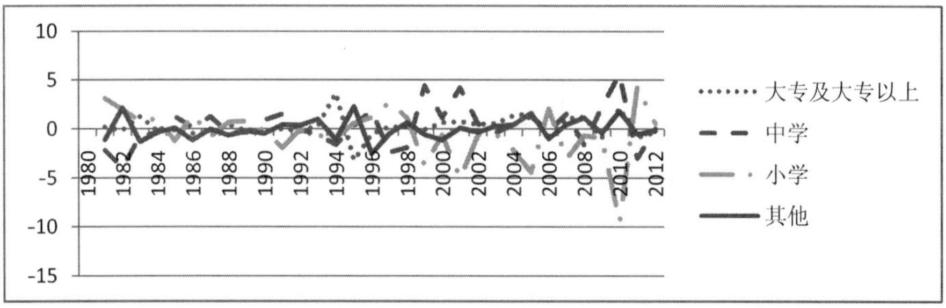

图 5－68　中国课本的出版结构变动(总印数)(1980－2012 年)　单位:%

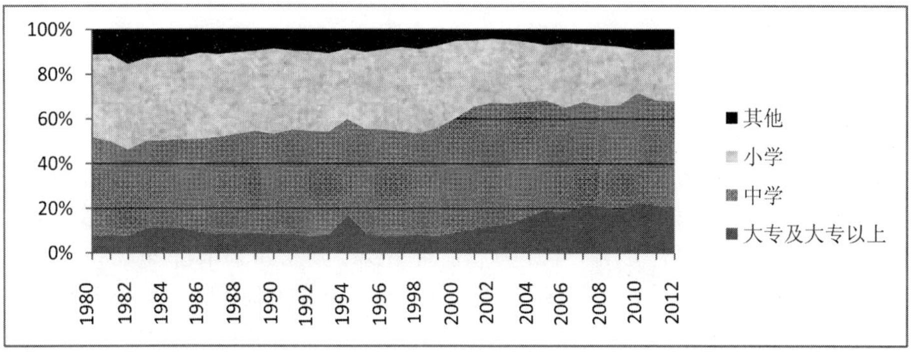

图 5－69　中国课本的出版结构(总印张)(1980－2012 年)　单位:%

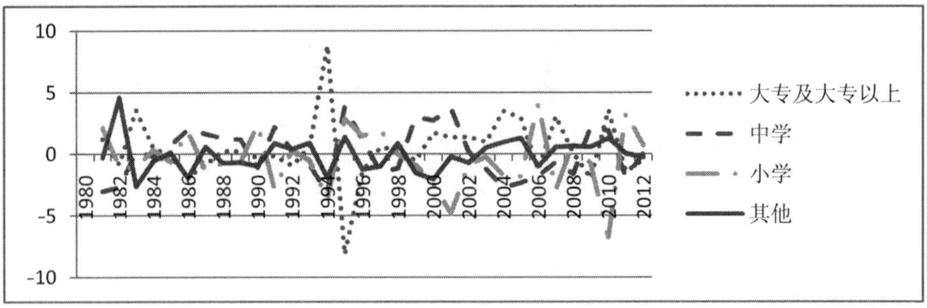

图 5－70　中国课本的出版结构变动(总印张)(1980－2012 年)　单位:%

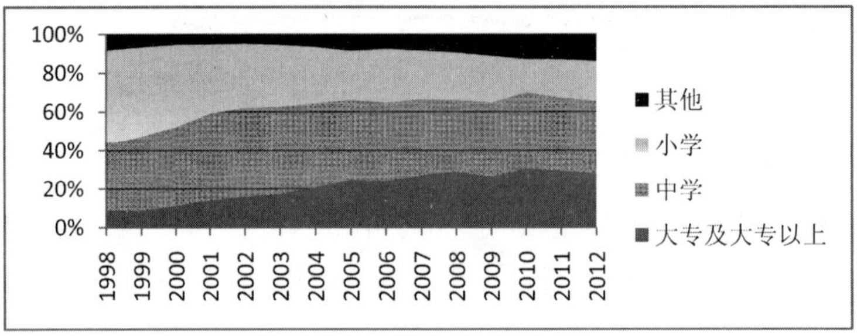

图 5－71　中国课本的出版结构(总定价)(1998－2012 年)　单位:%

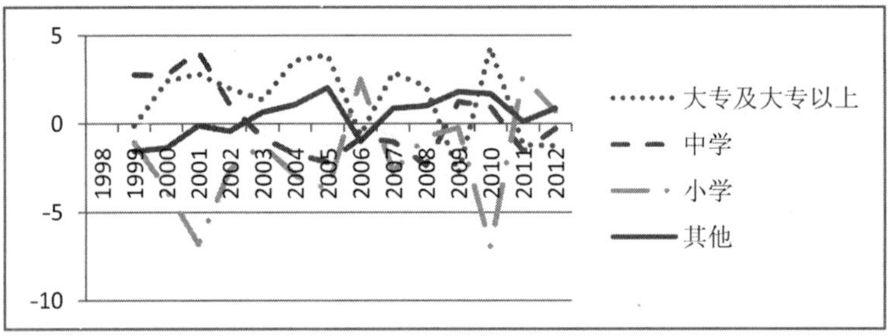

图 5－72　中国课本的出版结构变动(总定价)(1998－2012 年)　单位:%

(二)图书的零售结构①

1. 数量结构

在中国图书的零售数量构成中,课本类图书的零售以年均 54.00%的占比占据了1998—2003 年的图书零售数量比重榜首。1998 年课本的零售比重为 52.93%,到 2003 年即为 53.40%,净增加 0.47%。排在第二的是文化教育类图书(含教辅读物)零售数量,年均占比为 29.84%,1998 年占比为 32.05%,之后不断下降,到 2003 年降至 28.62%,净减少 3.43%。哲学社会科学、文学艺术、自然科学技术、少年儿童读物、大中专教材业余教育及教参年均占比分别为 3.15%、3.03%、3.47%、3.31%和 2.72%,图片类图书零售的数量年均

① 2004 年图书的零售统计口径发生变化,故分成两个阶段进行比较。

占比仅为 0.47%。上述图书出版物的零售数量比重变化相对稳定。

2004—2012 年期间，中小学课本及教参类图书的零售数量以 49.12%的年均占比稳居第一，排在第二的是文化教育(含教辅读物)，年均占比为 32.72%，哲学社会科学、文学艺术、自然科学技术、少年儿童读物、大中专教材、业余教育及教参和其他类图书的零售数量年均占分别比 3.62%、3.11%、3.23%、2.68%、3.27%和 2.24%。从变化趋势来看，中小学课本及教参的零售数量占比从 2009 年后有所减少，而大中专教材业余教育及教参的零售数量占比有所增加。其他各类的图书出版物的零售数量占比基本不变，由于占比较小，即使有变化，也是很小。

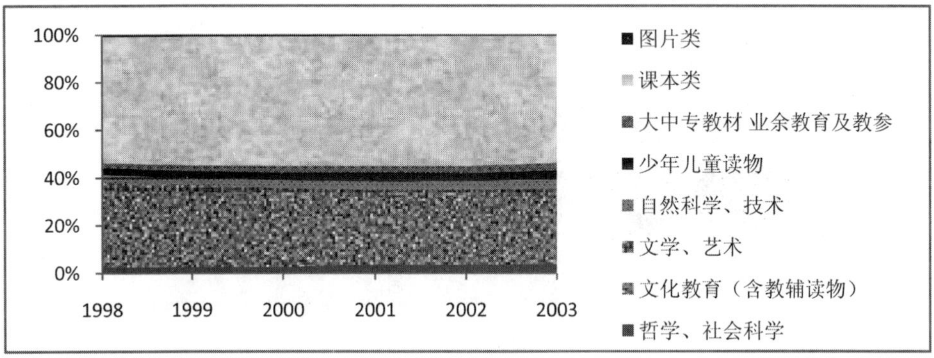

图 5-73　中国图书零售数量结构(1998-2003 年)　单位:%

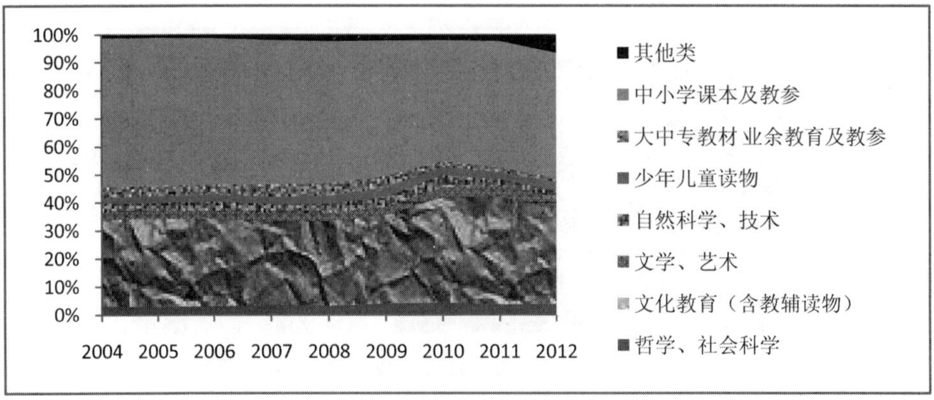

图 5-74　中国图书零售数量结构(2004-2012 年)　单位:%

2. 金额结构

在 1998—2003 年期间，课本类图书的零售金额所占比重较大，年均占比为 43.01%，虽然 1998 年占比为 44.23%，随后不断下降，到 2012 年降至 40.87%，净减少 3.36%，但总体稳定，占比优势明显。文化教育(含教辅读物)的零售金额比重以年均 27.02%排在第二，也呈现出稳中不断下降的趋势，1998 年为 28.08%，2012 年降为 26.92%，净减少 1.16%。哲学社会科学、文学艺术、自然科学技术、少年儿童读物、大中专教材业余教育及教参、图片类图书出版物的零售金额年均占比分别为 6.43%、5.57%、7.96%、3.50%、5.94%和 0.58%。

在2004—2012年期间,中小学课本及教参的零售金额以36.28%年均占比排在第一,且趋势基本稳定;排在第二的是文化教育(含教辅读物),零售金额年均占比达到了30.85%,且自2004年的29.28%不断增长到了2012年的32.36%,净增长了3.08%,哲学社会科学、文学艺术、自然科学技术、少年儿童读物、大中专教材业余教育及教参和其他类的图书出版物的零售金额年均占比分别为7.17%、5.41%、7.01%、3.26%、6.74%和3.29%,上述出版物在此期间的零售比重净增分别为0.61%、0.78%、-2.55%、1.12%、-4.75%和6.56%,变化趋势如图所示。

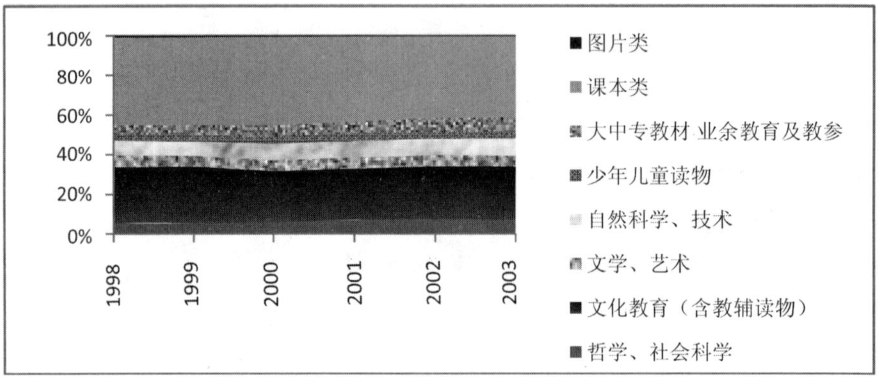

图5-75 中国图书零售金额结构(1998-2003年) 单位:%

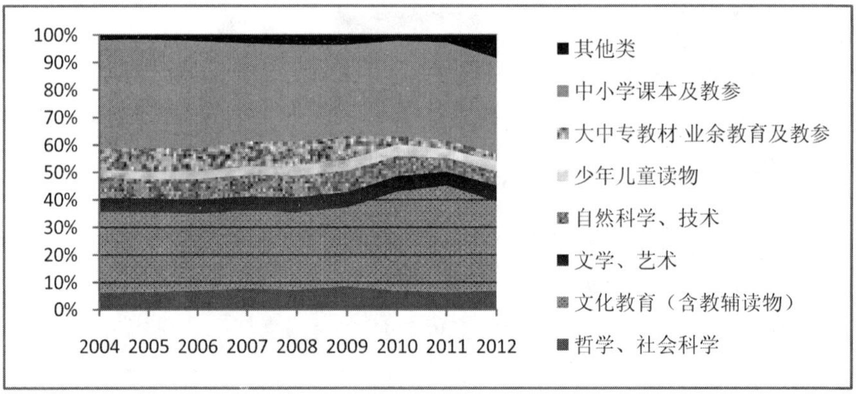

图5-76 中国图书零售金额结构(2004-2012年) 单位:%

三、中国期刊出版产业结构变动过程

(一)中国期刊出版的内容结构

中国期刊出版的结构主要是按照出版的内容来划分的,分为综合、哲学社会科学、自然科学技术、文化教育和文学艺术五个大类。

自然科学技术的种数比重在期刊出版中占据优势,年均占比达到了53.43%,且变化趋势基本稳定。1980 年，自然科学技术的期刊种数占比为 66.03%，到 1987 年即稳定在了 51.88%，到 2012 年占比为 50.20%，虽然净减少了 15.83%，但比重在此水平基本保持了稳定的态势。哲学社会科学的期刊种数比重以年均 21.79%的占比排在第二，整体趋势是在不断增加，1980 年占比为 10.02%，到 2012 年已经增加到了 25.93%，净增加 15.91%。文化教育和文学艺术的期刊种数年均占比分别保持在 10.89%和 8.96%的水平，1980 年两类期刊的种数占比分别为 8.54%和 12.64%，到 2012 年为 13.68%和 6.44%，分别净增 5.14%和 -6.20%。综合期刊的种数年均占比仅为 4.88%，1980 年为 2.77%，2012 年为 3.75%，净增加了 0.98%，虽有波动，但起伏变化不大。

在期刊的平均期印数构成中，哲学社会科学期刊以 29.66%的年均占比排在首位，1980 年只有 18.17%，随后不断增加，到 2012 年增加到了 43.65%，净增加 25.48%。排在其后的是自然科学技术和文化教育期刊，平均期印数的年均占比分别为 20.17%和 20.12%，1980 年分别为 29.13%和 13.92%，到 2012 年分别为 19.32%和 20.25%，分别净增加 9.81%和 6.33%。文学艺术和综合期刊的平均期印数分别以 15.10%和 14.95%的年均占比排在最后，1980 年两类期刊的平均期印数年均占比分别为 29.30%和 9.48%，到 2012 年分别变为 9.52%和 7.27%，分别净增 -19.78%和 -2.21%。

在期刊的出版结构中，总印数构成从高往低排序依次是哲学社会科学、文化教育、综合类、自然科学和文学艺术各类期刊，年均占比分别为 32.40%、20.85%、16.97%、15.95%和 13.93%。1980 年上述期刊总印数占比分别为 26.92%、12.93%、10.49%、23.03%和 26.62%，到 2012 年分别为 43.11%、22.71%、7.61%、14.51%和 12.06%，分别净增加 16.19%、9.78%、-2.88%、-8.52%和 -14.56%。

1980 年综合类、哲学社会科学、自然科学技术、文化教育和文学艺术类的期刊出版总印张数的年均占比分别为 8.81%、23.15%、21.18%、12.82%、34.04%，经过 -2.06%、15.01%、-1.82%、11.14%和 -22.26%的净增加，到 2012 年分别变为 6.75%、38.16%、19.36%、23.96%和 11.78%。

哲学社会科学类期刊的总金额占比在期刊产品结构的构成中以 39.19%的年均占比排在第一，排在后面的依次为：自然科学技术年均占比为 21.87%，文化教育年均占比为 20.36%，综合类年均占比为 9.47%，文学艺术年均占比为 9.10%。从趋势来看，不断增加的是哲学社会科学、文化教育和文学艺术类期刊，总金额比重净增加 4.03%、4.49%和 1.69%；不断减少的是综合类和自然科学技术类期刊，总金额比重净减少 5.93%和 4.28%。

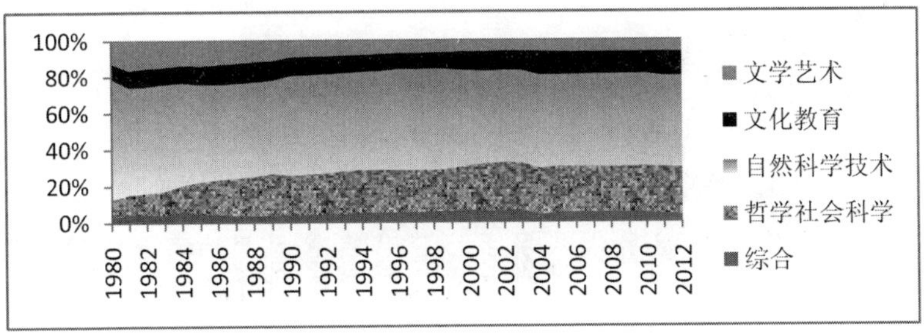

图 5-77　中国期刊出版的产品结构(品种)(1980-2012 年)　单位：%

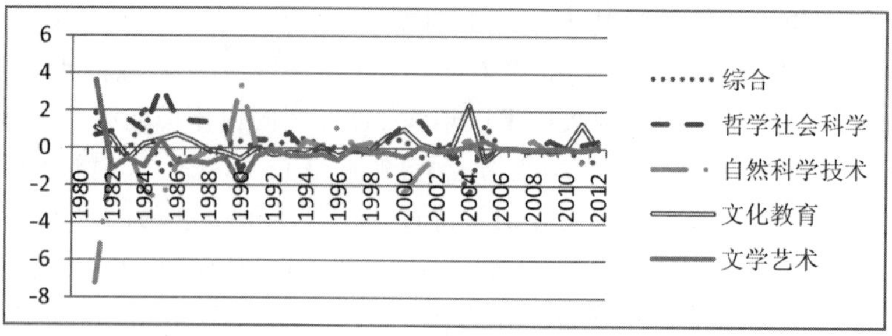

图 5-78 中国期刊出版的产品结构变动状况(品种)(1980-2012 年) 单位:%

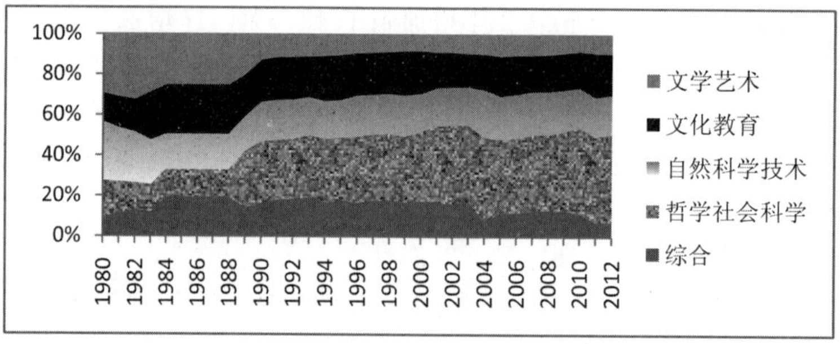

图 5-79 中国期刊出版的产品结构(内容结构)(平均期印数)(1980-2012 年) 单位:%

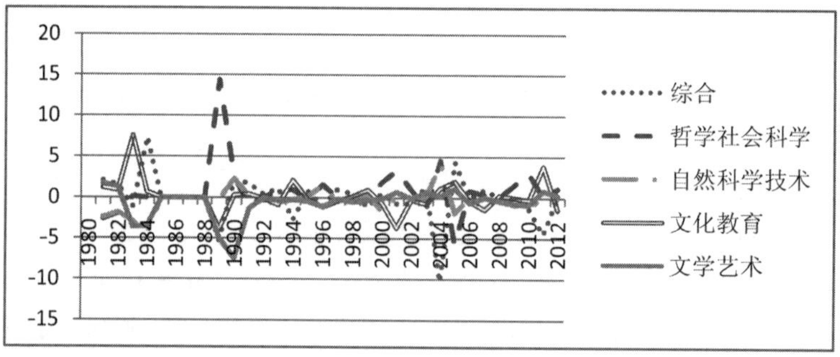

图 5-80 中国期刊出版的产品结构变动状况(内容结构)(平均期印数)(1980-2012 年) 单位:%

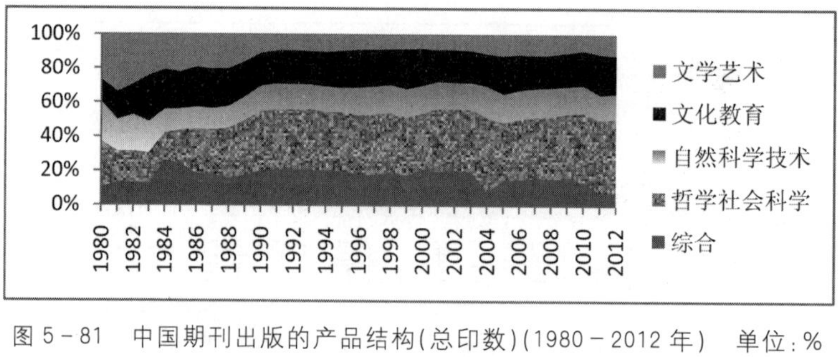

图 5-81 中国期刊出版的产品结构(总印数)(1980-2012 年) 单位:%

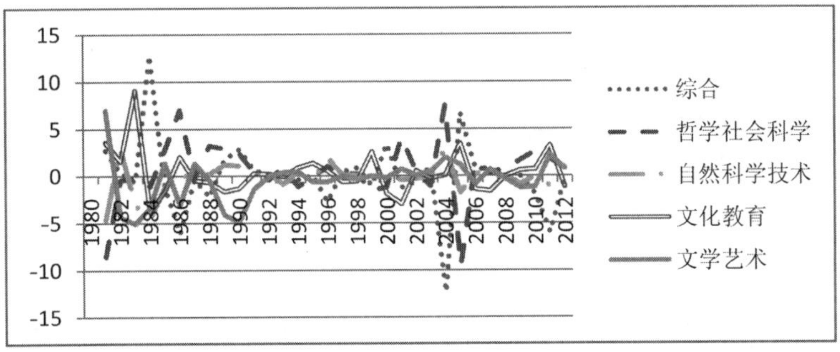

图 5-82　中国期刊出版的产品结构变动状况(总印数)(1980-2012 年)　单位:%

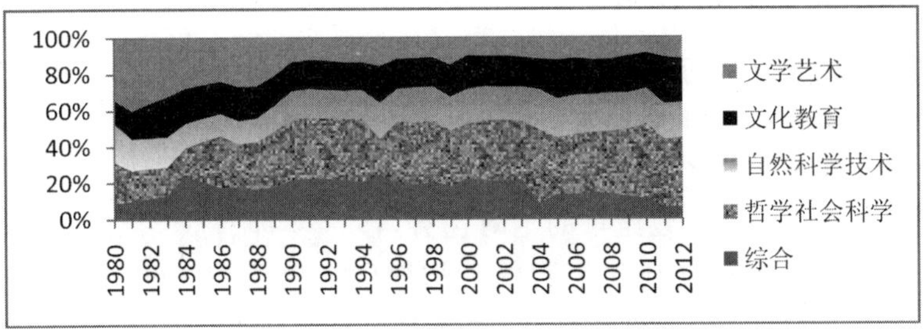

图 5-83　中国期刊出版的产品结构(总印张)(1980-2012 年)　单位:%

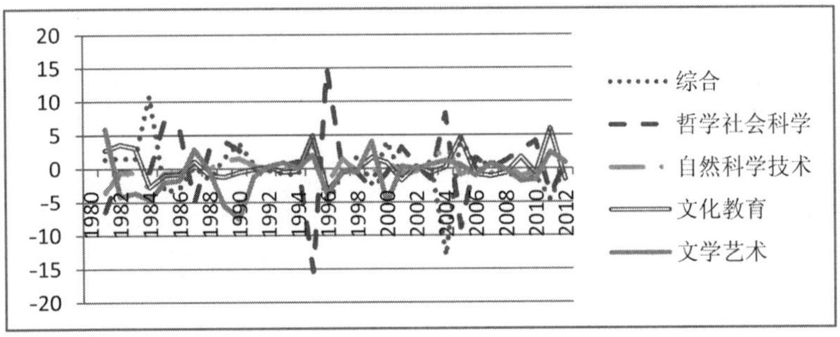

图 5-84　中国期刊出版的产品结构变动状况(总印张)(1980-2012 年)　单位:%

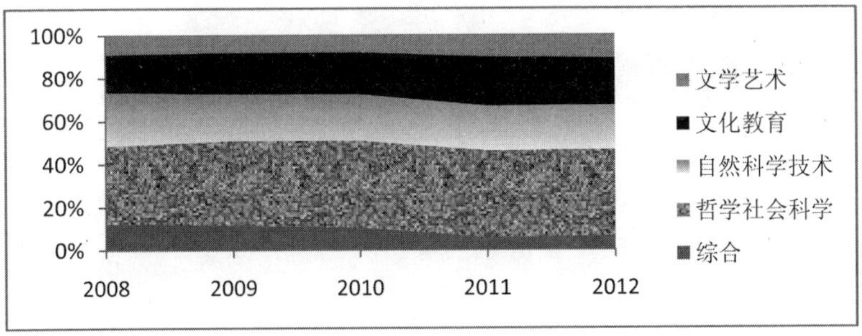

图 5-85　中国期刊出版的产品结构(内容结构)(总金额)(2008-2012 年)　单位:%

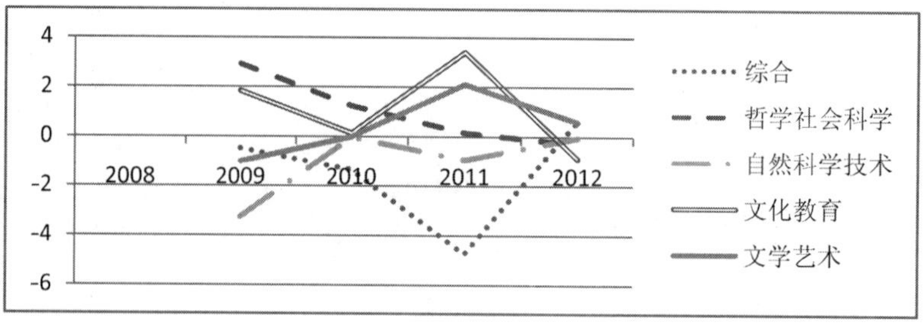

图 5-86　中国期刊出版的产品结构变动状况(内容结构)(总金额)(2008-2012 年)　单位:%

(二)中国期刊出版的刊期结构

中国期刊的月刊和双月刊的种数比重一直呈现出不断增加的趋势,1988 年占比分别为 27.38%和 36.32%,到 2012 年增加到了 43.12%和 40.68%,净增加 15.74%和 4.36%。而季刊的种数比重则在不断下降,1988 年为 35.98%,到 2012 年仅为 16.20%,减少 19.78%。

月刊占据了期刊平均期印数比重的绝对优势,1996 年即有 81.14%,经过不断增长,到 2012 年增至 86.26%。而双月刊和季刊的平均期印数比重在 1996 年分别为 14.63%和 4.24%,到 2012 年变为 11.26%和 2.48%,净减少 3.37%和 1.76%。

月刊、双月刊和季刊的总印数结构比重在 1996 年分别为 90.02%、8.31%和 1.66%,到 2012 年则分别为 92.92%、6.21%和 0.87%,分别净增加 2.90%、-2.10%和-0.79%。

中国期刊的刊期结构总印张构成中,月刊、双月刊和季刊在 1996 年的比重分别为 86.22%、11.35%和 2.43%,到 2012 年分别变为 92.88%、6.80%和 0.93%,分别净增加 6.66%、-4.55 和-1.50%。

月刊、双月刊和季刊的总金额构成比重在 2008 年分别为 89.78%、9.10%和 1.12%,到 2012 年分别变为 90.78%、7.86%和 1.36%,分别净增加 1%、-1.24%和 0.24%。

可以看出,月刊在产品指标中都占据了主要地位,而季刊则呈现出逐步下降的趋势。

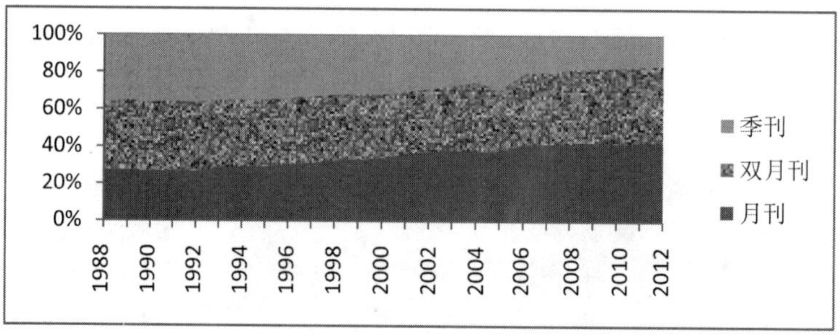

图 5-87　中国期刊出版的产品结构(刊期结构)(品种)(1988-2012 年)　单位:%

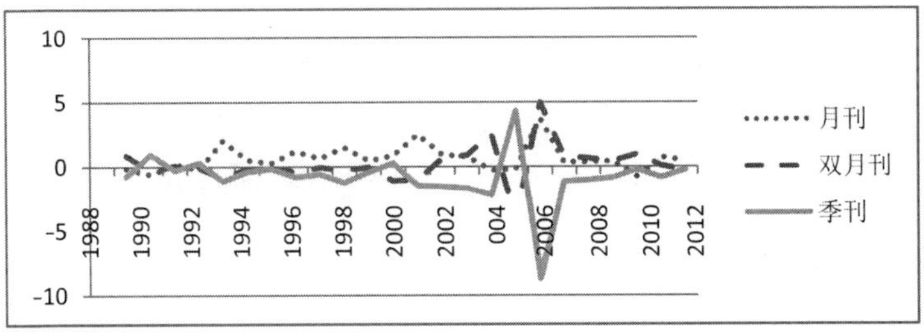

图 5-88　中国期刊出版的产品结构变动状况(刊期结构)(品种)(1988-2012 年)　单位:%

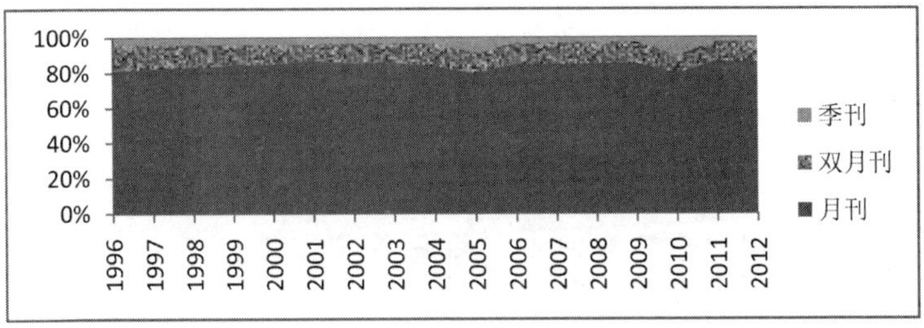

图 5-89　中国期刊出版的产品结构(刊期结构)(平均期印数)(1996-2012 年)　单位:%

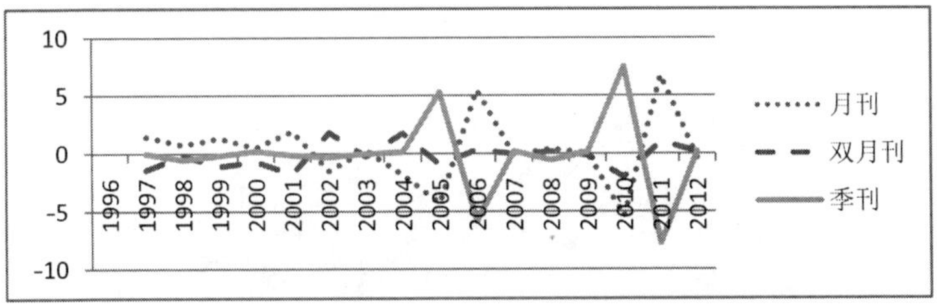

图 5-90　中国期刊出版的产品结构变动状况(刊期结构)(平均期印数)(1996-2012 年)　单位:%

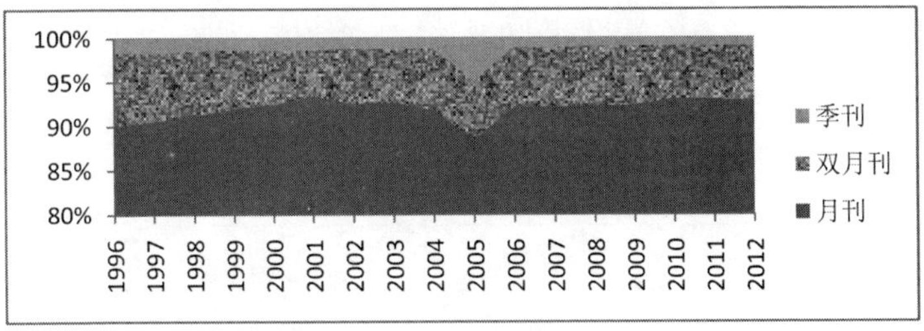

图 5-91　中国期刊出版的产品结构(刊期结构)(总印数)(1996-2012 年)　单位:%

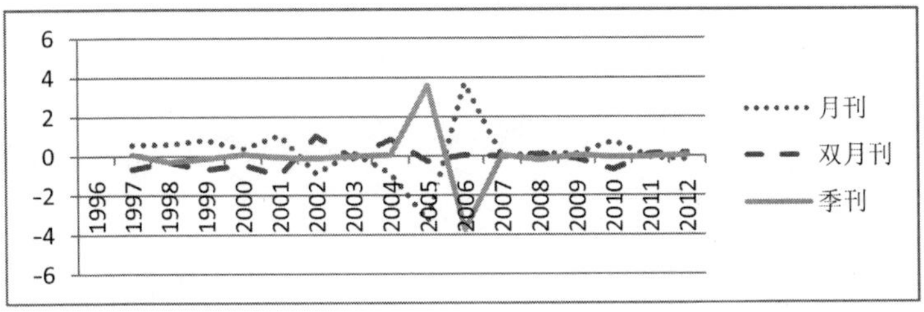

图 5-92　中国期刊出版的产品结构变动状况(刊期结构)(总印数)(1996-2012 年)　单位:%

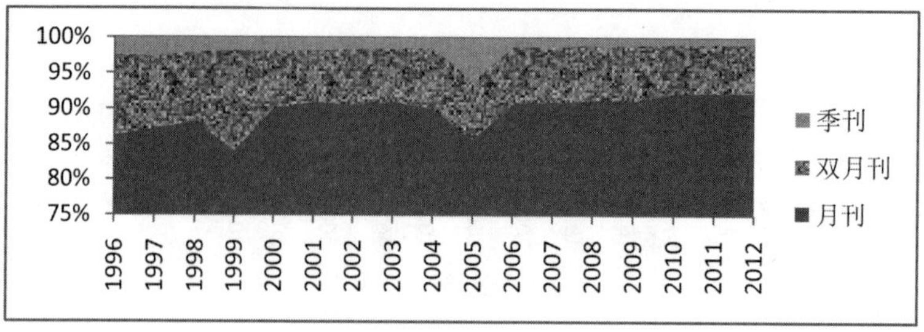

图 5-93　中国期刊出版的产品结构(刊期结构)(总印张)(1996-2012 年)　单位:%

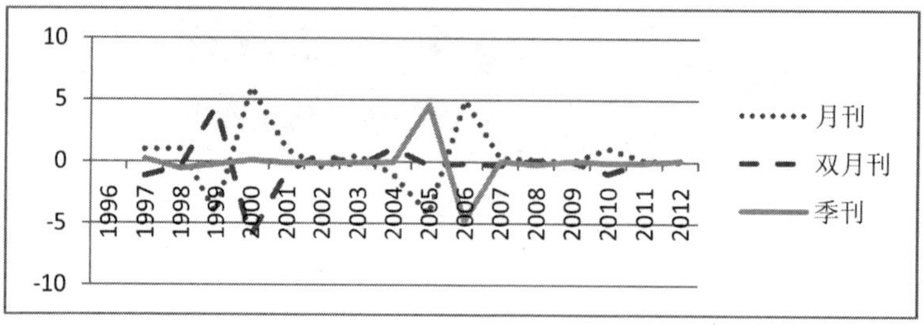

图 5-94　中国期刊出版的产品结构变动状况(刊期结构)(总印张)(1996-2012 年)　单位:%

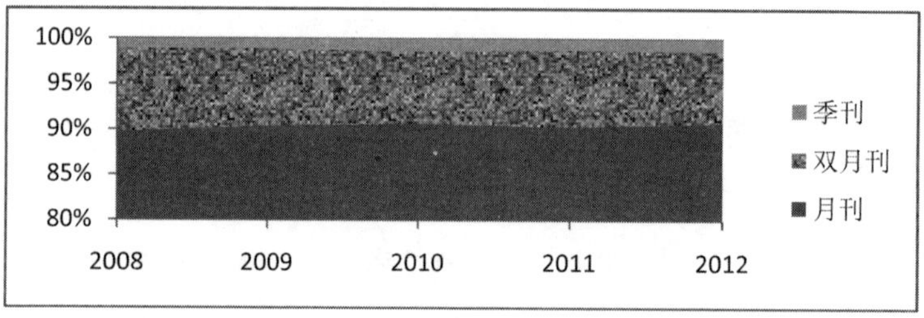

图 5-95　中国期刊出版的产品结构(刊期结构)(总金额)(2008-2012 年)　单位:%

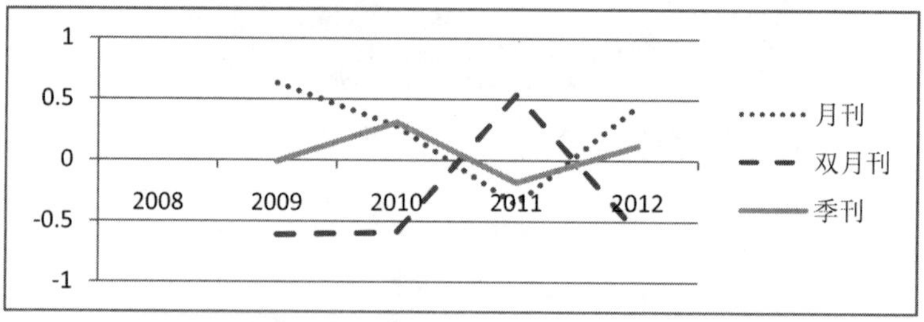

图 5-96　中国期刊出版的产品结构变动状况(刊期结构)(总金额)(2008-2012 年)　单位:%

四、中国报纸出版产业结构变动过程

(一)报纸的所有归属结构

在中国报纸出版的产品结构的种数构成中，比重占据主要地位的是省级和地市级报纸，年均占比分别为 41.71%和 43.04%，两者相加占比为 84.75%，占据了大部分份额。1983 年省级和地市级报纸的占比分别为 38.03%和 45.80%，到 2012 年分别为 41.81%和 45.78%，净增加 3.78%和-0.02%，总体变化趋势较为稳定。中央级报纸的种数年均占比为 9.45%，1983 年为 5.95%，到 2012 年变为 11.47%，净增加 5.52%，变化趋势相对稳定。县级报纸的种数比重在 1983 年为 10.22%，随后不断减少，到 2012 年降至 0.94%，净减少 9.28%，县级报纸种数比重的下降趋势非常明显。

省级报纸在报纸出版的平均期印数的比重中占据了首位，年均占比达到 57.10%，1983 年占比为 52.54%，到 2012 年增长到 59.48%，增长了 6.94%。地市级报纸的平均期印数年均占比也达到了 24.66%，1983 年的占比为 15.56%，到 2012 年增加到 26.24%，净增加 10.68%。中央和县级报纸的平均期印数在 1983 年的占比为 30.07%和 1.43%，到 2012 年变为 17.10%和 1.10%，分别减少 12.97%和 0.33%，下降的趋势比较明显。

在报纸出版的产品结构的总印数构成中，中央和县级报纸的总印数的比重呈现不断下降的趋势，1983 年占比分别为 38.94%和 0.45%，到 2012 年分别下降到 15.91%和 0.17%，净减少 23.03%和 0.28%，下降趋势非常明显。省级和地市级报纸的总印数的比重是不断增加的，1983 年两类报纸的总印数比重分别为 44.02%和 16.58%，到 2012 年增加到 51.57%和 32.34%，净增加 7.55%和 15.76%.

中央和县级报纸的总印张比重在 1983 年分别为 45.82%和 0.23%，随后不断下降，到 2012 年分别为 9.89%和 0.07%，净减少 35.93%和 0.16%，下降幅度非常大。1983 年，省级和地市级报纸的占比分别为 41.36%和 12.59%，之后比重不断增加，到 2012 年增加到 56.09%和 33.95%，净增加 14.73%和 21.36%。

中央、省级和地市级报纸的总金额占比相对比较稳定，年均占比分别为 17.79%、52.68%和 29.39%，而县级报纸的总金额年均占比只有 0.15%，微不足道。

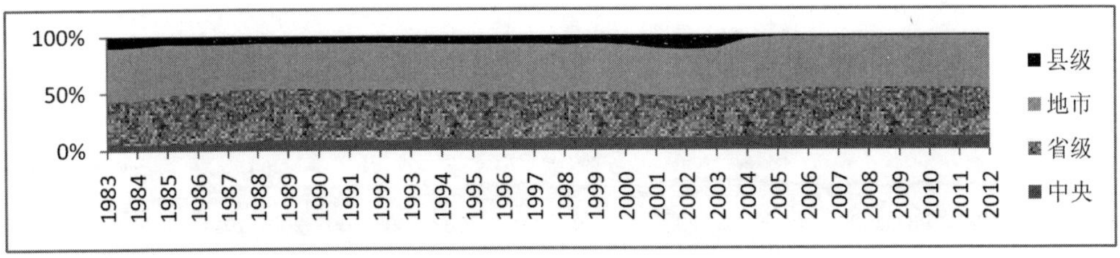

图 5-97　中国报纸出版的产品结构(各级报纸)(品种)(1983-2012 年)　单位:%

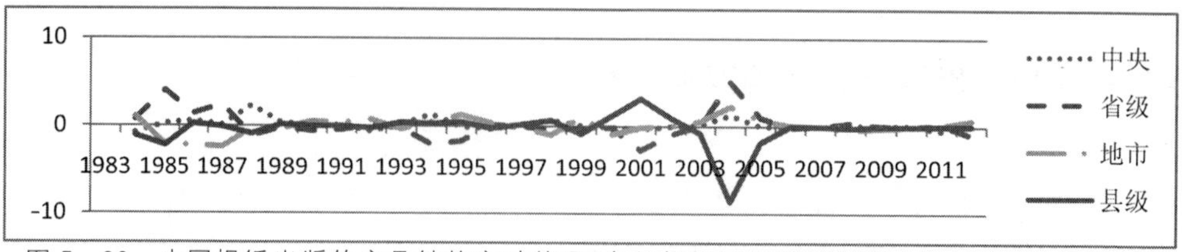

图 5-98　中国报纸出版的产品结构变动状况(各级报纸)(品种)(1983-2011 年)　单位:%

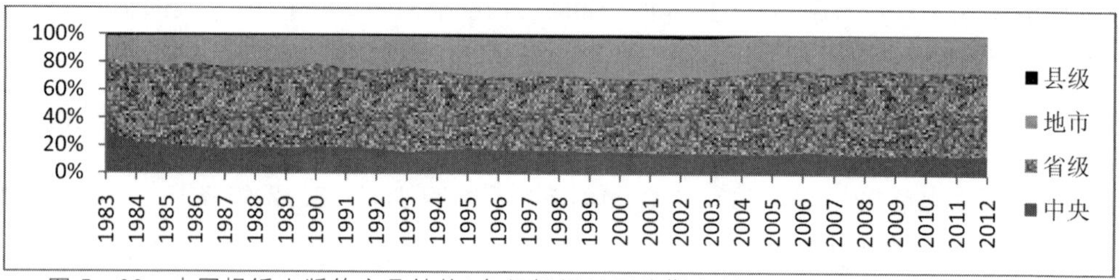

图 5-99　中国报纸出版的产品结构(各级报纸)(平均期印数)(1983-2012 年)　单位:%

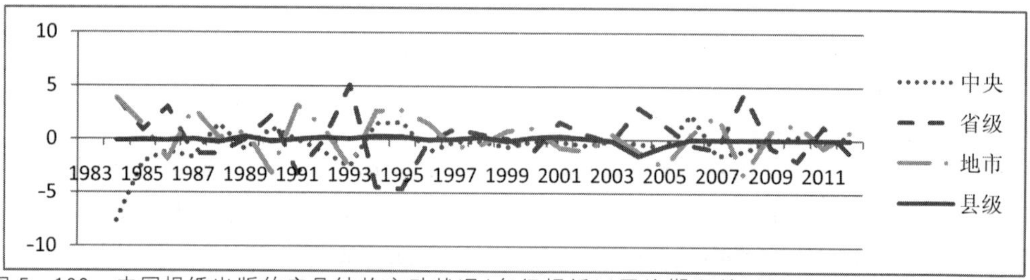

图 5-100　中国报纸出版的产品结构变动状况(各级报纸)(平均期印数)(1983-2011 年)　单位:%

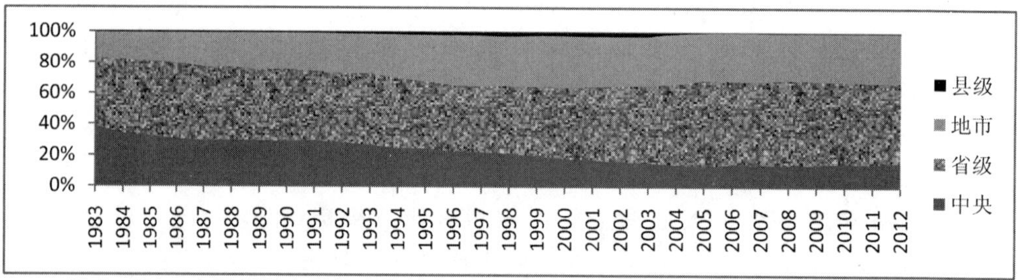

图 5-101　中国报纸出版的产品结构(各级报纸)(总印数)(1983-2012 年)　单位:%

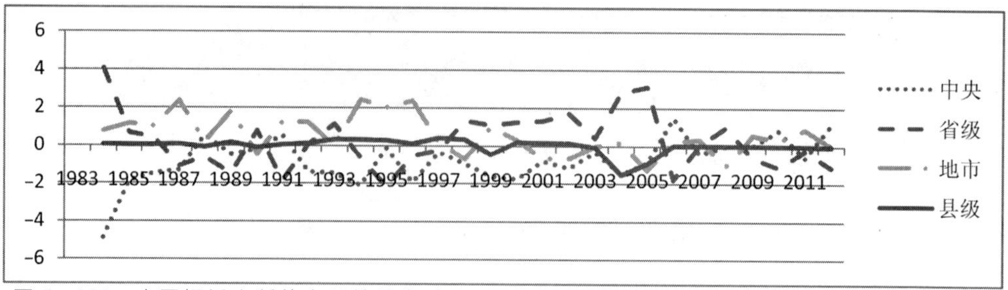

图 5-102　中国报纸出版的产品结构变动状况(各级报纸)(总印数)(1983-2011 年)　单位:%

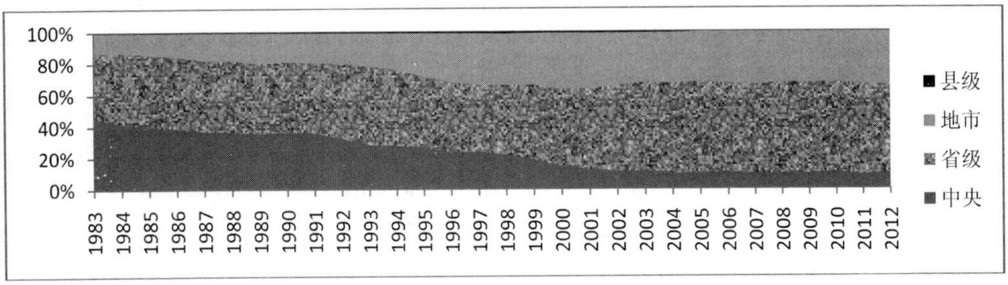

图 5-103　中国报纸出版的产品结构(各级报纸)(总印张)(1983-2012 年)　单位:%

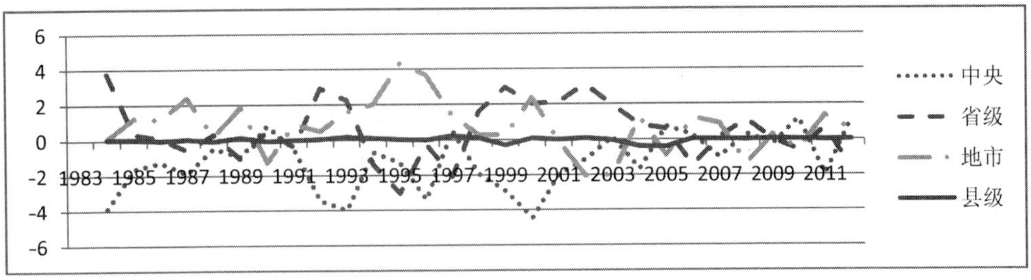

图 5-104　中国报纸出版的产品结构变动状况(各级报纸)(总印张)(1983-2011 年)　单位:%

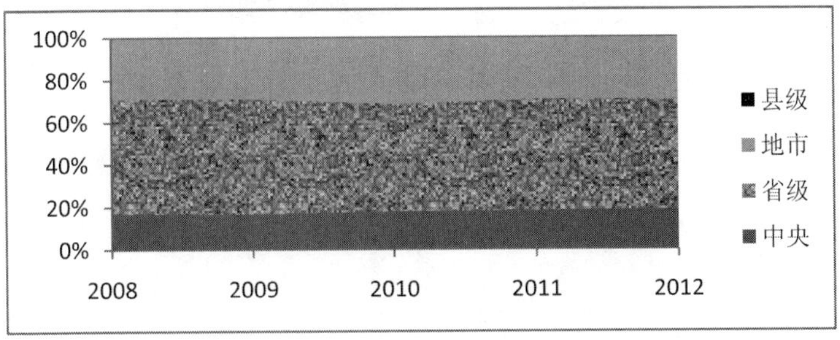

图 5-105　中国报纸出版的产品结构(各级报纸)(定价总金额)(2008-2012 年)　单位:%

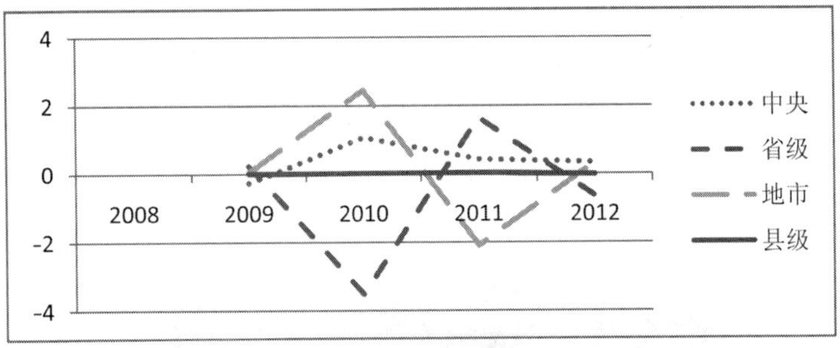

图 5-106　中国报纸出版的产品结构变动状况(各级报纸)(定价总金额)(2008-2012 年)　单位:%

(二)报纸的出版类型结构

在中国报纸的出版结构类别构成中,专业类报纸和综合类报纸的种数年均占比分别为53.45%和46.55%,专业类报纸种数略占优势。从变化趋势来看,专业类报纸种数占比呈现出先下降后上升的趋势,而综合类报纸的种数占比则呈现出先上升后下降的趋势。

在中国报纸的平均期印数构成中,综合类报纸和专业类报纸的年均占比各为46.37%和53.63%,变化基本稳定,从1997年到2012年净增分别为0.45%和-0.45%,总体变化不大。

占据报纸总印数比重明显优势的是综合类报纸,年均占比为70.23%,而专业类报纸的总印数年均占比为29.77%。1997年至2012年,综合类报纸和专业类报纸的总印数净增分别为0.71%和-0.71%,比重基本稳定。

综合类报纸的总印张比重在报纸出版中以年均79.96%的占比占据绝对的优势,而且从变化趋势上看,存在较为明显的增长态势,从1996年到2012年净增加9.85%。综合类报纸的总印张比重年均占比为20.04%,1996年比重为27.11%,到2012年降为17.26%,净减少9.85%。

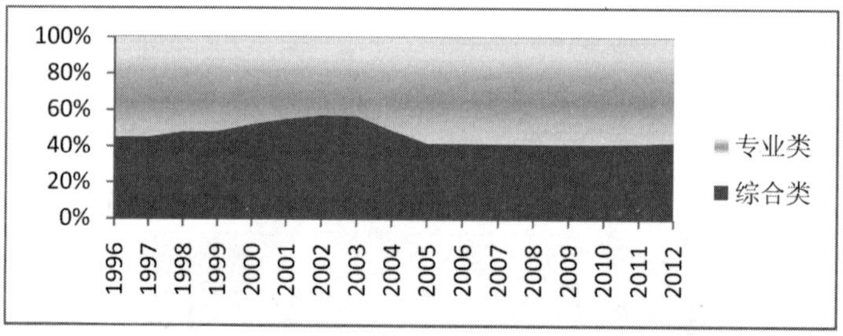

图5-107 中国报纸出版的产品结构(综合类与专业类)(品种)(1996-2012年) 单位:%

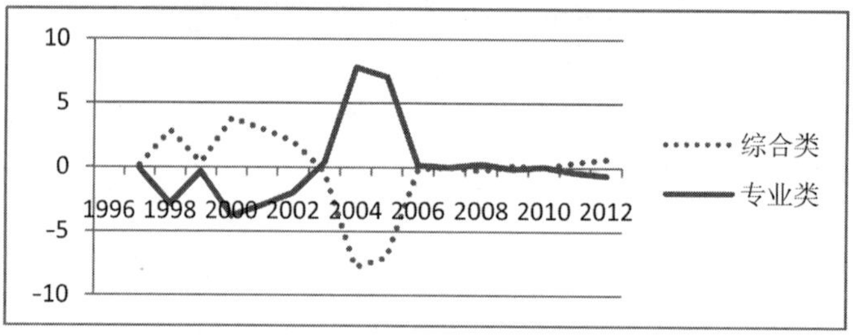

图5-108 中国报纸出版的产品结构变动状况(综合类与专业类)(品种)(1996-2012年) 单位:%

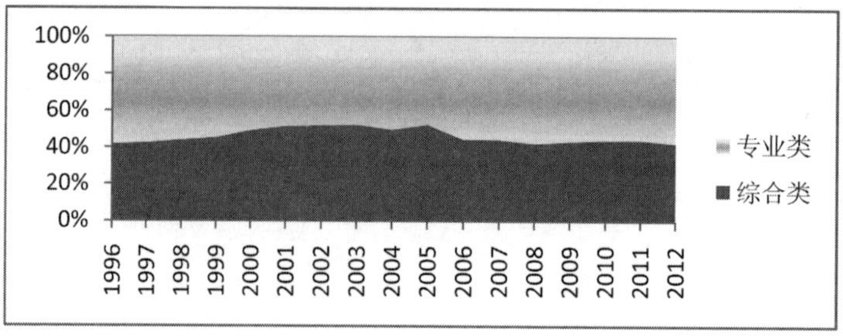

图5-109 中国报纸出版的产品结构(综合类与专业类)(平均期印数)(1996-2012年) 单位:%

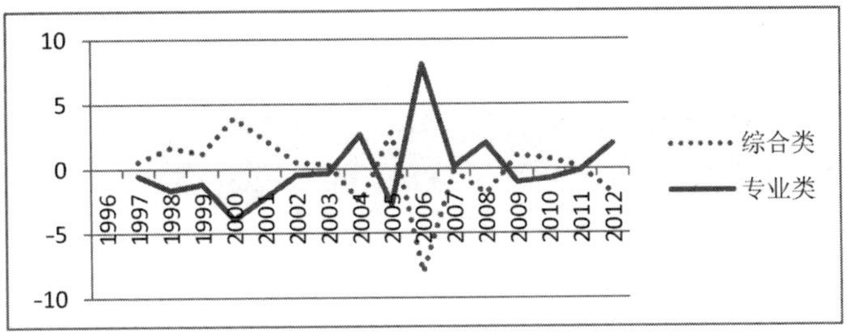

图 5-110　中国报纸出版的产品结构变动状况(综合类与专业类)(平均期印数)(1996-2012 年)　单位:%

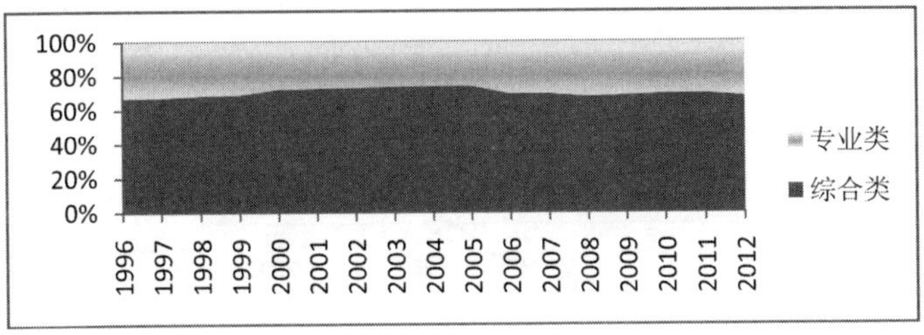

图 5-111　中国报纸出版的产品结构(综合类与专业类)(总印数)(1996-2012 年)　单位:%

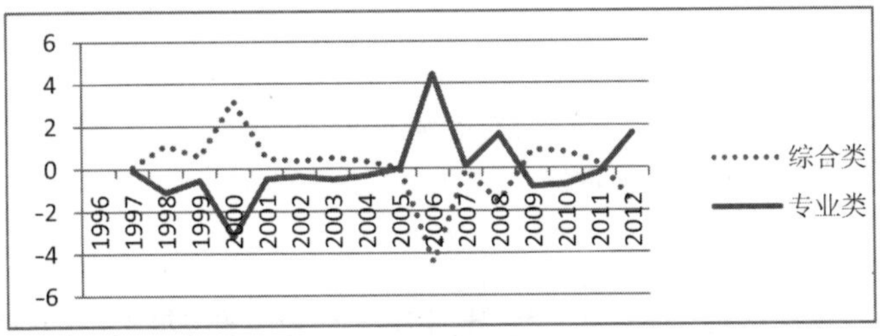

图 5-112　中国报纸出版的产品结构变动状况(综合类与专业类)(总印数)(1996-2012 年)　单位:%

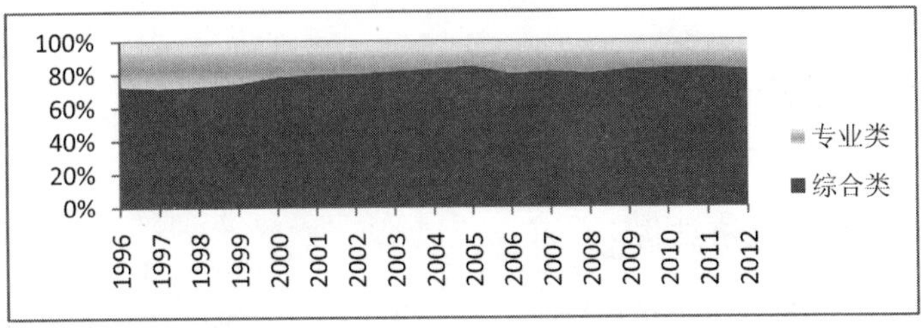

图 5-113　中国报纸出版的产品结构(综合类与专业类)(总印张)(1996-2012 年)　单位:%

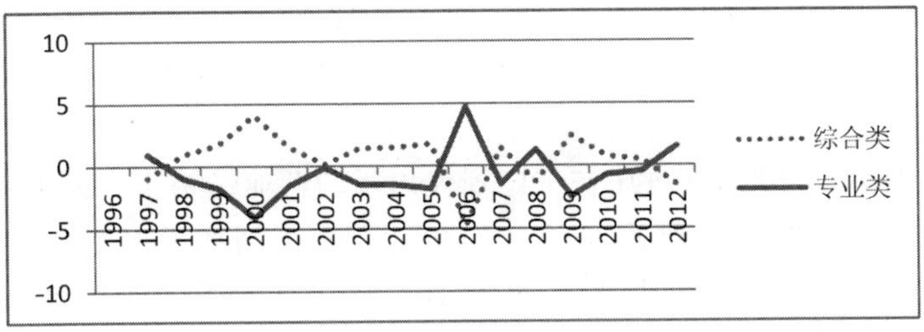

图 5-114　中国报纸出版的产品结构变动状况(综合类与专业类)(总印张)(1996-2012 年)　单位:%

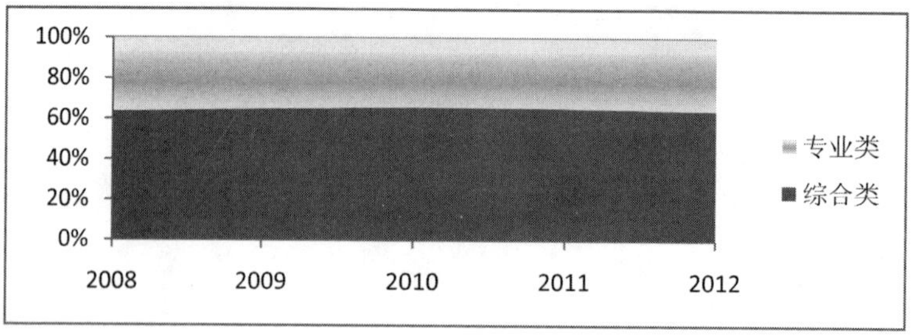

图 5-115　中国报纸出版的产品结构(综合类与专业类)(总定价)(2008-2012 年)　单位:%

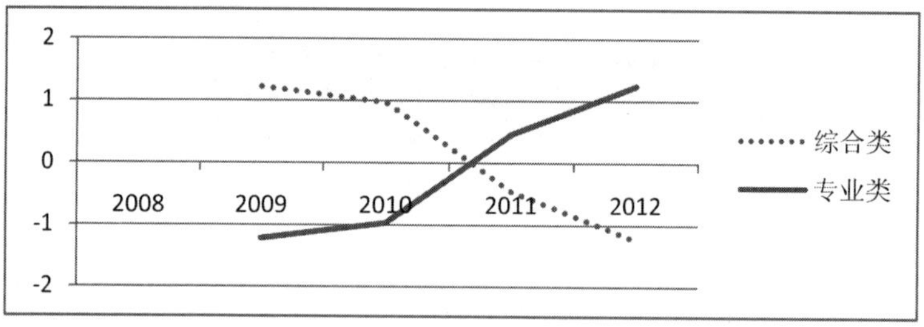

图 5-116　中国报纸出版的产品结构变动状况(综合类与专业类)(总定价)(2008-2012 年)　单位:%

2008 年综合类报纸和专业类报纸的总金额比重分别为 63.73%和 36.27%,到 2012 年变为 64.23%和 35.77%,总金额比重净增减为 0.50%和 0.50%,总体变化不大,趋势稳定。

第三节　中国现代出版产业结构变动过程

一、中国现代出版产业结构变动过程

(一)中国现代出版的经济结构

在中国现代出版中,数字出版的增加值以年均 96.83%的占比占据了绝对的优势地位,2009 年占比为 96.03%,到 2012 年达到了 97.50%,净增加 1.47%,显示出稳定的增长态势。2009 年,音像制品出版和电子出版物出版的增加值在现代出版中占比分别为 3.15%和 0.82%,2012 年为 1.68%和 0.82%,音像制品出版的占比减少 1.47%,电子出版物出版的占比保持了相对稳定。

数字出版以年均 97.53%的占比在中国现代出版的营业结构中占据绝对优势地位,并且从 2009 年的 96.89%不断增加到了 2012 年的 98.10%,净增加了 1.21%。音像制品出版和电子出版物出版的营业收入不仅占比弱小,而且呈现出不断下降的趋势;2009 年占比分别为 2.35%和 0.76%,到 2012 年降至 1.44%和 0.47%,净减少 0.91%和 0.29%。

在中国现代出版的经济结构的总产出构成中,数字出版的总产出以 97.44%的年均占比占据了绝对的优势地位，而且从 2009 年的 96.80%不断增长到 2012 年增至 98.01%，净增加 1.21%。音像制品出版和电子出版物的出版不仅在总产出的构成中占比极低，而且呈现出不断下降的趋势，2009 年占比分别为 2.42%和 0.78%，到 2012 年降至 1.51%和 0.48%，净减少 0.91%和 0.30%。

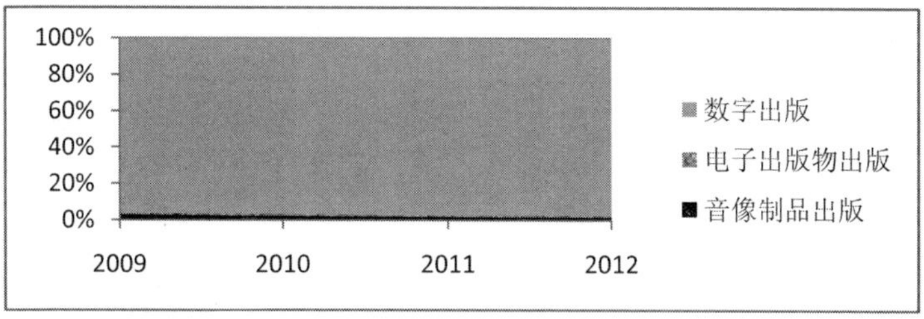

图 5－117　中国现代出版的结构增加值(当年价)(2009－2012 年)　单位：%

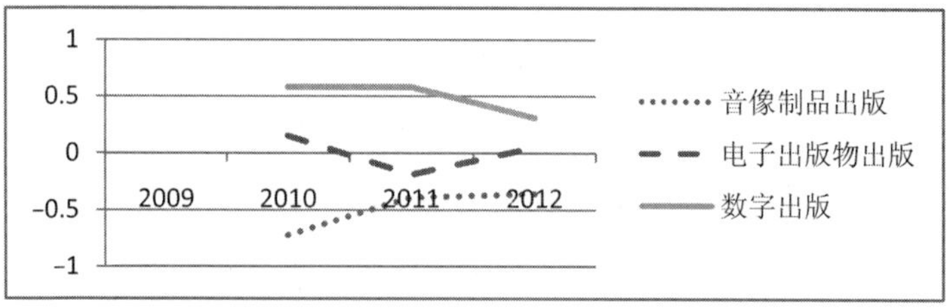

图 5－118　中国现代出版的结构增减增加值(当年价)(2009－2012 年)　单位：%

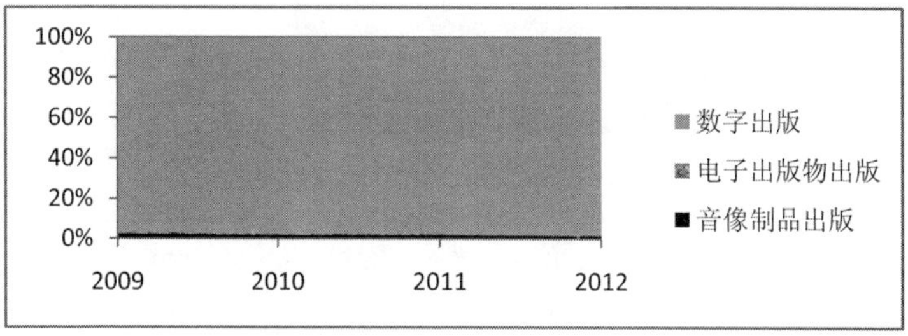

图 5－119　中国现代出版的结构营业收入(当年价)(2009－2012 年)　单位：%

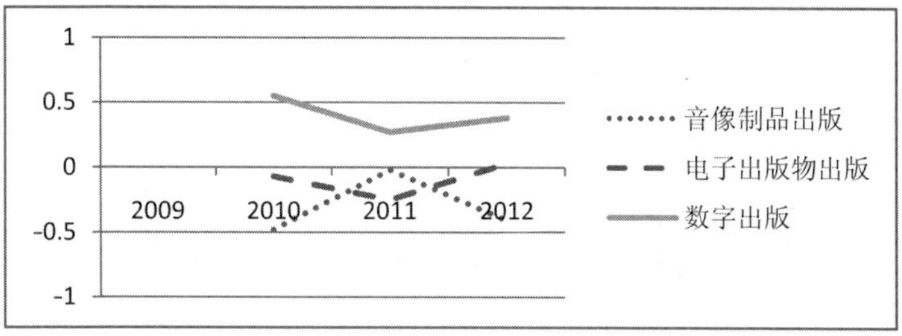

图 5－120　中国现代出版的结构增减营业收入(当年价)(2009－2012 年)　单位：%

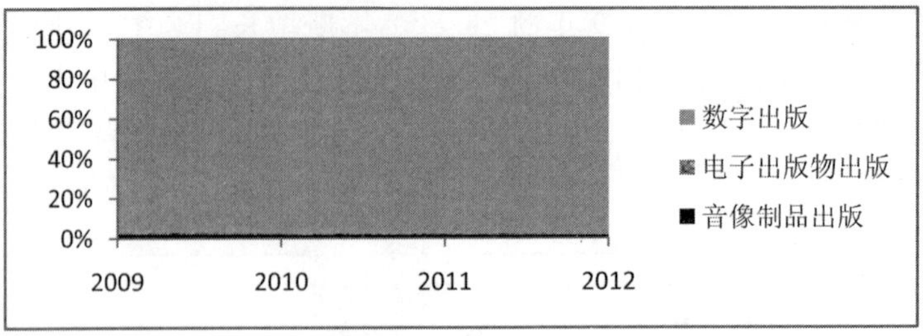

图 5-121　中国现代出版的结构总产出(当年价)(2009-2012 年)　单位：%

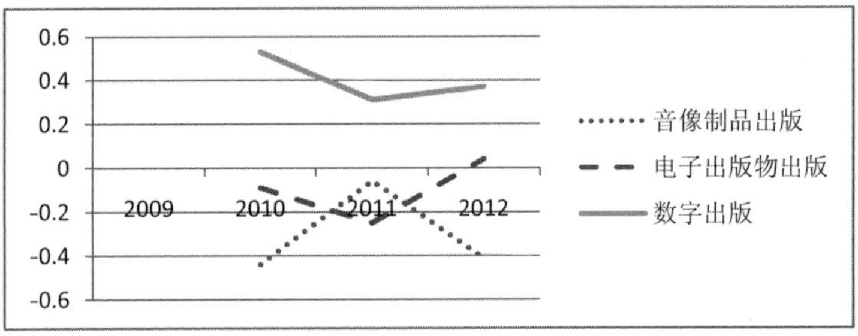

图 5-122　中国现代出版的结构增减总产出(当年价)(2009-2012 年)　单位：%

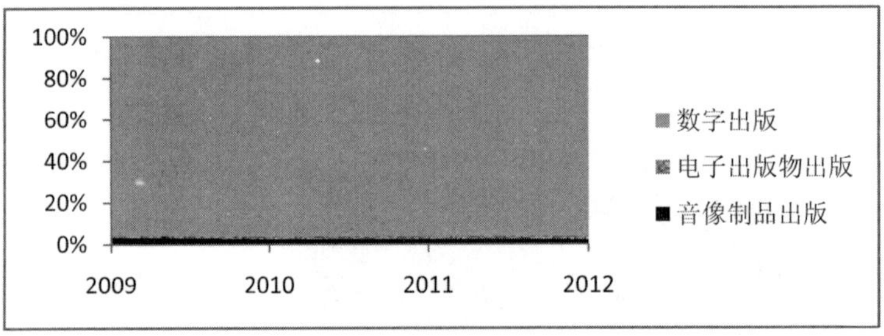

图 5-123　中国现代出版的结构利润总额(当年价)(2009-2012 年)　单位：%

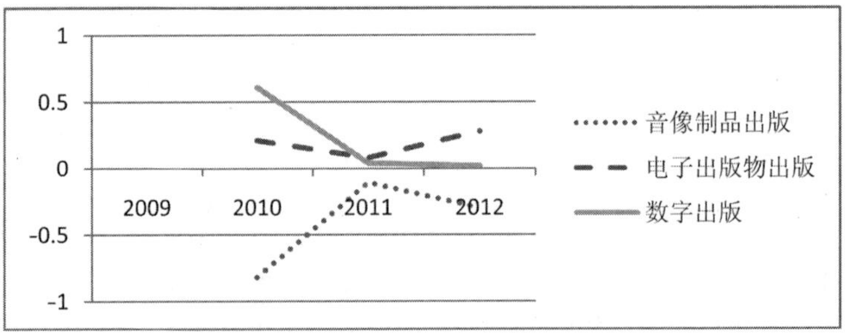

图 5-124　中国现代出版的结构增减利润总额(当年价)(2009-2012 年)　单位：%

在中国现代出版的经济结构的利润总额构成中，2009 年，数字出版的利润总额占比为 95.72%，到 2012 年增至 96.38%，净增加 0.66%，占比规模处于绝对的优势地位。2009 年，电子出版物的利润总额占比为 0.87%，2012 年为 1.44%，净增加 0.57%。音像制品出版的利润总额在 2009 年占比为 3.41%，2012 年为 2.18%，净减少 1.23%。

(二)中国现代出版的出版结构

在中国现代出版的出版结构的种数构成中，录音和录像出版的种数比重都呈现出不断下降的趋势。2000 年占比分别为 45.13%和 43.54%，占据了现代出版的绝对地位，到 2012 年分别降至 31.65%和 29.35%，净减少 13.48%和 14.19%，降幅较大。电子出版物的种数在 2000 年占比为 11.33%，到 2012 年增加到 39.01%，净增加 27.68%，增幅十分明显。

在中国现代出版的总印数的构成比重中，录音、录像和电子出版物三类出版的总印数比重虽然不完全相等，但大体呈现出三分天下的局面，三者年均占比分别为 37.00%、38.56%和 24.44%。从总印数比重的发展趋势来看，录音和录像出版的总印数比重呈现出不断下降的趋势，2000 年比重分别为 50.18%和 33.35%，到 2012 年分别降至 34.68%和 25.25%，净减少 15.50%和 8.10%，降幅十分明显。2000 年，电子出版的总印数占比仅为 16.48%，到 2012 年增加到 40.07%，净增加 23.59%，增幅十分可观。

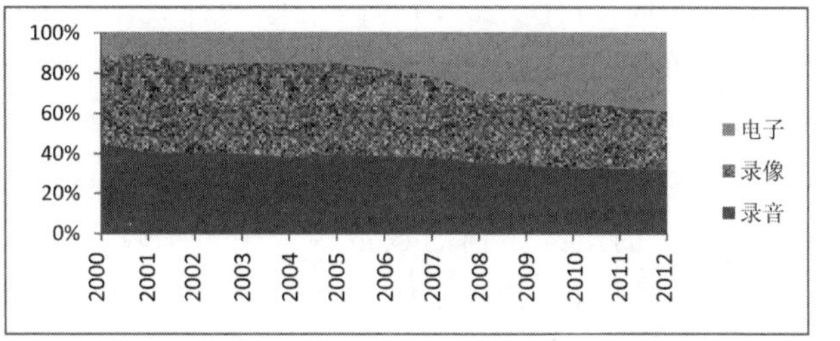

图 5-125　中国现代出版的出版结构(种数)(2000-2012 年)　单位:%

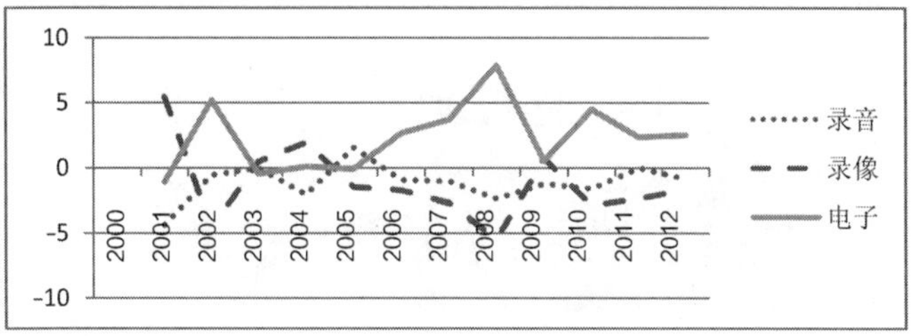

图 5-126　中国现代出版的出版结构变动(种数)(2000-2012 年)　单位:%

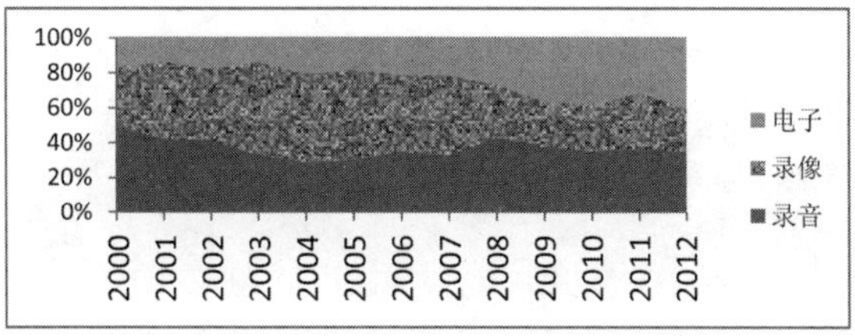

图 5-127　中国现代出版的出版结构(总印数)(2000-2012 年)　单位:%

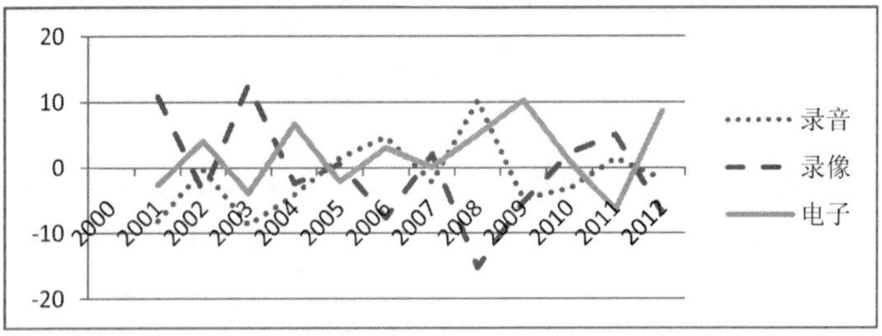

图 5－128　中国现代出版的出版结构变动(总印数)(2000－2012 年)　单位:%

二、中国音像出版产业结构变动过程

(一)中国音像出版的出版结构

在中国音像出版的产品结构的种数构成中,基本维持了录音和录像的比重平分秋色的局面,录音的种数略占优势,年均占比为 50.19%,录像的种数年均占比为 49.81%,两者在波动起伏中保持了相对稳定的趋势。1993 年录音和录像出版的种数占比分别为 55.11%和 44.89%,到 2012 年则分别变为 51.89%和 48.11%,录音的种数略有增加,而录像的种数则稍微下降了一些,但总体基本稳定。

录音制品在中国音像出版的产品结构的数量构成中占据较为明显的优势地位,年均占比为 61.15%,录像制品的数量年均占比仅为 38.85%。1993 年,录音制品的数量占比为 96.88%,随后不断下降,2004 年仅为 36.29%,之后又有所回升,到 2012 年变为 57.87%。1993 年,录像制品的种数占比仅为 3.12%,随后不断增长,到 2004 年增加到最高的 63.71%,之后又开始下降,2012 年变为 42.13%,与录音制品基本持平。

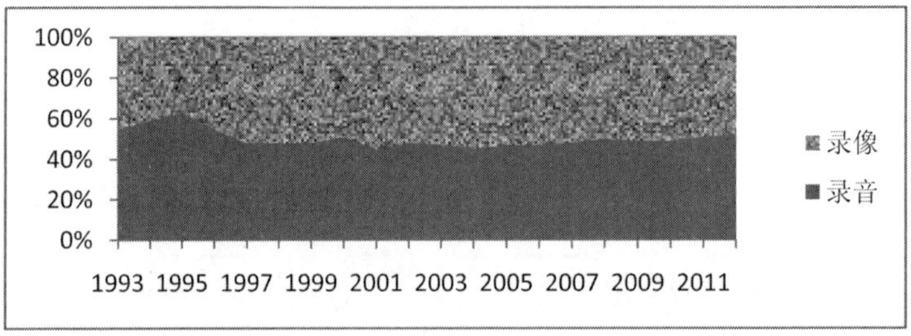

图 5－129　中国音像出版的结构(品种)(1993－2011 年)　单位:%

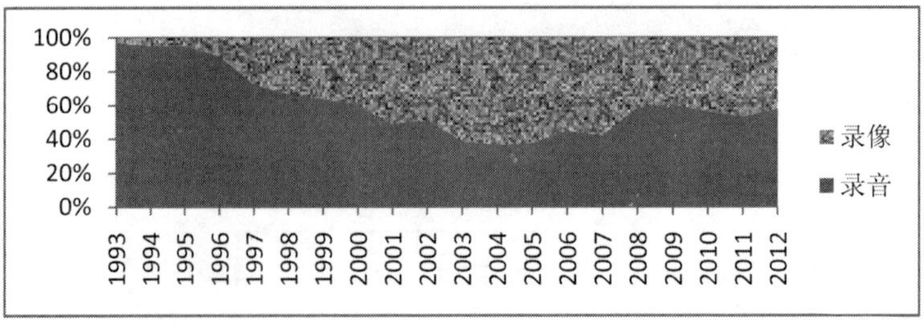

图 5－130　中国音像出版的结构(数量)(1993－2012 年)　单位:%

(二)中国录音制品的产品结构

在中国录音制品的产品结构中,录音带制品的品种比重虽然年均占比为 59.03%,但总体呈现出不断下降的趋势,1993 年为 86.86%,2012 年下降到了 27.95%,净减少 58.91%,降幅惊人。录像制品的种数在 1993 年占比仅为 12.00%,2012 年占比为 52.43%,增加了 40.43%,增长幅度还是十分明显的。高密度激光唱盘的出版种数占比在 1993 年仅为 1.14%,到 2004 年开始迅速增加,2012 年增加到了 19.61%,净增加了 18.47%,增长趋势明显。

录音带的出版数量在录音制品的产品结构中占据了绝对优势,1993 年占比为 98.19%,之后不断下降,但到 2012 年还是保持了 75.76%的比重,保持了 83.28%的年均占比优势。激光唱盘和高密度激光唱盘的出版数量在 1993 年的占比分别为 0.84%和 0.96%,经过不断增加,到 2012 年占比为 15.56%和 8.68%,分别净增加了 14.72%和 7.72%,增长趋势也十分明显。

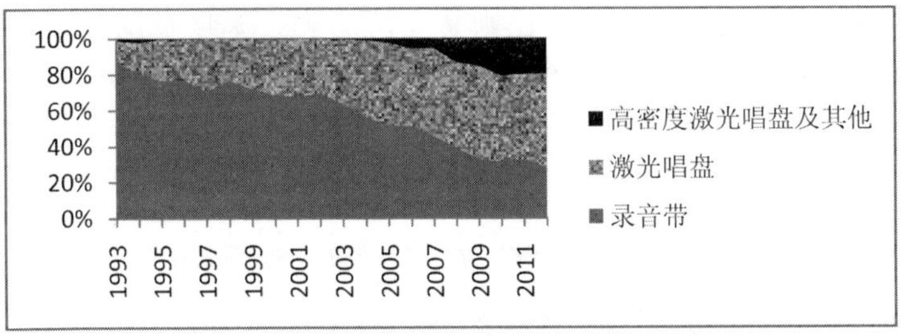

图 5 - 131　中国录音制品的产品结构(品种)(1993 - 2011 年)　单位:%

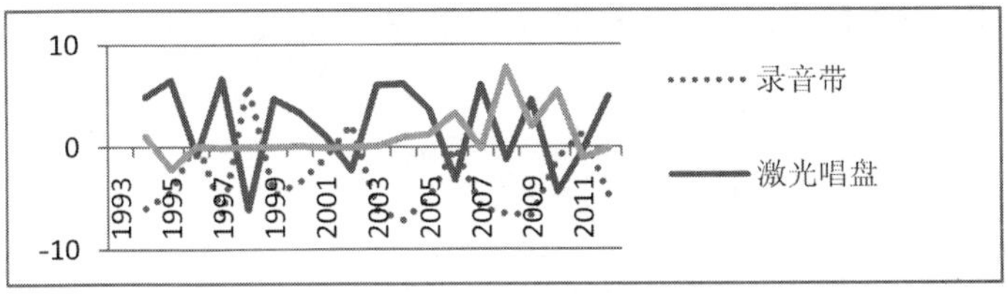

图 5 - 132　中国录音制品的产品结构增减(品种)(1993 - 2011 年)　单位:%

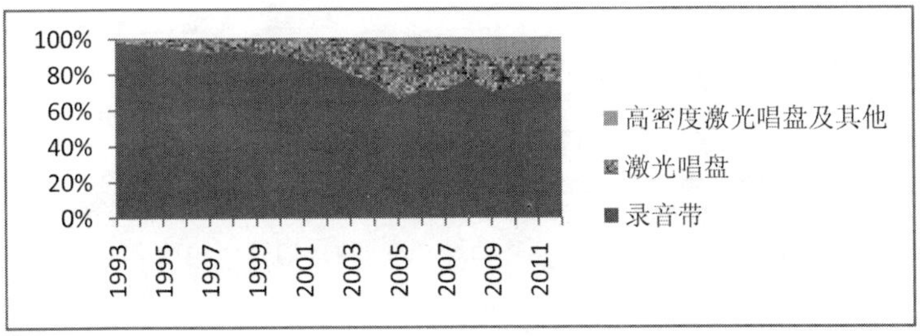

图 5 - 133　中国录音制品的产品结构(数量)(1993 - 2011 年)　单位:%

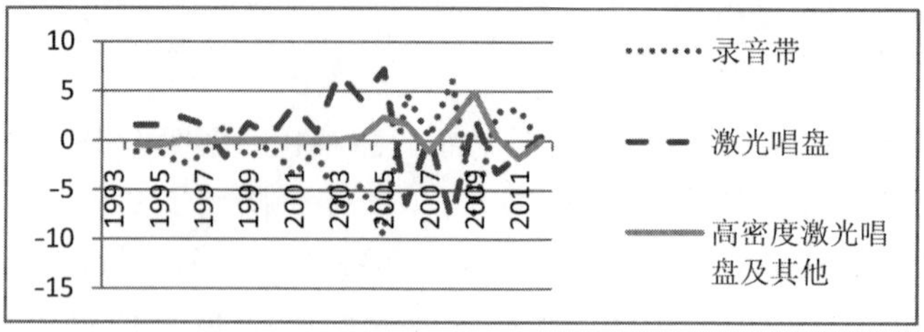

图 5-134　中国录音制品的产品结构增减(数量)(1993-2011 年)　单位:%

(三)中国录像制品的产品结构

中国录像带及其他出版物种数在录像出版的产品结构的种数构成中下降趋势十分明显,虽然年均占比达到了 23.50%,但自 1993 年开始下降,到 2004 年下降到了 1.13%,2012 年也只有 1.51%,净减少近 89.60%,降幅十分惊人。高密度激光视盘的品种占比的增长趋势也是十分明显的,1993 年只有 8.89%,到 2012 年增加到 73.68%,净增加 64.79%,增长趋势十分明显。激光数码视盘的品种占比则是经历了先大幅增长随后又开始下降的历程。1995 年激光数码视盘的品种占比仅为 9.44%,在 2001 年迅速增加到了 88.25%,随后又开始迅速下降,到 2012 年下降到了 24.81%,净增加 15.37%,保持了一定的增长幅度。

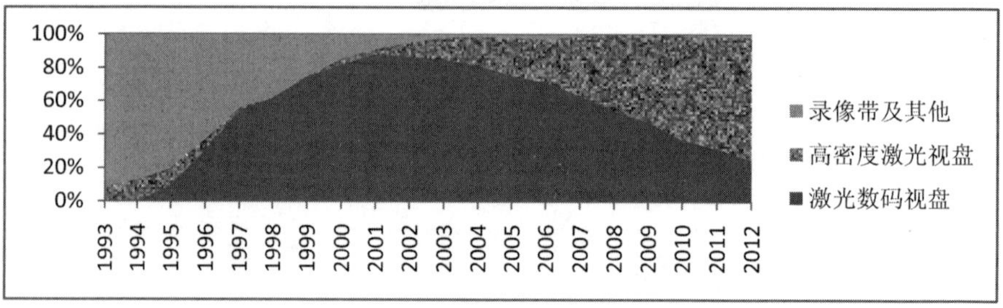

图 5-135　中国录像制品的产品结构(品种)(1993-2012 年)　单位:%

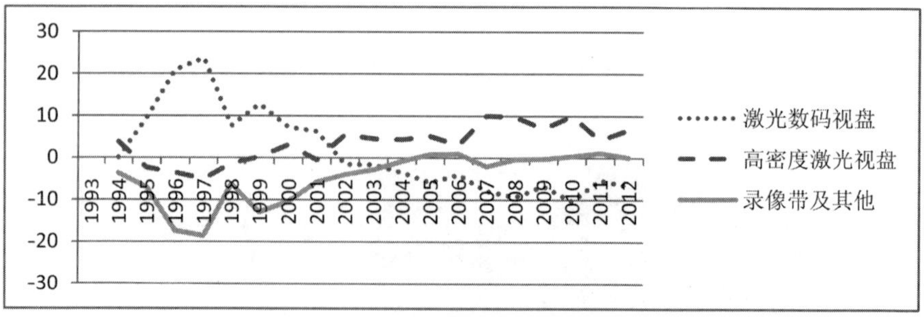

图 5-136　中国录像制品的产品结构增减(品种)(1993-2012 年)　单位:%

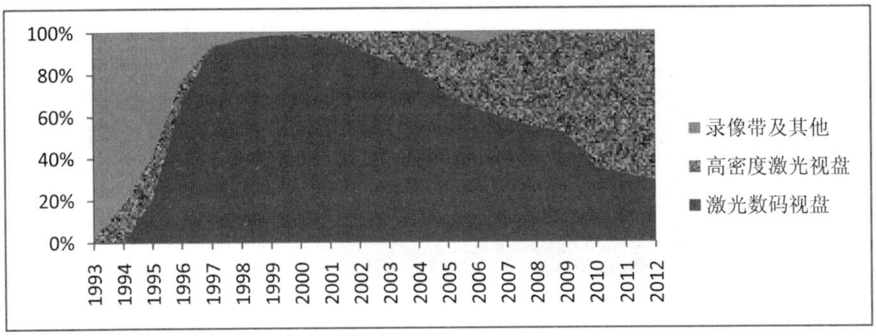

图 5－137　中国录像制品的产品结构(数量)(1993－2012 年)　单位:%

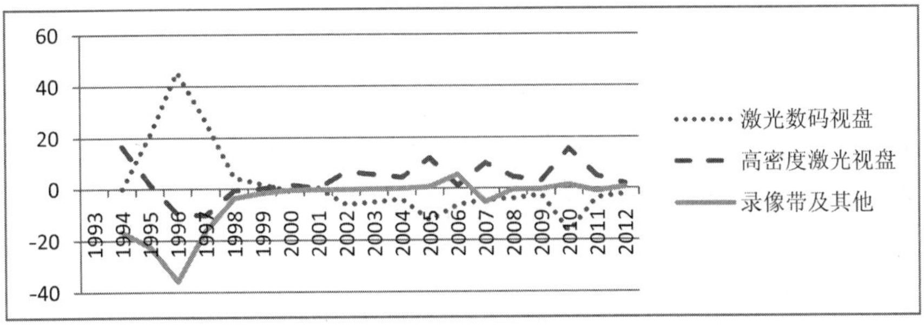

图 5－138　中国录像制品的产品结构变动(数量)(1993－2012 年)　单位:%

在中国录像出版的产品结构的数量构成中,录像带及其他出版物的数量比重的下降幅度和速度惊人,从 1993 年的 97.76%迅速下降到了 2003 年的 0.02%,到 2012 年仅为 0.80%,净减少 96.96%,降幅非常大,这说明录像带及其他出版物的数量在录像出版中已经微乎其微了。1994 年,高密度激光视盘的出版数量只有 8.89%,经历了先减少后不断增加的发展趋势,1998 年降到最低的 0.17%,其后不断增长,2012 年增加到了 73.68%,净增加 64.79%,增长趋势十分明显。激光数码视盘的数量比重则显示出非常明显的先增长随后不断下降的趋势,1995 年比重只有 20.63%,1999 年迅速增加到 98.53%,随后又开始迅速下降,到 2012 年降至 29.26%,呈现出一个纺锤形的变化态势。

三、中国电子出版产业结构变动过程

中国电子出版中的只读光盘在种数构成中占据了绝对优势地位,2000 年占比为 98.58%,随后有所下降,到 2012 年降至 64.46%,净减少 34.12%,但仍然占据了较大的比重。高密度只读光盘和交互式光盘两类电子出版物在 2000 年只有 0.31%和 1.11%,经过不断增长,到 2012 年分别增加到了 28.35%和 7.19%,分别净增加 28.04%和 6.08%。

同样,只读光盘的出版数量仍然在中国电子出版中占据了绝对地位,从 2000 年的 99.32%不断下降到 77.19%,虽然净减少 22.13%,但年均占比仍达到了 91.13%。高密度只读光盘和交互式光盘的出版数量在 2000 年占比仅为 0.04%和 0.64%,经过不断增长,到 2012 年增加到了 19.20%和 3.61%,分别净增加 19.16%和 2.97%,增幅还是较为明显的。

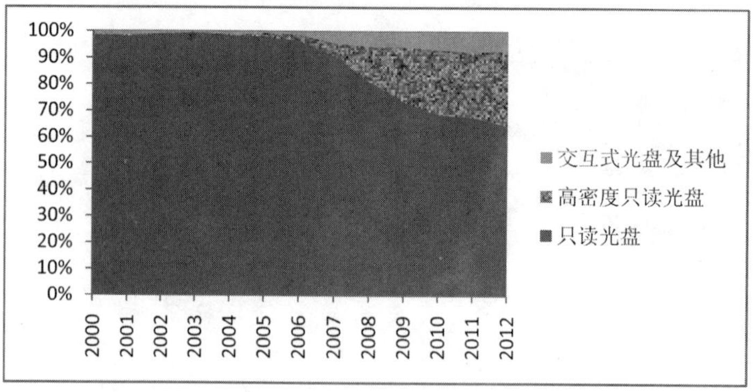

图 5-139　中国电子出版的出版结构(品种)(2000-2012 年)　单位:%

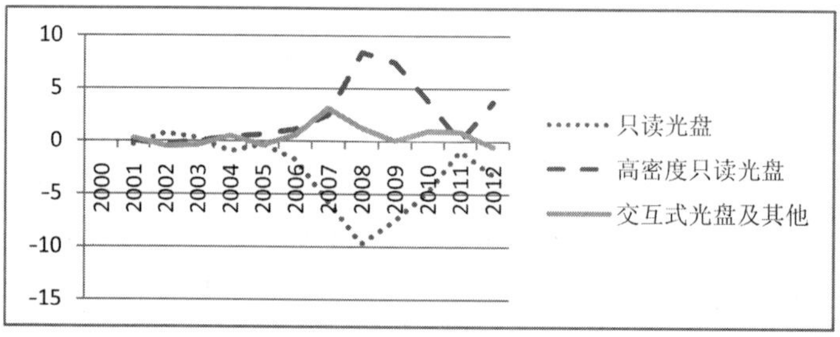

图 5-140　中国电子出版的出版结构变动(品种)(2000-2012 年)　单位:%

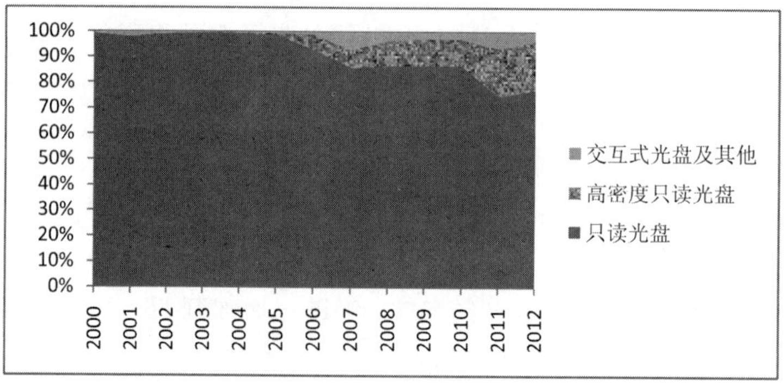

图 5-141　中国电子出版的出版结构(数量)(2000-2012 年)　单位:%

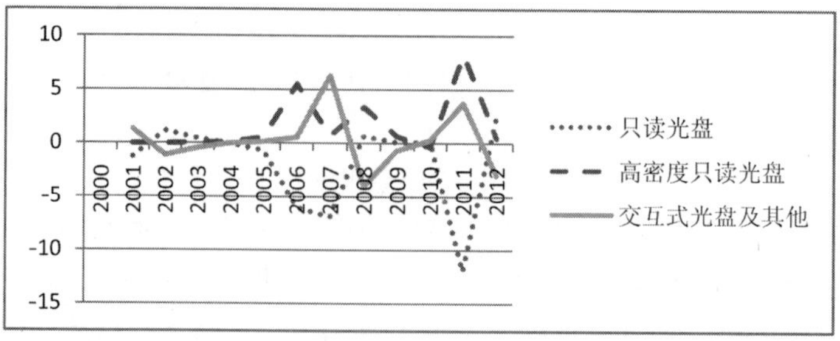

图 5-142　中国电子出版的出版结构变动(数量)(2000-2012 年)　单位:%

四、中国数字出版产业结构变动过程

在中国数字出版的营业收入的构成中，手机出版年均占比为 34.39%，排在首位，其次是网络游戏，年均占比为 30.88%，再次是网络广告，年均占比为 29.63%，最后是数字期刊、电子书、数字报纸、网络动漫、在线音乐和博客，营业收入年均占比分别为 1.22%、0.57%、0.52%、0.41%、0.44%和 1.93%，比重几乎微不足道。手机出版的营业收入在 2006 年占比为 38.62%，随后不断下降，到 2012 年只有 25.35%，净减少 13.27%。网络广告在 2006 年的营业收入占比为 23.38%，经过不断增加，到 2012 年增加到 39.25%，净增加 15.87%，增幅十分明显。数字期刊出版在数字出版中也呈现出了不断下降的趋势，2006 年占比为 2.82%，到 2012 年下降到 0.56%，净减少 2.26%，下降的幅度相对较为明显。

在中国数字出版的增加值构成中，排在前三位的仍然是手机出版、网络游戏和网络广告，年均占比分别为 32.40%、30.97%和 31.74%，三者比重相加达到了 95.11%，为数字出版的主要构成。2009 年手机出版和网络游戏增加值的比重分别为 39.28%和 32.05%，到 2012 年降为 25.14%和 29.04%，分别下降了 14.14%和 3.01%。2009 年网络广告的增加值比重为 25.78%，到 2012 年增加到 38.91%，净增加 13.13%。数字期刊、电子书、数字报纸、网络动漫、在线音乐和博客增加值年均占比分别为 0.67%、1.49%、0.69%、0.35%、0.50%和 1.85%。

在中国数字出版的利润构成中，手机出版、网络游戏和网络广告三类出版占据了绝大多数比重。手机出版的利润年均占比为 31.86%、网络游戏的利润年均占比为 30.31%、网络广告的利润年均占比为 32.94%，三者合在一起占比达到 95.11%，与增加值占比情况一致，占据了数字出版的绝大部分份额。2009 年，手机出版的利润占比为 39.27%，之后开始不断下降，到 2012 年降为 25.13%，降幅为 14.14%；2009 年，网络游戏的利润占比为 32.05%，2012 年为 29.43%，下降了 2.62%；2009 年，网络广告的利润占比为 25.79%，到 2012 年变为 38.91%，比重增加 13.12%。数字期刊、电子书、数字报纸、网络动漫、在线音乐和博客利润年均占比分别为 0.67%、1.49%、0.69%、0.35%、0.50%和 1.85%。

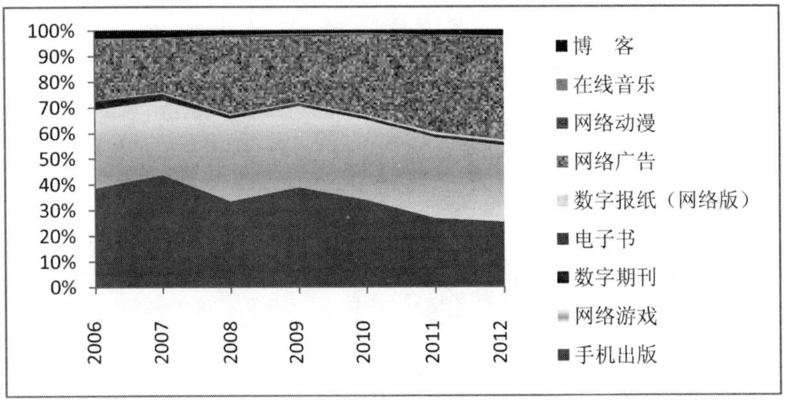

图 5－143　中国数字出版产业的结构(营业收入)当年价(2006－2012 年)　单位:%

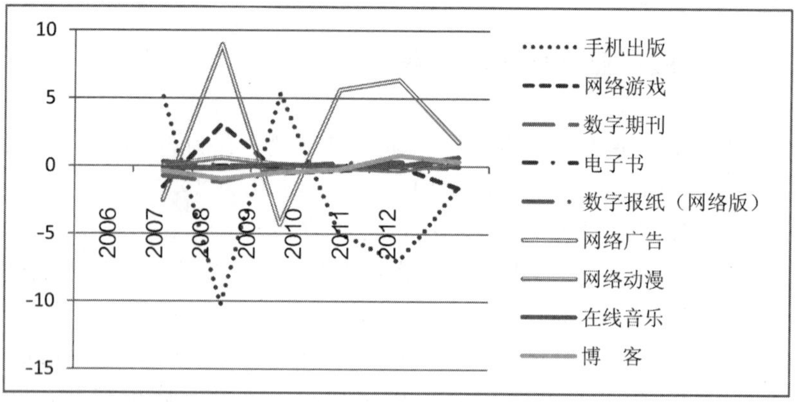

图 5-144　中国数字出版产业的结构增减(营业收入)当年价(2006-2012 年)　单位:%

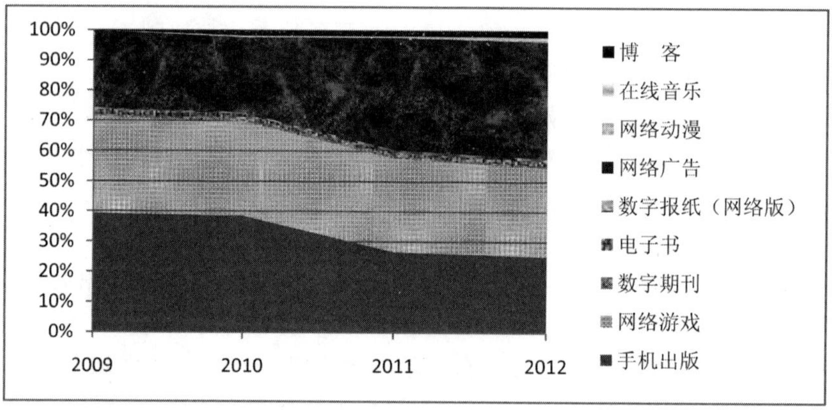

图 5-145　中国数字出版产业的结构(增加值)当年价(2009-2012 年)　单位:%

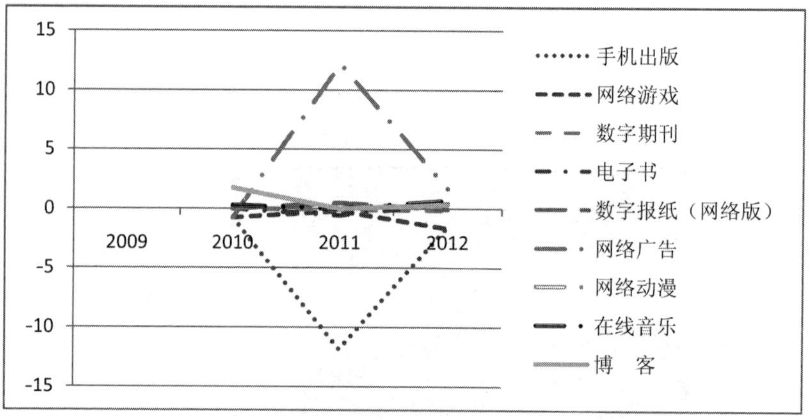

图 5-146　中国数字出版产业的结构增减(增加值)当年价(2009-2012 年)　单位:%

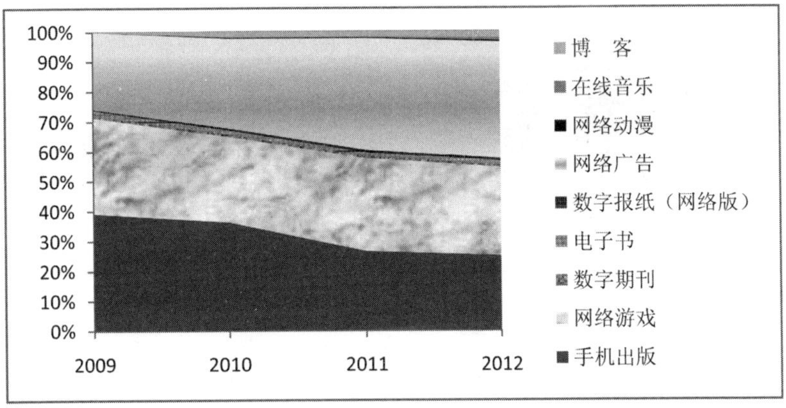

图 5－147　中国数字出版产业的结构(利润)当年价(2009－2012 年)　单位:%

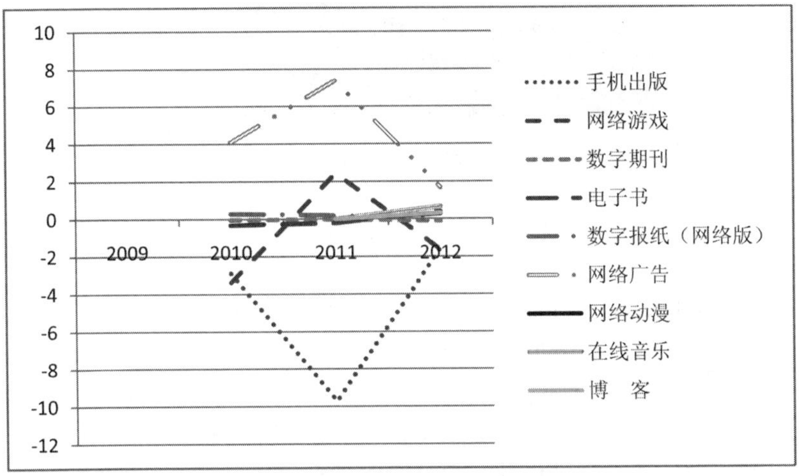

图 5－148　中国数字出版产业的结构变动(利润)当年价(2009－2012 年)　单位:%

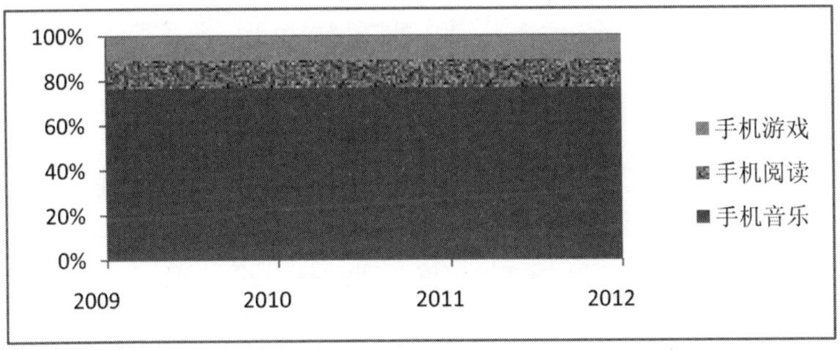

图 5－149　中国手机出版的经济结构(营业收入)(2009－2012 年)　单位:%

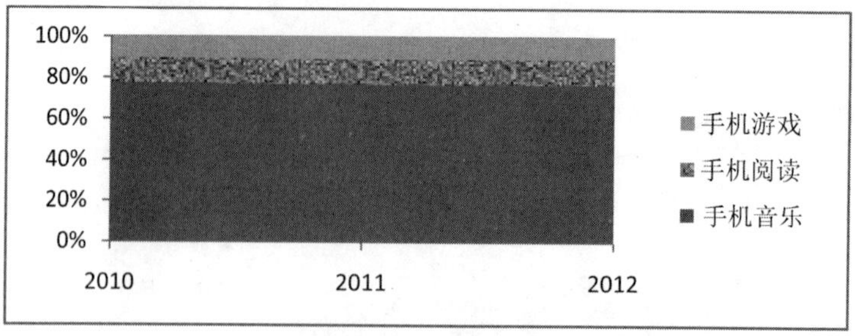

图 5－150　中国手机出版的经济结构（增加值）（2010－2012 年）　单位：%

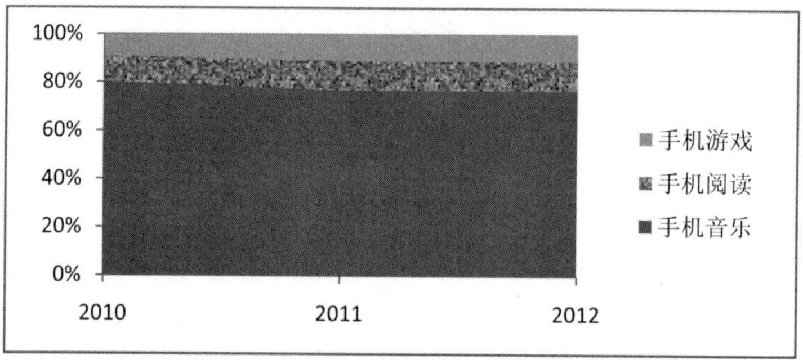

图 5－151　中国手机出版的经济结构（利润总额）（2010－2012 年）　单位：%

在中国手机出版中，手机音乐在营业收入、增加值和利润构成中都占据了优势地位。营业收入年均占比为 76.77%，增加值年均占比为 77.05%，利润年均占比为 77.92%，且变化趋势较为稳定。手机阅读和手机游戏的营业收入年均占比分别为 12.45%和 10.78%，增加值年均占比分别为 12.32%和 10.53%，利润年均占比分别为 11.89%和 10.19%，2009 年至 2012 年期间，基本保持了较高的稳定性，相对变化较小。

第 6 章
中国出版产业结构的经济分析

现代经济增长本质上不仅是一个总量增加的过程，其间还伴随了结构的转换和调整，是高质量产业要素对低质量产业要素的替代。社会分工和科学技术的发展引起的产业结构变动是经济增长的根本动力。出版产业的发展也同样伴有出版产业结构的变换升级、分工的日益细化和种类的不断增加。

第一节　中国出版产业对国民经济的作用

一、中国出版产业对国民经济的贡献影响[①]

(一)中国出版产业对国民经济的贡献率

中国出版产业对国民经济的贡献表现为波浪式的发展状况。2006 年和 2009 年处于波峰，2006 年贡献率达到了 1%，2009 年则超过了 1%，是历史最高水平。2004 — 2012 年期间，中国出版产业对国民经济的年均贡献率为 0.86%。

在 2004—2012 年期间，中国出版产业对国民经济的贡献率总体较为平稳，大多保持在正值区间。2005—2006 年还略有上升，达到了 1.07%，为区间内的最高水平，随后一直呈下降态势，2009 年下降到了 −3.49%，之后又开始上升，2011 年上升到了 0.58%，2012 年更是达到了 3.33%。总体而言，受 2009 年贡献率的影响，2004—2012 年的中国出版产业的对国民经济的年均贡献率为 0.36%，这明显比以当年价进行统计的贡献率要低很多。

(二)中国出版产业对第三产业的贡献率

整体而言，在 2004—2012 年期间，中国出版产业对第三产业的贡献率总体呈现出下降趋势，以当年价进行统计的中国出版产业对第三产业的贡献率

① 产业贡献率指各产业增加值增量与 GDP 增量之比；产业拉动指 GDP 增长速度与各产业贡献率之乘积。

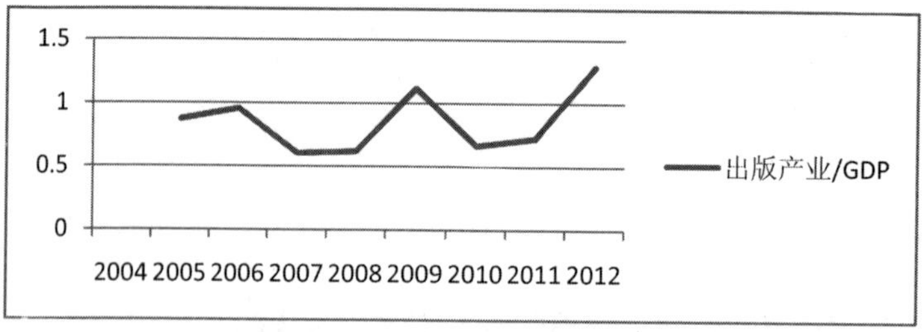

图 6-1　中国出版产业对国民经济的贡献率当年价(2004-2012 年)　单位:%

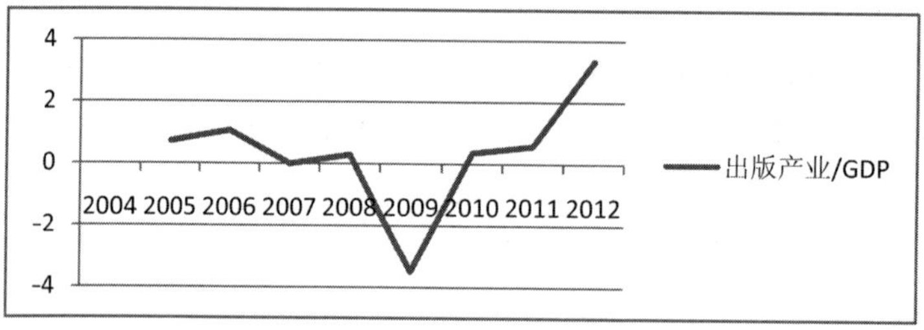

图 6-2　中国出版产业对国民经济的贡献率不变价(2004 年为基期)(2004-2012 年)　单位:%

的变化比不变价的贡献率的变化较为平稳,年均贡献率为 1.80%,也高于以 2004 年为基期的不变价的年均贡献率 1.63%。2007 年中国出版产业对第三产业的贡献率最低,当年价的贡献率只有 1.32%,不变价的贡献率几乎为 0。可以看出,无论是在国民经济中还是在第三产业中,中国出版产业现阶段的贡献都较少,但发展潜力巨大。

2005 年按照当年价和不变价进行衡量的中国出版产业对第三产业的贡献率分别为 2.12%和 2.06%,2012 年则分别上升到了 2.25%和 3.30%。以不变价来衡量的贡献率增长得更快,这说明实际上中国出版产业对第三产业的贡献更大一些。但由于绝对数量相对较小,中国出版产业对第三产业的作用非常有限。

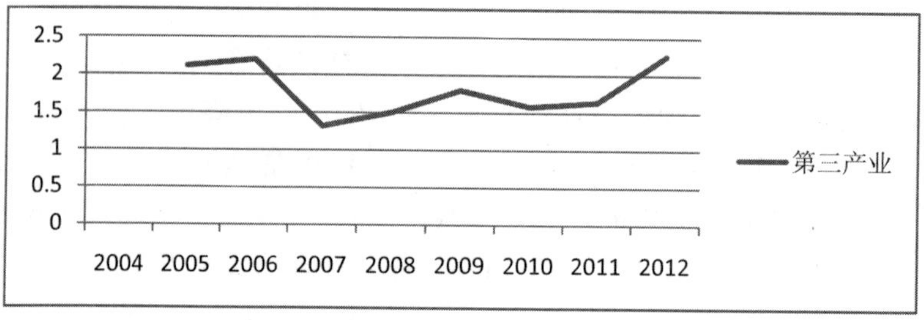

图 6-3　中国出版产业对第三产业的贡献率当年价(2004-2012 年)　单位:%

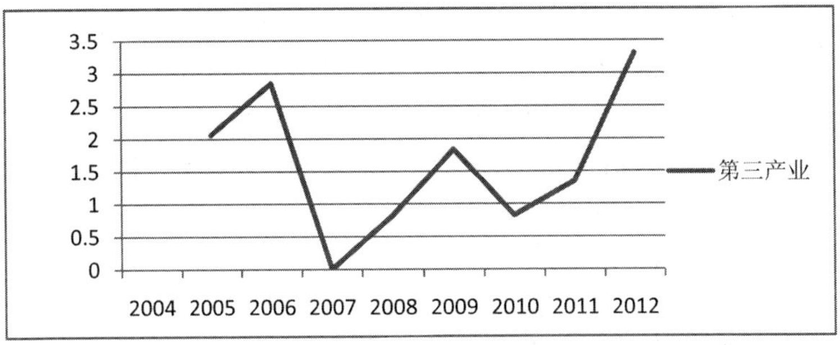

图 6-4　中国出版产业对第三产业的贡献率不变价(2004 年为基期)(2004-2012 年)　单位:%

(三)中国出版产业对文化产业的贡献率①

以当年价来考察中国出版产业对文化产业的贡献率,2004—2012 年期间一直在 15%—40%的区间浮动,最高为 2008 年,达到了 41.72%,最低是 2011 年,贡献率为 11.62%,其次为 2010 年的 15.22%,2012 年回升到了 23.36%,整个期间的年均贡献率为 25.70%。

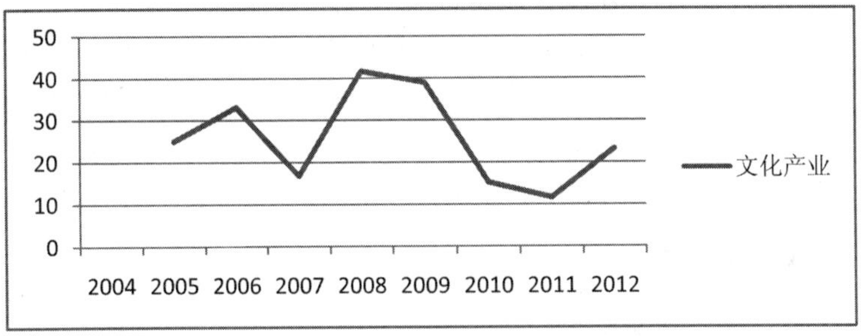

图 6-5　中国出版产业对文化产业的贡献率当年价(2004-2012 年)　单位:%

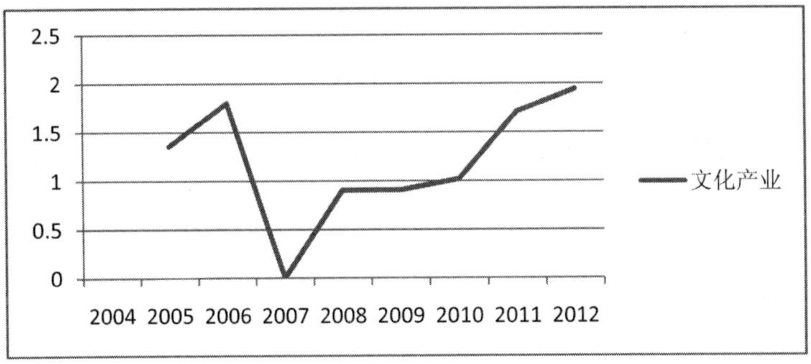

图 6-6　中国出版产业对文化产业的贡献率不变价(2004 年为基期)(2004-2012 年)　单位:%

① 根据国家统计局发布的信息,2012 年我国文化产业法人单位增加值为 18,071 亿元,比 2011 年增加了 16.50%,占 2012 年 GDP 的 3.48%,对当年的经济总量增长的贡献率为 5.50%,比同期 GDP 现价增速高 6.8%。

如果以2004年为基期,以不变价来衡量中国出版产业对文化产业的贡献率,在2004—2012年期间,年均贡献率实现了118.00%,在2008年更是高达639.04%,2009年也是达到了237.98%的贡献率。除了这两个惊人的年份外,其余年份中国出版产业对文化产业的贡献率一直在0.03%—26.98%的区间,2012年达到了24.98%,回归较为正常的状态。这种历史的演变状况说明了中国出版产业在文化产业中的发展具有高度的不稳定性,需要采取相关措施,保证中国出版产业的长期稳定发展。

二、中国出版产业对国民经济的拉动作用

(一)中国出版产业对国民经济的拉动率

2004—2012年期间,以当年价来衡量中国出版产业对国民经济的拉动率呈现一定的波动,总体较为平稳,年均拉动率为0.13%。2006年的拉动率为最高值,达到了0.16%,最低值为2009年的0.10%,其他年份一直保持在0.12%上下,2012年的拉动率为0.13%,回到平均水平。

如果将2004年作为基期,以不变价来衡量2004—2012年期间的中国出版产业对国民经济的拉动率,则表现为2005—2006年、2007—2011年两头区间上升,2006—2007年下降的态势。因此,2007年中国出版产业对国民经济的拉动率为区间最低,只有0.0001%,区间最高为2011年的0.05%,2012年的不变价拉动率为0.06%。2004—2012年中国出版产业对国民经济的年均拉动率为0.03%,这说明中国出版产业对国民经济的拉动作用尚未发挥出来。

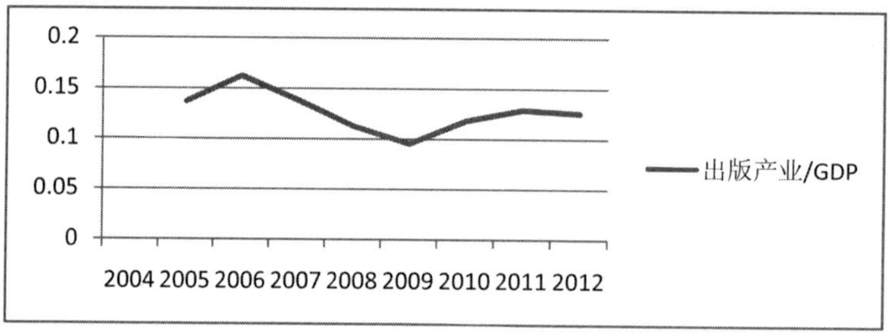

图6-7 中国出版产业对国民经济的拉动率当年价(2004-2012年) 单位:%

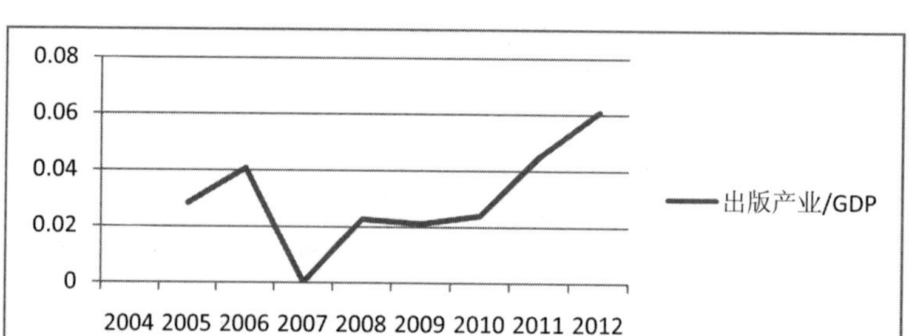

图6-8 中国出版产业对国民经济的拉动率不变价(2004年为基期)(2004-2012年) 单位:%

中国出版产业对国民经济的拉动作用非常小，如果以不变价来衡量的话则更小。虽然变化趋势值得肯定，但由于绝对的数量实在太小，中国出版产业的发展还存在很大的发展空间，这一点值得关注和令人期待。

（二）中国出版产业对第三产业的拉动率

2004—2012 年期间，中国出版产业对第三产业的拉动率呈现波动态势。以 2004 年为基期的不变价表现得更为剧烈，2007 年的拉动率为最低，只有 0.0003%，接近 0。以当年价来衡量，中国出版产业对第三产业的拉动率一直呈现平稳的下降趋势，2005 年的拉动率为 0.34%，2006 年为最高，达到了 0.40%，随后一直下降，到 2011 年则又上升至 0.30%，2012 年为 0.29%，整个期间年均拉动率为 0.30%。以不变价来看，出版产业对第三产业的拉动率不仅变化幅度较大，而且拉动率低，2012 年增加到 0.15%，变化趋势都在 0.07%上下浮动，整个期间年均拉动率只有 0.07%。中国出版产业对第三产业的拉动效果并不明显，还有较大的提升空间。

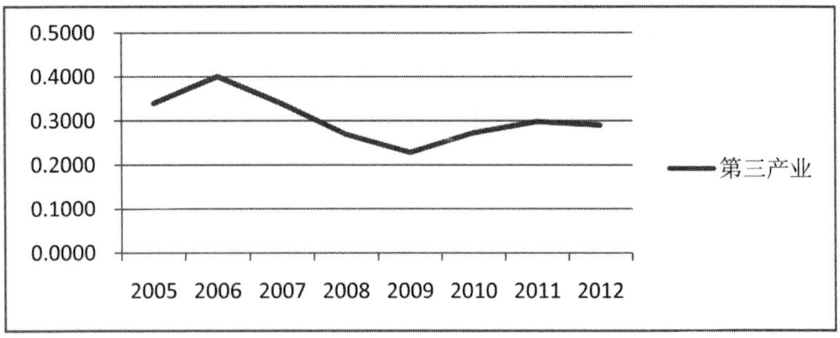

图 6-9　中国出版产业对第三产业的拉动率当年价(2005-2012 年)　单位:%

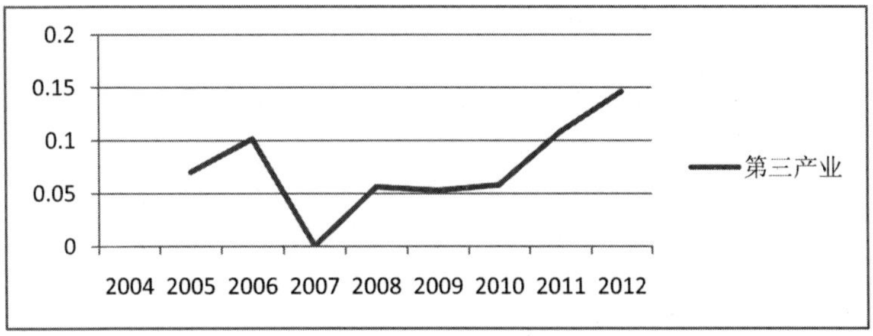

图 6-10　中国出版产业对第三产业的拉动率不变价(2004 年为基期)(2004-2012 年)　单位:%

（三）中国出版产业对文化产业的拉动率

以当年价来看，中国出版产业对文化产业的拉动率呈现整体下降的趋势，但在 2009 年之后缓慢上升。2004 年中国出版产业对文化产业的拉动率为 5.56%，2012 年下降到了 3.84%，2004—2012 年期间年均拉动率为 5.14%。

从以 2004 年为基期的不变价来看，除了 2007 年的拉动率为最低的 0.0046%，其他年份的拉动率均在 1.5%上下浮动。2004 年中国出版产业对文化产业的拉动率为 1.35%，从

2007 年的 0.0046%不断上升到了 2012 年的 1.94%,整个 2004—2012 年期间的年均拉动率为 1.20%。

虽然从 2007 年开始中国出版产业对文化产业的实际拉动率显示出了不断上升的良好势头,但无论是实际拉动率还是名义拉动率的绝对数值都较低。这说明作为文化产业核心的出版产业实际上对文化产业的作用还十分有限。更加值得关注的是中国出版产业对文化产业的名义拉动率一直处于不断下降的状态,而且实际的拉动率远远小于名义的拉动率,这就需要思考和分析。再者,这种实际拉动率和名义拉动率之间的不一致,实际上是由于中国出版产业的物价上涨超过了文化产业的上涨导致的,要解决这一问题需要政府加以适当引导和调节,发挥市场机制的作用,让市场机制提供更为有效的配置。

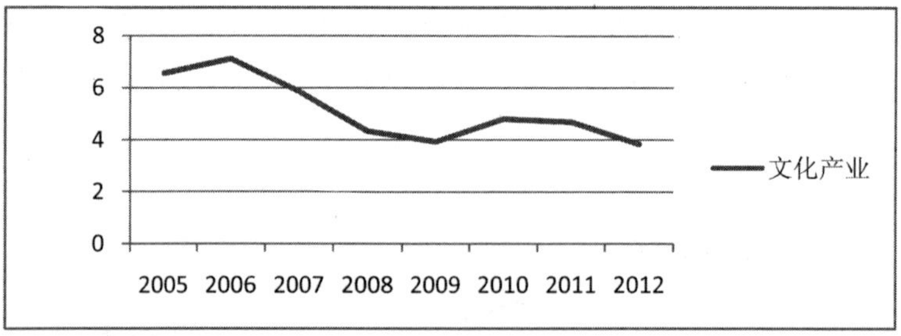

图 6-11 中国出版产业对文化产业的拉动率当年价(2005-2012 年) 单位:%

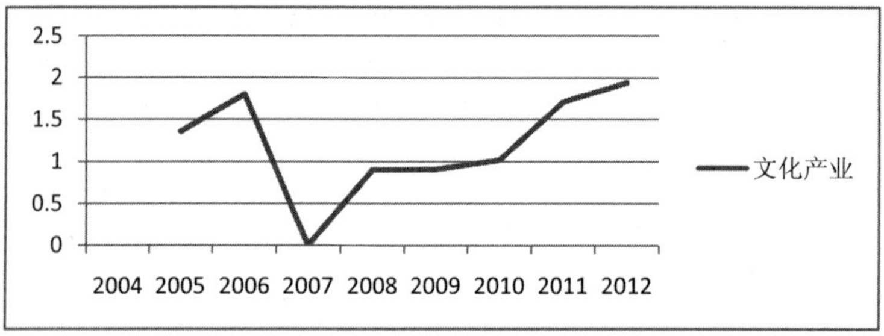

图 6-12 中国出版产业对文化产业的拉动率不变价(2004 年为基期)(2004-2012 年) 单位:%

第二节 中国出版各行业对出版产业的作用

一、传统出版对出版产业的贡献率和拉动率

(一)图书出版对出版产业的贡献率和拉动率

2010 年,中国图书出版对出版产业的贡献率为 6.59%,2011 年则下降到了 1.96%,

2012 年回升到了 5.02%，在 2009—2012 年期间保持了年均 4.52%的贡献率。

2010 年，中国图书出版对出版产业的拉动率只有 0.86%，2011 年下降到了 0.29%，到 2012 年回升到了 0.74%，在 2009—2012 年期间保持了年均 0.81%的拉动率。

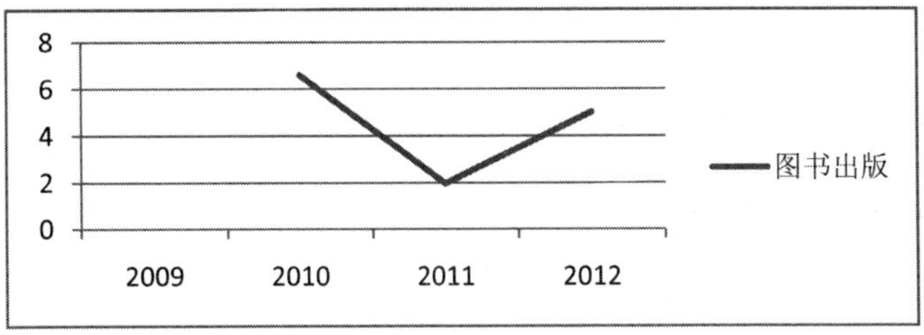

图 6－13　中国图书出版对出版产业的贡献率(2009－2012 年)　单位:%

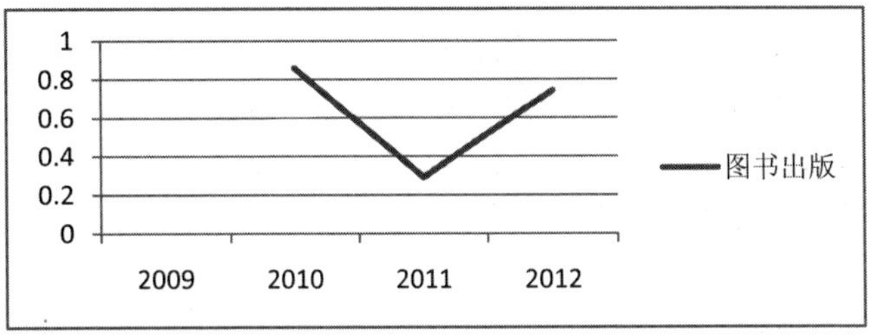

图 6－14　中国图书出版对出版产业的拉动率(2009－2012 年)　单位:%

(二)期刊出版对出版产业的贡献率和拉动率

2010 年，中国期刊出版对出版产业的贡献率只有区区的 0.25%，但 2011 年增长到了 15.67%，2012 年又回落到了 0.57%，保持了年均 5.50%的贡献率。

2010 年，中国期刊出版对出版产业的拉动率只有 0.03%，2011 年则增长到了 2.32%，到 2012 年又回落到了 0.08%，虽然保持了年均 0.81%的拉动率，但拉动作用很小。

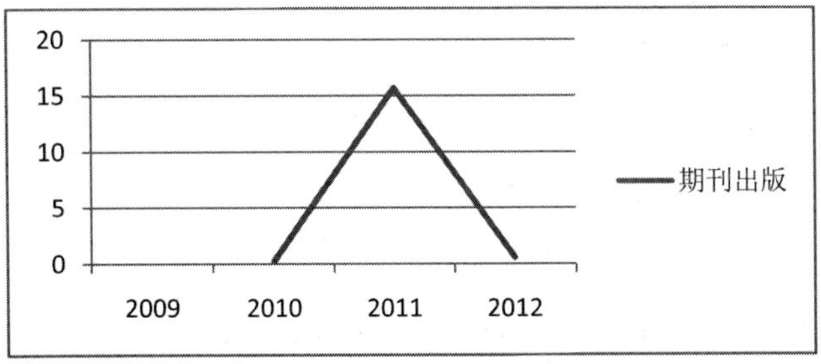

图 6－15　中国期刊出版对出版产业的贡献率(2009－2012 年)　单位:%

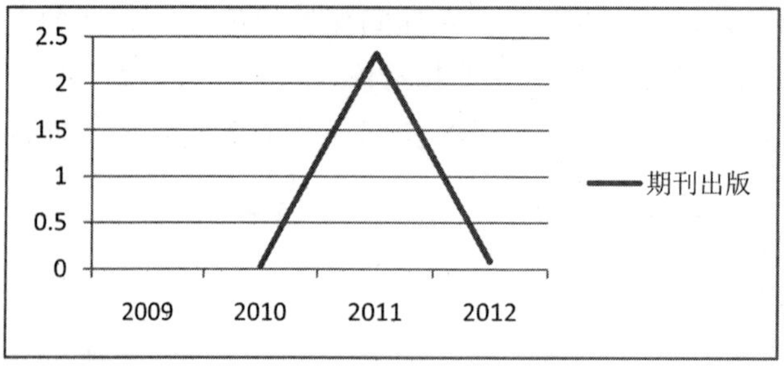

图 6-16 中国期刊出版对出版产业的拉动率(2009-2012 年) 单位:%

(三)报纸出版对出版产业的贡献率和拉动率

2010 年,中国报纸出版对出版产业的贡献率达到了 9.12%,2011 年为 0.57%,2012 年又上升到了 5.85%,保持了年均 5.18%的贡献率。

2010 年,中国报纸出版对出版产业拉动率为 1.19%,2011 年下降到了 0.08%,2012 年又回升到了 0.87%,保持了年均 0.71%的拉动率。中国报纸出版对出版产业的贡献率与拉动率在传统出版中都是最高的,作用相当明显。

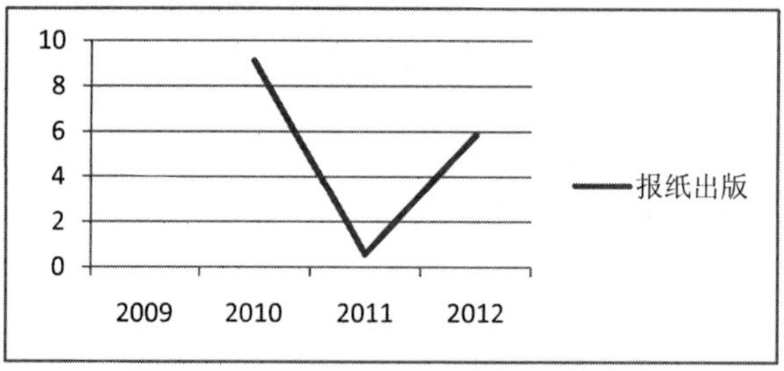

图 6-17 中国报纸出版对出版产业的贡献率(2009-2012 年) 单位:%

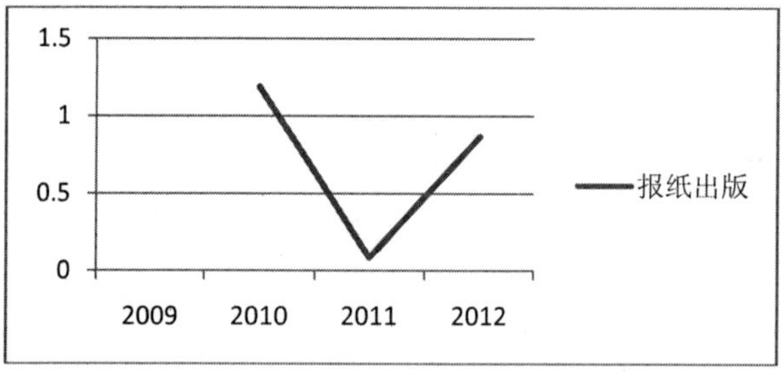

图 6-18 中国报纸出版对出版产业的拉动率(2009-2012 年) 单位:%

(四)传统出版对出版产业的贡献率和拉动率

2010 年,中国传统出版对出版产业核心出版的贡献率为 53.44%,随后开始不断下降,

2011 年下降到了 48.49%，2012 年下降到了 30.46%。虽然在 2009—2012 年期间保持了年均 44.13%的贡献率，但对出版产业的贡献率呈现出非常明显的下降趋势。

2010 年，中国传统出版对出版产业核心出版的拉动率为 8.22%，2011 年上升到了 10.44%，但 2012 年又降到了 6.20%，保持了年均 8.29%的拉动率，从趋势上看还是下降的。

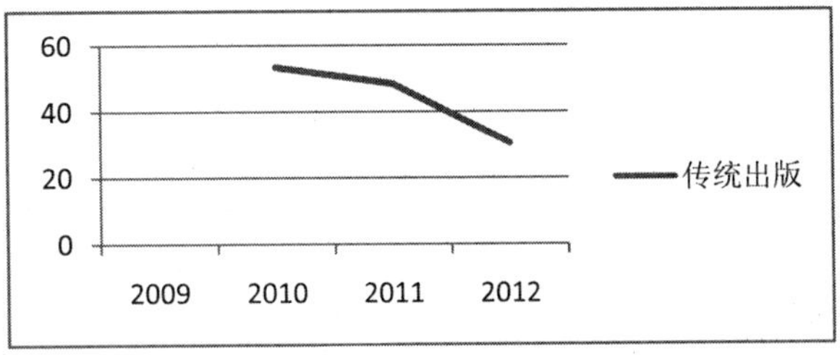

图 6-19　中国传统出版对出版产业核心出版的贡献率(2009-2012 年)　单位:%

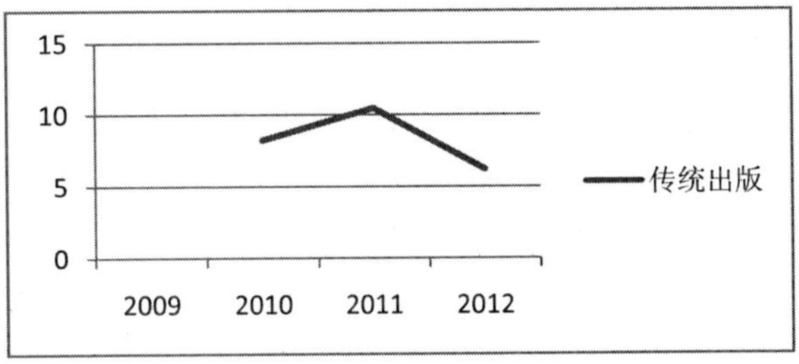

图 6-20　中国传统出版对出版产业核心出版的拉动率(2009-2012 年)　单位:%

二、现代出版对出版产业的贡献率和拉动率

(一)音像制品出版对出版产业的贡献率和拉动率

2010 年，中国音像制品出版对出版产业的贡献率是-0.10%，到 2011 年变为 0.17%，2012 年增长到了 0.20%，虽然年均增长只有 0.09%，且贡献率较低，但总体保持了不断增长的态势。

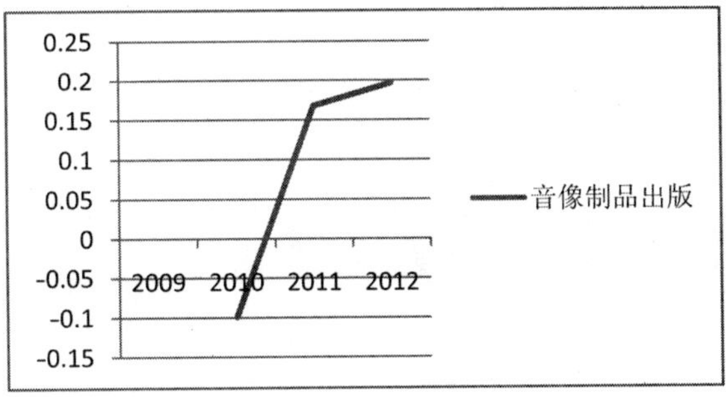

图 6-21　中国音像制品出版对出版产业的贡献率(2009-2012 年)　单位:%

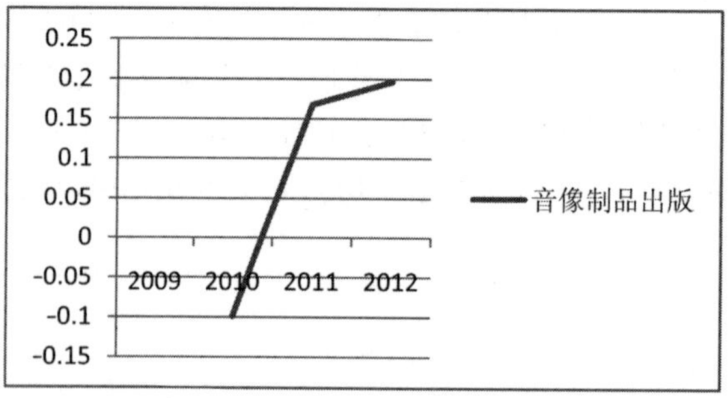

图 6－22　中国音像制品出版对出版产业的拉动率(2009－2012 年)　单位:%

2010 年,中国音像制品出版对出版产业的拉动率为－0.01%,到 2010 年虽只有 0.02%,但是也变为正值了,到 2012 年则继续增长到了 0.03%,年均保持 0.01%的拉动率。

(二)电子出版物出版对出版产业的贡献率和拉动率

2010 年,中国电子出版物出版对出版产业的贡献率为 0.22%,2011 年又降为 0.04%,2012 年回升到了 0.25%。中国电子出版物出版对出版产业的年均贡献率为 0.17%,作用较小,而且还不十分稳定。

2010 年,中国电子出版对出版产业的拉动率只有 0.03%,2011 年更是只有 0.01%,到 2012 年有所回升,但也只有 0.04%。由此可见,中国电子出版物出版对出版产业的拉动作用既小又不稳定。

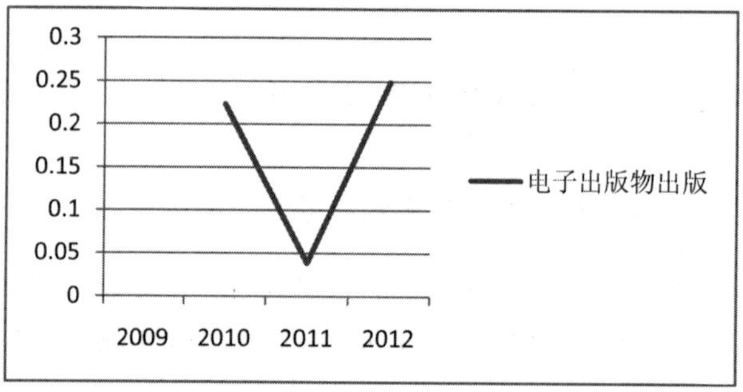

图 6－23　中国电子出版对出版产业的贡献率(2009－2012 年)　单位:%

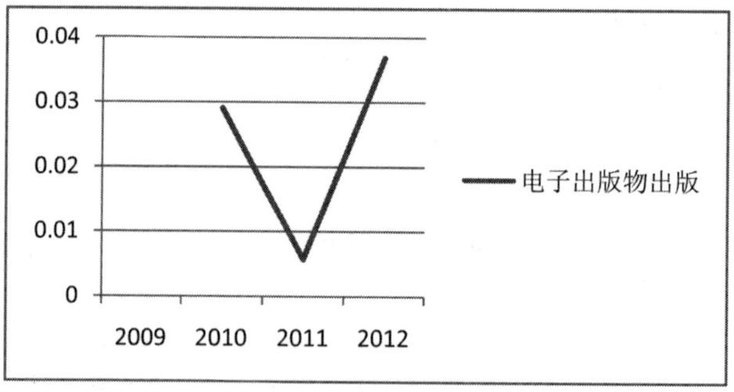

图 6－24　中国电子出版对出版产业的拉动率(2009－2012 年)　单位:%

(三)数字出版对出版产业的贡献率和拉动率

2010 年,中国数字出版对出版产业的贡献率为 13.77%,随后不断上升,2011 年升至 19.14%,2012 年更是达到了 25.68%,保持了年均 19.53%的贡献率。中国数字出版对出版产业的贡献率在现代出版中排在首位,远远高于音像制品出版和电子出版物出版对出版产业的贡献率。

2010 年,中国数字出版对出版产业的拉动率为 1.79%,到 2011 年增加到了 2.83%,2012 年更是增加到了 3.80%。数字出版除了表现为拉动率不断增长之外,还保持了年均 2.81%的拉动率,拉动作用非常明显。

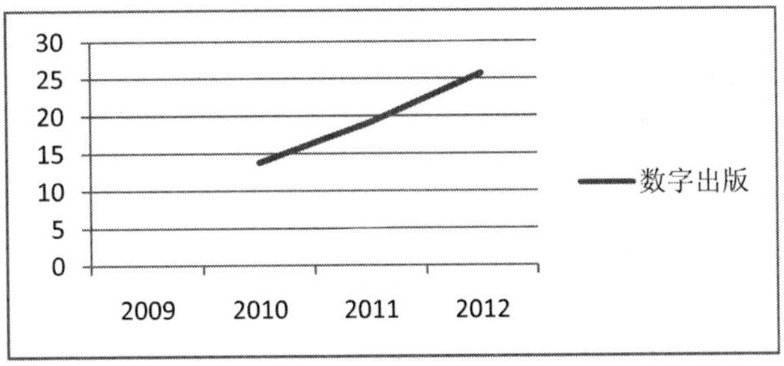

图 6-25　中国数字出版对出版产业的贡献率(2009-2012 年)　单位:%

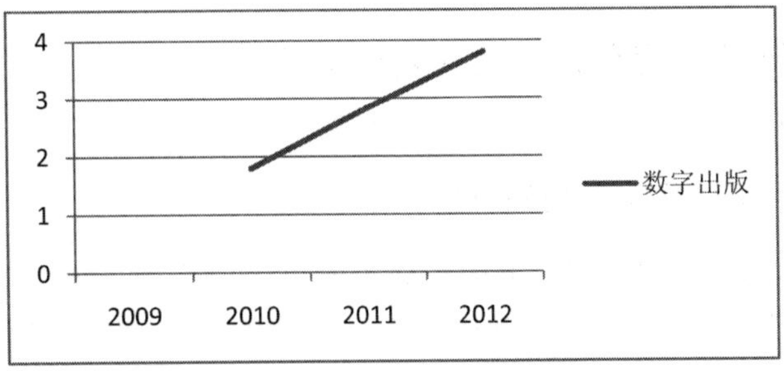

图 6-26　中国数字出版对出版产业的拉动率(2009-2012 年)　单位:%

(四)现代出版对出版产业的贡献率和拉动率

在核心出版中,2010 年现代出版对核心出版的贡献率达到了 46.56%,随后不断上升,到 2011 年实现了 51.51%的贡献率,首次超过传统出版,到 2012 年更是达到了 69.54%,显示了现代出版强劲的发展态势。

2010 年,现代出版对核心出版的拉动率为 7.16%,之后开始上升,到 2011 年增加到了 11.09%,2012 年更是达到了 14.16%,年均保持了 10.80%的拉动率,对核心出版的拉动作用十分明显。

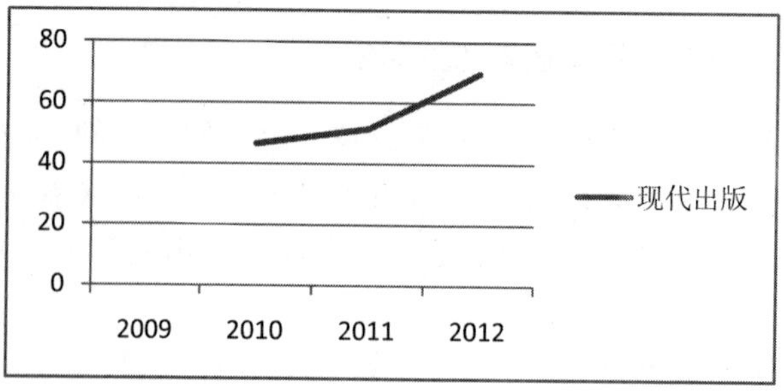

图 6-27 中国现代出版对出版产业的贡献率(2009-2012 年) 单位:%

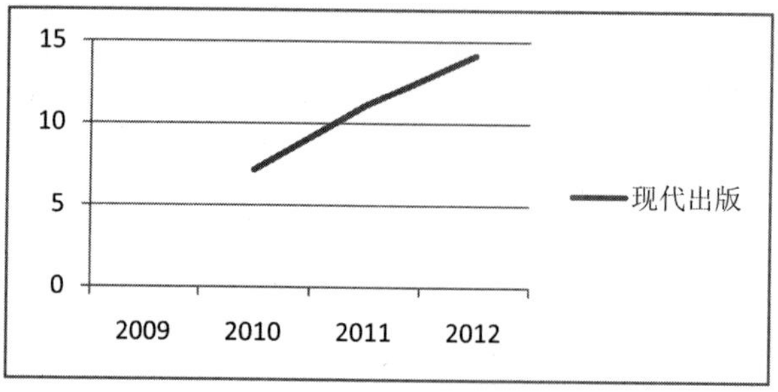

图 6-28 中国现代出版对出版产业的拉动率(2009-2012 年) 单位:%

三、核心出版产业对出版产业的作用和影响

(一)核心出版产业对出版产业的贡献率

2010 年,中国核心出版对出版产业的贡献率为 29.85%,随后不断增加,到 2011 年增加到了 37.55%,2012 年为 37.57%,年均保持了 34.99%的贡献率,在三大出版产业中排在第二位,基本占到了三分之一。

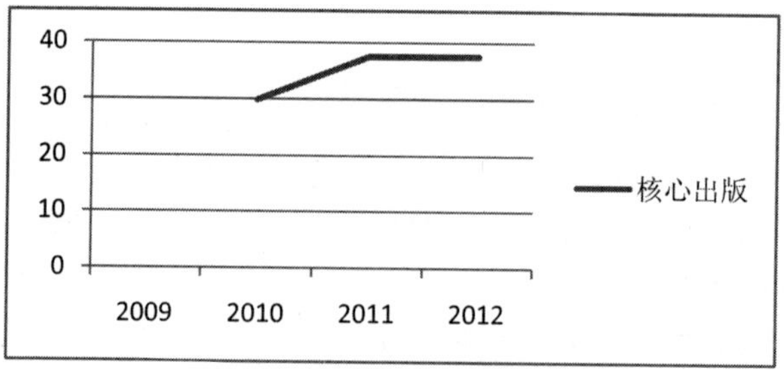

图 6-29 中国核心出版对出版产业的贡献率(2009-2012 年) 单位:%

(二)核心出版产业对出版产业的拉动率

2010年,中国核心出版对出版产业的拉动率为3.89%,2011年达到了5.56%,2012年保持在了5.56%,在2009年至2012年期间保持了年均5.00%的拉动率。中国核心出版对出版产业的拉动率基本呈现出上升的良好趋势,而且拉动效果也较为明显。

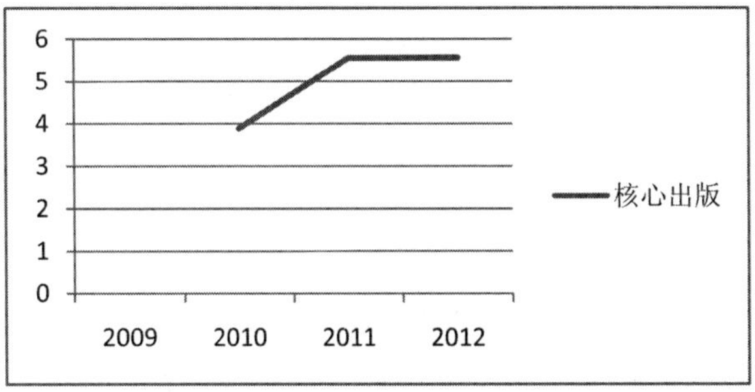

图6－30　中国核心出版对出版产业的拉动率(2009－2012年)　单位:%

四、非核心出版产业对出版产业的作用

(一)印刷复制对出版产业的作用

2010年,中国印刷复制对出版产业的贡献率高达63.34%,随后开始下降,2011年为39.42%,2012年又回升到了59.57%,保持了年均54.11%的贡献率,显示了中国印刷复制在出版产业中的绝对优势地位。

中国印刷复制对出版产业的拉动率在2010年为8.25%,到2011年降为5.83%,2012年又回升至8.82%,总体呈现出不断增长的趋势,在2009－2012年期间保持了年均7.63%的拉动率。

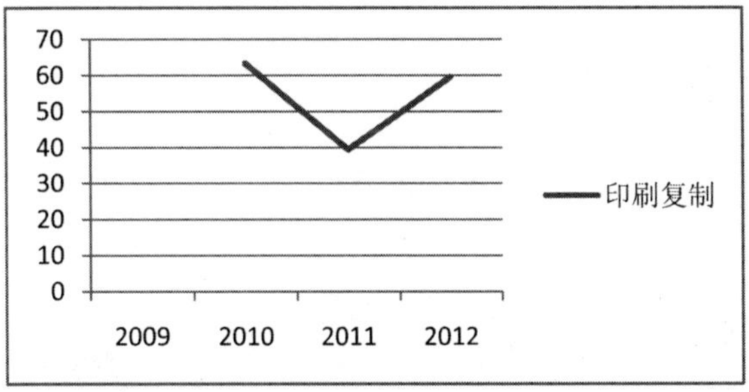

图6－31　中国印刷复制对出版产业的贡献率(2009－2012年)　单位:%

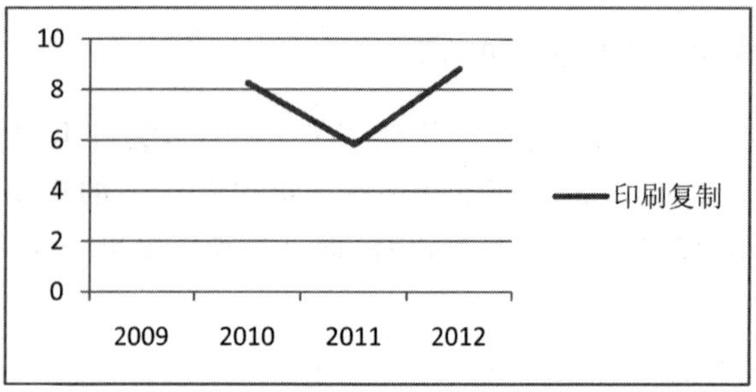

图 6-32 中国印刷复制对出版产业的拉动率(2009-2012 年) 单位:%

(二)发行贸易对出版产业的作用

2010 年,中国发行贸易对出版产业的贡献率只有 7.69%,到 2011 年剧增到了 22.98%,但 2012 年又回落到了 2.87%的水平,显示了极大的不稳定性。2009—2012 年期间,中国发行贸易对出版产业保持了 11.18%的贡献率,但波动较大。

2010 年,中国发行贸易对出版产业的拉动率为 1.00%,到 2011 年迅速增加到了 3.40%,随后迅速回落,2012 年只有 0.42%。中国发行贸易对出版产业的拉动率虽然在 2009—2012 年期间保持了 1.61%的水平,但波动较大且影响较小。

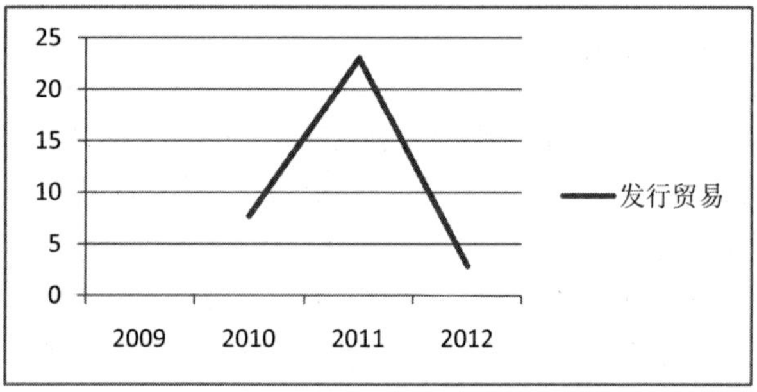

图 6-33 中国发行贸易对出版产业的贡献率(2009-2012 年) 单位:%

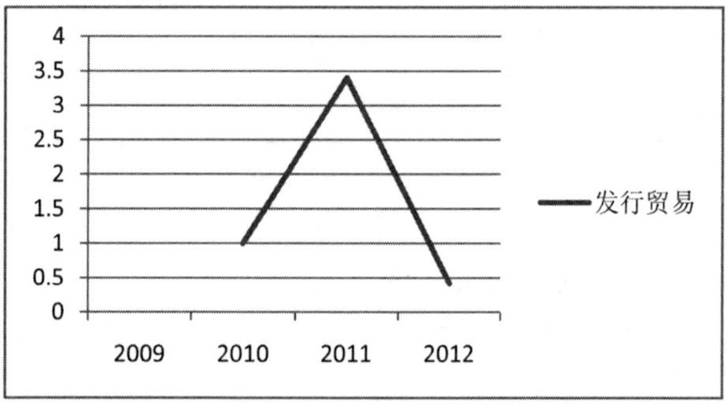

图 6-34 中国发行贸易对出版产业的拉动率(2009-2012 年) 单位:%

第三节　中国出版产业的分行业效率效益

一、中国出版产业的比较劳动生产率①

(一)出版产业与国民收入的比较劳动生产率

中国出版产业的比较劳动生产率无论是按当年价计算还是按不变价计算，都高于国民经济的劳动生产率。当年价达到了年均 2.83 倍，不变价则达到了年均 2.85 倍，实际要更高一些。从比较劳动生产率的变化趋势来看，中国出版产业不变价的比较劳动生产率显得更为平缓一些，但总体呈现出不断下降的趋势。就 2004 年中国出版产业相对国民经济的比较劳动生产率而言，当年价和不变价还有 3.35 倍，到 2012 年就只有 2.52 倍了。

令人感到欣慰的是，中国出版产业的比较劳动生产率始终高于第三产业的比较劳动生产率。虽然第三产业的比较劳动生产率呈现出微弱的下降趋势，不变价比可变价更为明显一些，中国出版产业的比较劳动生产率显示出更明显的下降趋势，并不断接近第三产业的比较劳动生产率，但到 2012 年为止，还是高于第三产业的比较劳动生产率。

与中国出版产业的比较劳动生产率形成鲜明对比的是文化产业的比较劳动生产率，在 2007 年之前，无论是按当年价计算还是按不变价计算，文化产业的比较劳动生产率都是低于出版产业的比较劳动生产率的。在 2009 年之前保持了持平的状态，但在 2010 年之后，无论是按当年价还是按不变价计算，出版产业的比较劳动生产率都开始低于文化产业的比较劳动生产率，而且文化产业显示出不断增长的态势，而出版产业则是不断下降的趋势，只是以不变价计算的出版产业比较劳动生产率相对缓和一些而已。这是非常值得关注的现象。

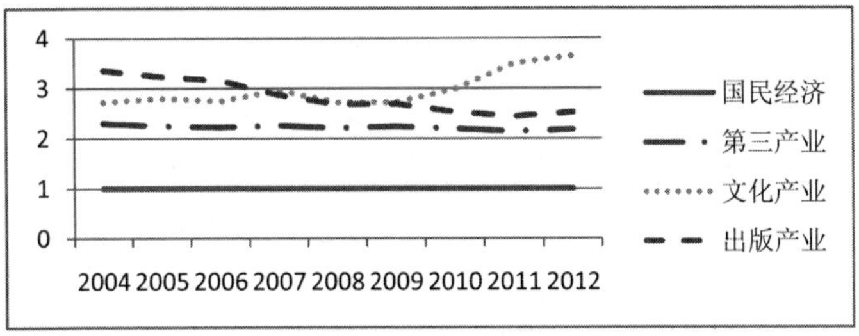

图 6－35　中国国民经济相关行业的比较劳动生产率(相对国民经济)当年价(2004－2012 年)　单位:%

---

① 比较劳动生产率的计算公式为：$C_i = \frac{Y_i/Y}{L_i/L}$。其中，$C_i$ 表示 i 产业的比较劳动生产率；Y_i/Y 表示 i 产业的产值或者增加值在总产值或者国民收入中的份额；L_i/L 表示 i 产业劳动力占社会劳动力的份额。

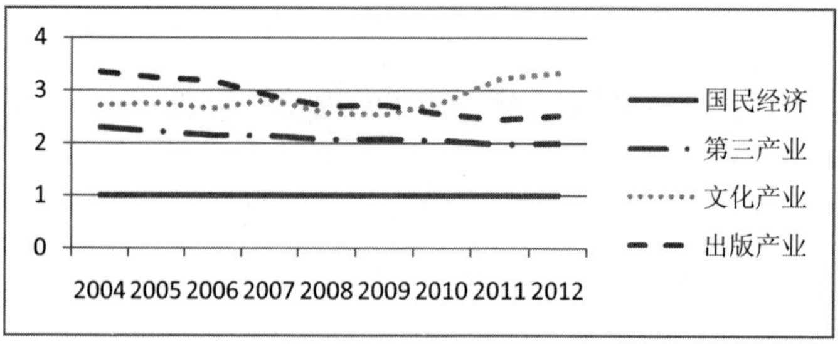

图 6-36 中国国民经济相关行业的比较劳动生产率(相对国民经济)不变价(2004-2012 年) 单位:%

(二)出版产业与第三产业的比较劳动生产率

以第三产业的劳动生产率为基准,我们可以更清楚地看到文化产业和出版产业的上述变化趋势。

从总体上来看,文化产业和出版产业的比较劳动生产率都高于第三产业的比较劳动生产率,而且优势也较为明显。但文化产业的比较劳动生产率是不断上升的,出版产业的比较劳动生产率是不断下降的。文化产业的比较劳动生产率在 2010 年完成超越,并且不断拉大与出版产业、第三产业的差距。

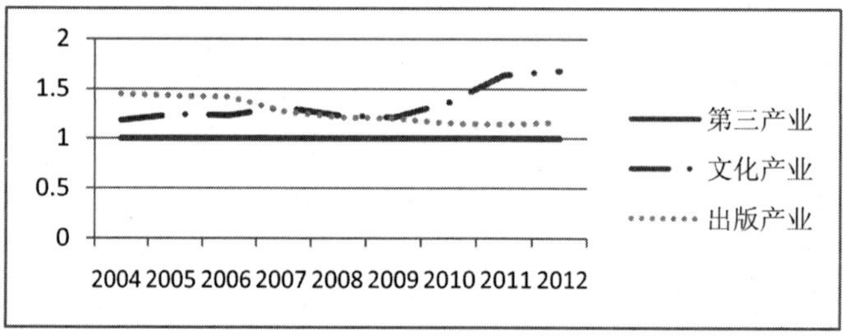

图 6-37 中国国民经济相关行业的比较劳动生产率(相对第三产业)当年价(2004-2012 年) 单位:%

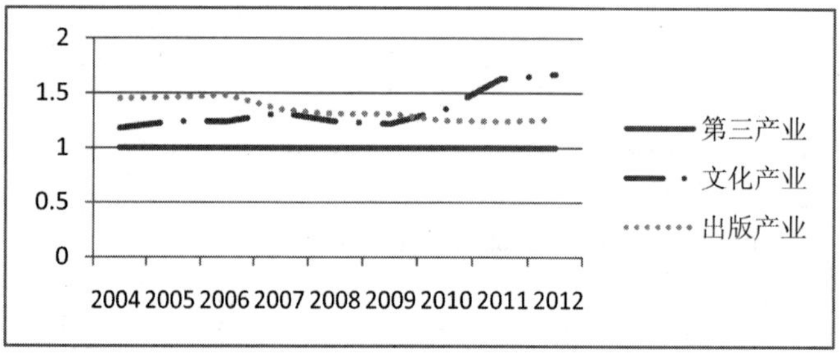

图 6-38 中国国民经济相关行业的比较劳动生产率(相对第三产业)不变价(2004-2012 年) 单位:%

(三)出版产业与文化产业的比较劳动生产率

以文化产业的比较劳动生产率为基准,出版产业的比较劳动生产率可以分为三个阶段:

第一个阶段为 2007 年以前，出版产业的比较劳动生产率高于文化产业的比较劳动生产率；第二个阶段为 2008—2009 年，出版产业与文化产业的劳动生产率基本持平；第三个阶段为 2009 年以后，出版产业的比较劳动生产率开始低于文化产业的比较劳动生产率，并且不断下降，差距逐步拉开。

上述中国出版产业的比较劳动生产率变化表明，出版产业的整体生产效率高于国民经济和第三产业的发展，但从 2010 年开始落后于文化产业的发展，并且表现出一种不断下降的趋势，这是令人担忧的现象。

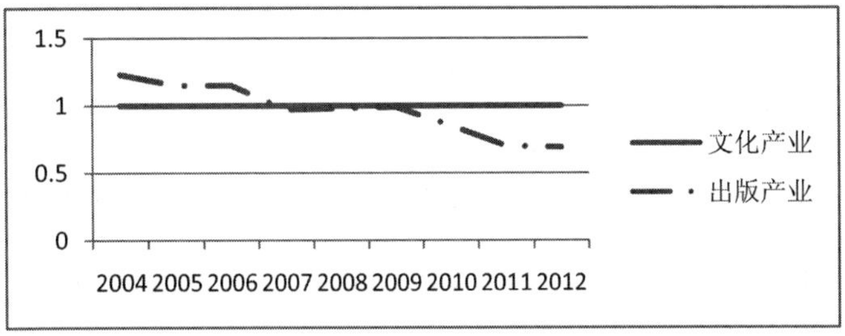

图 6－39　中国出版产业相对文化产业的比较劳动生产率当年价(2004－2012 年)　单位:%

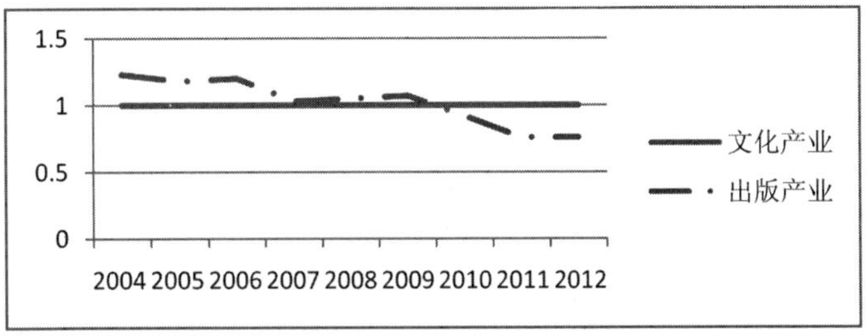

图 6－40　中国出版产业相对文化产业的比较劳动生产率不变价(2004－2012 年)　单位:%

二、中国出版各产业比较劳动生产率

(一)出版三大类比较劳动生产率

中国核心出版产业的比较劳动生产率远远高于出版产业的平均水平，而发行贸易和印刷复制的比较劳动生产率虽然与出版产业的平均水平接近，但无论核心出版是否包括数字出版的增加值，核心出版的比较劳动生产率都略低于出版产业的平均水平，而且不包括数字出版的核心出版显示出了更低的比较劳动生产率水平。

核心出版的比较劳动生产率显示了较高的水平，从包括数字出版增加值的核心出版变化趋势来看，虽有波动，但基本保持了较为平稳的态势。但从不包括数字出版的变化趋势来看，核心出版的比较劳动生产率下降趋势还是十分明星的。以不包括数字出版的核心出版为标准，2009 年核心出版的比较劳动生产率为出版产业的比较劳动生产率的 2.02 倍，但到

2012 年则降为 1.80 倍,虽然也保持了年均 2.02 倍的优势,但优势在缩小。

上述趋势充分说明了核心出版尤其是数字出版在出版中占有较为重要的地位。

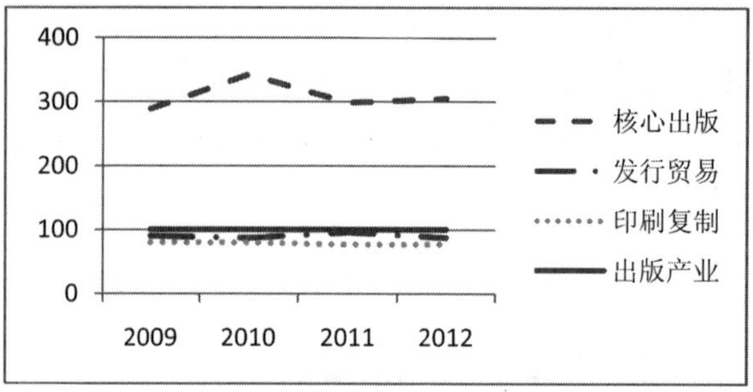

图 6-41　中国出版产业大类比较劳动生产率 1 当年价(2009-2012 年)　单位:%

备注:1. 数字出版缺乏直接就业人数的权威统计,因此无法计算数字出版的比较劳动生产率。

2. 出版产业及核心出版包括数字出版的增加值。

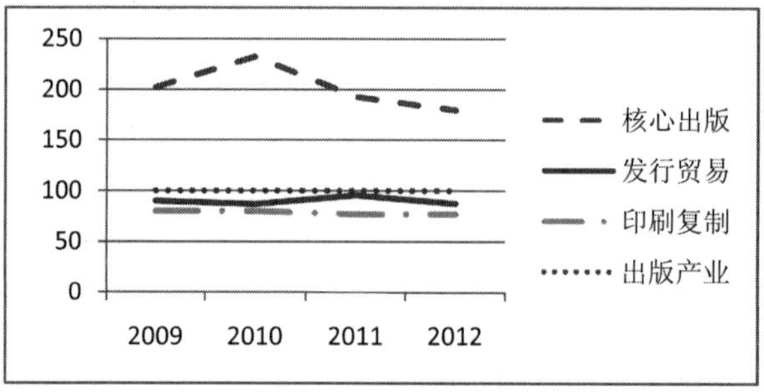

图 6-42　中国出版产业大类比较劳动生产率 2 当年价(2009-2012 年)　单位:%

备注:1. 数字出版缺乏直接就业人数的权威统计,因此无法计算数字出版的比较劳动生产率。

2. 出版产业及核心出版不包括数字出版的增加值。

(二)核心出版的比较劳动生产率

在核心出版中,传统出版与核心出版的比较劳动生产率基本一致。而现代出版和核心出版(不包括数字出版增加值的情况下)的比较劳动生产率则高度一致。与核心出版相比,传统出版的比较劳动生产率略低于核心出版的比较劳动生产率。

在现代出版和核心出版(包括数字出版增加值)进行计算得到的比较劳动生产率中,现代出版的比较劳动生产率远远高于核心出版和传统出版的比较劳动生产率。传统出版只有年均 65.41%的比较劳动生产率,而现代出版的年均比较劳动生产率高达 2.09 倍,表现出令人惊叹的生产效率。

但是如果按照现代出版和核心出版(不包括数字出版增加值)进行计算,那么,传统出版与现代出版的比较劳动生产率高度一致。而现代出版虽表现出不断上升的态势,但在 2011

年之前一直低于核心出版的比较劳动生产率，2009 年只有 92.86%，2010 年更是低到 85.65%，2011 年才恢复到了 96.71%，2011 年开始超越核心出版，达到了 117.74%，但年均也只有 98.24%的水平。这显示数字出版在现代出版以及核心出版中的积极作用。

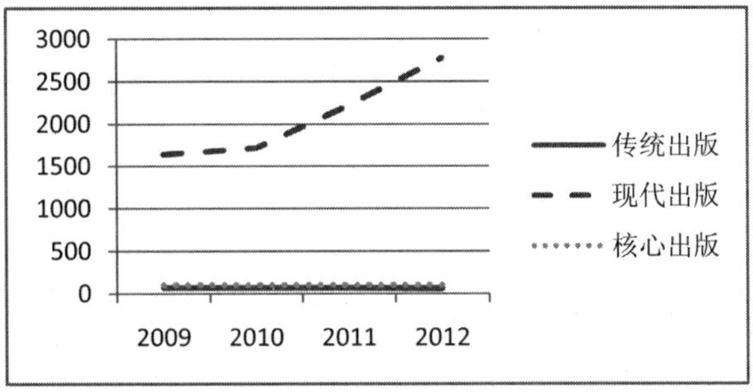

图 6－43　中国核心出版的比较劳动生产率 1 当年价(2009－2012 年)　单位：%

备注：1. 数字出版缺乏直接就业人数的权威统计，故数字出版无法计算劳动生产率。

2. 现代出版及核心出版包括数字出版的增加值。

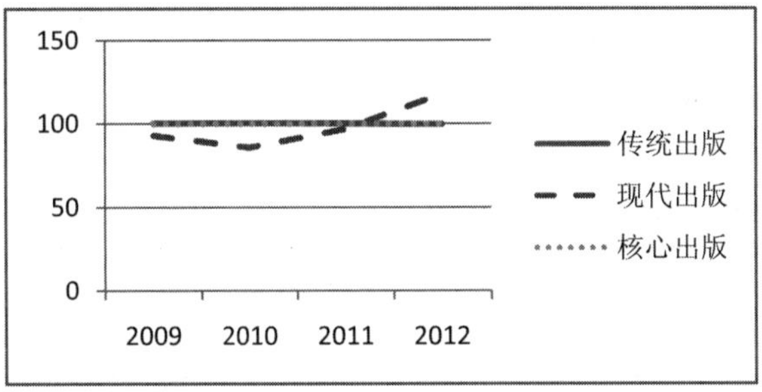

图 6－44　中国核心出版的比较劳动生产率 2 当年价(2009－2012 年)　单位：%

备注：1. 数字出版缺乏直接就业人数的权威统计，故数字出版无法计算劳动生产率。

2. 现代出版及核心出版不包括数字出版的增加值。

(三)出版六小类比较劳动生产率

从变化趋势来看，期刊出版、音像制品出版和电子出版物的出版都表现出不断上升的趋势，音像制品和电子出版物出版无论在规模还是在变化趋势上都表现出了较高的一致性，年均的比较劳动生产率分别为 193.69%和 193.05%，而期刊出版在 2009 年只有 116.11%，到 2012 年上升到了 144.30%，保持了年均 133.77%的比较劳动生产率。

明显处于不断下降状态的主要有图书出版和报纸出版，两者的比较劳动生产率的下降趋势还是非常明显的。其中图书出版保持了最高的比较劳动生产率，2009 年高达 434.98%，虽然 2012 年下降到了 393.28%，但也保持了年均 415.38%的高水平，这充分说明了传统出版尤其是图书出版的魅力。而报纸出版在 2009 年的比较劳动生产率为 172.86%，2012 年下降到了 139.50%，保持了年均 160.27%的比较劳动生产率。

这六小类出版的比较劳动生产率都高于出版产业的比较劳动生产率，这显示出核心出版的发展优势。

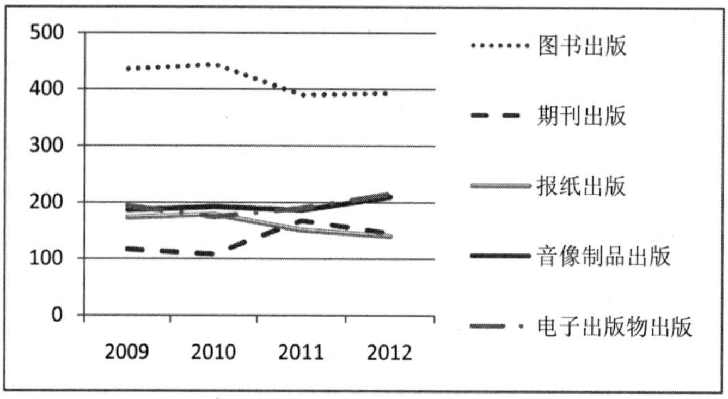

图 6－45　核心出版六小类的比较劳动生产率(2009－2012 年)　单位:%

三、中国出版产业分行业效益与效率

(一)利润/营业收入率

表 6-1　中国出版产业分行业利润率(利润/营业收入)　**单位:%**

产业类别	2009	2010	2011	2012	年均
图书出版	16.16	14.35	14.62	15.93	15.26
期刊出版	8.48	12.28	14.10	11.45	11.58
报纸出版	11.22	13.82	12.04	11.64	12.18
音像制品出版	11.74	11.88	10.55	12.14	11.58
电子出版物出版	9.28	13.51	20.61	24.59	17.00
数字出版	7.99	8.47	7.74	7.85	8.01
印刷复制	6.61	6.70	6.60	6.97	6.72
出版物发行	11.45	10.89	8.56	8.10	9.75
出版物进出口	5.34	2.77	2.75	2.48	3.33
版权贸易与服务					
行业服务与其他新闻出版业务					
出版产业	8.64	8.69	7.74	7.92	8.25

表 6-2　中国出版产业分行业比较利润率(利润/营业收入)(相对于出版产业)　　单位:倍数

产业类别	2009	2010	2011	2012	年均
图书出版	1.87	1.65	1.89	2.01	1.86
期刊出版	0.98	1.41	1.82	1.45	1.42
报纸出版	1.30	1.59	1.56	1.47	1.48
音像制品出版	1.36	1.37	1.36	1.53	1.41
电子出版物出版	1.07	1.55	2.66	3.11	2.10
数字出版	0.93	0.97	1.00	0.99	0.97
印刷复制	0.77	0.77	0.85	0.88	0.82
出版物发行	1.33	1.25	1.11	1.02	1.18
出版物进出口	0.62	0.32	0.36	0.31	0.40
版权贸易与服务					
行业服务与其他新闻出版业务					
出版产业	1.00	1.00	1.00	1.00	1.00

表 6-3　中国出版产业三大类利润率(利润/营业收入)　　单位:%

产业类别	2009	2010	2011	2012	年均
核心出版	10.88	11.57	10.75	10.54	10.94
发行贸易	11.27	10.64	8.39	7.91	9.55
印刷复制	6.61	6.70	6.60	6.97	6.72
出版产业	8.28	8.31	7.74	7.92	8.06

表 6-4　中国核心出版利润率(利润/营业收入)　　单位:%

产业类别	2009	2010	2011	2012	年均
核心出版	10.88	11.57	10.75	10.54	10.94
传统出版	12.75	13.86	13.27	13.34	13.31
现代出版	8.09	8.57	7.85	7.99	8.13

表 6-5　中国出版产业分行业人均利润额　　单位:万元/人

产业类别	2009	2010	2011	2012	年均
图书出版	11.89	12.08	14.02	17.17	13.79
期刊出版	1.41	2.12	2.16	2.27	1.99
报纸出版	2.99	4.30	3.98	3.77	3.76
音像制品出版	3.80	4.80	5.39	7.48	5.37
电子出版物出版	3.87	4.55	6.74	10.32	6.37
数字出版					
印刷复制	1.26	1.52	1.75	2.01	1.63
出版物发行	2.84	2.86	2.56	2.70	2.74
出版物进出口	2.24	5.31	5.36	6.90	4.95
版权贸易与服务					
行业服务与其他新闻出版业务					
出版产业	1.99	2.33	2.41	2.76	2.37

备注:数字出版缺乏直接就业人数的权威统计。

表 6-6　中国出版产业分行业比较人均利润额(相对于出版产业)　　单位:倍数

产业类别	2009	2010	2011	2012	年均
图书出版	5.97	5.18	5.82	6.22	5.82
期刊出版	0.71	0.91	0.90	0.82	0.84
报纸出版	1.50	1.85	1.65	1.37	1.59
音像制品出版	1.91	2.06	2.24	2.71	2.27
电子出版物出版	1.94	1.95	2.80	3.74	2.69
数字出版	0.00	0.00	0.00	0.00	0.00
印刷复制	0.63	0.65	0.73	0.73	0.69
出版物发行	1.43	1.23	1.06	0.98	1.16
出版物进出口	1.13	2.28	2.22	2.50	2.09
版权贸易与服务					
行业服务与其他新闻出版业务					
出版产业	1.00	1.00	1.00	1.00	1.00

从中国出版产业的三大行业的利润率水平来看,印刷复制的年均利润率为6.72%,低于出版产业年均8.25%的年均利润率,但是基本保持了稳定的状态。虽然发行贸易比出版产业的利润率水平高,年均达到了9.75%,但显示出不断下降的态势;2009年的利润率高达

11.45%,但到 2012 年降至 8.10%,降幅还是比较明显的。核心出版则保持了 10.94%的年均利润率,且基本稳定,在三大类出版中也是位居首位。总体而言,出版产业的利润率水平在国民经济中应该是位于前列的,而核心出版又位于出版产业的榜首,这是值得欣慰的现象。

从核心出版来看,现代出版的年均利润率只有 8.13%,低于核心出版 10.94%的年均利润率,更低于传统出版 13.31%的年均利润率。从发展趋势来看,传统出版的利润率表现出增长态势,而现代出版的利润率虽然有波动,但变化不大。这种现代出版数量增加而效益不是很好的现象,说明现代出版还处于快速增长的初期,而传统出版则处于衰退之前的稳定期。

从出版产业尤其是核心出版的内部行业来看,年均利润率排在首位的是电子出版物出版,为 17.00%;其次为图书出版,为 15.26%;其后依次是报纸出版、期刊出版、音像制品出版和数字出版,年均利润率分别为 12.18%、11.58%、11.58%和 8.01%,除了数字出版外,均高于出版产业 8.25%的年均利润率,也高于核心出版 10.94%的年均利润率。从发展趋势来看,图书出版、期刊出版、音像制品出版和电子出版物出版都表现出利润率不断增长的态势,而报纸出版和数字出版虽有波动但基本稳定,数字出版相对于核心出版和出版产业而言,相对利润率偏低。

从出版产业尤其是核心出版的内部各个行业的人均利润额来看,高于出版产业的有图书出版,年均利润率是出版产业的约 5.82 倍;电子出版物、音像制品和报纸出版也分别以出版产业的年均 2.69 倍、2.27 倍和 1.59 倍表现出良好的效益。低于出版产业的人均利润水平的主要有期刊出版和印刷复制,年均利润率分别为出版产业的 0.84 倍和 0.69 倍。印刷复制也是出版产业中人均利润水平最低的,这充分说明该行业具有劳动密集型行业的特点。而期刊出版的技术也有待进一步提高,需要更多的技术来提升行业的效益。

(二)利润/增加值比

表 6-7　中国出版产业分行业的利润/增加值比率　　单位:%

产业类别	2009	2010	2011	2012	年均
图书出版	39.67	35.89	41.83	45.15	40.64
期刊出版	17.62	25.98	15.04	16.22	18.72
报纸出版	25.12	31.78	30.80	27.95	28.91
音像制品出版	29.61	32.88	33.66	36.83	33.24
电子出版物出版	29.00	34.48	41.29	49.56	38.58
数字出版	27.24	30.70	27.40	28.02	28.34
印刷复制	22.89	25.03	26.44	26.94	25.32
出版物发行	45.60	43.91	31.21	32.16	38.22
出版物进出口	42.90	20.99	36.05	37.02	34.24
版权贸易与服务					
行业服务与其他新闻出版业务					
出版产业	28.82	30.71	28.05	28.53	29.03

从中国出版产业的利润/增加值的年均水平来看,超过出版产业29.03%的年均水平的有图书出版、音像制品出版、电子出版物出版、出版物发行和出版物进出口,年均分别为40.64%、33.24%、38.58%、38.22%和34.24%,最高为图书出版;低于出版产业年均水平的则有期刊出版、报纸出版、数字出版、印刷复制,年均分别为18.72%、28.91%、28.34%和25.32%,其中期刊出版的年均水平最低,报纸出版和数字出版则与出版产业的年均水平较为接近。

从中国出版产业各行业的利润/增加值变化趋势来看,年均增加值不断增加的有图书出版、报纸出版、音像制品出版、电子出版物出版、印刷复制;年均增加值不断下降的有出版物发行、出版物进出口;保持相对不变只是有所波动的有期刊出版、数字出版。出版产业的整体水平虽然也有所波动,但基本保持了相对的稳定。

(三)增加值/营业收入率

表6-8 中国出版产业分行业的增加值/营业收入比率 单位:%

产业类别	2009	2010	2011	2012	年均
图书出版	40.73	39.99	34.96	35.27	37.74
期刊出版	48.12	47.28	93.73	70.55	64.92
报纸出版	44.68	43.49	39.10	41.65	42.23
音像制品出版	39.65	36.14	31.35	32.96	35.02
电子出版物出版	32.00	39.19	49.92	49.62	42.68
数字出版	29.35	27.59	28.26	28.02	28.30
印刷复制	28.88	26.78	24.98	25.86	26.63
出版物发行	25.10	24.81	27.43	25.20	25.64
出版物进出口	12.44	13.19	7.63	6.69	9.99
版权贸易与服务					
行业服务与其他新闻出版业务					
出版产业	29.97	28.31	27.60	27.75	28.41

从中国出版产业分行业的增加值/营业收入的比率来看,超过出版产业28.41%年均的水平的有图书出版、期刊出版、报纸出版、音像制品出版、电子出版物出版,年均分别为37.74%、64.92%、42.23%、35.02%和42.68%,最高为期刊出版,其次是电子出版物出版,都远高于出版产业的平均水平。低于出版产业的增加值/营业收入比率年均水平的有数字出版、印刷复制、出版物发行和出版物进出口,年均分别为28.30%、26.63%、25.64%和9.99%。数字出版的增加值/营业收入比率接近出版产业的年均水平,而印刷复制和出版物发行则相差不多,但出版物进出口低了很多。

从中国出版产业分行业的增加值/营业收入比率变化趋势来看,不断增长的有期刊出版、电子出版物出版；不断下降的有图书出版、音像制品出版、印刷复制、出版物进出口；虽然有所波动但基本保持不变的有报纸出版、数字出版、出版物发行以及出版产业总体。

特别值得关注的是出版物进出口的增加值/营业收入比率不仅极低而且不断下降，这说明该行业不仅规模小，效益也极差。

(四)数量/品种率

在传统出版中，无论是图书出版、期刊出版还是传统出版本身，数量/品种的比率都呈现出一种不断下降的趋势，图书出版和期刊出版的数量/品种比率相对还比较平缓一些，而传统出版本身则表现得更为剧烈一些。每种图书对应的总印数要远低于期刊的数量/品种比率，这也确实反映了三类出版各自的特点。报纸的流通量远远高于期刊和图书出版的流通量，期刊出版的流通量又远高于图书出版的流通量。

从中国出版产业的各行业数量/品种的比率来看，位居首位的是报纸出版，数量/品种超过 1,500 万份/种以上，这是其他任何行业都无法企及的。报纸出版在 1978 年的数量/品种即高达 6,868.82 万份/种，到 1979 年迅猛增加到了 1.90 亿份/种，达到了历史的最高水平，随后开始下落，1985 年回落到了 1,707.82 万份/种，其后一直保持在这个范围之内，并略微不断上涨，到 2012 年增加到 2,514.39 万份/种，之后基本保持稳定。

在中国出版产业的现代出版中，录像和电子出版的数量/品种比率都呈现出不断上升的趋势，录音出版则呈现了先剧烈下降后又平缓上升的趋势。在 2000 年之前，录音和录像出版的数量/品种差距较大，后逐步缩小，之后两者互有高低，但总体相差不大。电子出版物的出版虽在波动中不断上升，但上升的幅度不是很大，这是一个值得关注的现象。

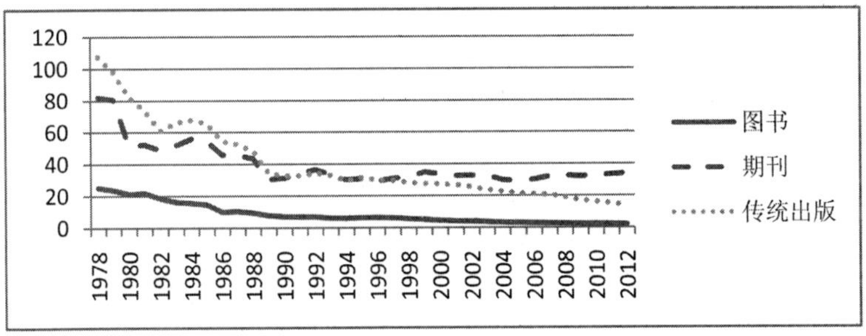

图 6-46　中国传统出版的数量/品种比率(1978-2012 年)　单位:万份/种

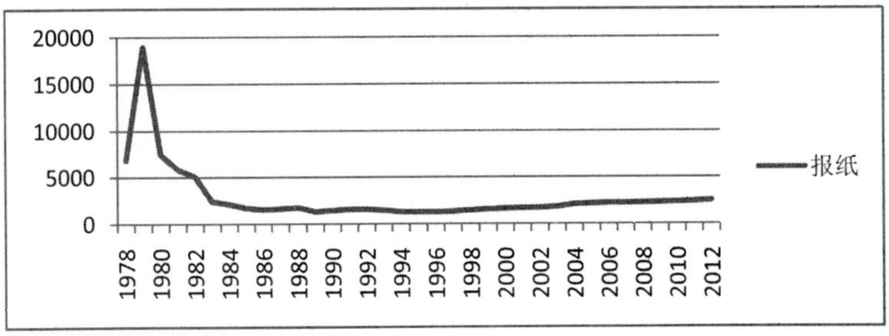

图 6-47　中国报纸出版的数量/品种比率(1978-2012 年)　单位:万份/种

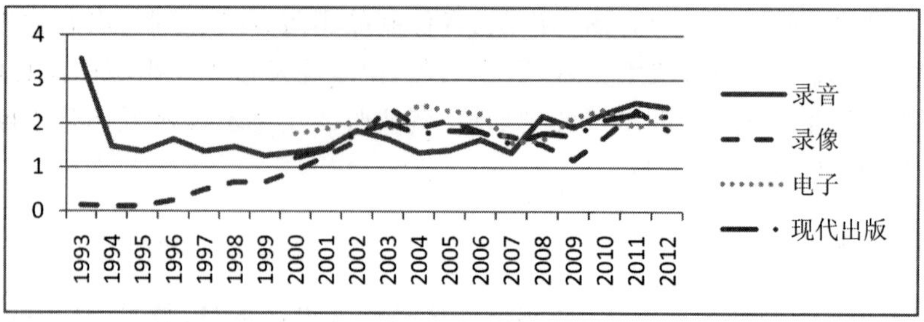

图 6-48　中国现代出版的数量/品种比率(1993-2012 年)　单位:万份、张/种

就中国出版产业的传统出版和现代出版而言,现代出版的数量/品种比率虽一直稳步上升,但上升的幅度不是很大;传统出版的数量/品种比率虽一直下降,但从比率的规模上看,要远远高于现代出版。这说明传统出版的流通量远远高于现代出版的流通量,尤其是报纸的流通量很大。什么时候开始出现拐点、传统出版的流通量何时低于现代出版的流通量,值得我们关注和期待。

第 7 章
出版产业结构国际研究和比较[①]

出版产业结构的国际化，是指出版产业结构通过产业构成的出版资源在国际间流动，在全球出版产业发展和结构调整中实现转换的过程，从而引起世界范围内出版产业的连续产业结构调整，出现出版产业结构调整跨国界的新趋势。

第一节　中国出版产业国际比较优势

本文主要采用以下公式来衡量出版产业的国际比较优势，即

$$I=\frac{\text{出口}-\text{进口}}{\text{出口}+\text{进口}}$$

如果 I 等于 1，那么进口额等于 0，表示全部出口；如果 I 等于 0，那么进口额和出口额相等；如果 I 等于 -1，那么出口额为 0，表示全部进口。如果 I 为 -1 到 1 之间的数字，该数字越接近 1，意味着出口比进口多，也就是竞争力较强；数字越接近 -1，则说明进口比出口多，竞争力越弱；数字接近 0，则说明进出口保持基本平衡。

一、核心出版产业的国际比较优势

(一)核心出版的国际经济优势

从中国核心出版发展的总体趋势来看，核心出版的国际经济优势整体处于水平线的下方，均为负值，这说明我国核心出版的国际经济优势处于不断下降的状态。1997 年我国核心出版的国际经济优势为 -0.54，到 2012 年则下降到了 -0.81，接近 -1。中国核心出版的国际经济优势一直处于非常弱势的地位，而且即便处于弱势也还在下降，这是令人担忧的现象。

① 中国出版产业中的编辑出版并未开放，因此无法对外国直接投资状况进行分析比较研究。

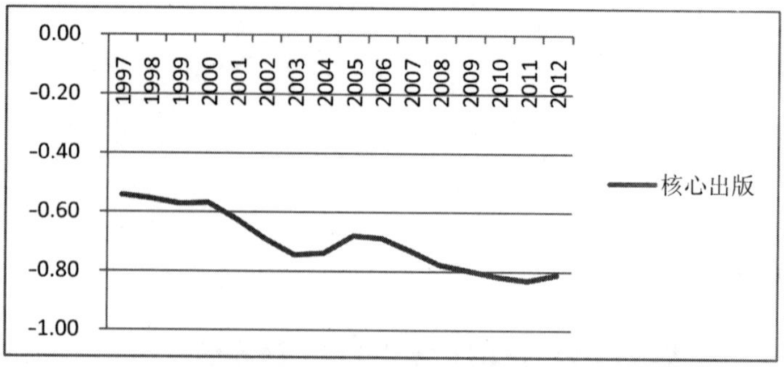

图 7-1　中国核心出版的国际经济优势(1997-2012 年)　单位:倍数

备注:核心出版的国际经济优势主要是出口和进口的金额比较。

(二)核心出版的国际产品优势

从中国核心出版的国际产品优势的品种来看,可以分为三个阶段,即 1998 年之前的迅速上升阶段、1998—2006 年的稳定波动阶段和 2007 年之后的不断下降阶段。2011 年降为 -0.10,这是非常值得注意的关键点,2012 年则回升到 0。

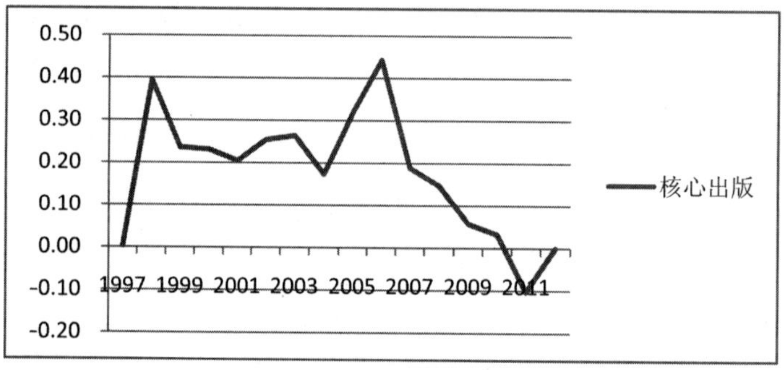

图 7-2　中国核心出版的国际产品优势(品种)(1997-2011 年)　单位:倍数

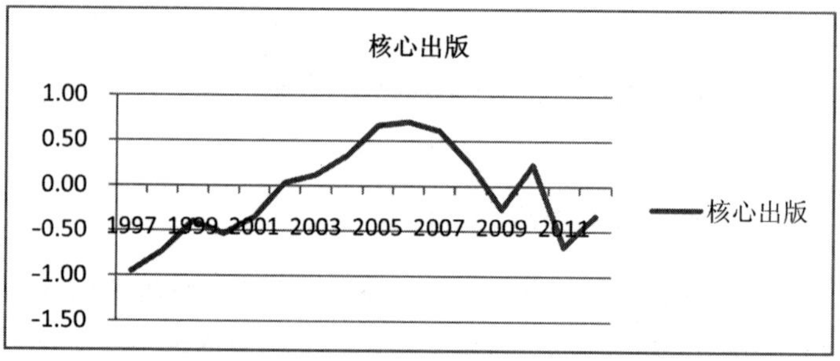

图 7-3　中国核心出版的国际产品优势(数量)(1997-2011 年)　单位:倍数

从中国核心出版的国际产品优势的数量发展趋势来看,可以简单分为两个阶段,即 1997—2006 年的不断上升阶段和 2007-2012 年的不断下降阶段。前一个阶段中,1997 年为 -0.95,2006 年上升到 0.71;后一个阶段中,虽然有所波动,但整体向下的趋势是非常明显的,2011 年为 - 0.67,2012 年虽有回升,但也只有 - 0.33%。

上述数据表明,中国核心出版的产品目前在国际上基本没有优势。

(三)版权贸易的国际产品优势

从中国版权贸易的国际产品优势来看,首先是比率数值全部显示为负值,2009 年只有 - 0.53,2012 年也只有 - 0.31;其次是版权贸易的国际产品优势不断突出,但仍然处于净进口的阶段。这说明中国版权的国际优势非常低下,整体处于分工的低端,何时能够转负为正是值得期待和关注的。

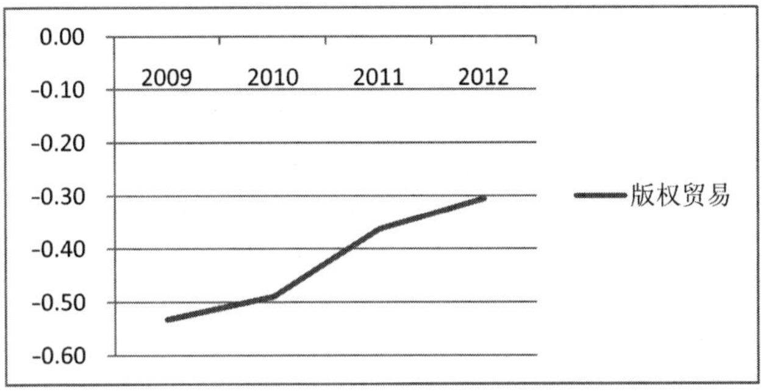

图 7 - 4　中国版权的国际产品优势(数量)(2009 - 2012 年)　单位:倍数

二、传统出版产业的国际比较优势

(一)传统出版的国际经济优势

从中国传统出版及其内部各行业的国际经济优势发展趋势来看,一是全部比值均位于水平线以下,二是都呈现出不断下降的趋势,图书和报纸下降得尤其迅速。

1997 年传统出版的国际经济优势为 - 0.51,后不断下降,到 2012 年为 - 0.72;1997—2004 年图书出版经历了一个波动中保持平稳的发展阶段,基本保持在 - 0.30 左右,之后开始上升,到 2006 年达到最高的 - 0.15,随后又开始不断下降,到 2012 年降至 - 0.53;期刊出版在 1997—2012 年期间基本保持在 - 0.80—0.97,虽然显得稳定,但是比值已接近 - 1,说明期刊的国际经济优势极低;报纸出版的国际经济优势发展经历了一个短暂的先增长后不断下降的过程,从 1997 年的 - 0.89 增长到 1998 年的 - 0.36,后开始不断下降,到 2011 年下降到了 - 0.96,2012 年也只有 - 0.95。

上述发展趋势和数据说明,中国传统出版及其内部各行业的出版在国际竞争中没有任何经济优势,处于国际分工的低端。

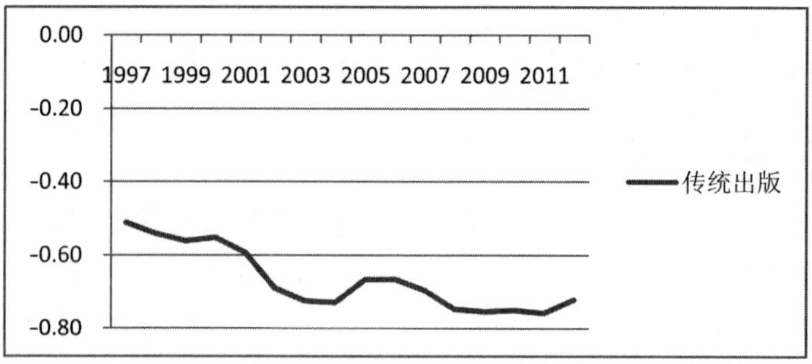

图 7-5　中国传统出版的国际经济优势(1997-2011 年)　单位:倍数

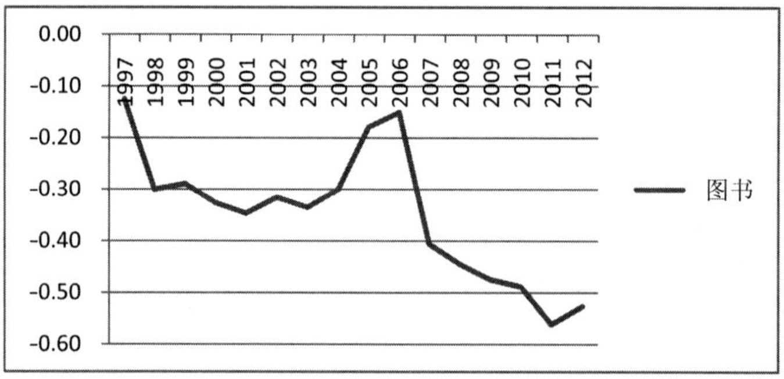

图 7-6　中国图书出版的国际经济优势(1997-2012 年)　单位:倍数

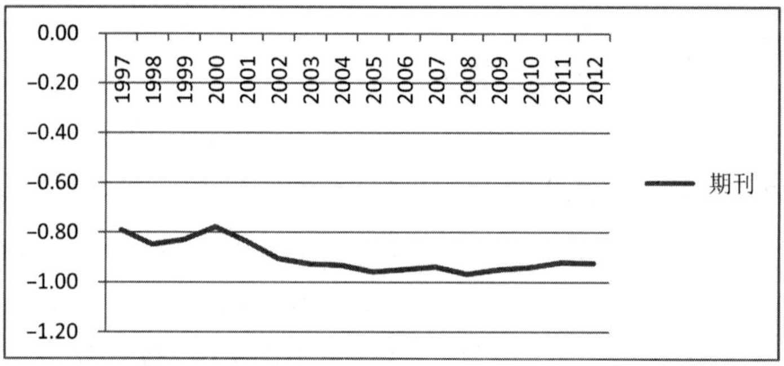

图 7-7　中国期刊出版的国际经济优势(1997-2012 年)　单位:倍数

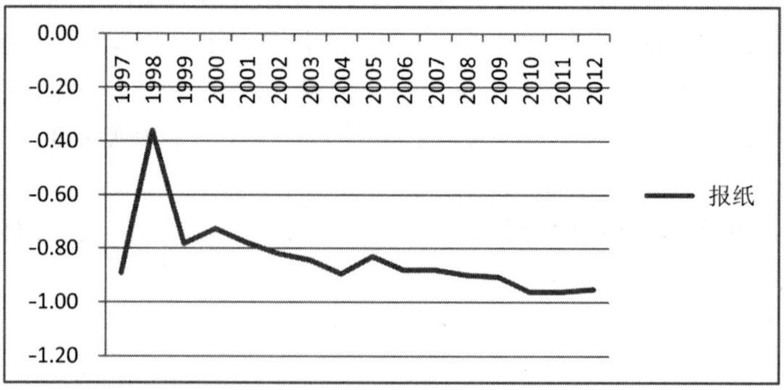

图 7-8　中国报纸出版的国际经济优势(1997-2012 年)　单位:倍数

(二)传统出版的国际产品优势

中国传统出版的品种国际比较优势的比值在 2010 年之前一直处于水平线的上端，只有 2011 年为 - 0.09，处于水平线的下端，但 2012 年又回到了 0。从传统出版的品种国际比较优势的发展趋势来看，中国传统出版的品种国际比较优势在 2006 年之前一直处于虽较为波动但还算稳定的状态，保持在 0.20 上下浮动，2006 年达到 0.42 的历史最高值之后就开始不断下降，到 2011 年降为负值。

中国传统出版的数量国际比较优势的发展趋势在 2000 年之前均为正值，但是下降趋势明显，1997 年为 0.41，1999 年还有 0.31，2000 年迅速转为负值，为 - 0.41，随后一直保持在该水平上下略微波动，到 2012 年略微回升到了 - 0.31 的水平。

中国图书出版的品种国际比较优势在 2010 年之前还是比较明显的，一直处于水平线之上，在 2006 年之前保持了 0.20 的较好水平，2006 年则达到了历史最高水平的 0.44，之后开始不断下降，2011 年为 - 0.09，变为负值。从总体变化趋势来看，图书出版品种的国际比较优势在不断减弱。

中国图书出版的数量国际比较优势总体还是比较乐观的，一是比值始终保持在水平线的上方；二是虽然波动较大，但一直处于相对比较稳定的态势，基本保持在 0.15 上下。

从中国图书出版的经济和产品两方面的国际比较优势来看，虽然品种和数量上图书出版有一些国际比较优势，但由于经济优势始终是负值，并且不断下降，所以综合起来看，只能推断出中国的图书出版在国际上是“赔本赚吆喝”，经济效益有待提高。

中国期刊的品种国际比较优势的发展趋势不容乐观，一直保持在水平线上下浮动，尤其是 2011 年降至历史最低的 - 0.36。

总体而言，中国期刊的数量国际比较优势的发展趋势分为两个阶段：前一阶段为 2000 年之前，为不断下降的发展趋势，而且是由正转负的发展状况；第二阶段则是自此以后保持了一个相对平稳的态势，但整体处于水平线之下，而且在 - 0.70 上下浮动。

从中国期刊的经济和产品的国际比较优势综合考量，中国期刊的国际比较处于绝对的劣势，虽然没有持续恶化，但不容乐观。

图 7 - 9　中国传统出版的国际产品优势(品种)(1997 - 2012 年)　单位:倍数

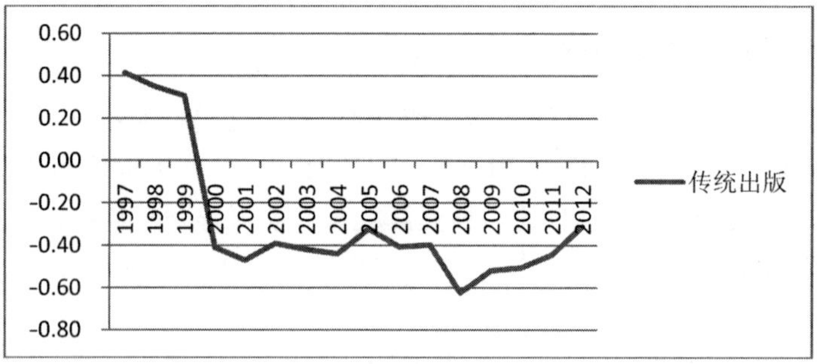

图 7-10 中国传统出版的国际产品优势(数量)(1997-2012 年) 单位:倍数

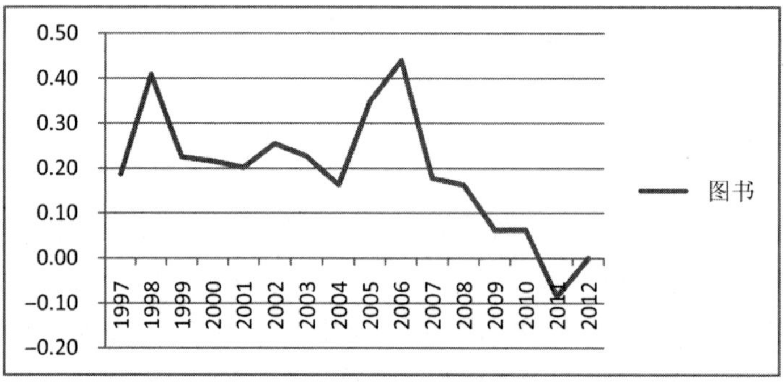

图 7-11 中国图书出版的国际产品优势(品种)(1997-2012 年) 单位:倍数

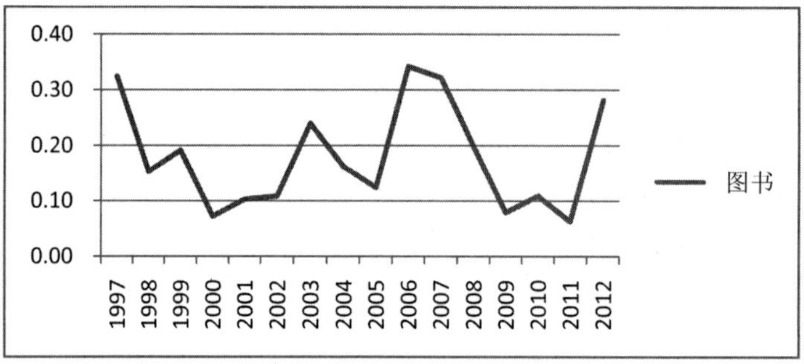

图 7-12 中国图书出版的国际产品优势(数量)(1997-2012 年) 单位:倍数

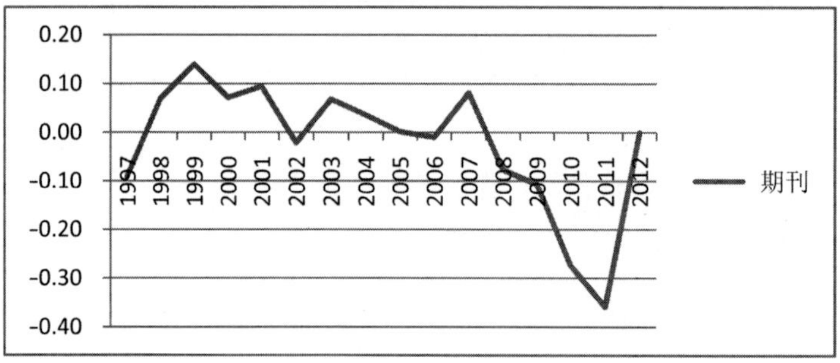

图 7-13 中国期刊出版的国际产品优势(品种)(1997-2012 年) 单位:倍数

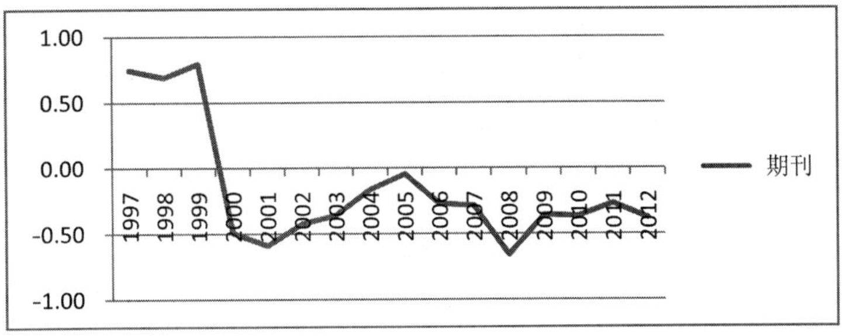

图 7－14　中国期刊出版的国际产品优势(数量)(1997－2012 年)　单位:倍数

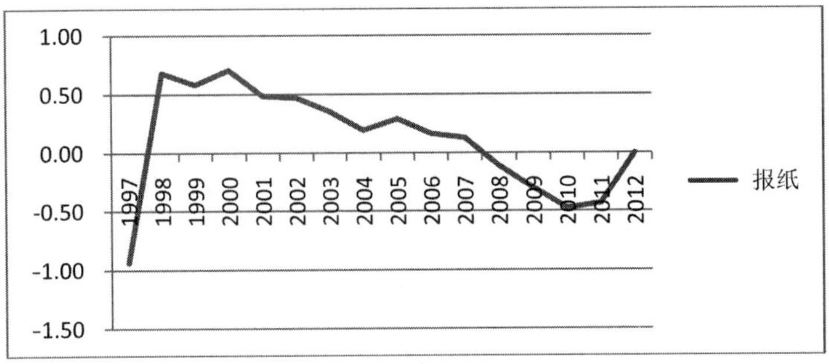

图 7－15　中国报纸出版的国际产品优势(品种)(1997－2012 年)　单位:倍数

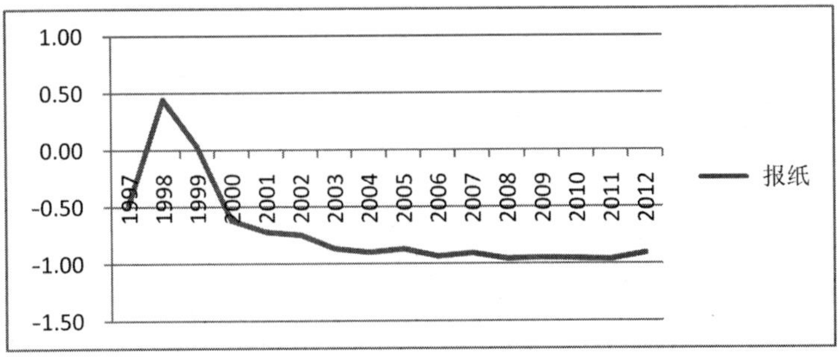

图 7－16　中国报纸出版的国际产品优势(数量)(1997－2012 年)　单位:倍数

无论从品种上看还是从数量上看,中国报纸出版的国际比较优势都在 1998 年保持了一个短暂的迅速上升随后不断下降的状态,品种比值在 2008 年变为负值,而数量比值则是在 1999 年变为负值。

因此,从报纸出版的经济和产品国际比较优势进行综合考虑,中国报纸出版的国际比较处于绝对的劣势,而且情况不断在恶化。

三、中国现代出版产业的国际比较优势

(一)中国现代出版的国际经济比较优势

中国现代出版除了录像出版之外,其他出版的国际经济比较优势的数值全部在水平线以下,而且近期都呈现出明显的不断下降的趋势。

中国现代出版的国际经济比较优势在2006年之前一直处于虽波动但较为稳定的状态,在-0.80上下浮动,在2006年之后开始不断下降,甚至开始接近-1的极限值。这说明现代出版在整体的国际经济比较中处于绝对的劣势,而且情况不断在恶化。

中国录音出版的国际经济比较优势在2006年之前总体处于不断改善的状态,到2006年为-0.12,是历史上最接近水平线的数值。随后开始不断下降,2011年和2012年均为-1,是只有进口没有出口的绝对状态。

中国录像出版在现代出版中应该是最具有国际经济比较优势的,绝大部分时间都位于水平线之上,而且在0.50之上,甚至不少年份都是1,是只有出口而没有进口的绝对状态。录像出版除了在1997年为-0.41,2010年和2012年分别为-0.47和-0.12之外,都是处于国际经济比较优势的有利位置。

中国电子出版物出版自始至终都处于水平线的下端,而且在2007年之后接近-1,之前虽处于波动中较为稳定的态势,但也在-0.95上下徘徊,这都显示了中国电子出版物在国际经济比较中的劣势。

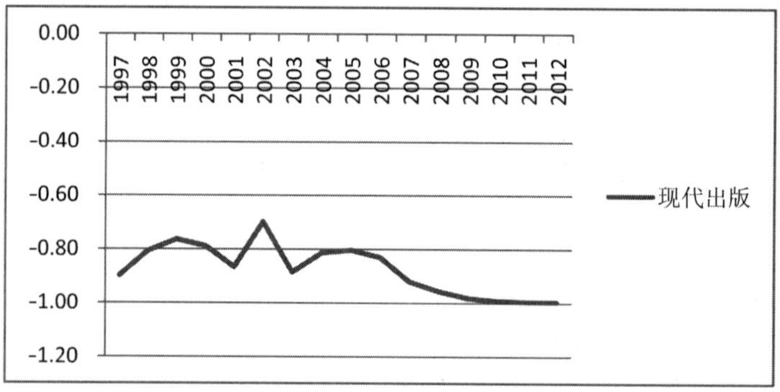

图7-17 中国现代出版的国际经济比较优势(1997-2012年) 单位:倍数

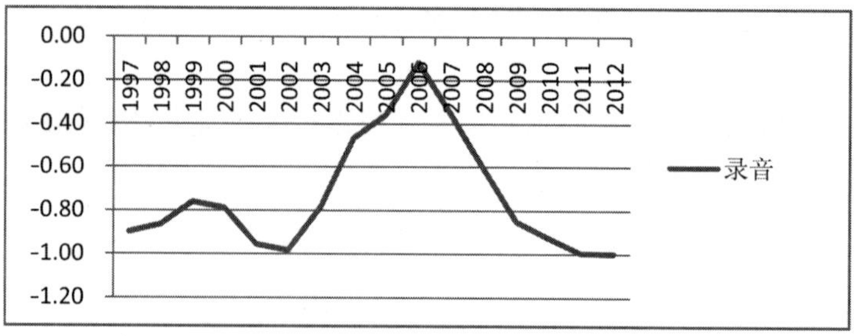

图7-18 中国录音出版的国际经济比较优势(1997-2012年) 单位:倍数

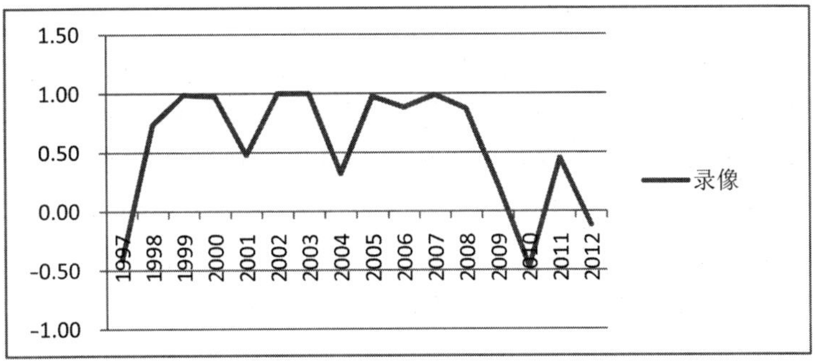

图 7－19　中国录像出版的国际经济优势(1997－2012 年)　单位:倍数

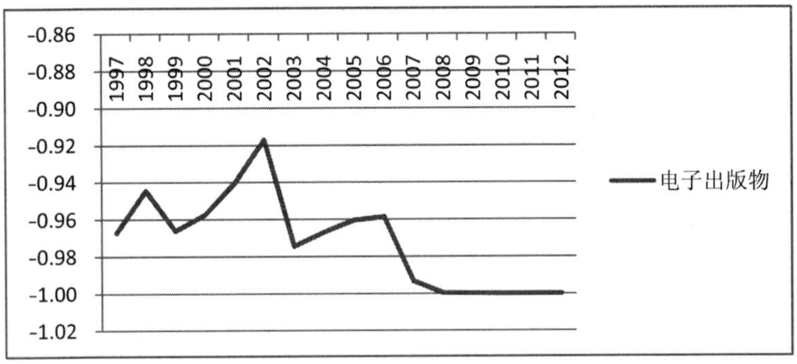

图 7－20　中国电子出版物出版的国际经济优势(1997－2012 年)　单位:倍数

(二)中国现代出版的国际产品优势

中国现代出版的品种国际比较优势经历了先上升,后处于波动中稳定,随后又开始逐步下降的过程。从 1997 年的－0.87 迅速上升到 1998 年的 0.40,之后上升到 2006 年的 0.88,都保持在了水平线以上,并处于 0.50 以上的波动状态。随后,2006 年开始不断在波动中下降,最低时是 2010 年,降到－0.42,2011 年仍为负值,只有－0.29。

中国现代出版的数量国际比较优势的发展变化在 2006 年之前呈现不断上升的趋势,并且在 2002 年变为正值,比值为 0.03。2006 年为 0.71,是历史最高点,随后开始不断下降,2011 年降至－0.67,2012 年略微回升到了－0.33,总体下降的趋势十分明显。

中国录音出版的品种国际比较优势在 2001—2007 年之间都保持了正值,在之前和之后都位于水平线之下,总体趋势是在波动中保持了平稳态势,但数值在－0.50 上下波动,说明总体的国际比较优势处于低下水平。

中国录音出版的数量国际比较优势从 1997 年开始一直处于不断上升的状态,2004 年变为 0.02,之后在 2006 年达到历史最高的 0.52,之后开始下降,2008 年变为负值,2012 年更是低到了－1 的极点,表示全部进口,没有出口。

中国录像出版的品种国际比较优势全部位于水平线的上端,而且长期处于极值 1 的附近,显示了极强的比较优势。但是从 2011 年开始有所下降,这是值得关注的现象。这既与产业升级有关,也与自身竞争力下降有关。

中国录像出版的数量国际比较优势在绝大部分时间里都处于水平线的上端,只有 1997 年为 - 0.22,其他年份均为正值,而且处于极值 1 的附近,显示了较好的竞争能力。但是从 2008 年开始,中国的录像出版显示出不断下降的趋势,2011 年的比值为 0,达到了进出口相等,2012 年虽然回升到了 0.20,但总体下降的趋势没有得到根本改变。

中国电子出版物出版的品种国际比较优势在 2000—2007 年均为正值,而且在 0.50 之上保持了较长时间;在 2005 年之前和之后均为负值,而且多数处于极值点 - 1 附近,这预示着电子出版物的品种国际比较的绝对劣势还存在。

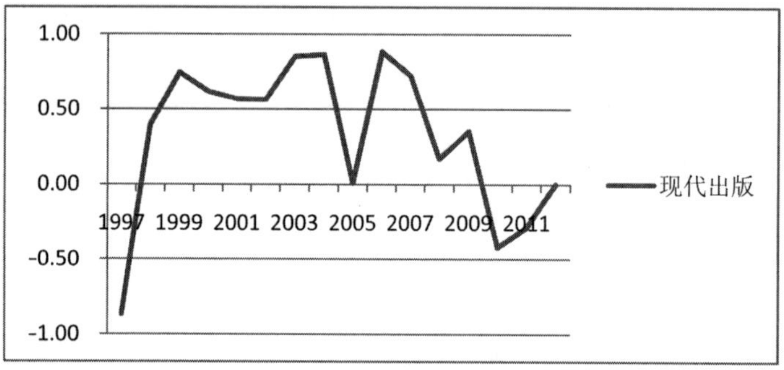

图 7 - 21　中国现代出版的国际产品比较优势(品种)(1997 - 2011 年)　单位:倍数

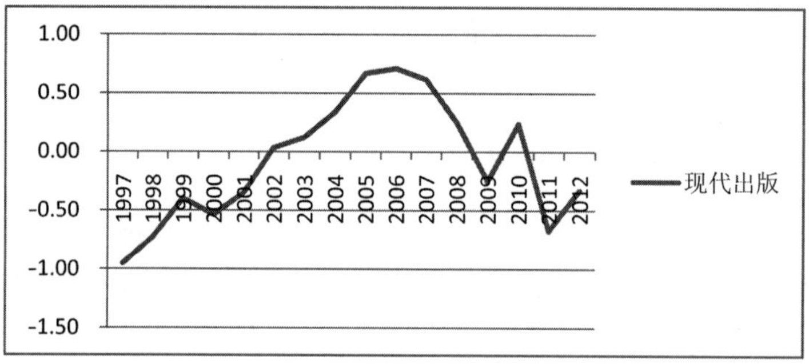

图 7 - 22　中国现代出版的国际产品比较优势(数量)(1997 - 2012 年)　单位:倍数

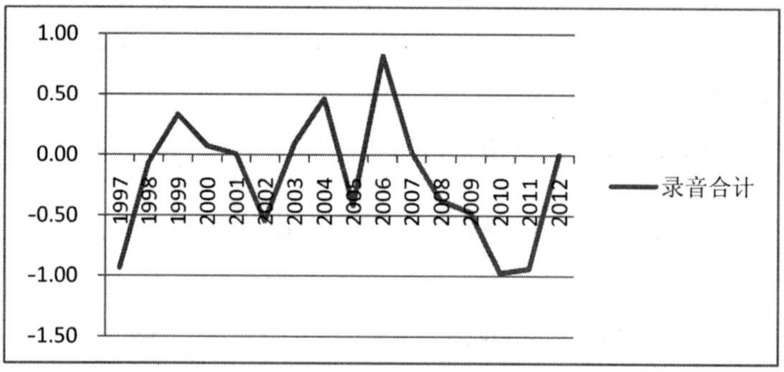

图 7 - 23　中国录音出版的国际产品比较优势(品种)(1997 - 2012 年)　单位:倍数

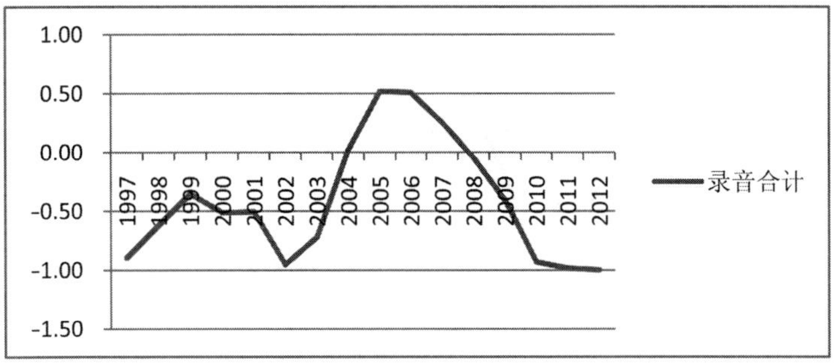

图 7－24　中国录音出版的国际产品优势(数量)(1997－2012 年)　单位:倍数

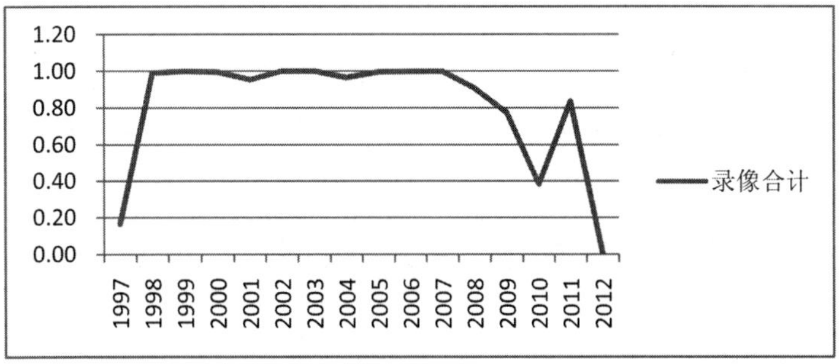

图 7－25　中国录像出版的国际产品优势(品种)(1997－2012 年)　单位:倍数

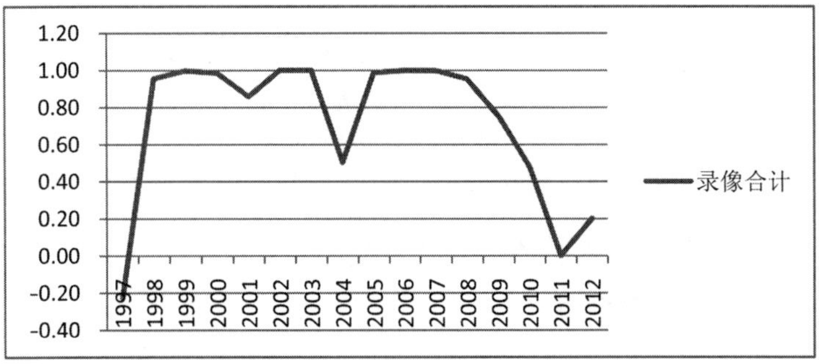

图 7－26　中国录像出版的国际产品优势(数量)(1997－2012 年)　单位:倍数

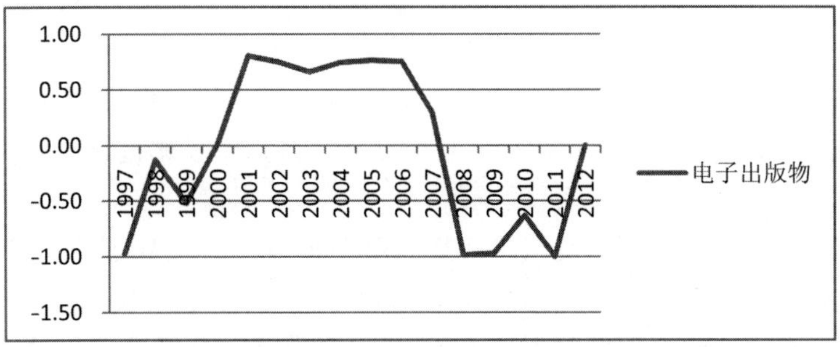

图 7－27　中国电子出版物出版的国际产品优势(品种)(1997－2012 年)　单位:倍数

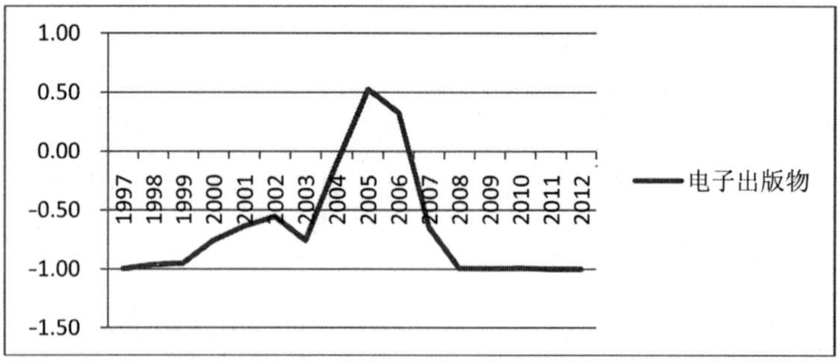

图 7－28　中国电子出版物出版的国际产品优势(数量)(1997－2012 年)　单位：倍数

中国电子出版物的数量国际比较优势只在 2004—2006 年间短暂位于水平线之上，前后两个时期都位于水平线之下，而且在 2008 年之后就一直位于－1 的极值点。从上述数值和变化趋势来看，中国电子出版物的数量国际比较处于绝对劣势，而且没有任何改观的趋势。

第二节　中国出版产业的产业竞争力

一、中国出版产业的产业竞争力

在这里，我们采用以下公式衡量中国出版产业的产业竞争力，即

$$T = \frac{\text{出口} + \text{进口}}{\text{发行贸易指标}}$$

我们用这个公式来分析中国出版产业的国际竞争能力。这里分析的不是出版产业在国民经济中的地位和作用，而是分析其在世界分工中的地位和作用。

(一)中国出版产业规模竞争力

无论从营业收入、总产出还是销售金额来看，中国出版产业规模竞争力都总体处于不断上升的态势，上升最为明显的当属总产出规模下的出版产业竞争力。

2009 年，中国出版产业的营业收入规模竞争力为 2.94％的比值，到 2012 年达到了 3.43％，并保持了年均 3.10％的水平；2009 年，出版产业的总产出规模竞争力为 2.87％的比值，到 2012 年增长到了 3.41％，保持了年均 3.05％的水平；2009 年，出版产业的销售金额规模竞争力只有 1.38％的比值，到 2012 年增长到了 1.52％，增长幅度不大，年均只有 1.46％的份额。

根据美国出版商协会的数据，美国出版物的图书出口一般占到国内销售额的 7％左右，而中国的出口总额 2012 年仅占国内销售额的 1.52％，中美差距巨大。

因此，中国出版产业的规模竞争力虽不断提高，但份额没有超过 5％，这说明中国出版产业的国际竞争力还是很弱的。

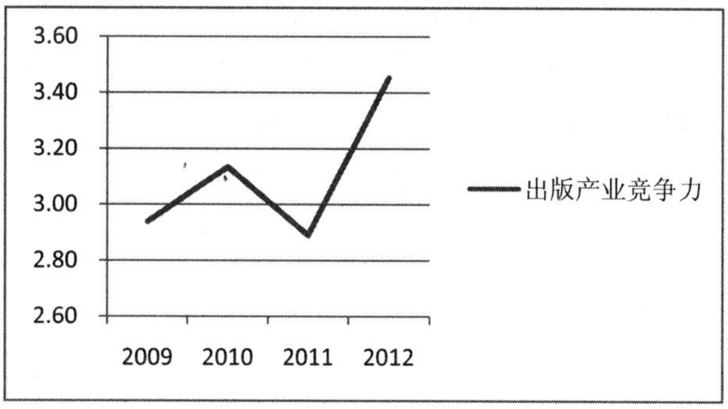

图 7－29　中国出版产业规模竞争力(营业收入)(2009－2012 年)　单位:%

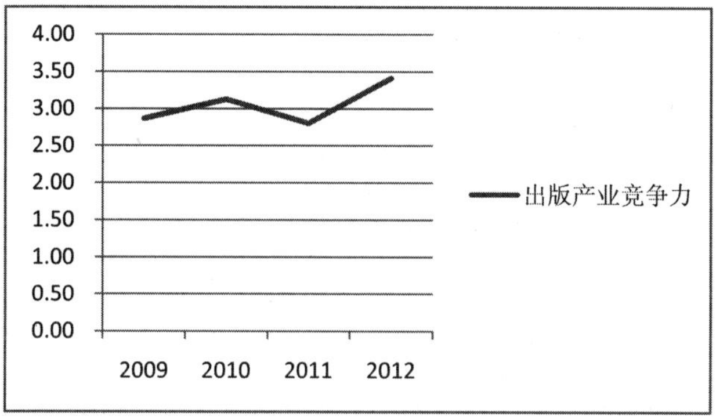

图 7－30　中国出版产业规模竞争力(总产出)(2009－2012 年)　单位:%

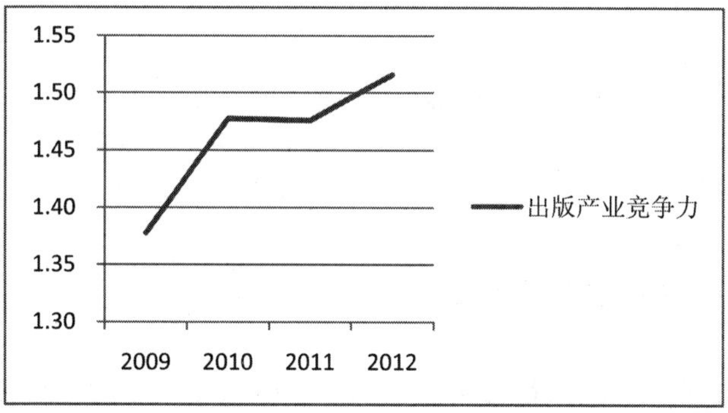

图 7－31　中国出版产业规模竞争力(销售金额)(2009－2012 年)　单位:%

(二)中国出版产业效益竞争力

中国出版产业的效益竞争力无论从增加值看还是从利润指标来看,总体趋势都是不断下降的。以利润指标来衡量的中国出版产业效益竞争力在 2010 年之后有所上升,但即使到 2012 年增长到了 1.08%,也低于 2009 年的 1.39%,年均只有 1.06%的水平。

以增加值指标来衡量的中国出版产业效益竞争力,2009 年为 2.94%,2010 年上升到了

3.36%，到 2012 年降为 1.87%，年均虽然有 2.45%的水平，但从数值看我国出版产业效益竞争力还是非常低的。

从利润和增加值来衡量中国出版产业的效益竞争力可以看出，最高数值甚至连 5%都不到，中国出版产业的效益竞争力处于极低的位置，而且相较于出版产业的规模竞争力更低，这说明出版产业的竞争力非常弱。

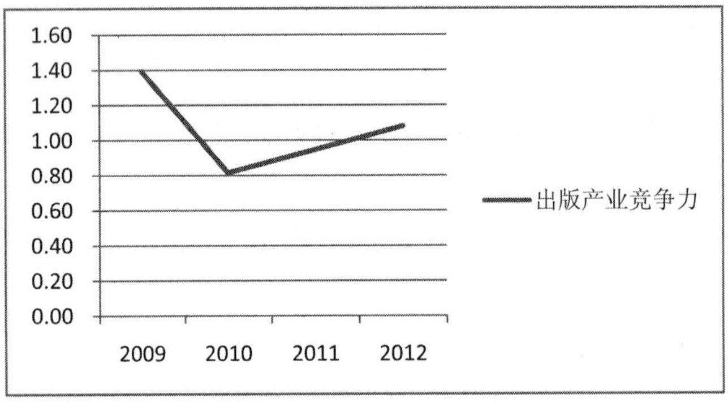

图 7－32　中国出版产业效益竞争力（利润）（2009－2012 年）　单位：%

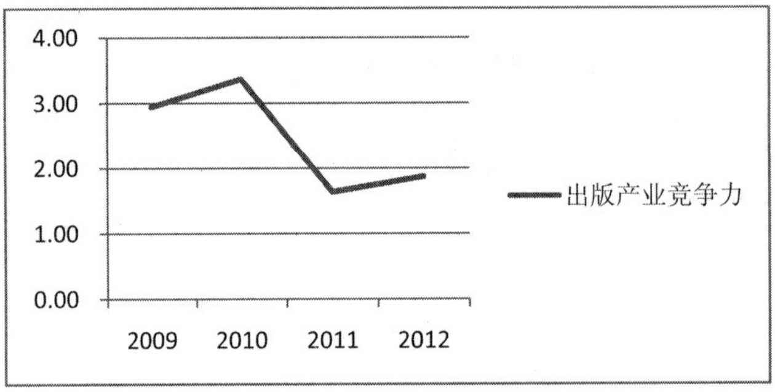

图 7－33　中国出版产业效益竞争力（增加值）（2009－2012 年）　单位：%

二、中国出版产业的依存度状况

在这里我们主要采取传统的衡量手段来衡量中国出版产业的依存度状况。依存度主要有出口依存度、进口依存度和贸易依存度。根据中国出版产业的特点及规模，我们这里主要采取贸易依存度，即

$$E = \frac{\text{进出口额}}{\text{国民或行业增加值}}$$

为了便于比较分析，除了比较传统的国民经济增加值，还可分别比较出版产业规模和文化产业规模下的依存度。

（一）国民经济下的依存度

在国民收入规模下，中国出版产业的依存度非常弱小，而且呈现非常明显的下降趋势。

2004 年,中国出版产业国民收入规模下的依存度只有万分之 0.84,到 2012 年只有万分之 0.63,比重甚至没有达到万分之一。

从数据来看,国民收入、文化产业及出版产业三个不同规模下的出版产业的依存度都非常低,在出版产业和文化产业规模下的中国出版产业依存度连 1%都不到,可以说几乎没有任何明显的影响。

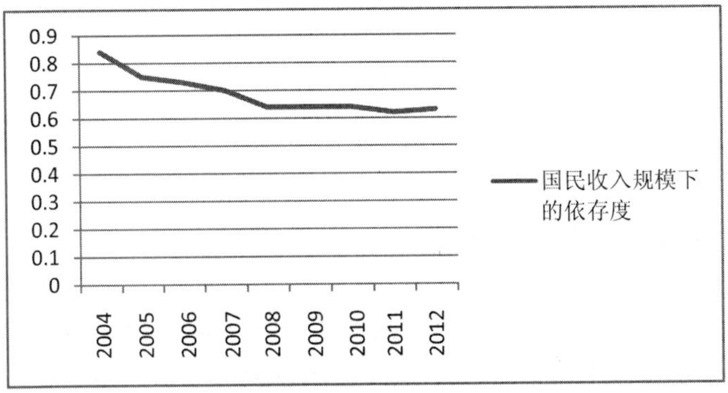

图 7－34　中国出版产业的依存度(国民经济规模下)(2004－2012 年)　单位:万分之一

(二)出版规模下的依存度

在出版产业规模下,中国出版产业的依存度年均保持在 0.73%,并且基本在 0.70%—0.79%之间波动,显示出较高的稳定状态,但从发展趋势上来看,还是在略微的波动中下降。

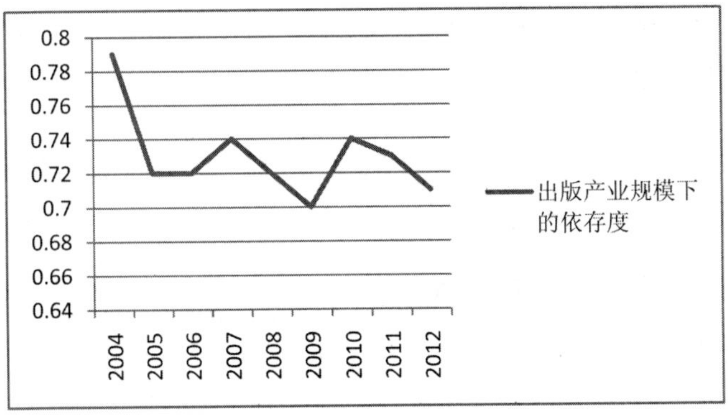

图 7－35　中国出版产业的依存度(出版产业规模下)(2004－2012 年)　单位:%

备注:1. 出版产业和文化产业规模下的依存度的单位是百分制,国民经济规模下的依存度为万分制。

2. 依存度是根据出版产业的进出口总金额分别除以出版产业、文化产业的增加值和 GDP 得到的,其中进出口总金额的统计是按照美元计价,由于人民币汇率波动的原因,故按照人民币汇率的综合计价 1∶6.30 统一考虑折算。

(三)文化产业下的依存度

在文化产业规模下,中国出版产业的依存度呈现出较为明显的下降趋势,2004 年为 0.40%,到 2012 年仅为 0.18%,虽然保持了年均 0.27%的水平,但总体下降趋势明显。

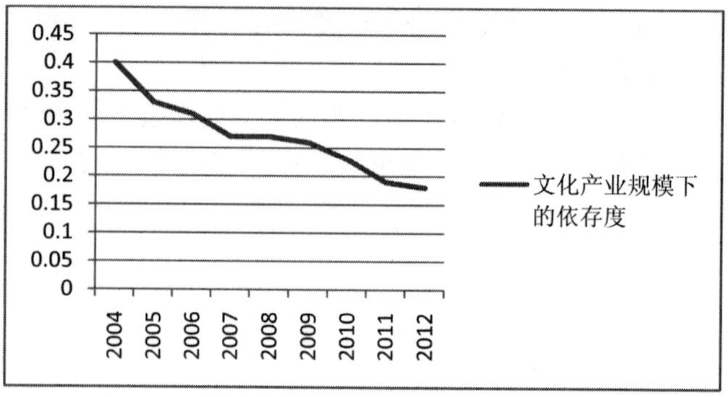

图 7-36 中国出版产业的依存度(文化产业规模下)(2004-2012 年) 单位:%

三、中国出版产业的国际化程度

在这里,我们采取出版产业的进出口增加值与出版产业、文化产业和第三产业的增加值以及 GDP 之比来分别衡量中国出版产业在出版产业、文化产业、第三产业和国民经济规模下的国际化程度大小,以此来分析判断中国出版产业的国际化程度,即

$$\frac{\text{进出口增加值}}{\text{出版产业(文化产业、国民经济)增加值}}$$

(一)出版产业下的国际化程度

在出版产业规模下,中国出版产业的国际化程度明显呈现出不断下降的趋势。2009 年国际化程度为 0.22%,到 2012 年降为 0.13%,仅比 2011 年回升了 0.01%。这表明中国出版产业的国际化程度极低。

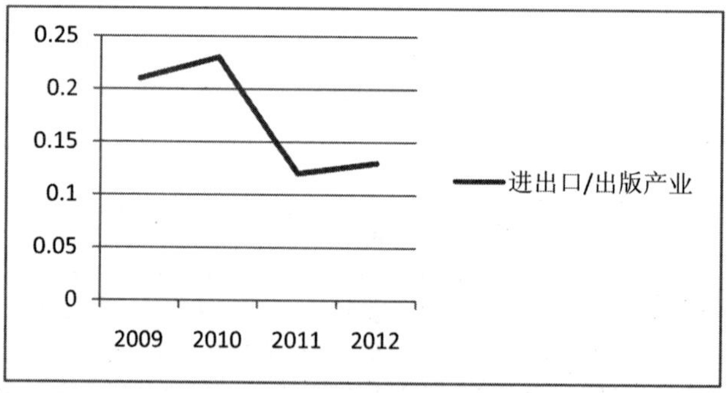

图 7-37 中国出版产业的国际化程度(出版产业规模下)(2009-2012 年) 单位:%

(二)文化产业下的国际化程度

在文化产业规模下,中国出版产业国际化程度呈现出非常明显的下降趋势,2009 年为万分之 7.88,到 2012 年仅为万分之 3.20,下降幅度非常大。这说明中国出版产业在文化产

业中的依存度不断下降是一个不争的事实。

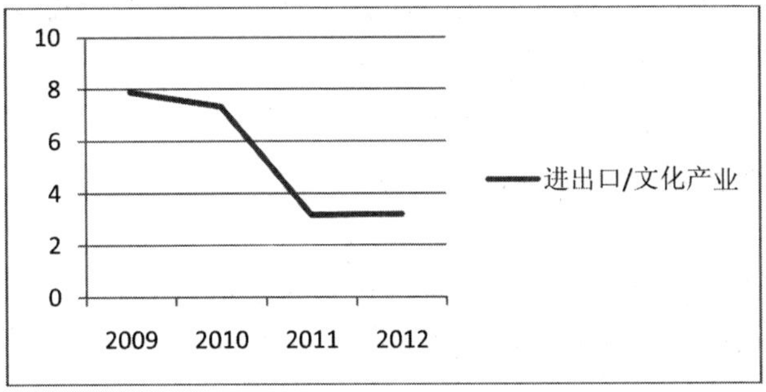

图 7－38　中国出版产业的国际化程度(文化产业规模下)(2009－2012 年)　单位:万分之一

(三)国民经济下的国际化程度

中国出版产业的依存度在第三产业和国民经济的规模下都呈现出不断下降的趋势。2009 年在第三产业和国民经济规模下的出版产业依存度仅为万分之 0.45 和万分之 0.19,到 2012 年分别降至万分之 0.25 和万分之 0.11,下降幅度相对较大。

由于本身的规模较小,下降的幅度又相对较大,中国出版产业的国际化程度越来越低。

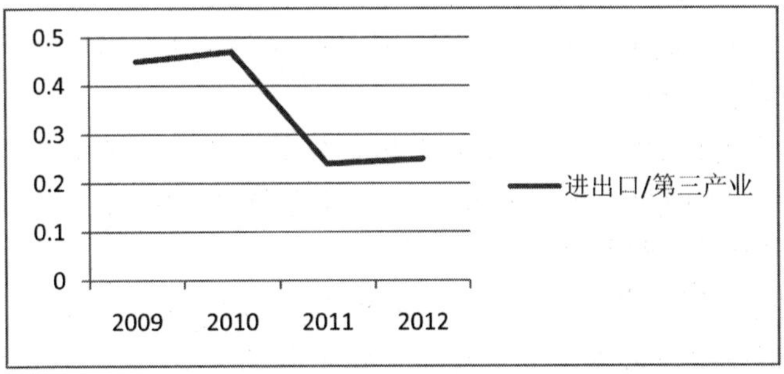

图 7－39　中国出版产业的国际化程度(第三产业规模下)(2009－2012 年)　单位:万分之一

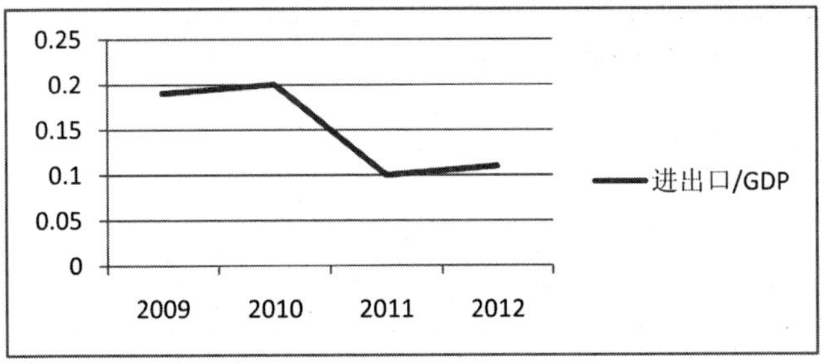

图 7－40　中国出版产业的国际化程度(国民经济规模下)(2009－2012 年)　单位:万分之一

第三节　中国出版产业结构比较借鉴

一、美国出版产业结构演变趋势

美国是世界上出版业最发达的国家，有出版社 8.7 万多家，分为大众类出版社、教育出版社和政府下属的专业性出版社。美国出版中心位于纽约。2013 年，美国出版图书、期刊 25.9 亿册，图书和期刊的净收益为 270.1 亿美元。①

美国传统出版主要包括图书出版、期刊出版和报纸出版。图书出版一般分为硬皮书(hard cover book)、贸易纸皮书(trade book)和大众市场纸皮书(mass market paperbacks)三类。期刊则分为消费类期刊、商业期刊和专业期刊三大类，消费类杂志种数约占期刊总数的 1/3。报纸出版主要分为日报和周报。

美国出版市场的集中度是较高的。以图书出版市场为例，有 130 多家大型出版公司，300—400 家中型图书出版机构，超过 8.6 万家小型图书出版机构。其中前 50 名的出版公司的收入总和占美国图书出版总收入的 80%左右。美国每年大约出版 12 万种新书，近 80%的新书由小出版商出版，然而 80%的销售额和 50%的利润由大型出版机构获得。

美国出版的发行结构是高度集中的。如美国图书批发商主要有英格纳姆公司，占全国图书批发额的 50%，图书零售商主要有巴诺、图书百万、鲍德斯三大连锁店，这三大连锁店零售额约占全国图书零售额的 50%。

美国出版商协会的统计数据显示，全美共有各类报纸约 9,000 种，其中日报约 1,500 种，周报 7,000 余种。美国早报的发行量比重在不断增长，晚报的发行量比重则在不断减少，星期天报纸发行数量比重变化相对比较稳定。

在 2003 年之前，美国图书出版、期刊出版和报纸出版三者的销售比重所占比例大致相当，2003 年之后图书出版的销售比重呈现出不断下降的趋势，而期刊出版的销售比重则呈现出明显的上升趋势，报纸出版的销售比重则相对保持基本稳定。

表 7-1　美国传统出版的产业结构变化(销售额)　　　　单位：%

	1979—1985	1985—1990	1990—2003	1979—2003
图书	39.70	37.20	34.40	36.40
期刊	29.60	32.30	36.60	33.20
报纸	30.70	30.50	29.00	30.10

资料来源：根据美国出版商协会(Association of American Publishers，AAP)数据整理得到。

① Book Stats Volume 4，June 26，2014.

随着 21 世纪数字出版的不断深化和发展，美国现代出版开始了以数字化、网络化、移动化和全球化为标志的新历程，美国出版的传统结构也开始改变。2002 年，美国电子书[①]销售额为 210 万美元，在图书出版的销售比重中仅占 0.05%，2008 年电子书的规模和比重开始飞速上涨。2009 年，亚马逊推出 Kindle 阅读器，这款阅读设备引爆了整个美国的电子书市场。2011 年 5 月，亚马逊宣布其电子书的销售已经全面超过了包括精装版和平装版在内的所有类型印刷书的销售总和。到 2012 年，美国电子书在图书中的占比达到了 22.55%，比重净增加了 450 倍，增幅惊人。据 2012 年 8 月底亚马逊公布的数据，亚马逊网站上 Kindle 专用电子图书的购买、下载次数或从 Kindle 图书馆借出的总次数已超过 1 亿次。

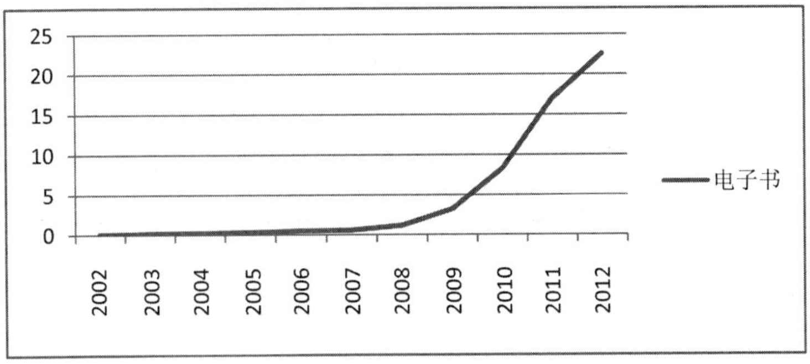

图 7 - 41　美国电子书在图书中的结构变化趋势(销售额)(2002 - 2012 年)　单位：%

资料来源：根据美国出版商协会(Association of American Publishers, AAP)数据整理得到。

根据 BookStats 对 1,900 家出版社的调查，在美国图书销售册数总量不断增加的情况下，美国图书出版的比重和价格都呈现出不断下降的趋势。这是因为从 2013 年开始，美国零售商控制了出版商所有的电子书价格，并导致价格急剧下降，所以电子书价格低于纸质书价格。与此同时，电子书的收入增长速度也开始放缓。[②]

美国审计媒体联盟(Alliance for Audited Media, AAM)数据显示，2013 年 3 月，全美排名前 25 名的各大报业的数字版发行量同比上涨了 5.1%，达到了 19.3%。[③] 2013 年品牌版本的发行量比上年上涨了 0.6%，达到了 5.1%。[④] 相较于报纸发行量的逐年下降，数字版本的报纸发行量一路上涨。美国各大报业已经将重心逐渐转向了数字出版，报纸出版也在走向数字化。

---

① 电子书是预装或下载文字、图片、声音、影像等数字化内容出版物手持阅读器的简称。

② 格林菲尔德.2014 美国电子书和数字出版十大预测[J].徐丽芳，译.出版参考，2014(1)：15.

③ Top 25 U.S. Newspapers for March 2013[EB/OL].(2013-03-25)[2016-08-22].http://auditedmedia.com/news/research-and-data/top-25-us-newspapers-for-march-2013.aspx.

④ Top 25 U.S. Newspapers for March 2013.(2013-03-25)[2016-08-22].http://auditedmedia.com/news/research-and-data/top-25-us-newspapers-for-march-2013.aspx.

表 7-2 美国日报数字出版前 10 名

报纸名称	数字复制品	数字非复制品	全部数据	2013/03/31 以前的全部平均发行量
《纽约时报》	36,456	1,097,467	1,133,923	1,865,318
《华尔街日报》		898,102	898,102	2,378,827
《今日美国》	121,368	128,532	249,900	1,674,306
《纽约邮报》	1,559	199,012	200,571	500,521
《丹佛邮报》	51,927	140,878	192,805	416,676
《洛杉矶时报》	36,802	140,918	177,720	653,868
《纽瓦克明星纪事报》	23,419	137,088	160,507	340,778
《纽约每日新闻》	26,626	129,080	155,706	516,165
《纽约日报》		111,962	111,962	377,744
《休斯敦纪事报》	79,395	22,946	102,341	360,251

来源：美国审计媒体联盟。

注：数字复制品是指从纸质版上复制的新闻报道。

上述图书和报纸的数字化趋势已经成了美国出版产业不可逆转的大势，它们已经逐渐改变了美国的出版结构，推进了美国出版的现代化。

与出版产业结构的变化相对应的是，美国全职采编人员的人数不断减少，降幅惊人。美国新闻主编协会于 2013 年 6 月发布的年度新闻编辑部人员统计数据表明，自 2007 年以来，美国报业采编人数不断减少，除 2010 年增加了 100 人以外，直到 2012 年的其他年份都是不断减少的。2012 年美国报业采编人员规模减少到 3.8 万人，比 2000 年的 5.4 万人减少了近三分之一。

表 7-3 2006—2012 年美国报业采编人员规模变动情况

年份	总数	增减
2007	52,600	-2400
2008	46,700	-5900
2009	41,500	-5200
2010	41,600	+100
2011	40,600	-1000
2012	38,000	-2600

资料来源：《传媒观察》，2013 年 6 月 27 日。

美国联邦政府对出版产业采取的是鼓励与保护出版的政策，没有设立专门的中央机构进行管理，而是采取综合管理的方法。如税务机关对出版企业依法征税，警察部门对盗版进行打击查处，海关对出版物的进出口进行管理，国家安全机关对涉密出版物进行检查，教育部门对教育出版物进行管理，等等。

美国主要通过法律、经济手段对出版企业进行管理和调控，比较重要的法律有《宪法》《版权法》及 1955 年美国加入的《世界版权公约》。

虽然美国没有专门管理出版业的机构，但政府为了提高美国软实力，增强美国出版竞争力，促进和支持出版物出口设置了美国新闻署。此外，还在国会中专门设立了登记、保护版权的机构——美国版权局，以及负责解决版权纠纷的机构——版税裁判所。①

二、日本出版产业结构演变趋势

日本的出版物品种和数量在亚洲居领先地位，首都东京聚集了 80％以上的日本出版社。日本出版科学研究所统计表明，2012 年日本出版物销售总额为 1.7398 万亿日元，其中图书销售额为 8,013 亿日元，杂志销售额为 9,385 亿日元；图书的销售册数为 6.8790 亿册，杂志的销售册数为 18.7339 亿册；图书持续 6 年、杂志持续 15 年不断减少。2012 年，进入统计的杂志发行品种为 3,309 种，创刊的杂志为 98 种，比 1947 年的 100 种还少；休刊的杂志为 152 种，与 2011 年基本持平。②

日本出版产业链结构在数量上呈现出中间的经销商小、两头的出版厂商和零售商大的哑铃状分布结构。日本出版商虽然数量众多，但市场集中度比较高，讲谈社、小学馆和集英社三大出版社的市场占有率达到了 35％，其他 75％以上为中小企业，企业个体的规模较小、资本普遍比较少。日本的出版流通主要通过东贩、日贩两大批发商批发给各零售店，这两个批发商占全国图书批发量的 80％。

日本的出版物主要由图书和杂志构成，所以，日本传统出版主要是指图书出版和杂志出版。在销售和内容上，日本的图书杂志化、杂志书籍化现象较为明显。漫画书刊的发行量已占杂志和图书发行总量的 45％，是日本出版产业的主要支柱。

20 世纪 50 年代初至 70 年代末，日本传统出版的销售额结构呈现图书比重大、杂志比重小的状态。到了 20 世纪 80 年代，日本传统出版产业销售额结构表现为图书比重大、杂志比重小。从 2005 年开始，日本传统出版产业的销售额结构表现为图书比重和杂志比重相互接近，图书比重开始减少，而杂志比重又开始增加，两者几乎平分秋色。2012 年日本图书销售额占比为 46.06％，但销售册数占比仅为 26.86％，新书册数占比更是只有 10.97％。而 2012 年日本杂志销售额占比为 53.94％，销售册数占比高达 73.14％，新书册数占比更是高达 89.03％。

虽然传统出版的结构随时间的变化而有所变化和调整，但随着数字出版时代的来临，无论规模还是比重，传统出版都处于相对不断下降的状态。

---

① 美国版权局网站：http://www.copyright.gov/about.html。

② http://www.ajpea.or.jp/.

表 7-4　日本传统出版产业的结构(销售额)　　单位:%

	2010	2011	2012	年均
图书		45.44	46.06	45.75
杂志		54.56	53.94	54.25
出版物		100.00	100.00	

数据来源:根据日本出版科学研究所统计数据整理得到。

表 7-5　日本传统出版产业的结构(销售册数)　　单位:%

	2010	2011	2012	年均
图书		26.03	26.86	26.44
杂志		73.97	73.14	73.56
出版物		100.00	100.00	

数据来源:根据日本出版科学研究所统计数据整理得到。

表 7-6　日本传统出版产业的结构(新书册数)　　单位:%

	2010	2011	2012	年均
图书		10.75	10.97	10.86
杂志		89.25	89.03	89.14
出版物		100.00	100.00	

数据来源:根据日本出版科学研究所统计数据整理得到。

2002 年,日本的电子书销售额只有 10 亿日元,到 2012 年日本电子书销售额实现了 729 亿日元,净增加 70.09 倍;其中 2012 年手机电子书为 692 亿日元,PC 机电子书降为 37 亿日元,分别净增加 1398.81 倍和 1.89 倍。2010 年以前,日本的数字出版市场规模一直处在世界第一的位置,后被美国、中国等国家超越。

图 7-42　日本电子书出版的结构变化(销售额)(2002-2012 年)　单位:%

在日本电子书的销售构成中可以看出,日本的数字出版结构的变化显著,即 PC 电子书出版从 2002 年的 95.06％不断下降，到 2012 年只有 5.08％；而手机电子书则从 2002 年的 4.94％不断上升到了 2012 年的 94.92％。这反映了数字出版的电子书发展已经开始移动化和网络化了，这与美国智能手机、平板电脑、电子图书专用阅读终端等数字出版设备的全球销售量日益增加密切相关，也是时代发展的潮流和方向。

“二战”后日本所有国有产权已全部从出版产业中退出，现在的 4,000 多家出版社无一不是私有企业或者股份制企业，这是日本出版产业高速发展的制度保证。①

日本出版产业的行政管理体系由文部省、大藏省、通产省等十几个部门组成。其中，文部省主要负责中小学教科书的审定和制定，并实施出版资助政策，从事出版机构登记等工作；大藏省负责税收政策的制定和税金的征收；通产省负责管理出版机构的登记、限制不合法交易，同时也对出版产业的发展进行一定的资助。

日本涉及出版的法律可以分成两大部分：一部分是专业法律，共有《著作权法》《著作权法实施规则》《著作权法实施令》《著作权等管理事业法》等 14 部；另一部分法律是基本法律，含有关于出版的内容，如日本的《宪法》《刑法》等，这部分法律属于法律部门中的一般法律，具有普遍的效力，这类法律共有 19 部。

日本政府依靠市场机制发展出版产业。日本的出版产业政策基本是作为文化产业的一部分来制定和执行的。日本出版产业的长期快速发展也得益于日本政府把文化视为立国之本的产业政策。

三、国际出版产业结构趋势分析

(一)美日出版产业结构的演变趋势

1. 传统出版的结构基本稳定

从美日的传统出版产业结构来看，美国的传统出版结构基本稳定，变化是在稳定中有所增减；日本的传统出版结构则经历了图书比重和杂志比重相互交替的过程。总体而言，传统出版中的杂志比重在增加，图书比重在减少。传统出版总的趋势显示出出版周期在缩短，出版速度在不断加快。这既有技术的原因，也更多反映了出版消费对获知信息速度需求上的变化。

2. 传统出版向现代出版转型

20 世纪以来，美日出版产业显示出较为强劲的数字化趋势，虽然出版产业的结构变化并不完全一致，具有显著的国别特点，但都明显展示了传统出版不断向现代出版发展的趋势。就电子书而言，日本最开始是 PC 电子书，而美国的电子书则发轫于智能手机和平板电脑及电子图书专用阅读器。但电子书的趋同和融合已经使国别发展的差别逐步淡化，日本电子书的结构变化充分说明了这一点。数字技术在改造传统出版中也越来越具有高度的一致性，转型的速度都在加快，但美国相对更快一些，也更为先进一些。

3. 出版的融合趋势不断加强

相较于传统的纸质出版而言，现代出版具有更多优势，如部分解决了传统纸质出版高退

---

① 出版月报，2009(7).

货、高库存、低效益等问题,但并不意味着数字等现代出版会最终取代纸质的传统出版。传统出版已经出现了与现代技术融合发展的趋势,图书、期刊、报纸在不断数字化和网络化,传统出版和现代出版在相互借鉴和相互学习中不断发展。美国 BookStats 的最新数据也有力地证明了这一点。

(二)美日出版产业市场结构的特点

1. 市场机制决定作用

美日的出版企业基本上是私营企业或股份制企业,其出版活动不受政府干涉,政府通过法律和经济手段规范出版企业的行为,对出版企业的出版活动进行宏观调控。

在出版企业的市场准入方面,美日采取的都是登记制。出版企业成立时向政府有关部门申报登记,无需行政审批、审查,成立后只需照章纳税。对出版物内容的管理,大多数西方国家采用追惩制,即事后处罚的出版管理制度。出版物在出版发行前不受限制,政府管理机构也不干预。出版物在出版发行后,有关机构审读样本或者接受社会舆论监督,发现违法行为,政府有关机构依法惩处。

美日的出版市场体系经过上百年的不断发展完善,已经形成了具有完备的各种资源要素的市场体系,市场机制也运行良好。相对而言,美国更为市场化一些,而日本则更有计划性。这与两国经济发展的水平和路径有很大的关系。

美日两国出版市场的发展说明市场机制会对出版企业发挥更好的作用,也会对出版产业的发展起到健康稳定的作用。

2. 市场结构高度集中

从美日的出版产业组织结构来看,虽然出版企业数量众多,但市场集中度都很高。这一方面造成了出版产业的规模经济,另一方面符合出版分散性和需求多样性的特点,既能满足出版市场需求,又能促进出版企业发展。

虽然大多数的美日出版企业规模都很小,但由于市场竞争充分、市场体系完备和统一化,市场细分化程度高而同质性和同构性低。出版企业的竞争效率得到了极大的体现,有利于整个出版产业的有序发展。

从美日出版资源的行业分布来看,出版企业多数集中在出版环节和零售环节,而处于中间环节的发行批发企业相对较少。这节省了大量时间和资源成本,使出版企业和市场密切对接,市场的变化及需求能及时得到反馈,市场运行更加高效、快捷。

3. 政府职能综合管理

美日都没有专门的机构管理全国的出版产业,实行的是小政府大市场方针,对出版市场主要采取以法律管理为主、经济手段与协会管理为辅、政府干预与社会监督并举的多部门综合管理体制,属于哪个方面的就由哪个政府部门来依法管理。

美日都积极发展行业协会等公共事业组织来提供强有力的社会公共服务,出版行业协会大多属于非营利的法人组织。如美国主要有美国出版商协会、美国书商协会、美国大学出版社协会和全国图书委员会等,为出版企业开展维权沟通、监督公证、信息咨询、政策建议活动。日本书籍出版协会主要联系政府及相关团体,对出版产业存在的普遍问题进行调查研究,促进出版社之间的友好合作,增进出版文化的国际交流。

(三)美日出版产业结构演变的经验

1. 市场决定

美日出版产业的高度发展和繁荣主要是建立在完全和完善的市场机制体制上的。出版市场对出版企业和产业的发展起着决定性作用,使出版资源得以高效、充分地优化配置、企业的效率效益得以在充分竞争中不断提高、产业结构调整步伐也变得更加快捷。出版经济的发展快速稳定,使整个出版产业的经济发展也比较稳定,既不会产生过度竞争,也不会产生市场及行政垄断的低效率。

2. 科技导向

美日作为引领世界科技先锋的科技强国,一直在出版产业中引领风骚,美国更是科技创新的引领者和带头者。美国的智能手机、平板电脑、数字网络、3D 打印技术无一不开风气先河,日本的 PC 电子书也一度辉煌。目前,美日的电子和数字技术仍然走在世界前列,其在出版产业中引起的变革和创新是推动现代出版产业不断发展的动力所在。科技是促进美日出版产业发展和产业结构调整升级的原动力。

3. 政策支持

美日在充分发挥市场机制决定作用的同时,也采取了一些有利于推动出版产业发展和产业结构调整的政策措施,日本在政策方面对出版产业的支持尤其明显。

美日对出版都实行了一定的优惠税收政策,如降低出版的税赋水平、出口免税等。对出版尤其非营利性的社会公益出版物、部分专业出版实行基金资助,如美国的国家科学基金会(NSF)、国家人文基金会(NSF)国会及政府各部门都有资金支持。

美日政府部门还以政府支出和购买等方式对出版产业的发展进行财政上的扶持。这都是需要我们学习和借鉴的。

第 8 章 出版产业及结构作用机制分析[①]

出版产业发展的动因何在,通过哪些方面体现,有哪些关联因素? 出版产业结构主要由什么决定,科学技术与出版发展是否存在互动关系,如果存在,如何发生? 在现实背景下,两者的互动存在哪些障碍因素,如何解决?

本章通过对出版发展历史的纵向梳理,厘清在社会条件的支撑下出版结构(技术进步)与出版产业不断提升的基本脉络,并总结两者发展的动因;再以出版产业为横切面,通过宏观、中观、微观层面的梳理,描述两者互动的外部表现。

第一节 出版产业结构的决定机制

出版产业结构的变动及调整涉及众多影响因素,不仅有经济因素,还有政府政策、政治法律、社会文化和科学技术等因素。分析出版产业结构的作用机制,首先要建立一个基本的作用模型,以便对出版产业演变的原因进行具体分析,并能够预测将来的发展趋势,以便更好地促进出版产业的长期快速发展。

一、出版及其结构的历史演变

根据出版发展历程及其功能变迁,本研究将出版产业的演变分为以下四个阶段:远古时代所代表的初始出版阶段、手工时代所反映的手工出版阶段、工业化社会所代表的机械大规模出版时代和信息移动时代所代表的数字出版时代。每个不同的出版时代都具有鲜明的时代特征,具有完全不一样的出版业态和产业构成。

远古时代的初始出版,是在告别了最初的刻画记事和结绳计数的蒙昧时代之后逐步形成的。原始出版最早完全依赖自然界有限的材料,经过简单初

① 中国出版产业中的编辑出版并未对外开放,因此无法对外国直接投资状况进行分析比较研究。

步加工成为书写记录的载体，如石片、玉片、木片、竹片等；或者使用动物的皮革或骨头，如羊皮、牛皮、甲骨、牛骨等。后来随着社会发展和技术水平的提高，人们开始将自然材料进行再次加工使用，以获得更好的书写、记录和保藏效果，如开始使用土陶、中国的青铜器以及美索不达米亚的泥板书。中国早期也开始使用少量丝帛等，但相对整个社会发展而言，使用丝帛是极为奢侈的和不易普及推广的。

远古出版的目的主要是记载占卜、举行宗教仪式以及记录社会生活中的重大事件，并为上层社会所专有。这一时期的出版使文字得以应用与普及，使语言信息能够准确、完整、形象地再现，为以后出版的发展以及现代出版的数字化打下基础、创造便捷条件。

随着社会进步，出版进入了与农业社会生产发展相对应的手工出版阶段，其标志性的技术革新是造纸和印刷术的先后发明，出版开始进入了以纸为载体的崭新时代。

公元前 3000 年，古埃及人发明了用莎草造纸的工艺，但由于莎草本身的地理限制，这种工艺并没有在其他地区推广开来。直到公元 105 年，中国东汉宦官蔡伦造出廉价、便于制作、有普及意义并完全适用于书写和出版的“蔡侯纸”，真正意义上的手工出版时代的最佳载体才算出现。

在手工出版时代的初期，由于出版内容有限，又受出版技术的限制，所以手工出版初期的编辑、刻印和发行只在非常小的范围内存在，出版及教育只为少数人服务，难以普及社会大众。

公元 1041—1048 年间，中国北宋平民毕昇发明的活字印刷术在技术上进一步提高了出版传播的效率，使出版开始进入手工出版中期的黄金时代，也开启了书籍出版时代，进一步满足了人们对记录事件、表达思想及宣传教育的文化需要。

活字印刷术的发明使书籍能在较短时间内大量复制，纸质印刷的书籍得到广泛应用。纸质印刷的书籍阅读和携带起来也非常方便，内容也逐渐丰富多彩。书籍渐渐进入了流通领域，并初步具备了商品的性质，在流通中开始形成了较为完备的交换体系。

到了中国宋代，随着雕版印刷技术的发明和普及，手工出版进入了最为辉煌的后期。各种出版业态不断出现，极大地丰富并发展了出版产业。从产业经济的视角看，从这时起，出

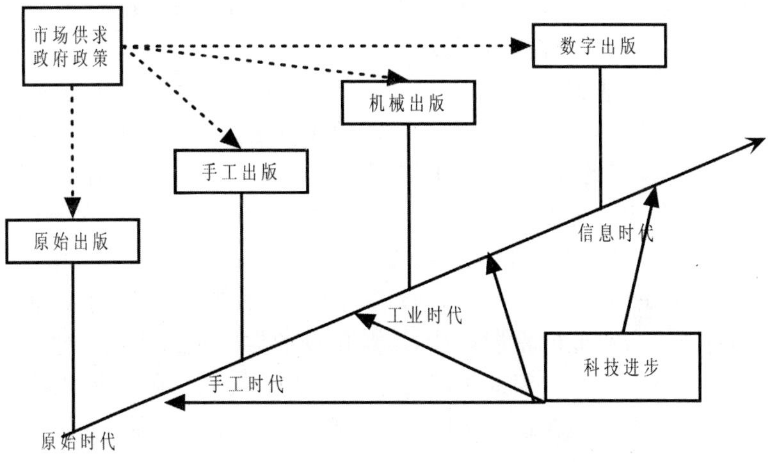

图 8－1　出版产业的历史发展演变模型

版开始渐渐形成相对独立的产业体系，并从国民经济的其他门类中逐步分离出来。虽然出版主要还是依靠手工完成，但出版开始在真正意义上进入广大社会，传统意义上的出版开始产生。

大规模机械出版时代始于公元 1440—1448 年德国人谷登堡发明活版印刷术之后。欧洲宗教的传播需要大量的圣经、弥撒书和祈祷书，使出版开始快速发展并呈现出专业化的特点。出版者、印刷者、售卖者之间的分工逐渐明确，也促进了出版机构的集中化。意大利、英国、德国、荷兰等国家开始形成了若干出版中心。

随着文艺复兴运动的兴起以及以蒸汽机和大机器的推广使用，传播科学知识成为社会及大学的主要任务，与科学相关的教科书以及学术著作开始涌现，传统意义上的出版开始形成。

随着铅字、机械植字和排版等技术在出版印刷方面的应用和推广，出版工艺得到极大的改进，出版效率也大大提高了。大型出版的专业化企业随之诞生，如英国的 Thomas Nelson & Son(1798)、William Blackwood & Son(1804)、William Collins & Son(1819)，德国的 C. H. Be(1763)，法国的 Garbuer(1833)，进一步推动了机械出版的发展。

1890—1920 年间，印刷技术飞速发展，发行的方式和手段日益多样，并且效率更高。出版产业的业态进一步丰富，逐渐形成了图书、期刊和报纸的出版，传统出版体系逐渐完备。

19 世纪 50 年代以后，由于电子通讯技术这个重大发明的出现，电报、电话等在通讯中得到了广泛应用，并在 20 世纪 20 年代至 50 年代，相继产生了电影、无线电广播、电视、录音录像等新的产业，使信息传播的空间覆盖到全球。出版介质上，也增加了以电磁介质为载体、以声音图像传播为主体的出版物，开始了从平面到立体、从传统到现代的出版历程。

出版产业的数字出版阶段可以追溯到 20 世纪 80 年代末，随着信息技术尤其是网络技术和数字技术在出版中的广泛运用，使出版产业的数字出版从最初的电脑写作、数字排版，发展到电子书和数字期刊、报纸的出版发行，再发展到网络出版、移动出版和自助出版。

数字技术不仅彻底打破了传统的时空界限，使出版进入了以全球化、信息化、网络化、移动化和数字化为标志的新阶段，而且还打破了出版产业内部各行业之间的界限，使编辑出版、印刷复制和发行贸易三者之间的融合趋势更加明显，如按需印刷的产生即是典型代表。数字技术还加速了传统出版向现代出版过渡，使整个出版产业向非有形的方式转变，颠覆了传统出版的产业模式和构成方式。数字技术打通各种出版介质和出版方式，使一个更加庞大的超现代出版产业渐渐浮出水面，出版产业新的业态正如雨后春笋般地涌现(如图 8-2 所示)。这将是出版产业全新的大发展、大变革，我们正迎来一个全新的出版新纪元。

从出版的演变历程我们可以看出，决定出版产业发展和演变的根本力量是科学技术的发展，每一项新技术的革新也对出版产业的发展起到了决定性的推动作用。在不断产生新的出版分工、诞生新的出版业态的同时，新技术也改变了出版产业的构成，推动了出版产业结构的演变。在每个出版产业的发展阶段，出版市场的供求对出版产业结构的稳定以及出版产业结构的量变起到了积极的促进作用。可以肯定的是，在出版产业发展的相同阶段，不同国家的不同市场供求发展状况也同时决定了其产业结构在大体一致的情况下会有哪些较为明显的不同。不言而喻的是，一个国家的政治政策会对出版产业的发展起到明显的推动或者阻碍作用。所以最终我们可以得到出版产业的历史发展演变模型。

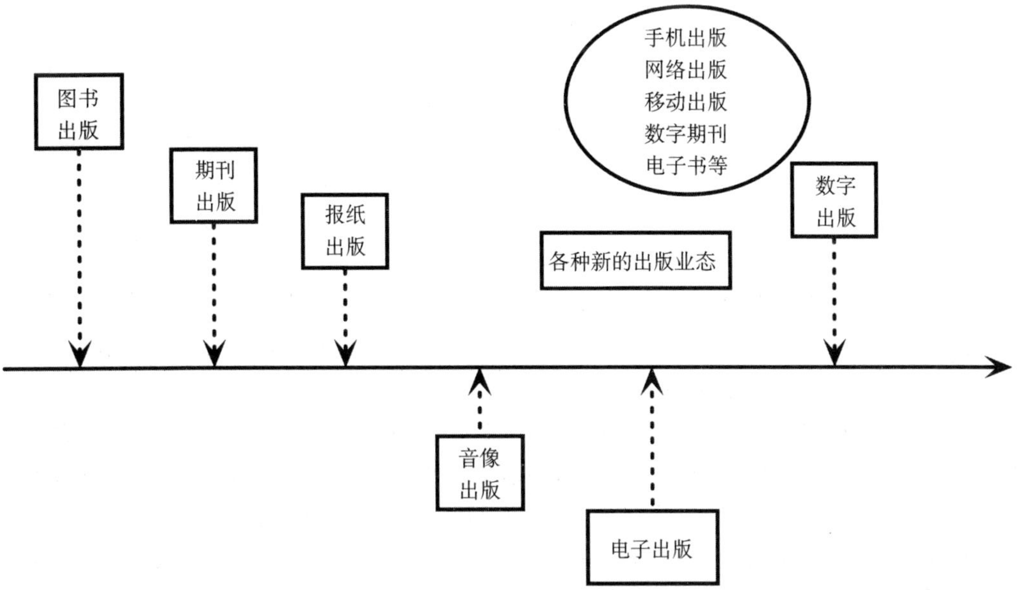

图 8－2　现代出版的业态及其发展演变

二、出版产业结构的演变模型

既然产业结构反映的是各个产业之间的比例关系，那么我们可以借助抽象的经济关系建立出版产业结构的演变模型。具体而言，出版产业结构是出版各部门的生产与服务能力按照社会相应的需求数量和资源结构进行配置而在一定时期内达到均衡的构成方式。这种构成方式反映了一定时期的科技发展水平以及市场供需关系，其形成和调整分别是由资源的初始配置和再配置决定的。

科学技术水平一般可以通过市场提供的产品和服务的生产能力来体现，因此我们可以将科技因素放在市场的供给结构中。在市场的供给结构中，各出版产业的生产和服务并不是相互独立的，而是各个出版部门之间互相依存和互相衔接并形成一定的比例关系。如出版的数量决定了印刷复制的规模，同时也决定了发行量的大小；与此同时，印刷复制能力的大小也限制了出版的数量，决定了发行量的大小；由于发行流通环节是出版的最终环节，最终销售发行的多少决定了出版的最终规模。如果得到市场的积极反响，则可能不断重新再版，增加出版的数量，扩大印刷复制的生产。

出版产业的供给结构由技术、资本、劳动等生产要素配置而成，反映了各生产要素在出版各部门的构成比例，其中任何一项要素的变动都会引起出版产业的供给结构变动。我们用 S 及其矩阵来表示出版产业的供给结构，其中 s_{ij} 表示为 j 部门提供产品或服务而投入 i 种生产要素的数量，体现了要素的投入结构。$1/\alpha_{ij}$ 是技术水平系数，表示 j 部门的生产或服务单位所需 i 部门投入的产品或者服务的数量，体现了要素的技术结构。

$$\begin{bmatrix} \frac{s_{11}}{\alpha_{11}} & \frac{s_{12}}{\alpha_{12}} & \cdots & \frac{s_{1n}}{\alpha_{1n}} \\ \frac{s_{21}}{\alpha_{21}} & \frac{s_{22}}{\alpha_{22}} & \cdots & \frac{s_{2n}}{\alpha_{2n}} \\ \cdots & \cdots & \cdots & \cdots \\ \frac{s_{m1}}{\alpha_{m1}} & \frac{s_{m2}}{\alpha_{m2}} & \cdots & \frac{s_{mn}}{\alpha_{mn}} \end{bmatrix} \Bigg/ \begin{bmatrix} \frac{d_{12}}{\beta_{12}} & \frac{d_{12}}{\beta_{12}} & \cdots & \frac{d_{1n}}{\beta_{1n}} \\ \frac{d_{21}}{\beta_{21}} & \frac{d_{22}}{\beta_{22}} & \cdots & \frac{d_{2n}}{\beta_{2n}} \\ \cdots & \cdots & \cdots & \cdots \\ \frac{d_{m1}}{\beta_{m1}} & \frac{d_{m2}}{\beta_{m2}} & \cdots & \frac{d_{mn}}{\beta mn} \end{bmatrix} = \begin{bmatrix} S_1 \\ S_2 \\ \vdots \\ S_n \end{bmatrix} \Bigg/ \begin{bmatrix} D_1 \\ D_2 \\ \vdots \\ D_n \end{bmatrix} = S/D = \mathrm{E}$$

与出版产业供给结构相对应的是需求结构，我们用 D 及其矩阵来表示。其中，d_{ij} 表示为满足 j 部门产品或者服务需求而产生的对 i 部门产品或者服务的需求数量；用 $1/\beta_{ij}$ 表示社会对出版产业产品或者服务的选择偏好，即需求结构。

我们用 $E=S/D$ 表示出版产业市场的供给和需求的匹配程度。当 $E=1$ 时，表示供给和需求是均衡的，出版产业结构处于稳定均衡状态；当 $E<1$ 时，说明出版产业中的供给大于需求，产业结构处于非均衡状态。产业中的供给大于需求，表示产品库存较多，产业结构不合理，需要减少该部门的产品和服务；当 $E>1$ 时，产业结构也处于非均衡状态，表示产品供给不足，需要增加该部门的产品和服务。

三、出版产业结构的作用机制

(一)出版产业结构的一般作用机制

科学技术的发展为出版产业的发展提供了最基本的动力。科学技术的发展是决定出版产业结构层级水平的根本因素。新技术对出版产业结构发展的作用通过两种方式进行：一是创新技术的发展和使用促进新产业的出现和迅速成长，并向其他产业不断扩散，实现经济总量的增长；二是改良技术的使用推动现有产业的改造更新和发展，从而促进资源的更有效配置，提高劳动生产率。这两种方式的合力不仅推动了出版产业结构的变动，而且也推动了整个出版产业的迅速发展，并在发展过程中实现了出版产业结构优化。

合理且不断优化的出版产业结构可以对资源起到优化配置的作用，从而促进出版产业的不断发展；同时，出版产业的发展也带动了出版产业结构的不断升级。市场的供求关系和供求结构对特定时期的出版产业结构有着决定性影响，这也是不同国家和地区的出版产业结构在同一时期、相似技术水平下有所差别的重要原因。政府的政策导向会对出版产业结构的变动产生重大影响，会推动或者延缓出版产业结构的调整。符合出版产业发展方向的部门迅速发展，缩短通过市场自发调整产业结构的时间，加快某些落后出版产业部门退出市场的步伐，从而优化出版产业结构，提高出版产业结构层级，达到促进出版产业快速有序发展的目的(出版产业结构的作用机制如图 8－3 所示)。

出版产业是文化产业的重要组成部分，而文化产业已经成为国民经济的支柱产业。出版产业在促进经济发展的同时，必将带动文化的发展，促进文化的大繁荣，提高精神文明建设的水平。

出版产业结构的演变推动了出版产业的增长和内容的发展，引领并促进了文化产业的

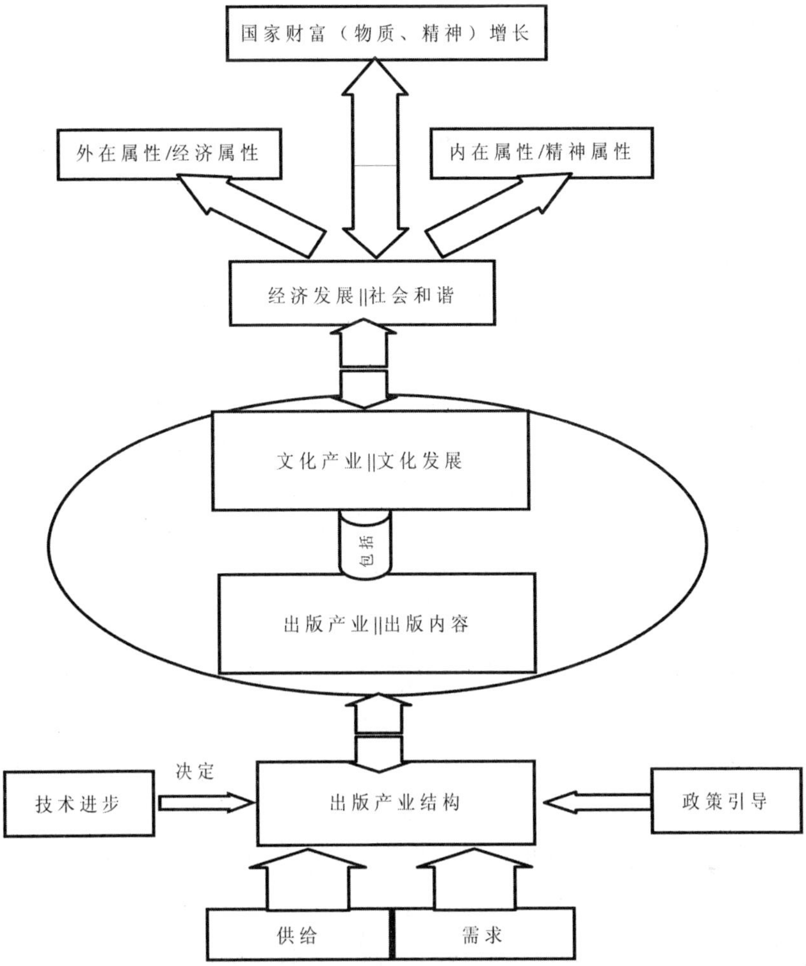

图 8－3　出版产业结构作用机制

增长和文化的全面发展，促进国民经济、政治和社会的共同进步，让整个国家的发展处于外在物质和内在精神的同时进步中，社会因此得以实现和谐稳定，国家的物质和精神财富得以不断增加。这是由出版产业和文化产业的特殊属性——物质和精神的双重属性决定的，是其他国民经济产业难以企及的。

通过出版产业结构的作用机制我们认识到，要想实现国富民强、国民整体水平和素质有较大改善，就必须在实现经济增长的同时，提高国民的综合素质。而这种经济发展和社会和谐目标的实现，有赖于文化产业的大繁荣和大发展，有赖于出版产业和出版内容的大繁荣、大发展。出版产业的发展能在实现经济增长的同时，为国民提供更多的精神和文化产品，满足在人均收入不断增加的情况下，人们对知识和信息不断增长的需要。

一方面，出版产业的发展促进了文化产业和国民经济的增长；另一方面，出版产业的发展和结构也必须适应国民经济的增长，满足人民群众不断变化的文化和精神需求。出版产业必须按照核心价值观的指引，结合市场的需求，提供相应的产品和服务，在科技不断创新的前提下，调整出版产业的结构，提高出版产业的水平，满足国民的需求；同时用具有前瞻性的政策来引导出版产业的生产和消费,促进出版产业结构的升级和优化。

(二)出版产业的升级作用机制模型①

就出版产业的发展而言,较现代出版产业,传统出版产业的人均劳动生产率低。因此,明显的趋势是劳动力从传统出版产业转移到现代出版产业。这种从低人均产出部门向高人均产出部门的劳动力转移,可带来增长。

简单的推导即可证明。

只考虑传统出版产业与现代出版产业两部门模型。假设传统出版产业劳动生产率(即人均产出)为 Y_A ,现代出版产业的劳动生产率为 Y_I 。传统出版产业劳动力占出版产业劳动力的比重为 μ ,则现代出版产业劳动力的比重为 $1-\mu$ 。因此,出版产业劳均产出 $Y=Y_A\mu+Y_I(1-\mu)$,即为两部门劳均产出的加权平均。将此等式两边对时间 t 求导,即可得出相应的变化量。这里需要注意的是等式右边所含的三个变量,即 Y_A、Y_I、μ 均会随时间特别是结构的变化引起传统出版产业向现代出版产业的劳动力转移,所以 μ 也会变化。求导可得:

$$\frac{dY}{dt}=\frac{dY_A}{dt}\mu+Y_A\frac{d\mu}{dt}+\frac{dY_I}{dt}(1-\mu)-Y_I\frac{d\mu}{dt}$$

用 $\dot{Y}$ 表示本期比上期的增长量,则 $\dot{Y}=\frac{dY}{dt}$,其他变量做类似处理,可由上式整理得到:

$$\dot{Y}=\dot{Y}_A\mu+\dot{Y}_I(1-\mu)+(Y_A-Y_I)\dot{\mu}$$

上式说明,出版产业人均出版产业的产出增长是传统出版产业产出增长与现代出版产业产出增长的加权平均加上结构变化引起的增长。由于 $Y_A-Y_I<0$,因此正向的结构变化,即 $\dot{\mu}<0$,一定能对经济增长做出贡献。我们还可以得到增长率的关系式,将上式两边同除以 Y ,稍作整理可得到:

$$\frac{\dot{Y}}{Y}=\frac{\dot{Y}_A}{Y_A}\cdot\frac{Y_A}{Y}\cdot\frac{L_A}{L}+\frac{\dot{Y}_I}{Y_I}\cdot\frac{Y_I}{Y}\cdot\frac{L_I}{L}+\frac{Y_A-Y_I}{Y}\dot{\mu}$$

其中,$\mu=\frac{L_A}{L}$,L 和 L_A 分别表示出版产业劳动力总量和传统出版产业劳动力总量。因此,$\frac{\dot{Y}_A}{Y_A}$ 即为传统出版产业劳动生产率的增长率,$\frac{Y_A\cdot L_A}{Y\cdot L}$ 为传统出版产业增加值占出版产业增加值的比重,取为 s_A 。对现代出版产业做类似处理,可得:

$$\hat{Y}=\hat{Y}_A\cdot s_A+\hat{Y}_I\cdot(1-s_A)+(\frac{Y_A-Y_I}{Y}\cdot\dot{\mu})$$

其中,$\frac{Y_A-Y_I}{Y}\cdot\dot{\mu}$ 部分即为结构变化对人均产出增长率的贡献。

上述推导为连续情况,离散的情况可以表示为:

$$\hat{Y}_t=\hat{Y}_t^A\cdot s_{t-1}^A+\hat{Y}_t^I\cdot(1-s_{t-1}^A)+(\frac{Y_{t-1}^A-Y_{t-1}^I}{Y_{t-1}}\cdot\Delta\mu_t)$$

---

① 中国的数字出版没有直接就业人数统计,而数字出版是现代出版的核心行业,因此无法对中国出版产业结构升级进行实证分析。

其中，因为式中所需要表示的是增长变化量，因此传统出版产业增加值占出版产业增加值的比重用前一年的数据更为妥当。

将结构变化的贡献（$\frac{Y_{t-1}^{A}-Y_{t-1}^{I}}{Y_{t-1}}\cdot\Delta\mu_{t}$）/ $\dot{Y}_{t}$ 可得结构变化对出版产业增长率的贡献率。

第二节　出版产业结构的影响因素

影响出版产业结构的因素主要有科学技术因素、供给与需求因素和政策及外部因素。科学技术因素决定出版产业结构的高度水平，供给与需求因素决定出版产业结构的现实程度，政策及外部因素引导出版产业结构的优化和发展方向。

出版产业结构的转变和演进取决于出版需求的水平和要素供给的结构，这是影响产业结构变化的两大主要因素。需求因素（也称消费因素）是指在人均国民收入提高后，人们消费需求构成发生的变化，要求出版供给结构有相应变化；供给因素是指由进行出版生产和服务活动的技术、流程等变化而引起的出版产业结构的变化。

一、出版产业结构的技术因素

科技创新和进步是出版产业结构升级的直接动力，也是出版产业发展和结构变动的决定力量。技术的发展从供给和消费两方面改变了原有的出版结构和消费习惯，直接带动了出版产业的发展，决定了出版产业规模和出版结构的层级。

Baumol 将产业部门分成进步部门和非进步部门。① 因为要素是自由流动的，所以非进步部门产品的成本和价格将无限上升。相应地，如果产品需求收入富有弹性而价格无弹性，消费者对非进步部门的产品需求随收入和价格的上升而增加，非进步部门吸收更多的劳动力以满足需求，增长率降低至 0；相反，如果产品需求收入弹性小而价格富有弹性，则劳动力向进步部门转移，非进步部门最后消失。

为了进行更严格的论证，Ngai 和 Pissarides 构建了一个多部门经济增长模型。为了强调技术增长率差异在经济结构变化中的作用，他们把效用函数假设为 CES 函数，并且把各种消费品代入效用函数（$v(c_1,\ldots,c_m)=[\varphi(.)^{1-\theta}-1]/(1-\theta)$，$\varphi(.)=(\sum_{i=1}^{m}w_i c_i^{\varepsilon-1/\varepsilon})^{\varepsilon/\varepsilon-1}$）②中，这样就把经济结构的变化归结为各部门生产技术的不同。另外，为了忽略资本密集度对经济结构变化的影响，他们还假设每个产品的生产具有相同的资

① 进步部门单位成本保持不变，非进步部门单位成本无限增长，劳动是唯一的投入要素。

② 这意味着他们的需求函数的不同仅在于各种消费品在总消费中的函数的不同。

本份额,具体的生产函数是 $F^i = A_i\ (n_i k_i)^{\alpha} n_i^{\ 1-\alpha}$ ①。他们认为,如果消费品之间是替代的(替代弹性大于 1),技术水平高的生产部门在经济中占的比重大,而技术水平低的部门所占比重小,随着经济增长,劳动力会从技术增长慢的部门转移到技术增长快的部门;如果消费品之间是互补的(替代弹性小于 1),则会出现相反的结果,劳动力会转移到技术增长慢的部门。在极限情况下,劳动力最后只存在于一个消费部门和一个资本部门。

科学技术的发展不仅能够促进产业结构趋于合理,而且能够推动产业结构不断升级。主要表现在:

其一,科技创新不断促进新的出版产业业态的产生。现有生产技术和生产流程的创新和改革,使生产的手段、形式和流程更加合理和现代化,从而在传统出版产业中分化出新的、与过去完全不同的产业甚至产业群。科学技术的进步不断催生出全新的出版产业业态,或者使现有出版产业分化出全新的出版产业业态。

其二,技术的进步带动了传统出版的更新和改造。技术革命一次次推动出版产业向前发展。就整体而言,科学技术主要引起了技术基础、工作流程和产业结构三方面的变化。传统出版的老技术、旧设备逐步被新的技术和现代设备所取代,传统出版的技术基础逐步更换到现代技术的水平和基础,从而体现出新的时代特征。

其三,科技创新推动产业结构的升级。由于各个出版行业之间的科技创新和进步水平是不平衡的,因此,率先在科技创新中突破的新兴出版行业发展迅猛、不断壮大,而技术落后的传统出版行业则不断落后,以致渐渐被现代出版所取代。这样,出版产业发展的同时产业结构也发生了变化,实现了出版产业的升级换代。

从出版载体和出版介质所代表的技术水平变化来看,出版介质的发展经过了竹简、纸张、唱片、磁盘、光盘的演变过程,开始进入网络、手机、电子等数字虚拟的介质时代以及渐次展开的触摸出版时代、数字及移动出版时代。从出版介质演变的时间间隔来看,竹简从发明到普及大概用了近千年的时间,纸张用了 300 年的时间,唱片用了 30 年的时间,磁带用了 20 年的时间,互联网则不到 10 年时间就普及了,电子书、手机等作为出版物不过用了几年的时间。这说明新载体、新介质的发明速度越来越快,互联网和移动终端的出现使数字出版得到广泛普及,新载体、新介质的集成趋势越来越明显。

从出版载体的演变过程可以看出:第一,出版介质的演变过程是从平面媒体向音视频媒体立体化的演变过程;第二,从单一媒体向多媒体的转变;第三,新媒体出现的频率加快,技术的发展基本以加速度的方式进行。

从出版介质的演变过程来看,科学进步不断产生新的技术,随之带来新的介质变化。新的介质变化又产生了新的出版业态,新的出版业态随即又构筑新的出版产业结构。出版产业结构不断优化升级,同时又促进了出版产业的进一步发展。

从造纸术、雕版印刷术、活字印刷术的发明,到机器印刷、照相制版、数字印刷及出版技

---

① 其中的资本份额是相同的,这一点对这个模型存在平衡增长来说非常关键。如果资本份额不同,即使在技术相同的情况下,随着经济增长和资本深化,经济增长也是不平衡的(Acemoglu and Guerrieri,2005)。直观的理解是:如果两部门资本以相同比例增加,由于资本份额不同,份额高的生产部门的产量增加得更快,就会导致两个部门的增长不同,这也改变了均衡价格,同样导致劳动和资本在部门间重新分配。如果价格改变的效应不能完全抵消资本深化带来的效应,经济就处于非平衡增长。

术的出现，不断印证了科技对出版发展具有决定性的促进作用。

现代技术的发展，催生了现代出版，产生了一些具有现代特征的出版业态，如网络出版、手机出版和数字移动出版等；现代技术的发展促使不同的产业融合，产生新的出版业态，如网络游戏、数字多媒体等；技术创新推动传统产业改造，使得传统产业逐步建立在新的技术基础上，如电子图书、数字期刊等。

北京移动在 2014 年 6 月推出了彩印业务，可以向拨打电话的中国移动用户展现个人设置的精彩文字（如笑话、格言、介绍个人产品的文字等）。这是印刷及出版在手机上全新的应用。①

总之，自从造纸术及活字印刷技术应用于出版以来，科技对出版的产生和发展就有决定性的作用。出版产业的发展取决于出版产业的经营模式与新技术的结合。目前正是这些数字移动新技术渗透到出版产业中，才改变了出版业态与经营模式。

二、出版产业结构的供给因素

出版产业结构的供给因素是指出版的人才因素、投资的资本因素以及自然条件和资源禀赋等生产能力和条件的各种影响因素。供给因素影响出版产业结构主要是由供给能力和供给结构在各行业的不一致导致的，从而使产生的回报率也不一致，造成资源在行业间流动，改变产业结构，促进出版产业发展。

（一）人才因素

人力资源的供给在很大程度上是出版产业发展的必要条件，对出版产业结构的变动起着重要的作用。人力资源的供给程度和供给能力，影响着整个出版产业的发展水平和规模。人力资源在出版产业内部的分布，客观上形成了出版产业的比例，决定了出版产业的相应结构。人力资源的流动状况，在一定程度上反映了出版结构的变动趋势。在出版产业结构变动中，人力资源会逐步流向附加值高的新兴出版行业或部门，会在工资较高的出版行业或部门聚集。人力资源中的高端人才也会逐步流向科技水平较高的出版行业或部门，分享高增长、高收入所产生的红利。出版人才逐渐从传统出版部门向新兴数字出版部门流动的趋势就是例证。

（二）资本因素

作为生产要素，资本是提供出版物生产及服务的必要条件，是市场主体经营的第一和持续推动力，对出版产业的发展和产业结构的形成发挥了重要作用。资本回报率的高低，直接决定了出版产业的发展快慢，既使出版产业在一定时期内形成了相对关系，也促使出版产业向着资本回报率更高的新兴产业业态发展。

作为在开放经济条件下经济发展的重要推动力量之一，投资对出版产业的发展和产业结构的调整起到了极其重要的作用。投资的总量和投资的结构对出版产业的规模和出版结

---

① 来自 10086 的短信推销业务，2014 年 6 月 6 日。

构有极其重要的影响。投资数量的多少和出版产业内部不同部门的投入比重,直接决定了出版产业的发展水平和出版产业的结构变化。不同方向的投资是改变现有产业结构的直接原因。对需要大力发展的出版产业来说,可以通过新增投资或扩大投资的方式促进这些出版产业部门的发展,从而促进出版产业的迅速发展,加快出版产业结构的升级。

三、出版产业结构的需求因素

需求因素是基于需求效用的,假设经济各部门的技术增长率相同,把出版产业结构的变化归结于偏好引致的各种出版物或服务需求收入弹性 η 的不同。由于需求收入弹性 η 不同,随着消费者收入的变化,各种出版物或服务的消费量变化会出现不平衡。当出版物或服务的收入弹性 $\eta > 1$ 时,即消费者的收入增加时,他们购买该出版物或服务的数量增加的比例会超过收入增加的比例;当出版物或服务的收入弹性 $0 < \eta < 1$ 时,消费者购买该出版物或服务的数量随着收入的增加而增加,但幅度小于收入的增加幅度;当收入弹性 $\eta < 0$ 时,劣等出版物或服务①的需求量随消费者收入的增加而下降。恩格尔规律(Engel's Law)正说明了消费数量和消费者收入之间的这种关系②。

Echevarria 在 1997 年,Kongsamut、Rebelo 和 Xie 在 2001 年, Foellmi 和 Zweimuller 在 2005 年运用非位似(Non-homothetic)偏好来分析经济结构变化。根据消费偏好,随着经济增长,各种产品的边际效用不成比例地发生变化,产品的边际技术替代率就会发生改变,这直接导致了各种产品消费量的不平衡变化。市场均衡要求供给和需求相匹配,需求变化最终会影响产品供应量的结构变化,由此引发经济结构的变化。

(一)消费需求

一个国家的经济发展水平决定了一个国家的消费能力,其指标可以由国民收入来表示,较为直接的指标可以用可支配收入的相关数据来表示。消费需求还受人口数量、经济发展周期和社会发展水平的影响,这些因素会对特定阶段的出版产业结构产生直接和间接影响。在国民经济迅速发展时期,人们对出版的消费需求会相应增加,这将扩大出版产业的规模,加快出版产业结构的调整和升级。在人均收入水平不变或不断增加的情况下,随着人口的增加,人们对出版产业的产品和服务的需求量也相应增加,促使出版产业的发展和演变。如果人口的增加导致人均收入水平下降,则将降低人们对出版产业的产品和服务的需求量,出版产业就有可能回落或倒退。当经济发展处于高涨时期、社会发展程度较高时,出版产业会增长较快,促使出版产业结构处于较好和较高的层级。

(二)消费结构

从出版导向来看,由于技术的发展和人们主体地位的上升,出版活动越来越趋向于成为一种需求导向型的活动。消费结构会对一定发展水平的出版产业所对应的产业结构产生重

---

① 如盗版书的需求就会随着收入的增加而不断下降,盗版的出版物就是低劣出版物。

② 恩格尔在研究家庭食物支出随收入变化时发现,收入增加,食物支出也增加,但是食物支出占总收入的份额却下降,这个规律就是恩格尔规律。

大影响，较高和较合理的消费结构会形成较高水平的产业结构，也会引导出版产业结构向高级化演变。消费结构本身的多样性，也会随着经济的发展和科技的进步，积极促进出版产业业态的多样化，激发新的出版产业业态的产生，有力地推动出版产业结构的多样性和深化演变。而且随着收入水平的提高，消费结构会得到相应提升，人们对出版的产品和服务要求的层次会增加，从而进一步促进出版产业结构的高级化。

出版产业生产的规模和构成必须适应社会需要的规模和构成。而社会需要是一个复杂的体系，要满足多种多样的需要，就必须生产多种多样的产品。这样，出版产业的体系就必须是一个分工协作的体系。每一种出版生产都创造一种特殊的使用价值或提供一种特殊的服务；各种生产又相互联系，组成枝繁叶茂的"分工树"，即"需求本身就已经决定了全盘的分工"①。

除传统出版要向更为个性化的现代出版转变外，网络、移动和数字出版更将进入一个前所未有的出版个性化时代。新型出版的内容创造可以在跨媒体、跨设备和跨标准中进行，每个人都能成为出版者，每个人都能在更综合的内容和更个性化的形式之间自由取舍。新的出版规则不仅可以让人们充满协作精神，而且能够大大提高各个环节的运行效率，进而推动实现任何时间、任何地点、任何人的个性化出版进程。

四、出版产业结构环境及制度

（一）环境因素

环境包括自然环境与人文环境，以及国内环境与国外环境。就出版产业而言，我们主要讨论历史和现实的人文环境。

如果一国的历史文化底蕴深厚，在出版产业的发展上就有先天的优势，可以对一国的历史文化进行很好的开发和利用。如中国的历史悠久，有很多历史题材，可以形成资源开发型出版行业和产业结构；除了根据中国四大名著改编的电视电影之外，美国好莱坞还发掘和开发出了诸如《花木兰》等很多出版产品，不仅增加了自身产品的竞争力，还顺势扩大了对中国的出口。而美国历史较短，历史的积淀相对较少，因此，美国充分利用了后发优势，创造出很多诸如《超人》的科幻故事，形成资源加工创造的出版产业结构。因此，出版资源短缺的国家可以利用科技创新和国际分工来重新获取分工优势。

现实人文环境对出版产业的发展和结构的调整有着极其重大的影响。人文环境主要是指一国文明的特征和程度对出版产业的发展及其结构的作用和影响。如美国作为说英语的国家，曾经是英国的殖民地，其出版的产品都以英语语言为主。因此，在出版的内容上体现西方的共同文明和理念；在出版的范围和形式上，在加拿大、英国和澳大利亚等国家拥有人文优势，出版产业的发展较为迅速，产品规模也较大，产业技术和层级更容易得到发展，产业结构的升级相对也会更加迅捷。

---

① 马克思，恩格斯.马克思恩格斯全集：第四卷[M].北京：人民出版社，2012：78.

(二)政策制度

作为外部影响因素,制度安排是出版产业得以发展和产业升级的直接保障。制度包括法律、政策等正式制度,还包括组织(政府、市场的架构)、市场的运行机制等结构构成及状态,还有习俗等非正式制度,等等。法律是一个国家制度的正式安排和沿溯,是一个国家的基础制度。政策是一个国家在特定时期的制度安排。政策主要有宏观政策和产业政策。宏观政策主要包括财政政策和货币政策;产业政策主要有产业发展政策、产业组织政策、产业布局政策和产业结构政策。产业结构政策实施的主要目的是促进产业结构的优化、合理化和高级化,从而进一步推动产业的发展。

由于出版产业本身的性质和特点,政府和市场都将对出版产业发挥重大的作用和产生深远的影响。市场逐步取代政府成为资源基础性配置的基本动力,政府逐步起到辅助性的引导和规范作用。

(三)市场结构

市场作为资源的基础配置机制,将会对市场竞争的主体行为及供给的效率产生根本性的影响。根据微观经济学相关原理,哈佛学派推导出了 SCP 的市场结构模式与效率之间的关系。他们认为市场的结构决定了市场主体的经济行为和效率,继而改变产业发展和规模,最终影响产业的结构和升级。

市场的结构有四种方式:一是垄断,二是寡头,三是垄断竞争,四是完全竞争。

垄断竞争和完全竞争是两种较为极端的市场结构,在实际中一般并不存在。完全竞争的市场结构是资源配置最有效的方式,供给和消费都能获得正常利润和消费者福利,使社会福利实现最大化。在垄断的市场结构中,垄断者可以获得垄断利润,社会资源被扭曲配置,社会福利不能实现最大化。垄断是制度安排中需要极力避免的一种状态。

寡头和垄断竞争则是市场结构的两种中间状态,是在实际中正常存在的。寡头比较接近垄断,也是市场结构中效率较低的一种配置方式。垄断竞争较为靠近完全竞争,相对效率要高一些,而且是市场资源有效配置的一种较好方式。但需要说明的是,过于垄断竞争的结构不利于资本和知识的积累,不利于社会的技术创新,不利于产业发展和升级换代。

出版产业的产业特点决定了大多数国家的出版市场都采用垄断竞争的方式,但适当增加集中度可以形成规模经济。因此,美国等西方国家的出版市场比较靠近垄断竞争和寡头竞争的中间结构方式,这是符合资源配置的最优化竞争要求的。

第三节　出版产业结构的优化机制

一、出版产业结构合理的基本准则

出版产业结构是否合理主要考虑出版产业结构是否与国民经济发展水平、文化发展水平以及科学技术水平发展相适应。

(一)基本准则

1. 规模相适准则

出版产业的规模必须与国民经济相适应,使出版产业在国民经济中占据较为合理的比重,体现出版产业在经济发展中的作用和地位。

出版产业的规模和结构还必须与出版需求相适应,以满足人们不断增长的对文化和出版的需求,满足国民的人均需求和多样化的消费需求。

出版产业的结构还必须与出版产业相适应,保持出版产业及其结构的相对稳定,从而保证出版产业持续健康发展。

2. 发展阶段准则

出版产业结构的高度化水平要能够代表和体现最新的出版技术发展水平,在出版产业及其构成中能够促进新产业的产生和发展,并能带动出版产业长期稳定发展。

在出版产业中,只有传统出版和现代出版两大产业相互借鉴和融合,结构顺利转化,并逐步在新的技术水平条件下达到新的平衡,才能逐步转化成新的、合理的、更高的产业结构层级。

3. 发展速度准则

出版产业的结构必须保证出版产业在国民经济中的比重和位置相对不断上升,必须保证核心出版在出版产业中的比重和位置相对不断上升,必须保证现代出版在核心出版中的比重和位置相对不断上升。这样的出版产业及其结构才是适宜的和合理的,同时也是动态平衡的。

4. 国际化程度准则

在全球化不断深化发展的当今世界,出版产业的结构必须能够体现出版产业在国民经济中的依存度和国际化程度,以及保证比较优势保持较为合理的水平,并且能够不断提高。合理的出版产业结构必须处于不断增长和调整的状态,而且具有较强的国际竞争力。

(二)出版产业结构调整的原则

出版产业结构调整必须具有连续性和继起性。在任何国家、任何时候都不可能存在绝对合理的出版产业结构。出版产业结构都处于合理与不合理的相互转化的过程中,即使处于合理的状态,也包含不合理的因素。这就需要连续地对出版产业结构进行调整,使它尽可能地减少不合理因素,保持稳定持续高速的增长动力。此外,由于技术不断进步,主导产业和主导技术会出现相应的更替,某一阶段的出版产业结构总在趋向成熟的同时孕育着新的出版产业结构。因此,出版产业结构调整应根据技术和出版产业的发展,适时地转移、调整重心,使出版产业结构始终充满活力。

出版产业结构调整必须以促进出版产业经济发展为目的。调整出版产业结构是为了出版产业获得优化增长。因此,出版产业结构调整必须遵循以下基本原则:

1. 市场机制决定原则

市场经济对于优化资源配置具有决定性作用,出版产业结构的升级和优化应该以市场导向为基本原则,发挥政府的引导作用。经得起市场考验的出版产业结构也必须是最优的和合理的,也是具有竞争力的。

2. 内涵发展决定原则

出版产业结构调整的关键在于提高出版产业发展的质量,着眼于出版产业结构的合理化和高度化。注重解决技术升级和内涵发展方式的出版产业结构升级,在不断调整产业结构的同时,更加注重增量的出版产业资源的优化配置。

3. 开放合作互惠原则

在全球化的时代背景下,出版产业结构的升级和调整还需要结合国际分工,发挥自身的产业竞争优势,在国际市场上,借助国内外的资本、技术等资源配置,实现跨地区、跨国界的出版产业整合,提高出版产业的整体国际竞争力。

4. 整体升级联动原则

出版产业结构的调整是整体的调整,包括经济结构、产品结构以及相应的产业技术结构、产业组织结构、产业地区布局结构、行业部门结构等全方面内容,牵一发而动全身,通过对主导产业和瓶颈产业的重点关注和投入,加快出版产业结构的全面调整和升级,从而促进出版产业的稳定持续发展。

出版产业整体升级应紧紧围绕稳定、有序和赶超的发展目标,充分论证、积极规划出版产业的发展,切实提出促进出版产业结构合理化和高度化的途径和方法,发挥市场机制的决定性作用,最大限度地发挥企业和出版产业的竞争力,辅以政策手段引导出版产业结构升级转换,促进出版产业的发展。

二、出版产业结构合理化分析

(一)出版产业的理想产出及结构

出版产业较为理想的产出,首先是能够在国民经济中具有较高的地位,能作为国民经济的主导产业带动国民经济长期稳定发展。其次是在文化产业中具有显著作用,即在文化产业中成为支柱产业和中坚力量。最后,出版产业的理想产出及结构要能够促进产业结构优化升级,并保持出版产业持续稳定发展,充分满足社会对出版的需要。

在这里,我们假设出版产业P的实际产出为 X'_p ($p=1,2,\cdots,n$),满足全部需求的产出为 Xp($i=1,2,\cdots,n$),则出版产业的不平衡量为:

$$S_p = X'_p - X_p$$

定义不平衡系数为:

$$K_p = S_p / X_p$$

整个出版产业结构系统的比例不平衡度为:

$$\alpha = \sum_{p=1}^{n} |K_p|$$

系统的比例平衡度为:

$$b = 1/(1+\alpha) = 1/\left(1+\sum_{p} |K_p|\right)$$

a 和 b 的值域分别为 (0,∞) 和(0,1)。

以此来简单衡量和判断出版产业的理想产出和结构。

(二)出版产业的高度化结构水平

1. 出版产业高度化的结构①

为了衡量出版产业内部结构的变化,特别是现代出版与传统出版的变化状况以及现代出版在整个出版产业中比重的变化,我们列出下列公式:

$$K = VxGx/(VxGx + VcGc)$$

其中, K 为出版产业结构的高度化系数; Vx 为现代出版的增长速度, Gx 为现代出版的增加值; Vc 和 Gc 分别为传统出版的增长速度和增加值。

需要指出的是,高度化系数越高,表明出版产业结构的技术发展程度越高,数字化普及程度越高,出版产业发展水平越高。

2. 出版产业软化度的结构②

出版产业软化度的度量,以增加值来衡量时,公式为:

出版产业结构软化度＝软产业的增加值或者产值/出版产业的增加值或总产值

以劳动力来衡量时,公式为:

出版产业结构软化度＝软产业的就业人数/出版产业的就业人数

以投入来衡量时,公式为:

出版产业结构软化度＝出版产业无形投入/出版产业总投入＝出版产业软投入/出版产业总投入

如果进一步将劳动力成本考虑到无形投入中,则出版产业结构软化度可表示为:

出版产业结构软化度＝(出版产业软投入＋出版产业劳动成本)/出版产业总投入

(三)出版产业的合理化结构水平③

我们可以采用出版产业结构效益系数来衡量出版产业的合理化结构水平。

这个指标表明的是出版产业构成比例关系变动引起的效益变化,它反映总的投入产出关系,是观察出版产业结构是否合理的综合指标。其计算公式为:

$$S = \sum_{i=1}^{n}\left[\frac{Y_i}{\sum_{i=1}^{n} Y_i} \times \frac{Y_i}{K_i L_i}\right] - \frac{Y_0}{K_0 L_0}$$

其中, S 为结构效益指数; Y 为产值; K 为资本; L 为劳动者人数; n 为产业数。

上式 $\sum_{i=1}^{n}\left[\frac{Y_i}{\sum_{i=1}^{n} Y_i} \times \frac{Y_i}{K_i L_i}\right]$ 表示出版产业结构优化后的总效益; $\frac{Y_0}{K_0 L_0}$ 表示出版产业结

① 在本书第五章的高度化水平分析中,由于时间序列数据只有四年,且变化趋势相对都较为稳定,因此分析时没有引进增长率变化,而且从结构趋势图中也直接可以得到相关变化趋势。特此说明!

② 出版产业结构软化度是指随着数字等现代技术的发展而产生的出版产业结构不断虚拟化、数字化的程度。

③ 由于假设出版内各行业无差异,所以在实际应用中价值不大,仅供理论参考使用。加之数字出版无劳动就业人数的统计,在实际中也无法计算。

构优化前的总效益。如果 S 值上升，说明出版产业结构效益提高，意味着出版产业结构趋于合理化；反之，若 S 值下降，则反映出版产业结构效益下降，出版产业结构不合理。

出版产业结构合理化指的是出版产业间的聚合质量。它一方面是出版产业之间协调程度的反映，另一方面还是出版资源有效利用程度的反映。也就是说，它是出版要素投入结构和产出结构耦合程度的一种衡量。对于这种耦合，研究者一般采用出版结构偏离度对出版产业结构合理化进行衡量，其公式为：

$$E=\sum_{i=1}^{n}\left|\frac{Y_i/L_i}{Y/L}-1\right|=\sum_{i=1}^{n}\left|\frac{Y_i/Y}{L_i/L}-1\right|$$

其中，E 表示出版结构偏离度，Y 表示产值，L 表示就业，i 表示产业，n 表示出版产业内行业部门数。根据古典经济学的假设，经济处于均衡状态时，各出版行业部门的生产率水平相同。Y/L 表示生产率，因此当经济均衡时，$Y_i/L_i=Y/L$，从而 E=0。同时，Y_i/Y 表示产出结构，L_i/L 表示就业结构，因此 E 同时也是出版产业结构和就业结构耦合性的反映。E 值越大，就表示出版产业越偏离均衡状态，出版产业结构越不合理。由于经济非均衡现象是一种常态，因而 E 值是不可能为 0 的。但是，出版结构偏离度指标将各出版行业视为是无差别的，忽视了各行业在出版产业中的重要程度，同时绝对值的计算也为研究带来了不便。为此，我们引入了泰尔指数。泰尔指数又称泰尔熵，最早是由泰尔（Theil and Henri）提出的，泰尔指数可以视为一个理论上的度量产业结构合理性的指标，对泰尔指数进行重新定义，其计算公式如下：

$$TL=\sum_{i=1}^{n}\left(\frac{Y_i}{Y}\right)ln\left(\frac{Y_i}{L_i}/\frac{Y}{L}\right)$$

同样，如果出版结构处于均衡状态，也有 TL=0，而且该指数考虑了各行业的相对重要性，并避免了绝对值的计算，同时它还保留了结构偏离度的理论基础和经济含义，因此是对出版产业结构合理化的更好度量。泰尔指数不为 0，表明出版产业结构偏离了均衡状态，出版产业结构不合理。

三、出版产业结构优化及发展

（一）出版产业结构的优化机制

为了更好地促进出版产业的发展，必须考虑优化出版产业结构，从而使出版资源得到优化配置，投入/产出效率得以提高，同时促进出版产业结构升级，保证出版产业可持续的顺利发展。

根据产业结构的定义和特征，我们可以考虑从三个方面提高优化出版产业结构：一是系统性，考虑到出版产业结构是具有层次构成的一个整体，必须具备完整性，且在一定时期内出版产业结构相对稳定，这样出版产业的发展才能整体推进，而非个别行业部门在一段时间增长。二是合理性，出版产业的各个行业部门之间是相互联系和相互依存的，每个部门的发展都依赖与其他部门的配合协调，各个出版产业在一定时期内必须根据科技发展水平和市场供求状况，相互之间保持一定合理的比例关系，这就体现了出版产业结构的协调适应能

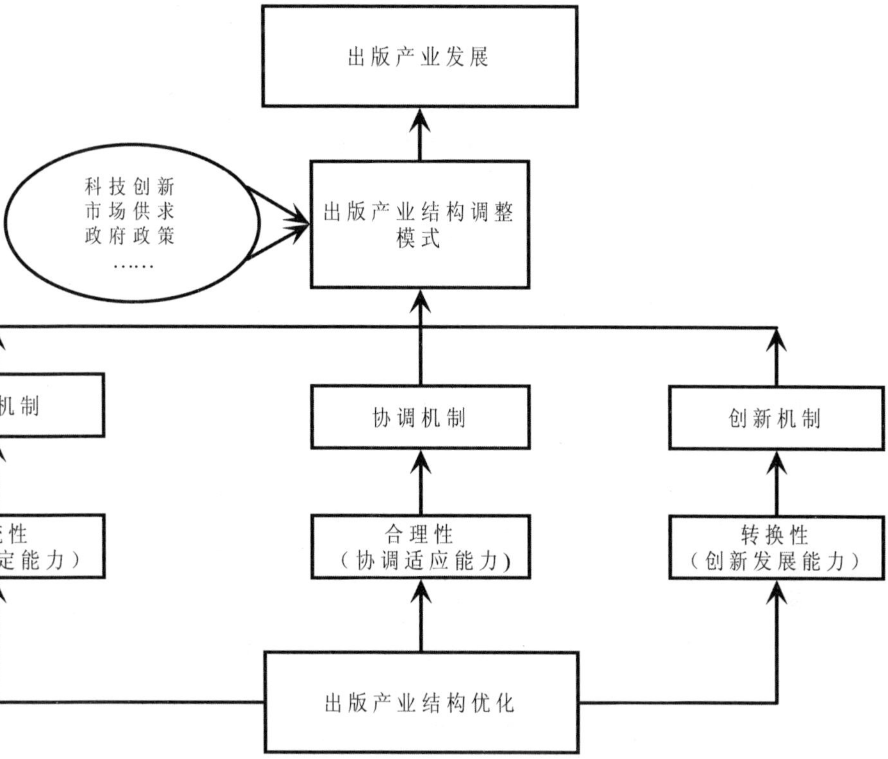

图 8－4　出版产业结构优化机制模型

力。其三是转换性，一方面，随着出版产业的发展，出版产业结构必然要发生变动，以适应出版的发展；另一方面，如果出版产业结构的自身转换能力较强，则可以迅速促使出版产业升级，进而带动出版产业发展。

以上三个能力可以概括为：整体稳定能力，表现为出版产业的系统性，对应的是出版产业相应的整合机制；协调适应能力，表现为出版产业内部的合理性，对应的是出版产业的协调机制；创新发展能力，表现为出版产业的转换性，对应的是出版产业自身的创新机制。

出版产业优化调整模式是综合了以上三个出版产业结构优化的内在机制，具体结合了影响出版产业结构的四大因素——科技因素、供给因素、需求因素和政策因素而形成的。根据出版产业结构具体的变动和未来发展的趋势，考虑现实的实际条件，各个国家可以采用相应的出版产业结构调整模式。如一个国家的出版产业整体落后，产业结构层级较低，则该国可以实施政府政策来推动出版产业发展，大力提高技术水平，并结合市场供求配置出版资源的出版产业结构优化调整模式来大力推动出版产业发展。再如出版产业处于技术发展大变革的时代前夕，则出版产业的结构优化重点就是要大力推动科技创新，促使新的出版业态不断产生，积极提高出版产业结构的自身转换能力，辅以必要的政府宏观经济政策和产业指引政策，发挥市场机制作用，加快出版产业的发展和结构调整，尽早迎来新的出版时代，从而有力地推动出版产业结构的升级转换，促进出版产业快速增长。

(二)出版产业及结构发展规律

根据对出版产业的历史发展和影响出版产业结构的因素的分析,我们可以推测并得到现阶段出版产业及其结构的一般发展规律,即出版主导产业转换规律、出版产业内在变动规律、出版产业演进顺序规律和出版产业融合规律。

首先,出版产业的整体结构主要体现的是出版产业在国民经济中逐步取得主导地位,能够引领国民经济健康发展,并在国民经济中占据支柱地位,达到占国民生产总值的5%以上的比率的目标,成为国民经济的重要产业。

其次,在出版产业基本结构的历史演变中,可以推断出如下的发展阶段:

第一阶段:以劳动密集型为主的出版初级阶段。在出版开始进入手工发展阶段后,主要是造纸和活版印刷的广泛应用。这一阶段无论是出版、印刷还是发行,都是劳动强度非常大的工作,三者之间的规模与技术差别很小,而且从业人员的技术能力水平也相差不大,主要依靠劳动者本身规模的增加来扩大出版产业的规模。在这一阶段,出版结构主要表现为几乎平均分布,整个出版产业规模非常小。

第二阶段:以资本密集型为主的出版中级阶段。自出版开始从手工出版进入机械出版以来,以资本密集型的大规模机械设施印刷为代表的出版行业规模不断扩大,带动了整个出版产业的进步与发展。在这一阶段,出版结构表现为印刷产业在出版产业中占据了绝对的优势地位,编辑出版和发行贸易相对处于经济从属地位。

第三阶段:以技术密集型为主的出版高级阶段。在这一阶段,出版结构表现为技术逐步开始替代资本成为出版产业的主要发展动力和技术占据优势的行业开始主导出版产业的发展。

在出版产业基本结构演变的高级阶段,以编辑出版为代表的技术密集型核心出版的经济规模逐步取代了印刷复制行业的优势地位,使出版的核心技术真正在出版产业中发挥作用,推动出版产业不断得到发展,出版内容的作用得到有效和充分发挥,这也是出版产业乃至文化产业的真正核心竞争力所在。出版产业的基本结构逐步由以印刷复制为中心向核心出版发展和过渡,最终形成核心出版占据绝对优势地位的基本结构。

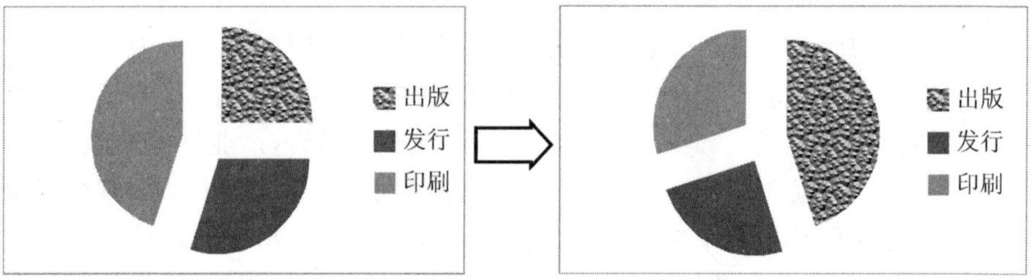

图8-5 出版产业及其结构的发展趋势

在核心出版中,以现代技术为支撑的现代出版逐步取代了以传统技术为支撑的传统出版。以纸质等为载体的图书出版、期刊出版和报纸出版虽然在相当长的一段时间会继续存在,但会逐步被以电子和数字技术出版为代表的现代出版取代,这是出版产业的未来发展方向，同时也是出版产业结构不断调整的方向。

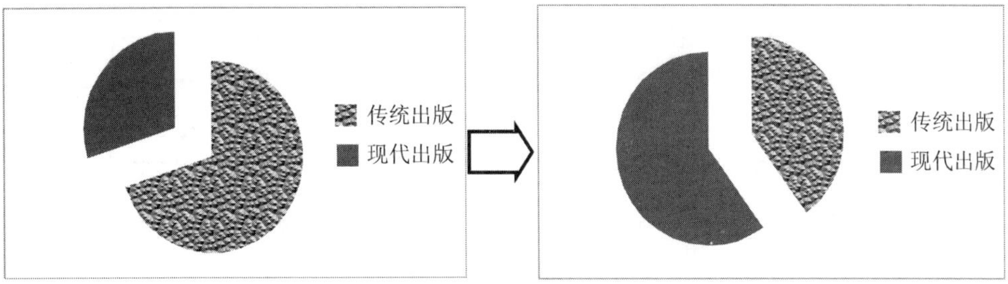

图 8－6　核心出版及其结构的发展趋势

第四阶段：以知识密集型为主的后出版阶段。在这一阶段，出版产业结构表现为软化和虚拟化。

一方面，在现代出版中，以多媒体、移动、网络和数字技术等为特点的数字出版将会逐步占据现代出版中的主要地位。结构比重发展变化应该分为三个进程：

进程一：数字出版成为朝阳产业，也是出版产业乃至国民经济的新兴产业，其不断发展创新，成为出版产业的新的技术创新点和经济增长点。这时数字出版在现代出版的结构中占据 25％以下，在出版产业中占据 10％以下，处于不断增长之中。

进程二：数字出版不仅成为出版产业的主导产业，也成为国民经济的主导产业。数字出版在现代出版中的比重从 25％上升到 50％左右，在出版产业中的比重从 10％上升到 30％左右，并且开始引领现代出版和整个出版产业的发展。数字出版已经成为现代出版的支柱产业，但还不是出版产业的支柱产业。

进程三：数字出版开始成为现代出版和出版产业的支柱产业。数字出版的比重开始占据现代出版的 70％及以上，在出版产业中的比重也从 30％上升到了 50％及以上。数字出版不仅成了出版产业的支柱产业，而且带动了整个出版产业迅速发展，使出版产业在国民经济中的比重迅速上升到了 5％及以上。出版产业不仅成为文化产业的支柱产业，而且成为国民经济的支柱产业。

另一方面，在现代科技不断创新的条件下，出版产业不断进行着产业融合。

产业结构融合化又称“产业结构重叠化”或者“产业边界模糊化”。产业融合已经成为出版产业结构变化的潮流和趋势，渗透在出版产业的各个行业内及行业间。

由于科技进步和管理创新，出版产业的各行业边界出现了技术融合，促使出版产业之间的产品和业务、市场、技术进行融合，并使原产业特征发生变化，最终使出版产业的边界模糊或消失，甚至重新界定出版产业边界。这一产业融合可以视为产业之间通力合作的过程和结果，并且由于产业融合促使了中间产业的产生。

出版产业的结构也不断升级，同时结构趋于软化和融合化，开始进入超现代或后出版阶段，这主要表现在以下三个方面：

1. 编辑出版、发行贸易和印刷复制的融合。随着现代数字及网络技术的不断创新和应用，编辑出版、发行贸易和印刷复制之间的产业逐步数字化、网络化和虚拟化。产业之间的

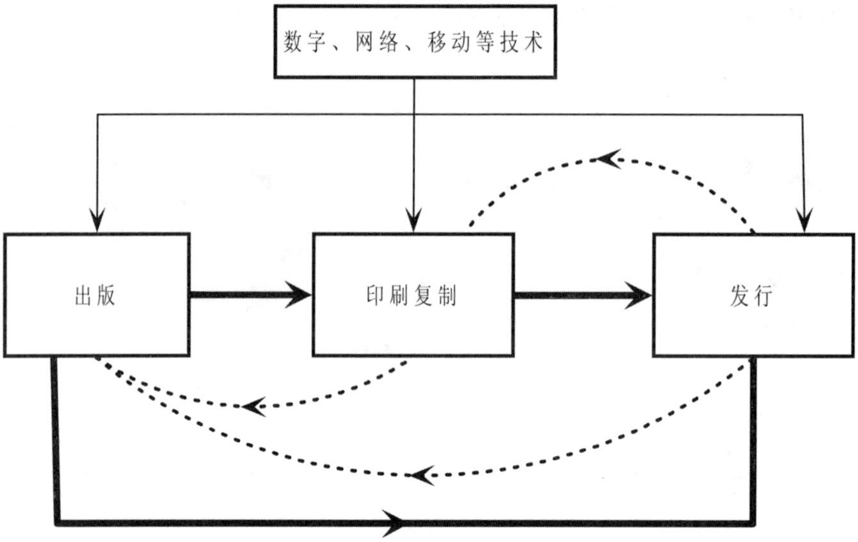

图 8-7　出版产业融合的趋势

显著界限也将逐步淡化,相互之间的融合逐渐加强和深化,一体化过程将会加快。

2. 核心出版中的现代出版和传统出版的融合。无论是从载体的形式上,还是从编辑出版的技术手段上,抑或是从发行及印刷的形式上,传统的图书、期刊和报纸出版将逐步和现代出版相融合。现代出版也会在内容等方面逐步吸收传统出版的精华,并对传统出版进行改造,最终形成全新的出版产业及结构,并带动出版产业继续在新的起点和新的技术上不断发展。

3. 现代出版中的多媒体、电子、数字的融合。科学技术正在以前所未有的方式不断创新和扩散,深刻影响着出版产业的发展与变革。以数字技术为核心的全新技术将整合多媒体、电子技术及各种传统技术,从而促使崭新的技术载体和方式的产生,改变现有的出版产业及其结构。

最后,出版产业的发展体现出政府和市场的作用。市场将逐步取代政府成为决定出版产业发展的决定性因素,政府则逐渐成为引导出版产业有序发展的辅助性因素。出版产业的双重属性决定了这一发展过程将会比较漫长。在出版产业竞争力还没有完全形成之前,政府的作用还将占有支配地位,但市场的资源基础性配置作用将逐步发挥出来。在市场开始发挥作用的时候,市场中的供给和消费将最终决定出版产业的规模与深度,也规范着出版产业结构的合理化程度,同时也引领技术在出版产业的创新与发展。

应该看到,合理的出版产业结构能够自我创新和不断升级,促进出版产业的不断发展。出版产业的稳定、持续发展又会进一步促进出版产业结构的合理化与升级,最终形成良性循环。

第 9 章 中国出版产业结构趋势与分析

在政府和市场的共同作用下，中国出版产业结构中的所有制结构、产业组织结构、产业区域结构和市场结构都得到了初步改善。出版产业结构调整初见成效，结构演变趋势总体向前，升级也明显加快，取得了较好效果。

第一节　中国出版产业结构演变与发展趋势

一、中国出版产业结构的演变趋势

(一)中国出版产业结构演变的发展趋势

1. 中国出版产业的基本结构总体朝着升级方向发展

(1)基本结构的演变趋势

从演变趋势来看，中国出版产业的基本结构是按照出版产业的一般演变趋势发展的。核心出版的增加值、利润、营业收入、总产出等经济指标的比重呈现稳定增长的态势，而且增加值和利润比重增长得相对更加明显一些。这说明核心出版不仅增加了规模比重，并且还有不断增加的潜力。

发行贸易的各项规模和效益经济指标的比重都呈现出不断下降的趋势，虽然有实际的行业作用下降和整体能力下滑的原因，但与整个出版产业融合软化和数字化等技术变革有很大关系，发行贸易作为中间环节发挥作用日渐趋弱。发行贸易的内部结构中，出版物发行居于绝对的优势地位，这说明中国出版产业的市场主要还是立足于国内市场，而且这种趋势还非常明显。

印刷复制的各项经济指标的比重仍然占据了半数以上，但增加值和利润比重相对较低。营业收入和总产出的比重稳中有增，增加值的比重呈现出较为明显的下降趋势，但利润的比重增加得更为明显。这种各个经济指标结构变化的矛盾状况，充分说明了虽然印刷复制行业总体在下降，但从目前的内在动力来看,还具有较强的生命力,整个行业处于调整变动时期。在印刷复制产业内部,印刷行业居于统治地位,复制行业非常弱小,并且印刷强、复制弱的趋势还在加强。

(2)相关结构的演变趋势

在中国新闻出版单位数量的比重中,法人单位数量的比重呈现出逐年增长的趋势,到2012年达到了46.32%,已接近一半;个体经营者数量的比重则呈现逐年下降的趋势,到2012年下降到了51.04%,已接近一半,到了数量转化的临界点。这种趋势值得深思。

中国新闻出版单位的法人单位整体规模比重占据主要地位,并且逐年增加;除了所有者权益以外的其他经济指标的比重不仅占据了绝对的优势地位,而且逐年增加,所有经济指标的比重均接近90%。

在中国出版产业的企业法人单位的所有制结构中,民营企业占据了近80%的比重,而且不断增加,国有企业和集体企业的比重则不断减少。在中国发行贸易企业法人所有制结构中,民营企业占据了60%—65%的经济份额,国有全资则占据了约30%的经济份额,两者都相对比较稳定;外商投资虽然有所增长,但不到2%;混合投资则不断下降,已经低于1%。在中国印刷复制企业法人单位所有制结构中,民营企业占据了80%左右的经济份额,而且增长趋势明显;国有全资的比重不断下降,2012年已经减少到了5%左右;集体企业的比重也呈现出不断下降的趋势,2012年已经在5%以下了;外商投资的比重在不断减少,混合投资的比重在增加。

这种变化趋势一方面说明了中国出版产业的组织结构在不断优化,另一方面也说明了出版产权的改革有了明显的成效,具有一定规模的多元化市场竞争主体正在形成。

在中国出版产业的直接就业人数规模不断增加的情况下,出版产业基本结构的就业人员比重处于较为稳定的状态,核心出版的就业人员的比重处于稳定之中略有上升的状态。印刷复制的就业人员的比重则稳中有降。中国出版产业的直接就业人员的性别比重则是男性超过女性,并且这种趋势还在不断扩大。因此,可以推断出中国核心出版产业的直接就业人员正处于更多的流入发展之中,而且男性开始介入传统认为的女性居于优势的行业。

2. 中国出版产业的核心结构软化和高度化趋势明显

(1)现代出版的比重上升很快

从核心出版的增加值、营业收入、总产出和利润等经济指标比重来看,现代出版呈现出不断增长的趋势。其中,营业收入和总产出的比重已接近一半,增加值和利润的比重也超过三分之一。这显示出中国出版产业不断从传统出版向现代出版发展的趋势。

从核心出版的种数、总印数和总定价等出版指标来看,传统出版仍占有绝对优势地位,尤其在总印数的比重上,传统出版的优势更为明显。这一方面说明传统出版在统计上仍具有压倒性优势,也说明现代出版还需要走相当长的一段路才能超越传统出版。

(2)出版高度化水平迅速提高

以数字出版为代表的中国出版产业的高度化水平提高得极为迅速,数字出版的增加值、营业收入和总产出在现代出版中已经占到了97%,在核心出版中占到了近50%(利润则只有三分之一多),在出版产业中占到了近10%,且增长趋势非常明显。从出版高度化的规模和趋势来看,中国出版产业尤其是现代出版已经开始进入出版产业发展的超现代出版或后现代出版的第四阶段。这种高度化的发展状况同中国出版产业的历史发展与现代创新努力是较为吻合和一致的，也说明了中国出版产业结构的多样性特征。

(3)出版社数量构成变化明显

从中国出版社的构成来看，现代出版社的构成已经接近 50%，虽然从目前的出版统计上看还没有越过临界点，实现质的飞跃，但从现有出版统计数据的发展趋势和出版实际来看，中国出版机构正处于临界点的变化过程当中，这是一个历史性的时刻。

根据数据统计，中国传统出版单位正在积极参与数字化进程。2009 年，全国 579 家出版社(包括副牌社 34 家)中的 530 家已开展了电子图书出版业务，比重超过 93%。①

3. 中国新的出版业态不断涌现且内部结构稳中趋好

(1)传统出版的内部结构演变趋势

图书出版在传统出版的经济结构中呈现出一定的增长趋势，利润占比的增长尤其明显；在出版结构中则呈现了较为明显的下降趋势，但种数占比是例外，种数占比不仅比重优势显著，而且比重在不断增加。这种图书的发行规模越来越小而效益却在增加的状况正好反映出版的需求导向在加强，图书出版更加具有市场的针对性。

在图书的内部产品结构中，书籍出版在产品结构中占比最高，为 44%－70%，呈现出不断增长的趋势；课本占比则达到了 30%－50%左右，演变趋势基本稳定；图片出版的产品结构显示出无可挽回的下降趋势，而且占比越来越微不足道。课本的种数占比并不高，增长幅度也不大，但总印数和总印张的比重却很大，增长趋势明显，这说明课本的发行规模很大。

书籍出版的社科人文类在产品结构中占比最高，且变化稳定；科学技术类书籍的占比只有 20%，且变化趋势也较为稳定；综合类占比最少，且呈现不断减少的趋势。

期刊出版在传统出版的产品结构中，种数一直呈现明显的下降趋势，但总印数和总印张占比相对稳定。

在期刊内部的产品结构中，自然科学技术类呈现出较为稳定的发展趋势；哲学社会科学类总体而言占比不断增加，趋势发展良好；文化教育类期刊也呈现出总体不断增加的趋势；而文学艺术类和综合类则不断下降。

从期刊的出版周期来看，月刊的比重趋势不断增加，季刊的比重最小，而且不断减少，有逐步退出市场的趋势。

报纸在传统出版的产品结构中占比较高，但呈现出较为明显的下降趋势。在报纸的出版类型结构中，专业类报纸在种数上具有明显优势，且占比不断增长；综合类报纸则在发行量上具有优势，且发行量不断增加，总而言之，各有千秋。在报纸归属地结构中，省地市报纸的产品结构优势明显，中央报纸逐步下降，而县级报纸的发展呈现不断衰亡的趋势。

(2)现代出版的内部结构演变趋势

音像出版在现代出版的产品结构中占比不高，呈现出逐步衰退的变化趋势。在音像出版的产品结构中，录音出版和录像出版的种数结构持平且变化不大，但录像的数量占比呈现出明显的下降趋势。在录音的产品结构中，录音带的占比下降趋势非常明显；而高密度激光唱盘呈现出种数和数量占比都增加的发展趋势；激光唱盘则处于种数占比上升、数量占比下降的状态。录像的产品结构中，录像带及其他出版的消亡速度十分惊人，激光数码视盘在经

---

① 郝振省.2010－2011 中国出版业发展报告[M].北京：中国书籍出版社，2011.

历了大幅度上涨之后开始呈现出明显的下降趋势，而高密度激光视盘则表现出较好较快的增长态势。

电子出版在现代出版的经济结构中不仅占比很小，而且呈现出不断下降的趋势。电子出版在现代出版的产品结构中则处于不断全面上升的状态。

数字出版在经济结构中占据了显著的优势地位。在数字出版中，网络广告呈现出明显增加的趋势，而手机出版虽然占比最高，但呈现出不断下降的趋势。网络游戏占比排在第三，也呈现出不断下降的趋势，其余数字出版的比重很小，且处于不断调整和发展之中。在手机出版的内部结构中，手机音乐占据了绝对的优势地位，且发展稳定。手机阅读和手机游戏则比重相对较低，发展趋势也较为稳定。随着智能手机的逐渐普及应用，手机出版的业态和结构还将进一步变化和升级。

(3)内部结构演变趋势稳中趋好

虽然图书、期刊、报纸、音像、电子和数字出版的内部发生了较大的变化，但就出版产业核心出版的经济结构和出版结构而言，演变趋势表现出稳中向好的趋势，并没有出现大起大落的巨大波动。这说明出版产业发展的内外环境都处于较为合理的状态，市场机制和政府的政策都发挥了良好的作用，也说明了出版产业正在逐步走向成熟，产业结构的优化和升级都处于正常、合理的发展轨道。

(二)中国出版产业分工与融合趋势深化

1. 融合融通趋势深化

在新一轮科技发展大潮和全球化不断加深的时代背景下，中国的出版产业及其结构出现了明显的融合趋势。这种融合主要表现在技术融合和跨界融合两个方面。

(1)技术融合

首先是出版与数字、移动、网络等现代技术的融合，产生了网络出版、移动出版和数字出版等新产业，如触摸屏、电子书和柔性显示技术等。

其次是印刷复制与数字、移动和网络等技术的融合，产生了 CTP、远程打印和 3D 打印技术等。

再次是发行贸易与数字、移动及网络等技术的融合，产生了订、发货的信息管理和远程控制，还可以按需出版。

最后是不同技术和出版的相互融合，产生了如数字移动出版、手机出版、网络出版、云出版等。

(2)跨界融合

首先是出版与印刷融合，产生了如激光照排技术、数字印刷技术和按需印刷的新业态。

其次是出版与发行融合，使 POD 开始得以应用，解决了绝版书和短版书的出版困难。

最后是出版、印刷、发行一体化融合，产生了 DTP、增强现实(AR)技术和出版产业的一体化管理，这也将促进跨行业的产业集团的诞生。

2. 多种出版业态共存

出版产业的融合催生了众多出版新业态，新的介质、方式层出不穷，手机、网络、多媒体、动漫、游戏、音乐、阅读、博客、微信等新的出版业态不断涌现，打破了原有的出版模式，这些全新的出版业态和中国传统出版的图书、期刊、报纸及现代出版中的音像、电子出版等业态一起发展，构建了全新的现代的出版产业结构，促进了中国出版产业的不断发展。

3. 出版周期不断加快

在数字技术和产业融合的作用下，图书、期刊、报纸的出版周期越来越短。图书的总印数/种数在不断下降，期刊的刊期不断缩短，报纸的发行量/种数总体也呈现出不断下降的趋势。这是数字技术在传统出版中起作用的结果。一方面加快了传统出版的生产节奏，减少了出版流程和中间环节，一方面有利于满足不断加快的出版需求，出版的信息逐步电子化以满足现代社会发展的需要。

产业融合突破了资源产业边界，提高了共有资源利用率，既节约了成本，又促进了有效竞争，推动了产业创新和产业结构升级。

(三)中国出版产业结构进程的基本判断

从世界出版产业发展及结构的演变规律来看，结合中国的出版产业及其结构的发展实际，对中国出版产业结构进程有如下基本判断：

1. 出版产业结构整体落后

从中国出版产业的整体结构、基本结构和内部结构来看，中国出版产业结构整体处于相对落后的阶段，各个层面的结构也不合理，需要进一步优化升级。

我国出版产业的发展起点低、水平低，虽然经过改革开放时期的不断发展，但我国整个出版产业的技术水平还处于不断追赶西方发达国家的过程中。因此还需要较长时间才能赶上西方发达国家的出版产业规模和发达程度。

2. 出版产业结构转换处于中期

虽然中国出版产业结构整体还较为落后，但根据中国出版产业基本结构的演变趋势，再结合世界出版产业结构演变的一般规律来看，按照出版产业的经济比重衡量，基本可以断定，中国出版产业应该处于由资本密集型的第二阶段向技术密集型的第三阶段的过渡中，属于出版产业及其结构发展的中期阶段。

3. 部分现代产业升级领先

得益于改革开放和全球化，中国出版产业开始从技术引进到自我创新，技术水平和能力不断提高，促进了出版产业的快速发展，结构的升级转换也开始不断加速。因此，就目前中国社会发展的程度和技术水平而言，中国出版产业中的部分行业处于世界先进水平。如核心出版应该处于技术密集型向知识密集型发展转换过程中，基本与美国等西方发达国家保持了同步跟进水平。

4. 不同阶段出版结构并存

由于历史原因、发展水平和阶段原因，中国出版多种发展阶段的出版产业结构在现阶段共存，相互作用、相互影响。

首先，印刷复制在整体结构中保持了较高的水平和较为稳定的趋势。这是较低的出版结构水平和阶段。

其次，传统出版在核心出版中的比重也保持了一定的结构稳定性，图书出版尤其明显。这说明在数字时代，通过技术渗透变革，传统出版还具有较强的生命力。

最后,虽然代表先进技术水平的数字出版在现代出版中占据了绝对的优势地位,但其他现代出版仍然保持了一定的比重,并且相对比较稳定。这说明了其他现代出版在技术发展和数字化过程中,一方面通过改造和变革保持了一定的稳定状态,另一方面,当前的技术在数字化、虚拟化产业革命中也还具有一定的生命力,也说明了即使技术有突破,但也还有继承和连续变化的特点。

这样,中国出版产业的结构就具有显著的混合性和多样性的特征。几个不同发展阶段的结构特点在中国出版产业中都具备,这既反映出中国出版产业不断赶超发展的客观事实,也昭示了中国出版产业结构调整和升级面临的前所未有的挑战。

简言之,从中国出版产业发展的现实来看,中国出版产业应该及时抓住新一轮科技创新的历史性机遇,及时进行“赶超”,以完成中国出版产业及其结构的历史超越。

二、中国出版产业结构的演变动力

(一)技术进步的部门间差异

从中国出版产业来看,比较劳动生产率中唯一高于出版产业平均水平的行业是核心出版,而印刷复制和发行贸易的比较劳动生产率都低于出版产业的平均水平。虽然不包括数字出版的核心出版呈现出比较劳动生产率不断下降的变化趋势,但毋庸置疑,核心出版是推动出版产业发展的主要动力。

在核心出版中,现代出版的劳动生产率呈现出不断上升的趋势。而且 2011 年之后,即使是不包括数字出版的现代出版的比较劳动生产率也开始超过核心出版的平均水平。这意味着现代出版是推动核心出版发展的基本动力。

在核心出版内部,图书出版的比较劳动生产率虽然呈现出不断下降的趋势,但绝对水平仍是最高的。报纸的比较劳动生产率是相对不断下降的,期刊出版的比较劳动生产率虽有短暂上升,但近期也是在下降的。音像和电子出版的比较劳动生产率则呈现出稳定增加的趋势,而且比报纸出版和期刊出版的水平要更高一些。在不包括数字出版的前提下,图书出版、音像出版和电子出版是核心出版发展和增长的主要动力。

归纳起来主要有两个推进渠道:

1. 电子(数字)出版→现代出版→核心出版→出版产业
2. 图书出版→传统出版→核心出版→出版产业

(二)主导产业的发展与推进

技术进步促进产业的发展,而主导产业则是技术进步的载体和先导。从中国出版产业结构的演变过程来看,目前中国出版产业的主导产业大致经历了三个阶段:演变过去的主导产业,主要是印刷复制产业;演变之中的主导产业,主要是核心出版产业;将来的主导产业,主要是数字出版产业。

准确说来,印刷复制及传统出版中的图书出版等在出版产业中发挥了积极作用。但根据出版产业的发展和结构转换规律,传统出版通过改造成为与现代出版一样具有更大推动作用的主导产业，而数字出版正是核心出版的“领头羊”。

虽然现阶段印刷复制在中国出版产业中有显著作用，但作为目前的支柱产业，它对未来出版产业发展的影响越来越有限。而以数字出版为代表的现代出版则在出版产业中逐渐崭露头角，已经占据了绝对优势的主导地位。虽在出版产业中的比重只有10%左右，但数字出版对中国出版产业的推动和发展功不可没。数字技术对现代出版乃至整个出版产业的推动和改造作用业已显现。可以预见，在不远的将来，数字出版和数字技术将通过各种方式带动并引领整个出版产业的发展。

相较于原有的主导产业——图书产业等传统出版产业来说，目前还处于新兴产业阶段的数字出版产业是对传统出版产业的创新与发展，也是在现代技术与传统出版的不断演化融合中发展而来的出版产业。数字出版对传统出版既有发展又有继承，具有鲜明的时代特点和中国出版特色。

(三)国家政府的支持与引导

为了促进出版产业的有序发展，我国在法律规定和政策上采取了必要的措施，对出版产业加以支持和引导，这对中国出版产业结构的升级优化起到了保障和促进作用。以下将我国关于出版的法律法规及政策做一个简单梳理和归纳。

1. 法律规定

中国改革开放近40年，法律法规日益健全，制定了《出版管理条例》《印刷业管理条例》《音像制品管理规定》《出版物市场管理规定》《报纸出版管理规定》《期刊出版管理规定》《互联网出版管理暂行规定》《著作权法实施条例》《新闻出版统计管理办法》《新闻出版行业标准化管理办法》《计算机软件保护条例》《外商投资图书、报纸、期刊分销企业管理办法》《著作权集体管理条例》《印刷业经营者资格条件暂行规定》《印刷品承印管理规定》《设立外商投资印刷企业暂行规定》《图书质量管理规定》《订户订购进口出版物管理办法》等法规，制定了《著作权行政处罚实施办法》《计算机软件著作权登记办法》《互联网著作权行政保护办法》等配套规章，加入了伯尔尼公约、世界版权和唱片公约，形成了以宪法为根本，法律为主干，法规、规章、政策相互配套、协调统一的出版法制管理体系，从而使出版行业在选题、编辑、印制、发行、管理体制等各个环节基本上都有章可循、有法可依。

2. 政策措施

2005年下发的《国务院关于非公有资本进入文化产业的若干决定》鼓励和支持非公有资本进入出版的发行、印刷领域，但限制非公有资本进入出版及进出口领域。

2006年12月5日，财政部、国家税务总局联合下发了《关于宣传文化增值税和营业税优惠政策的通知》，帮助传统出版行业向现代出版行业转变，用数字出版改造和提升传统出版。

2006年，《国家“十一五”文化规划纲要》明确了将包括出版业在内的九类重点文化产业作为重点发展方向。

2008年，《中共中央、国务院关于深化文化体制改革的若干意见》提出，要深化出版体制改革，通过改革将出版单位分为公益性文化事业单位和经营性文化产业单位。

2009年4月推出的《关于进一步推进新闻出版体制改革的指导意见》明确提出，要推动经营性新闻出版单位转制，重塑市场主体。

2009 年 7 月,国务院通过了《文化产业振兴规划》和《金融支持文化产业振兴指导意见》,推进和完善了出版产业的投融资体系建设,推动了出版业产业结构调整和升级,提高了出版的整体实力和竞争力。

2010 年 1 月,原国家新闻出版总署通过的《关于进一步推动新闻出版产业发展的指导意见》深化了新闻出版体制改革。

2011 年,《中华人民共和国国民经济和社会发展第十二个五年规划纲要》要求建立现代企业制度,鼓励和支持非公有制经济以多种形式进入出版产业领域。

2012 年 6 月 28 日发布的《新闻出版总署关于支持民间资本参与出版经营活动的实施细则》向民间资本正式开放了出版经营活动领域。

2013 年 8 月 14 日,国务院发布的《关于促进信息消费扩大内需的若干意见》明确了数字出版产业的发展方式。

2013 年,党的十八届三中全会历史性地确认了市场在资源配置中的决定性作用。毋庸置疑,这必然是出版产业今后发展的主要方向,也是提高出版产业竞争力的正确途径。

2014 年 7 月发布的《文化体制改革中经营性文化事业单位转制为企业的规定》进一步加快了出版企业转制的步伐。

三、中国出版产业结构的演变特点

中国出版产业及其结构在发展演变的过程中,体现出了鲜明的时代特点和中国特色,主要体现在以下四个方面:

(一)从政府计划到市场机制的转轨

从新中国成立到改革开放,从改革开放到现在,中国的出版产业发展经历了两个完全不同的历史时期。从完全由政府主导和计划安排,到逐步淡化政府的计划政策作用而不断强化市场机制功能,再到逐步实施市场经济对出版产业决定性的基础性的配置作用,以及渐次开展的政府的职能转变、企业所有制的多元化、产权制度的改革等,中国出版产业仍然处在不断的市场化进程中,这些都说明中国出版产业及其结构演变本质上是一个转轨过程。

中国出版产业改革始于 1979 年 12 月的长沙会议,出版产业的转轨大致可以分为三个阶段:

第一阶段:1979—2000 年,是市场初步引入阶段,是进行放权让利的市场化改革、不断优化出版产业结构的阶段。

第二阶段:2001—2006 年,是出版企业改制阶段。特别是从 2003 年开始,也就是党的"十六大"之后,出版改革进入实质性阶段。2004 年 4 月,中国出版集团公司成为第一家转制为企业的出版集团。2005 年 11 月,上海世纪出版股份有限公司成为国内出版领域第一家股份公司。2006 年 10 月,上海新华发行集团借壳上市,成为出版发行业的第一家上市公司。

第三阶段:2007 年至今,是出版产业全面市场化阶段。在 2007 年 7 月 13 日召开的全国新闻出版局长座谈会上,时任国家新闻出版总署署长的柳斌杰提出建立公开、公正、平等、规范的出版业"四大准入"制度。

从 2012 年开始，整合中央各部门各单位的出版社，组建四大出版集团：中国出版传媒集团、中国教育出版传媒集团、中国科技出版传媒集团、中国国际出版集团。目前这四大集团的基本框架已经形成。

即使出版产业具有双重属性，在实际中也可以通过有效的行业规范和追惩制度管理加以保证，保证公开、公平、公正的市场竞争得到完美体现，而不必将出版及企业截然分成二元对立的状态。

对中国出版产业而言，这个过程会比较漫长，但总的趋势和方向是十分明确的，而且在中国出版产业结构不断升级调整的过程中，整个出版产业及其结构保持了平稳过渡及稳中向好的特征。

（二）从生产导向朝需求导向的转化

在相当长的一段时间内，中国的出版产业主要由计划和生产决定，出版的内容、形式和规模都由政府和企业决定，消费者只能被动选择，这种情况在课本出版中表现得尤其明显。再以图书出版为例，由于出版发行受生产导向影响，因此图书的库存量一直居高不下，经济效益低下，这影响了出版产业的正常发展。

随着市场的不断开放、消费者的经济能力和水平的提高、价值消费结构的多元化，出版产业开始逐步向需求导向转化，并根据出版需要来进行生产。从出版产业各行业的单个品种印刷发行的数量演变不断下降的趋势以及各行业的资产利润效益等经济指标不断上升的趋势中，我们大致可以推断，出版产业的导向已经开始转向满足消费者的需求，这也是出版产业逐步市场化的发展必然反映和内在要求。

中国出版产业发展及结构目前处于发展的资本密集型阶段，主要依靠投资和生产拉动，其增长方式主要还是规模外延式而非效益内涵式。而随着社会进步和科技的发展，中国出版产业开始进入技术密集型的发展阶段。这一阶段更加重视出版本身的需求，并重视出版产业本身的效益和可持续发展。

（三）从低层级需求向高级消费升级

出版产业的最终产品是各种类型的出版物，而最终消费者是读者，读者的偏好和消费习惯决定了其最终选择哪种出版物。因此，读者消费需求的变化将直接影响出版产业的结构升级。

随着中国经济的发展和国民收入的不断提高，中国出版产业的消费需求实现了由一般的出版需求向更高级的出版服务需求转变，直接带动了电子、网络、多媒体、手机和数字出版的高速发展。同时，伴随着技术的发展，出版产业及相关产业也得到了快速发展，如定制印刷、按需出版等的快速发展。

网络、电子、移动、数字等高科技新媒体的出现，给出版的电子信息化阅读方式带来了较大的便利。相比传统的纸质图书阅读，电子书、手机阅读、网络阅读等具有便捷、经济及可获得性强的特点，各种电子阅读的销售量逐年提高。

从中国出版的数量/品种统计来看，传统出版中无论是图书出版、期刊出版还是报纸出版，都呈现出不断下降的趋势，但是现代出版中无论是录音、录像还是电子出版，都呈现出不断上升的趋势。这种现象说明消费者对传统出版的需求不断转向了现代出版,并且对现代出版的需求在持续不断增加。

消费者的个性化、多元化和消费能力的高级化,都促使出版需求从传统出版向现代出版升级转化。

(四)传统出版依然具有较强生命力

从中国出版产业的行业效益比较来看,传统出版仍然具有较高和较好的经济效益。传统出版中的图书出版、期刊出版和报纸出版的经济效益比较高,图书出版的综合经济效益是最高的。

从比较劳动生产率来看,图书出版的比较劳动生产率也是行业中最高的。因此,传统出版尤其是图书出版仍然具有较强的生命力,是目前出版产业发展的重要力量。

以上特点充分反映了核心出版产业结构的发展转换与出版产业的稳定发展的关系,也反映了现代出版产业比重的不断增加,显示出版产业结构变动的趋势。

总之,产业结构的演进和调整本身,不仅包含产业部门比例关系的协调,而且包含资源的配置和再配置(资源的产业间转移)效率的提高和结构效益的最优化,从而推动产业结构升级演化,最终推动经济增长。

第二节　中国出版产业结构存在的现实问题

中国出版产业的结构具有稳中向好的变化趋势,但是就目前出版产业的演变发展和出版产业结构的基本特征和影响因素而言,中国出版产业的结构主要存在以下三个方面的问题。①

一、出版产业结构与出版产业发展的一致性问题

(一)中国出版产业整体结构不相称

1. 出版产业整体规模偏小

中国出版产业的整体结构虽相对比较稳定,但无论是在国民经济中,还是在第三产业或文化产业中,无论是按照当年价还是按照以 2004 年为基期的不变价为统计口径,中国出版产业的占比都是不断下降的。

中国出版产业在国民经济、第三产业和文化产业中的占比都较小。中国出版产业在国民经济中的占比不到 1%,在第三产业中的占比只有 2.36%,在文化产业中占比不到 28%(以不变价为统计口径计算出的占比)。

---

① 柳斌杰在 2007 年把中国产业结构存在的问题归纳为五个方面:与经济基础不相适应;与社会运行的体制环境不相适应;与人民群众文化精神需求不相适应;与技术进步不相适应;与国际文化竞争的要求不相适应。柳斌杰.出版体制改革与改革中的出版业[J].出版科学,2007(5):5-12.

无论是在绝对数量上，还是在相对变化上，中国出版产业的整体结构在国民经济各行业，尤其是在文化产业中的地位呈现出不断下降的趋势。也就是说，在国民经济和文化都不断发展的今天，中国出版产业的发展实际上是相对落后了。整体结构落后于产业发展要求，这是十分值得关注的现象。这表明中国出版产业及结构不能满足国民的文化发展需要，不能与国民经济发展相匹配。作为文化产业的核心，中国出版产业也不能与文化产业发展相称。

2. 双重体制导致产能不足

由于出版产业的双重属性，中国出版产业长期以来带有"双重管理"的特征。在中国出版产业的市场化和企业改制的过程中，政府主办、主管机关仍以管理者和资产所有者的双重身份进入出版领域。同时，政府相关部门、协会对出版企业进行了直接的管制，制定了一系列审批、检查制度。如针对出版单位设立的审批制度、书号管理制度、定价管理制度、年检制度、行业准入制度等。这样，政府机构对出版业实际上采取了直接管理。政府机构集国有资产所有者、社会管理者、经济宏观管理者三种职能于一身，通过任命国有出版企业负责人的方式对出版企业的经营活动进行管理，并通过相关制度来约束和规范出版企业的社会行为。

不仅如此，在现实实践中，政府及相关部门尤其强调出版的精神属性，希望直接保留一部分出版企业，让它们成为为社会提供公共服务的出版事业单位，将出版企业简单分为公益事业单位及经营性企业，让前者主要承担社会责任，让后者在市场竞争中创造效益。这不仅造成市场竞争主体的二元对立，而且造成市场竞争主体的不公平，且公益性的事业单位必然会使社会资源无法充分利用。因此，在政府和市场的双重管理下，在平衡社会效益和经济效益的矛盾中，中国出版企业缺乏内在发展的动力，无法真正成为自主经营、自负盈亏、自我完善、自我发展和自我约束的法人实体和市场运行主体。

反之亦然，中国出版产业的发展过度依赖行政保护，市场配置资源的基础性作用得不到充分发挥，资源配置效率低下，也是导致中国出版产业发展缓慢的原因。

(二)中国出版产业市场机制不完善

1. 公平竞争市场体系尚未形成

到目前为止，中国出版企业已基本完成了企业转制，出版市场多元化的竞争主体也正在构建，出版市场秩序逐步建立和形成。但是，中国出版市场还在完善之中，存在的主要问题有：

首先，在出版市场中，还存在着公有和非公有之间不平等的竞争。两者在出版市场准入、经营范围及经济政策等方面还存在差别，难以形成公平、公正的有效市场竞争。

其次，在出版市场中，还存在着没有完全开放的领域。从出版单位的资本扩张来看，由于强调文化安全和意识形态，出版单位的投融资活动被大大地限制，如不允许新闻媒体和重要出版单位的宣传部门对外融资。

最后，公平竞争的市场体系尚未完成。出版产业的产品服务市场、人力资源市场、资本投融资市场、技术版权转让市场等必要的要素资源流动分配体系都还没有建立，这不利于中国出版产业的长远发展。

2. 出版产业组织效率较为低下

中国出版企业长期受"小而全、大而全"传统思想的影响，规模普遍偏小，布局较为分散，出版企业之间缺乏有效的专业化协作,整个产业内部各组织之间呈现高度离散状态,过度竞争和行政垄断并存,产业组织效率极低。

根据哈佛学派的SCP理论,中国出版产业的市场结构带来的企业效益是极低的。这种高度分散型产业组织模式使社会资源无法得到合理流动和有效开发利用,存量资产的流动和重组也难以有效进行,企业很难形成强大的市场竞争力和国际竞争力,不利于出版产业的整体发展。

近年来,政府通过政策手段组建了一批大型出版集团,取得了较好的规模经济和良好的效益,[①]改善了出版市场的市场结构。但由于不是市场自动配置的,因此也存在效率不高的问题。另外,从理论上来说,如果整个国家的出版业都变成出版集团,就形成垄断了,对出版业的发展同样是不利的。

3. 区域出版产业结构趋同化高

形成于计划经济时代的中国出版产业,一直遵循均衡发展的原则,多年来形成了按地域和行业均衡布局、条块分割的格局。各省(市、区)都有自己的人民出版社、文艺出版社、科技出版社、教育出版社、少儿出版社、美术出版社等,政府各部门及各团体也都有自己的出版社。这种状况分割了出版市场,影响了全国统一、开放、竞争、有序的出版市场的形成,阻碍了新闻出版大市场的形成和新闻出版专业化分工的实现。

因此,必须打破地域的条块分割,打破行业之间的壁垒,充分发挥市场竞争的资源有效配置作用,改变出版产业的高度同构化趋势,促进出版产业健康发展。

中国出版产业结构的高度化水平较高,而市场化程度较低,因此通过市场机制自发调节配置和自我升级相对较为困难和缓慢。中国出版产业必须不断强化市场对资源基础性配置的同时,适当选取横向联合、重组兼并等有效政策措施加以调整和优化。

二、出版产业结构的合理化与优化的协调性问题

(一)中国出版产业结构有待进一步合理化

1. 出版产业基本结构有待进一步调整

在中国出版产业的基本结构构成中,印刷复制产业的比重过大,而核心出版的比重相对较小。这是目前中国出版产业的基本结构在升级和转换中面临的最大问题。

可以说,出版产业的这种基本结构直接导致了出版产业的整体结构比重的不断下降。核心出版发展不足直接导致了出版产业规模的不足,也限制了基本结构的升级和转换。这种出版产业基本结构的偏差性问题是今后出版产业发展需要关注和解决的。

---

① 中国图书出版网(http://chinabook.gapp.gov.cn)《2006年我国出版集团和北京部分大社名社经营情况的分析报告》指出,2006年16家大社名社合并计算的总资产利润率为13.98%,净资产利润率为17.48%,销售利润率为20.68%,而25家出版集团合并计算的总资产利润率、净资产利润率和销售利润率分别只有7.67%、11.06%和13.73%,大大低于大社名社。从规模增长速度看,2004年到2006年2年间16家大社名社的总资产、净资产、销售收入和净利润分别增长了20.65%、33.13%、29.66%和31.05%,年均增长率分别是9.84%、15.38%、13.87%、12.56%。而2005年到2006年,25家出版集团的四项指标分别只增长了8.43%、7.45%、5.22%和0.68%。

印刷复制和核心出版的效益比重都有不断增加的趋势，但印刷复制相对要更好一些。这说明出版产业基本结构在升级的过程中原有的力量依然强大，内在的动力还显不足。

2. 出版产业内部结构亟须进一步优化

中国出版产业的内部结构虽然保持了较高的稳定性，但各个出版行业的内部结构也在不断的优化升级当中。

传统出版的各个行业在不断采用现代出版技术的过程中，加快了对传统出版的改造，使传统出版尽快适应现代社会及发展的需要，以传统出版的内部发展和转换带动传统出版和出版产业的发展。

现代出版的各个行业还应加快数字化进程，打破各个行业之间的界限，加速融合传统出版，从而尽早完成出版产业的升级，最终推动中国出版产业的大力发展，改变出版产业的不断相对下滑的国民经济地位。

(二)中国出版产业的国际化程度不高

1. 出版产业的国际化程度不高

出版产业的国际化是十分必要的。对发展中国家而言，国际化的过程其实是一个向发达国家学习的过程，是一个借助外部力量发展自己的过程。通过国际化，我们可以引进和学习国外的先进技术、管理经验，带动出版产业升级发展。

就世界范围而言，出版物市场的国际化程度都不高，规模都不到国内的7%，而且出口地多为语言相近或相同、文化也相近的国家或地区。

从中国出版产业的国际化程度来看，中国出版产业的进口远大于出口，仍以传统出版，主要是以图书出版为主。但进出口的总量规模相对发行贸易规模而言可以说是微不足道的，只有不到2%，出版产业的国际化程度极低，且呈现出不断下滑的趋势。这说明了中国的出版物市场主要集中在国内，但在当今全球经济一体化的大趋势和背景下，极低的国际化程度和国际依存度不符合中国出版产业走向世界的发展目标。

因此，中国出版产业走出国门，增强中国出版产业在国际上的传播力和影响力，既有利于中国出版产业的健康快速发展，同时又有利于促进出版产业结构的合理化和有序升级。

2. 出版产业的竞争力不强

中国出版产业的规模竞争力有不断提高的趋势，但出版产业的效益竞争力的下滑趋势还是十分明显的。

从中国出版产业的国际比较优势来看，无论是经济优势还是产品优势，都呈现出非常明显的下滑趋势。

从版权贸易来看，除了传统出版的图书版权贸易具有一定的优势外，其他出版的版权贸易状况令人担忧，不具有竞争优势。现代出版类的版权贸易更是不具有基本的竞争优势，处于竞争劣势当中，而且情况不断恶化。

以上情况说明，中国出版产业的国际化依存度和竞争力处于全球出版价值链的发展初期和低端，中国出版产业的竞争力偏弱，这也是亟须关注和解决的问题。

(三)中国出版产业的需求结构不均衡

1. 中国出版的需求总量潜力巨大

(1)中国国民人均收入增加迅速

目前,中国国民人均收入正处于快速上升期。统计公报及统计年鉴显示,2009—2012年,我国GDP分别较上年增长了8.55%、17.78%、17.83%、9.77%,人均GDP分别增长了8.01%、17.21%、17.27%和9.24%。我国城镇居民人均可支配收入从2004年的9,421元上升到2010年的19,109元,再上升到2012年的24,564元,年增长率为20.09%;城镇居民教育文化娱乐服务类支出也逐年上升,由2005年的人均1,097元增长到2012年的2,033元,年均增长为12.19%。

中国国民经济保持较快平稳发展,人民生活水平不断提高,居民消费结构不断升级。这些形成了国内出版产业的增长源泉。持续的收入增长将带来文化教育支出更加快速的增长,也为出版产业的繁荣发展提供了重要的物质基础。

(2)中国出版的人均拥有量偏低

中国出版产业的发展虽然极为迅速,取得了很大的成就,以出版物人均拥有量来看,也呈现了不断增长的趋势,但由于中国人口众多、市场巨大,出版的规模数量仍然难以满足中国巨大的出版需求。

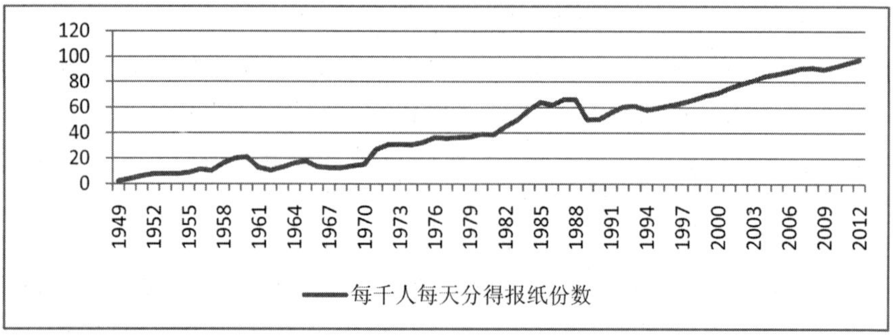

图9-1 中国每千人每天分得报纸份数(1949-2012年)

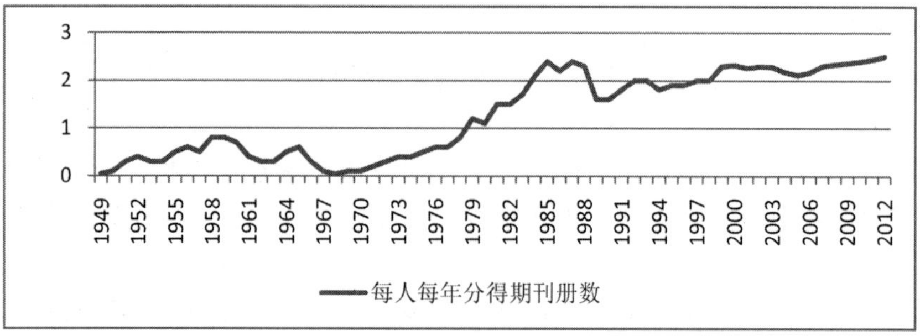

图9-2 中国每人每年分得期刊册数(1949-2012年)

图 9－3　中国每人每年分得图书册数(1949－2012 年)

以传统出版的图书出版为例，2012 年，中国人均拥有图书达到了 5.90 册，不足发达国家的七分之一，即便以初步发达水平的人均 7 册的标准来衡量，我国图书出版的供给仍然存在巨大的供需落差。中国报纸的普及率为每户 0.33 份，说明每天每十人中只有一人分得一份报纸，中国期刊每人每年拥有 2.50 册。这都说明中国出版产业的有效供给不足，也解释了中国出版产业的整体结构为何相对落后。

(3)中国文盲率下降，阅读率上升

联合国教科文组织报告显示，中国成年人识字率上升迅速，由 1985－1994 年的约 78%增至 2000－2006 年的约 93%，中国识字人数的增幅超出全球整体水平。报告预测中国到 2015 年，成年人识字率进一步上升到 96%，文盲人数下降至 4,984.8 万人。① 识字人口的不断增加也使阅读人口的基数不断加大，这都进一步扩大了对中国出版的需求。

自 2006 年以来，中宣部、原新闻出版总署等部委持续推广“全民阅读”活动，多年来在全社会形成了积极阅读、主动阅读的文明新风尚。2010 年第八次全国国民阅读调查结果显示，成年人图书阅读率由 2007 年的 48.8%提升至 52.3%。根据中国新闻出版研究院在 2012 年 4 月发布的《第十次全国国民阅读调查》，2012 年，中国 18－70 周岁的国民的图书阅读率为 54.9%。随着社会的不断进步，国民的阅读率还将进一步提高，这也预示了中国出版需求的巨大潜力。

2. 中国出版的需求结构失衡明显

(1)中国出版城乡的需求差距显著

中国出版物的城乡零售比差距非常大，2004 年达到了 3 倍，随后又不断扩大，到 2012 年更是增加到了 4.92 倍，差距还有不断扩大的趋势。这种差距一方面反映了城乡收入尤其是可支配收入存在巨大差距，另一方面也说明了城乡对出版需求存在着数量上和品种上的差异。

充分调动乡镇和农村居民买出版物的积极性，既是满足广大乡村对社会精神文明追求的需要，也是不断扩大国内出版物市场需求的内在要求和重要举措。中国出版物市场目前过度依赖中心城市，农村出版物市场没有得到足够的重视和有效开发。

原国家新闻出版总署于 2007 年 3 月会同相关部委联合发出《关于印发〈农家书屋工程

---

① 联合国教科文组织发布的《全球教育水平监察报告 2009》(*Education for All Global Monitoring Report* 2009)。

实施意见〉的通知》,开始在全国范围内实施“农家书屋”工程,以切实解决广大农民群众看书难的问题。“农家书屋”工程计划准备在“十一五”期间,在全国建立20万家农家书屋,到2015年让农家书屋基本覆盖全国各行政村。这些举措必然会扩大出版产业的出版需求。

(2)中国出版的产品需求结构失衡

国家提出的科教兴国战略使教育类出版物明显占据了较大份额。以图书出版为例,图书出版中占据较大份额的是课本,这是中国作为文化大国和教育大国所独具的特点。2007年、2008年和2009年,全国教育经费分别为12,148亿元、14,501亿元和16,503亿元,年均增长16.55%,逐年递增趋势非常明显。教育的不断发展和国民对教育的重视刺激了图书尤其是课本市场的发展,保持了图书出版产业的效益和结构龙头的地位。

根据国际发展的经验,国民收入与文化教育支出之间存在一个启动—快速增长—稳定发展的过程。因此,中国对课本的需求还会持续相当长的一段时间,而这会影响到整个出版需求的结构和层级,从而对整个出版产业的结构产生重大影响。

中国与世界经济的接轨预示着出版多元化时代的到来。加之出版科技创新层出不穷,新生代读者阅读的个性化会越来越明显。这种对现代出版的需求,也要求出版产业进行及时调整,以满足不同方式和需要的出版需求。

三、出版产业结构内部转换与发展的自适应问题

(一)出版产业结构的内部转换问题

1. 出版结构高度化水平较低

客观而言,现阶段中国出版产业结构的高度化程度较低,传统出版的生命力还很强,现代出版的竞争力还不够,整个中国出版产业处于较低水平。

中国出版产业的高级化不足主要表现在两个方面:一是以数字出版为代表的现代出版还没有明显占据主导地位,二是传统出版和现代出版处于相互融合和发展之中。这种发展状态客观上使中国出版产业自身发展的内在动力不足,出版产业内部各个行业的协同发展和外向发展相对滞后,自身的转换和升级能力欠缺,需要提高出版产业的自我升级能力。

从技术层面来说,在中国出版产业中,还普遍存在印刷型媒体与广播、电视、电影、音像、电子媒体分离的现象以及和印刷型媒体中的书、报、刊分离的现象。过分的产业单一化使我国出版产业的生产环节不连贯,大大影响了出版产业的发展。经过变革和发展,中国出版产业正由单一介质、单一形式向多介质、多形式转换,由传统出版向数字移动出版转变,出版产业的高度化还有待进一步提高。

由于信息化程度低、数字化程度低、缺乏相关专业人才、版权保护存在问题、商业模式不清晰等原因,传统出版领域处于领军地位的出版企业在数字出版中处于配角地位,使整个数字出版产业链呈现出上游冷、中下游热的趋势。

2. 主导产业的带动作用不强

虽然主导产业已经较为明确,但还处于成长发展时期,对整个出版产业的带动发展作用还不十分明显。

从核心出版结构的构成来看，数字出版已经占据了三分之一多的比重，排在了首位。但图书出版、期刊出版和报纸出版等传统出版则占据了近三分之二的比重，这表明传统出版仍然占据出版产业的主要位置。

总之，以传统出版产业为支柱产业的中国出版产业增长相对乏力，而现代出版的整体规模还相对较小。以数字出版为代表的现代出版还处于新兴产业的成长状态，数字出版还没有真正成为全新的、带动整个出版产业发展的主导产业。

(二)出版产业结构的发展升级问题

1. 结构升级较缓慢

(1)传统势力依然强大

传统出版的从业者习惯于传统的操作模式，全流程数字化出版运营还处于探索熟悉阶段。考虑到企业效益、内部动力等现实问题，传统出版向现代数字出版转化的动力不足，进展缓慢。

再者，由于渠道和收费权受制于电信运营商，传统出版产业获取数字内容版权困难，转型进展缓慢。加之传统阅读习惯的改变并非一朝一夕的事，而适应了数字化阅读的新生代更倾向于免费阅读，传统出版的内容提供者难以获得必要的回报。所以向数字内容版权转变会有所顾虑。

(2)现代出版的流程模式尚不清晰

虽然以数字技术为主的现代技术正在不断改造出版产业，但最终会形成什么样的现代出版或后现代出版模式，以及会以怎样的方式在现在日新月异而又朝兴暮亡的出版业态中快速转换都还不确定，现代出版的流程模式因而尚不清晰。传统出版还处于观望之中，这也减弱了传统出版向数字出版迈进的实际力度。

综上所述，中国出版产业由于自身的历史原因，客观上产业结构升级存在二元化现象。即使现代出版有其自身的发展，且相对较快，但传统出版还具有较强的生命力，因此由传统出版向现代出版转换较慢。

2. 创新性能力不足

(1)科技投入不足

中国出版产业受传统体制的制约，科技创新投入明显不足：一方面是中国出版企业的市场化改革转制并没有完全到位，还没有完全树立市场导向和竞争意识，在实践中过于注重眼前利益，忽视长远发展和科技研发；另一方面，中国出版企业将衡量重点放在企业的每年效益上，法人代表和负责人的年终考核机制较少关注科技创新，而且短期也无法衡量。这些都在客观上导致了出版企业投入不足的现象。如投入国内企业的 R&D 只占销售总收入的 1.38%以下，而国外大型出版集团的 R&D 一般占其总收入的 5%－10%。①

虽然政府有对科技投入的热情，但一般而言，政府的项目很难衡量最终的成果和效益状况。

---

① 周建新.中外出版品牌创新比较[J].出版经济，2004(11).

(2)出版人才缺乏

出版产业的发展和结构升级要求有更多高级的和复合型的技术人才,这些人才既要懂出版又要懂现代技术。而目前从事中国出版产业的技术人员总体技术水平不高,且在印刷复制和出版发行行业的人数较多,而这些行业对技术水平的要求并不高。

即使在编辑出版行业中,从业人员依然停留在编辑校对等纯粹的出版工作上,深入掌握现代出版知识的技术人员相对较少,很少听说某家出版社拥有专利技术。

根据数据统计,2010 年,信息传输、计算机服务和软件业每万人只有 51.60 人为专业技术人员,2011 年每万人有 51.00 人为专业技术人员;2010 年,文化、体育和社会福利业每万人只有专业技术人员 59.6 人,2011 年为 63.8 人;公有经济企事业单位的科学研究人员每万人在 2009 年有 79 人为专业技术人员,2010 年为 68 人,2011 年为 78 人。①

以上数据表明,从出版产业尤其是现代出版产业的发展要求来看,无论是人才的数量还是人才的质量都需进一步提高,无法满足出版产业飞速发展的需要。中国出版产业还需要大力培养复合型的现代出版人才,以满足出版产业发展和产业结构升级的需要。

(3)创新意识不够

我们处在一个变革的时代,传统的出版工艺、出版介质以及流通方式受新介质、新技术和新方式的数字化产业革命的影响。数字化产业革命不仅正在颠覆传统的出版产业,而且也改变着人类的全部生存方式。

因为创新带来巨大收益的同时,也面临着巨大的风险,所以,无论是政府、企业还是出版界的精英,都缺乏对出版的创新意识和勇气。因此,在以美国为主的西方国家引领的新一轮产业革命中,中国还处于跟随模仿的状态。无论是在技术上还是在观念意识上中国都需要大胆创新、大胆尝试、大胆探索,实现首先在某个领域有所突破,并带动整个中国出版产业的发展。因此,我们必须以开放和积极的态度来迎接数字化革命,顺应时代的潮流,掀开出版产业崭新的历史篇章。

第三节　中国出版产业结构调整的政策建议

为了确保中国出版产业的快速稳定发展,加快出版产业结构的优化升级,依据出版产业结构的演变趋势和发展现状,按照出版产业机构演变的一般理论,重点提出以下四点政策建议:以科学技术创新和数字化转型为重点,促进出版产业结构升级;实施市场竞争机制,加快资源整合,保证优势出版产业的稳定快速发展;在国际竞争中形成中国出版产业的国际竞争力;以政府政策指引为保证,以业态创新和服务创新为重点,加快新技术转化应用的步伐,大力发展数字出版等战略性新兴出版产业。

① 国家统计局.中国统计摘要(2013)[M].北京:中国统计出版社,2013:168.

一、以科学技术进步为导向促进出版产业结构升级

(一)加大出版人才的培养力度

现代社会竞争归根结底是人才的竞争，只有掌握了科技创新能力的人才才是一个国家和产业的最重要的宝贵财富。中国出版产业要真正实现高起点创新，形成产业的技术竞争优势，就必须加快培养适应出版产业发展的技术专家队伍。

中国出版产业要针对新一轮的出版产业变革，进行跨学科、跨部门的系统培养，培养具有现代意识水平和能力的专业复合人才；通过系统教育培训，大力提高出版专业技术队伍的整体素质，把出版产业的素质工程、领军人才工程、高技能人才工程建设好；通过制定相关政策，留住人才，用好人才，让人才为出版产业发展尽心尽力。

(二)加快出版科技的创新步伐

1. 加大健全知识产权的保护

科技创新需要良好的知识产权保护氛围，政府应加大力度营造全面创新的良好宏观环境；建立以政策为保障、企业为主体、市场需求为导向、产学研相结合的新闻出版科技创新体系，努力做到出版的思想观念创新、制度机制创新、管理模式创新、产业发展创新、市场创新等；建立创意激励机制，鼓励发明创造、技术革新、内容创新，形成全行业、全社会的创新热潮，着力培育创新主体，促进出版产业的技术水平不断提高。

2. 实现高新技术的局部突破

政府及相关部门要积极协调高等院校、科研机构等单位对影响我国出版产业发展的关键领域和关键技术进行攻关，努力率先在局部领域有所突破，带动整个产业技术革新，进而研发出一批拥有自主知识产权的技术；加快科技创新和科技成果的产业化速度，努力研发出一批具有战略性、引导性和带动性的前沿技术，壮大出版产业的实力，使中国出版产业可以在数字技术、网络技术及虚拟技术上进行突破，实现跨越式发展。

3. 实施“请进来”技术开发战略

对于一些国外不会出售的出版产业中的核心技术，国内目前还无法突破，只能实施“请进来”的战略。但引进这些核心技术有一个问题，即技术发展速度太快，很快引进来的技术就落后了。对于上述情况，我国可以充分利用自身的市场优势，积极引进外商投资企业，逐步实现技术引进和自主开发相结合，实现技术跨越式发展。

二、采取市场竞争机制来优化出版产业的资源配置

中国出版产业的发展必须发挥市场经济的决定性作用，通过市场机制来优化配置资源，由出版市场上的供求情况来决定出版商品和服务的价格水平，根据价格的变动总结资源稀缺程度，将资源稀缺情况传递给出版供求者，依据此调节出版的规模与结构，来优化出版资源的合理配置。

(一)实施多元化的出版市场主体

为了能够实现市场的公平竞争,市场竞争的主体必须多元化,充分体现市场竞争的作用。

1. 加快出版国企的全面转型

理论和实践都已证明,竞争性产业中的国有资本往往是低效甚至是无效的。因此,国有出版企业要加快转制转轨,在产权明晰的基础上改革成股份制、混合制等具有多元化投资主体的现代企业。作为市场竞争的主体,出版企业必须以效益和利润为导向,能够自主经营、自负盈亏。国有资本要逐步从印刷复制产业、发行贸易产业这些纯粹竞争性的行业中全面退出。

2. 鼓励民营企业全方位竞争

政府要鼓励民营企业及非公有企业全面进入出版领域和出版市场体系,鼓励它们全方位参与出版市场竞争,充分调动社会资源发展出版产业,推动中国出版产业的持续发展。

3. 积极吸纳外商的技术投资

目前,中国出版产业的发展基础还比较薄弱,技术水平还有待进一步提高,因此要积极吸收外国直接投资。中国出版企业可以从中得到效果,还可以从中学习并掌握先进的技术。吸收外商的技术投资是长期的战略,对于加快出版产业的发展具有良好成效,对于今后自主技术水平的提高和发展也将发挥巨大的作用。

(二)加快出版体制机制的改革

1. 完善出版市场运行体制

(1)加快政府职能角色转变

政府具有监督市场和企业、维持市场运行、保护合法权益和出版安全的基本职责。在新的时代背景下政府应加快转变职能角色,将与出版市场竞争和运行有关的事项一律交由市场决定,政府只是充当“守夜人”的角色。

(2)完善出版市场运行体系

出版产业要进一步加快出版物市场、资本市场、技术市场、信息市场等的体系建设,形成相互作用、相互支撑、相互协作的有机出版市场体系,完善市场交易和竞争的规则,做到公平、公正,彻底打破行业、部门、地域的市场界限,形成全国统一的大市场。

(3)实行企业进退有序竞争

为了充分激发出版市场的竞争活力,提高出版的运行效率,我国出版产业要维持出版企业进退有序的市场竞争秩序,实行优胜劣汰的淘汰机制,用市场的竞争来优化出版资源配置,保证出版产业的健康稳定发展。

2. 发挥出版行业协会功能

首个出版行业协会中国出版工作者协会成立于1979年,随后不断发展壮大,基本形成了包括出版领域核心层面在内的、数量约为100家的各类专业协会体系。

出版行业协会应充分发挥自身的自律作用及社会的监督作用,为出版行业及从业人员进行自我调节提供服务,做到规范出版产品、维持市场秩序、营造公平的市场竞争环境。

三、在国际竞争中形成出版产业的国际竞争优势

(一)积极发挥比较优势,参与国际竞争

随着国际化、全球化的不断深入,中国今后出版产业的发展必须立足国际分工,积极面对国际竞争的挑战,在世界市场中逐步壮大,做强中国出版产业,推动出版产业结构从内向型向外向型演进,逐步形成强大的国际出版竞争优势。

1. 积极推动中国具有比较优势的出版走向国际市场

中国出版产业走向世界的步伐与我国迅速上升的经济大国的地位很不相称。我国五千年来的历史文化所积累的出版资源优势,在国际出版市场上还没有将竞争优势化为竞争效益。正因为如此,中国出版产业可以充分发挥传统资源的比较优势,推动中国出版走向世界,提高中国出版产业的国际竞争力。

政府及相关部门应着力营造良好的环境和服务平台,鼓励和支持各种所有制出版企业拓展出版产品和服务的出口业务,这也是我国出版产业发展的重要目标之一。

2. 利用中国出版现有强大生产能力融入国际分工

中国出版产业的规模已居世界前列,印刷复制行业的生产能力更是居于世界首位。根据目前中国的出版能力,可以大力推动印刷复制行业及出版能力强的行业的发展,加大出口力度,鼓励印刷复制行业承接国际高端印刷加工业务,积极融入出版产业的国际分工。

3. 积极走出去,参与国际分工体系

中国出版行业应全方位利用国内、国外两种资源和两个市场,在全球范围内更加合理地配置出版资源,支持有能力的出版企业扩大对外投资;通过独资、合资、合作等方式,到境外建社建站、办报办刊、开厂开店;通过参股、控股等多种方式,扩大境外投资,参与国际资本运营和国际企业管理;通过多种方式在境外兴办出版实体,积极参与国际分工体系,拓展中国出版产业的发展空间,提高中国出版产业的国际竞争力。

(二)加大对出版战略性行业的扶持力度

出版产业事关国家的政治安全和文化安全,具有双重属性。这一点决定了出版产业是国家重要的战略产业,国家应予以重点保护和扶持。世界贸易组织成员国中,承诺开放出版产业的只有 27 个成员,仅占 20%。

由于各国对出版产业都实行了不同程度的保护,所以中国出版产业在国际出版市场中的主动介入和引进,对打破国际市场垄断具有很强的外部效应和带动作用。

政府加大对出版产业出口的扶持,可以采取免征增值税和营业税或先征后退的措施,提高中国出版产业的国际竞争水平和能力。①

① 美国政府对非营利性出版机构和图书出口企业不仅不征税,而且给予很多资助。美国尤其鼓励本国出版物的出口,对出口图书实行免征增值税和营业税的办法并实行先征后退的措施。

(三)促进专门化生产,开展全球化贸易

提高出版专业化协作分工水平是提高出版效率和竞争力的重要途径,也是促进出版市场国际化、生产国际化、资本国际化、人才国际化和技术国际化实行的全方位的出版产业国际化战略。出版资源在全球范围内实现优化配置,在不同国家之间形成相互依存的出版市场,是经济全球化的必然结果,也是加快中国出版产业发展的必然要求。

四、以政府政策指引为保证,激励出版主导产业发展

(一)对出版主导产业的选择引导

1. 鼓励引导数字出版的大力发展

根据时代发展的现实特点和要求,中国出版产业应结合结构发展状况,积极实施以数字出版、移动出版和网络出版等为代表的"数字出版"战略,抢占出版主导产业发展的制高点,形成新的经济增长点,推动传统出版向现代出版转变,实现中国出版产业的跨越式发展,全面达到世界出版产业的国际领先水平,重点在数字移动和数字网络领域以及数字出版的内容采集与处理。

2. 加快图书等传统出版转型

虽然目前中国的图书出版还具有较好的效益水平,但数字出版和电子出版已经势不可挡。在美国等西方国家,电子书已经开始超越传统纸质图书。期刊和报纸的发展更是如此。

因此,传统出版的转型必须加快,以适应现代技术和社会发展的需要,对传统出版的现代化改造必须加大力度。传统出版在数字化应用和改造中也要不断自我完善、自我升级和自我转换。

3. 加大衰退出版产业的退出力度

尽快将图书出版中的图片出版资源转移到现代出版中,做好图片出版的退出工作;控制课本出版的规模和比例,加快图书出版的数字转型速度。报纸出版中的县级报纸呈现出不断下降的趋势,应将更多的资源转移到更有效益的出版行业上,稳定中央报纸的出版工作。

对印刷复制产业积极采取创新驱动,加快用数字技术等对印刷复制产业进行改造,加速淘汰传统印刷复制设备设施,实施绿色印刷战略,带动印刷复制产业的转型和升级。

对音像制品出版中的录音和录像出版要加快退出,尤其是录音带和录像带出版物要加快退出。对音像制品的出版实行衰退产业政策措施,鼓励行业资源流向现代更先进的电子出版及数字出版行业中,加快现代出版的发展和转型。

(二)对出版主导产业的政策措施

1. 宏观经济政策

政府加大对现代出版的财政投入,尤其是加大对数字出版的投入,再辅以税收优惠政策扶持,在投融资方面给予必要的支持和鼓励,放松资本进出限制。

加大对数字出版研发的科技投入,以积极的财政政策和税收政策鼓励、支持相关科技成

果的转化；以积极的财政政策和税收政策引导出版产业的发展和升级；以限制的财政政策和税收政策鼓励出版产业转型和资源重新优化配置。

2. 产业指导政策

根据出版产业发展和产业结构的现状，我国出版产业应大力发展以数字出版为代表的现代出版，推广数字移动网络等技术在出版产业中的应用；大力推动传统出版转型，实现图书出版、期刊出版、报纸出版的数字化、移动化和网络化发展；减少对印刷复制产业的投入并加大对印刷复制行业的现代改造，加快淘汰以录音、录像为代表的衰退行业。

3. 产业组织政策

我国出版产业应以数字技术、移动网络等现代科技为核心，以跨界、跨部门、跨地域为手段，以产权为纽带，以市场竞争为导向，以现代企业为载体，适当组建跨领域的出版企业集团；彻底打破传统的行政垄断、地域封锁和市场分割，优化市场结构，提高市场集中度，提高出版市场运行效率，提升出版企业效益，加快出版产业的发展和结构调整。

参考文献

数据与文献

《中国统计年鉴》(1982－2013 年).

《中国统计摘要》(1983－2013 年).

《中国出版年鉴》(1980－2013 年).

《中国期刊年鉴》(2002－2013 年).

《中国图书年鉴》(1994－2009 年).

《中国版权年鉴》(2009－2013 年).

《中国报业年鉴》(2004－2010 年).

《中国新闻出版统计资料汇编》(1997－2013 年).

新闻出版总署出版产业发展司:《2009 年新闻出版产业分析报告》(2010).

新闻出版总署出版产业发展司:《2010 年新闻出版产业分析报告》(2011).

新闻出版总署出版产业发展司:《2011 年新闻出版产业分析报告》(2012).

新闻出版总署出版产业发展司:《2012 年新闻出版产业分析报告》(2013).

中国新闻出版研究院:《2013 年新闻出版产业分析报告》(2014).

《2002—2003 中国出版业状况及预测》课题组.2002—2003 中国出版业状况及预测[M].北京:中国书籍出版社,2003.

《2003—2004 中国出版业状况及预测》课题组.2003—2004 中国出版业状况及预测[M].北京:中国书籍出版社,2004.

郝振省.2004－2005 中国出版业发展报告[M].北京:中国书籍出版社,2005.

郝振省.2006－2007 中国出版业发展报告[M].北京:中国书籍出版社,2007.

郝振省.2007－2008 中国出版业发展报告[M].北京:中国书籍出版社,2008.

郝振省.2009－2010 中国出版业发展报告[M].北京:中国书籍出版社,2010.

郝振省.2010－2011 中国出版业发展报告[M].北京:中国书籍出版社,2011.

郝振省.2011－2012 中国出版业发展报告[M].北京:中国书籍出版社,2012.

郝振省.2012－2013 中国出版业发展报告[M].北京:中国书籍出版社,2013.

郝振省.2005－2006 中国数字出版产业年度报告[M].北京:中国书籍出版社,2007.

郝振省.2007－2008 中国数字出版产业年度报告[M].北京:中国书籍出版社,2008.

郝振省.2009－2010 中国数字出版产业年度报告[M].北京:中国书籍出版社,2011.

郝振省.2011－2012 中国数字出版产业年度报告[M].北京:中国书籍出版社,2012.

郝振省.2012－2013 中国数字出版产业年度报告[M].北京:中国书籍出版社,2013.

余敏.2002—2003 国际出版业状况及预测:国际出版蓝皮书[M].北京:中国书籍出版社,2003.
余敏.2003—2004 中国出版业状况与预测:国际出版蓝皮书[M].北京:中国书籍出版社,2004.
郝振省,魏玉山.2004—2005 国际出版业状况及预测国际出版蓝皮书[M].北京:中国书籍出版社,2005.
郝振省.国际出版业发展报告(2008)[M].北京:中国书籍出版社,2008.
郝振省.国际出版业发展报告(2010)[M].北京:中国书籍出版社,2012.
新闻出版总署图书出版管理司.中国图书出版产业报告(2003—2004)[M].北京:中国人民大学出版社,2006.
新闻出版总署图书出版管理司.中国图书出版产业报告(2005—2006)[M].北京:中国人民大学出版社,2007.

政府与网站

中国

中华人民共和国新闻出版总署—国家新闻出版广电总局 http://www.gapp.gov.cn/.
中华人民共和国国家统计局 http://www.stats.gov.cn/.
中华人民共和国文化部 http:/www.ccnt.gov.cn/.
中国新闻出版研究院 http://cips.chuban.cc/.

美国

美国统计局网 http://www.cencus.gov.
美国审计媒体联盟 http://auditedmedia.com/.
美国版权局 http://www.copyright.gov/about.html.
美国出版商协会 http://www.bookstats.org/index.php.
美国报纸发行量审核署 http://www.auditbureau.org/.
美国书业研究会 https://www.bisg.org/publications.
华尔街日报 http://www.wsj.com.
美国纽约时报 http://www.nytimes.com/.
http://www.magazinemarket.org.cn.
http://www. bookstats. org/pdf/BOOKSTATS _ 2013 _ GENERAL _ PUBLIC _ WEBSITE _ HIGHLIGHTS.pdf.
http://www.bookwide.net/report/usa_report.htm.
http://www.dajianet.com/world/2009/0228/90750. shtml.
http://www.digitalbookworld.com/2013/ten—bold—predictions—for—ebooks—and—digital—publishing—in—2014.
http://www.engadget.com/2014/06/30/publishers—make—more—from—online—sales/.
http://www. yilin. com/dynamic _ a. aspx? id = 14556http://stock. stcn. com/common/finalpage/edNews/2013/20131101/436626783695. shtml.
https://www.bisg.org/news/bookstats—volume—4—now—available—aap—press—release.

日本

日本科学出版研究所 https://www.ajpea.or.jp.

著作与期刊

[1]伽洛.欧洲的出版趋势[J].罗雁,译.中国出版,2000(4).
[2]希夫林.出版业[M].北京:机械工业出版社,2005.

[3]小林一博.出版大崩溃[M].上海:三联书店,2004.
[4]昂温.出版概论[M].北京:中国书籍出版社,1989.
[5]昂温.外国出版史[M].北京:中国古籍出版社,1988.
[6]卡布尔.产业经济学前沿问题[M].北京:中国税务出版社,2000.
[7]格雷科.图书出版业:第2版[M].北京:清华大学出版社,2011.
[8]安庆国.从欧美出版之比较看中国出版的发展[J].出版广角,2000(9).
[9]曹之.中国印刷术的起源[M].武汉:武汉大学出版社,1994.
[10]曾庆宾.中国出版产业论[M].长沙:中南大学出版社,2004.
[11]巢峰.中国图书出版业的滞胀现象[J].编辑学刊,2005(1).
[12]陈凤兰,等.美国期刊理论研究[M].北京:中国传媒大学出版社,2009.
[13]陈金川,李旭.21世纪中国出版业战略性前瞻[J].中国出版,2000(1).
[14]陈瑾玫.中国产业政策效应研究[M].北京:北京师范大学出版社,2011.
[15]陈镜波.日本电子书市场迅猛发展[N].印刷技术,2011(23).
[16]陈体标.经济结构变化和经济增长[J].经济学(季刊),2007,6(4).
[17]陈晓光,龚六堂.经济结构变化和经济增长[J].经济学(季刊),2005,4(3).
[18]代周阳.我国图书出版产业结构状况研究[J].北京印刷学院学报,2013(5).
[19]邓耘.出版产业战略[J].中国出版,1998(1).
[20]方卿,曾元祥.产业融合:数字出版产业发展的惟一选择[J].出版发行研究,2011(9).
[21]方卿.提升我国科技出版的国际竞争力[J].出版发行研究,2003(1).
[22]封延阳.图书出版产业组织结构演进的体制性障碍[J].出版广角,2003(10).
[23]封延阳.我国图书市场结构研究[J].出版发行研究,2002(9).
[24]冯志杰.出版产业论[M].北京:研究出版杜,2002.
[25]干春晖,赵音璇.中国图书出版业的市场结构、行为和绩效分析[J].上海:上海财经大学学报,2005(6).
[26]龚仰军.产业结构研究[M].上海:上海财经大学出版社,2002.
[27]韩梅,胡博.出版体制改革带来的新冲动[J].现代出版,2004(2).
[28]韩跃杰,孙守增,杨琦.出版产业结构优化研究[J].科技与出版,2013(6).
[29]和田洋一.新闻学概论[M].北京:中国新闻出版社,1985.
[30]贺剑峰.对我国出版业市场进入与退出关系的思考[J].中国出版,2003(2).
[31]贺剑锋.出版产业经济特征探析[J].出版科学,2002(4).
[32]贺剑锋.我国出版业结构问题及其调整[J].出版发行研究,2001(3).
[33]贺剑锋.想说发展不容易——出版业跨越式发展的指标体系研究[J].出版广角,2003(12).
[34]施珀路易其特.全球出版行业的动力:一个不断改造和创新的过程[M]//国际文化产业发展报告:第一卷(2007).北京:社会科学文献出版社,2007:134.
[35]胡永佳.产业融合的经济学分析[M].北京:中国经济出版社,2008.
[36]黄河飞.冰山一角——跨入新世纪的美国出版业管窥[J].出版广角,2002(7).
[37]黄先蓉.出版法规及其应用[M].苏州:苏州大学大学出版社,2005.
[38]黄先蓉.出版物市场管理概论[M].武汉:武汉大学出版社,2005.
[39]黄先蓉.论出版政策与法规的制定原则[J].编辑之友,2003(1).
[40]黄孝章,张志林,陈丹.数字出版产业发展研究[M].北京:知识产权出版社,2011.
[41]贾西津,等.转型时期的行业协会:角色、功能与管理体制[M].北京:社会科学文献出版社,2004.
[42]江曾培.第三届全国出版科学研究优秀论文获奖论文集[M]//近年出版业的几个热门话语.武汉:华中师范大学出版社,2002.

[43]蒋雪湘.产业融合环境下中国图书出版产业组织研究[D].长沙:中南大学,2009.
[44]金平圣之助.美国杂志 100 年[M].台北:三思堂文化事业有限公司,1995.
[45]金善男.韩国网络出版的现状与特点[J].出版发行研究,2003(2).
[46]李建伟,杜彬.2012 年我国数字出版研究进展[J].出版科学,2014(1).
[47]李明杰.从产业竞争结构看中国出版产业发展的方向[J].出版发行研究,2002(3).
[48]李祥洲.国外出版业宏观管理体系探析[J].出版科学,2004(5).
[49]李新详.出版传播学[M].杭州:浙江大学出版社,2007.
[50]李悦.产业经济学:第 1 版[M].北京:中国人民大学出版社,1998.
[51]刘杲.盼望出版经济学更快成长[J].出版经济,2000(5).
[52]刘劲松,王亚菲.论中国出版产业的组织结构及其优化[J].当代财经,2005(1).
[53]柳斌杰.关于出版业改革与发展的若干问题[J].出版发行研究,2003(4).
[54]柳斌杰.加快传统出版与数字出版的融合发展[J].中国出版,2011(11).
[55]柳斌杰.人才是出版业的核心创造力[J].中国编辑,2004(6).
[56]柳斌杰.提高创新意识,加快改革发展[J].中国出版,2003(1).
[57]柳斌杰.中国出版业的数字化转型之路[J].中国出版,2012(17).
[58]陆伯华.世界出版业:美国卷[M].北京:世界图书出版公司,1998.
[59]陆善勇,王晓峰.经济全球化下我国出版产业发展的政策选择[J].广西大学学报(哲学社会科学版),2004(4):84-89.
[60]陆祖康.我国图书市场供需特征分析[J].暨南学报(哲学社会科学),1996(2).
[61]罗紫初.出版发行学基础[M].太原:山西经济出版社,1998.
[62]罗紫初.出版学原理[M].武汉:武汉大学出版社,1999.
[63]罗紫初.中外出版业经济政策比较[J].现代出版,2004(1).
[64]马勇.我国出版产业结构及其演变趋势研究[J].编辑之友,2012(6).
[65]芮海田,赵文义,孙守增.出版产业结构的界定[J].技术与创新管理,2013(3).
[66]史玉德.出版业产业化经营的若干理论问题[J].经济经纬,1999(5).
[67]苏东水.产业经济学[M].北京:高等教育出版社,2000.
[68]孙洪军.日本出版产业论[M].北京:中国传媒大学,2009.
[69]田雁.图书出版产业之中日比较[M].北京:社会科学文献出版社,2014.
[70]王关义,李治堂.出版管理科研论[M].北京:中央编译出版社,2010.
[71]王建辉.省域出版经济再思考[N].中国新闻出版报,2005-08-02.
[72]王建辉.新出版观的探索[M].武汉:华中师范大学出版社,2002.
[73]王磊,赵跃峰,赵文义.美国出版产业结构及其演变趋势分析[J].中国报业,2012(4).
[74]王联合.转制下的规制逻辑(下):基于出版产业的考察[J].出版发行研究,2005(4).
[75]王艳,周宇.西方出版概况[M].郑州:河南人民出版社,2005.
[76]魏龙泉,邵岩.纵览美国图书出版与发行[M].北京:中国经济出版社,2007.
[77]魏龙泉.美国出版社的组织和营销[M].北京:中国经济出版社,2000.
[78]魏玉山,杨贵山.西方六国出版管理研究[M].北京:中国书籍出版社,1995.
[79]魏玉山.出版产业与支柱产业[J].出版发行研究,1999(1).
[80]吴江江.中国出版业的发展与经济政策研究[M].武汉:湖北人民出版社,1994.
[81]吴江文.2011 年数字出版研究综述[J].出版发行研究,2012(7).
[82]肖洋.数字出版产业结构调整与经济增长关系实证研究[J].中国出版,2014(2).
[83]小林一博.出版大崩溃[M].甄西,译.上海:三联书店,2004.

[84]谢清风.美国出版产业技术化的表现特征[J].出版发行研究,2007(2).
[85]谢寿光.转变出版产业增长与发展模式[J].出版参考,2005(3).
[86]谢新洲.电子出版技术[M].北京:北京大学出版社,2006.
[87]徐小傑,Miha Kovac.2003年以来国外图书出版产业研究述评[J].出版发行研究,2010(4).
[88]徐小傑.图书出版产业评价体系[M].北京:中国书籍出版社,2011.
[89]阎现章.出版传播策划学概论[M].郑州:河南大学出版社,2008.
[90]阎晓宏.关于出版产业、出版事业的界定以及分类指导问题[J].出版发行研究,2003(2).
[91]阳建国.我国出版业也要调整结构[J].中国改革,1999(9).
[92]杨德勇,张宏艳.产业结构研究导论[M].北京:知识产权出版社,2008.
[93]杨公仆,夏大慰.产业经济学教程(第2版)[M].上海:上海财经大学出版社,2002.
[94]杨贵山.国际出版业导论[M].北京:北京大学出版社,2010.
[95]杨咸海.出版经济学[M].北京:奥林匹克出版社,1996.
[96]杨小凯,黄有光.专业化与经济组织——种新兴的古典微观经济学框架[M].北京:经济科学出版社,1999.
[97]杨治.产业经济学导论[M].北京:中国人民大学出版社,1985.
[98]姚德权.我国新闻出版市场准入规制内涵与动因分析[J].出版发行研究,2004(11).
[99]姚德鑫.论出版产业整合[J].出版发行研究,2001(4).
[100]姚海根,孔玲君,滕莉.电子出版概论[M].北京:印刷工业出版社,2003.
[101]叶新.美国杂志的出版与经营[M].北京:中国传媒大学出版社,2007.
[102]尹章池,柯慧.数字出版与传统出版是融合而非替代[J].重庆社会科学,2011(7).
[103]尹章池.影响我国出版市场的制度因素、制度缺陷与化解设计[J].编辑之友,2004(4).
[104]于刃刚,李玉红,等.产业融合论[M].北京:人民出版社,2006.
[105]于友先.产业化:21世纪中国出版业必由之路(上)[J].出版经济,2003(6).
[106]于友先.论现代出版产业市场运动规律[J].出版发行研究,2003(1).
[107]于友先.现代出版产业发展论[M].苏州:苏州大学出版社,2003.
[108]于友先.现代出版产业论集[M].北京:中国书籍出版社,2004.
[109]余敏.出版学[M].北京:中国书籍出版社,2002.
[110]余敏.加强出版业宏观调控研究[M].北京:中国书籍出版社,2003.
[111]余敏.中国出版业状况及预测[M].北京:中国书籍出版社,2003.
[112]袁国雄.图书发行市场结构与市场行为分析[J].出版科学,2003(1).
[113]袁钟.产业化发展——出版业摆脱潜在危机之路[J].中国出版,1998(1).
[114]布罗克.美国产业结构:第12版[M].北京:中国人民大学出版社,2011.
[115]张桂兰.美国图书出版业市场近况[J].数码印刷, 2012(10).
[116]张晗.文化科技融合创新下的美国数字出版业[J].新闻界, 2013(20).
[117]张霞.跨媒体经营——出版产业结构调整新走向[J].图书情报知识,2005(1).
[118]张晓玲.关于我国图书发行市场的若干思考[J].经济师,2005(1).
[119]张志成,李治堂.我国图书发行业市场结构、行为与绩效分析[J].出版发行研究,2003(12).
[120]张志强.全球化与中国出版业的发展[J].中国出版,2002(5).
[121]张忠晔.关于出版产业化若干问题的探讨[J].科技与出版,1992(2).
[122]长冈义幸.出版大冒险:剖析日本13家出版社产生利润的机制与结构[M].甄西,译.北京:国际文化出版公司,2006.
[123]赵洪斌,盛梅,于文涛,等.出版产业的概念、内涵及其特征[J].重庆社会科学,2011(2).

[124]赵洪斌,盛梅,于文涛,等.我国书籍出版的总体规模及其演进轨迹[J].重庆社会科学,2012(5).
[125]赵洪斌,盛梅,于文涛.出版产业研究述评[J].现代传播,2010(1).
[126]赵洪斌,朱伶瑾,段钲.美国出版产业结构演变分析与借鉴[J].美术研究,2014(4).
[127]赵洪斌,于文涛,王书哲.中国出版产业结构优化升级的问题与对策[J].现代传播,2015(6).
[128]赵劲.中国出版理论与实务[M].北京:中国书籍出版社,2000.
[129]赵礼寿.出版产业政策研究综述[J].出版科学,2013(1).
[130]甄西.20世纪日本出版流通体系的变迁[J].出版经济,2002(3).
[131]周蔚华.出版产业研究[M].北京:中国人民大学出版社,2005.
[132]周蔚华.从产业组织理论的视角看出版改革的症结所在[J].中国出版,2005(4).
[133]周蔚华.从出版发展历程看出版功能转化[J].出版发行研究,2006(4).
[134]周蔚华.我国出版业的改革:回顾、经验和当前的重点[J].中国出版,2003(4).
[135]周蔚华.中国图书出版产业的垄断分析[J].大学出版,2002(4).
[136]周蔚华.中国图书出版产业结构分析[J].出版经济,2003(3).
[137]周蔚华,等.数字传播与出版转型[M].北京:北京大学出版社,2011.
[138]朱建纲,朱尔茜."十二五"时期新闻出版产业政策研究[M].北京:人民出版社,2012.
[139]朱建纲.湖南出版业产品结构调整的思考[J].出版经济,2003(8).
[140]朱静雯.出版业宏观调控中的经济手段运用[J].出版发行研究,2003(12).
[141]朱诠.外资进入中国出版业的现状及应注意的问题[J].编辑之友,2003(2).
[142]佐贯利雄.日本经济的结构分析[M].嗣显云,等,译.沈阳:辽宁人民出版社,1988.

外文文献

[1]BARRO R, SALA-I-MARTIN X.Economic growth[M]. Boston: McGraw-Hill, 1995.
[2]BAUMOL W.Macroeconomics of unbalanced growth:the anatomy of urban crisis[J]. American economic review, 1967, 57(3):15-426.
[3]CASELLI F, WILSON D.Importing technology[J]. Journal of monetary economics, 2004,51(1):1-31.
[4]CHENERY H.Patterns of industrial growth[J]. American economic review, 1960,5(3):624-654.
[5]CLARK C.The conditions of economic progress[M].London: Macmillan, 1940.
[6]MIYAMATO D, WHITTAKER H.The book publishing industry in Japan and the UK: corporate philosophy/objectives, behavior and market structure[EB/OL].http://ideas.respec.org/
[7]DENISON E. Accounting for United States economic growth, 1929—1963[M]. Washington: Brookings Institution, 1974.
[8]ECHEVARRIA C.Change in sectoral composition associated with economic growth[J]. International economic review, 1997,38(2):431-452.
[9]FOELLMI R, ZWEIMULLER J.Structural change, engel's consumption cycles and kaldor's facts of economic growth[D]. CEPR discussion paper, No, 3300, 2002.
[10]GOMEZ J. Thinking outside the blog: navigating the literary blogosphere[J]. Publishing research quarterly,2005,21(3):3-12.
[11]JOBSON E. Digital printing; current and future applications[J]. Publishing research quarterly,2003,19(1):20-31.
[12]KALDOR N.Capital accumulation and economic growth[M]//LUTZ F, HAGUE D,eds.The theory of capital. New York: St. Martin's Press, 1961:177-222.
[13]KONGSAMUT P, REBELO S, XIE D. Beyond balanced growth[J].Review of economic studies, 2001,

68(4):869-882.

[14]KUNETS S. Modern economic growth:findings and reflections[J]. American economic review, 1973, 63(3):829-846.

[15]LAITNAER J. Structural change and economic growth[J].Review of economic studies, 2000,67(3): 545-561.

[16]LEVISALLES N. The US market for translations[J].Publishing research quarterly,2004,20(2):55-60.

[17]LUCAS R.On the mechanics of economic development[J].Journal of monetary economics, 1988,22 (10):3-42.

[18]KELLY N. Increasing the value of your company despite difficult times[J]. Publishing research quarterly,2009,25(2):59-66.

[19]NGAI L,PISSARIDES C. Structural change in a multi-sector model of growth.[D]. EPR discussion paper, No. 4763, 2005.

[20]JOVANOVICH P. Publishing in hard times[J]. Publishing research quarterly,2009,25(2):67-72.

[21]ROMER P. Endogenous technology change[J]. Journal of political economy, 1990, 98(5):71-102.

[22]ROMER P. Increasing returns and long run growth[J]. Journal of political economy, 1986,94(5): 1002-1037.

[23]ROYLE J. Publishers' relationships on the web: an examination of how publishers' websites are causing changes in relations in the book industry[J]. New review of information networking, v6, 2000: 137-151.

[24]SOLOW R.A contribution to the theory of economic growth[J].Quarterly journal of economics, 1956, 70(1):65-94.

[25]STEVENSON L. Liveliest of corpses: trends and challenges for the future in the book publishing industry[J]. Aslib proceedings, 2000,52(4):133-137.

图书在版编目(CIP)数据

中国出版产业结构研究:理论、现实与发展趋势/赵洪斌著.—北京:中国传媒大学出版社，2017.12

(出版·传播·文化丛书)

ISBN 978-7-5657-2081-9

Ⅰ.①中…　Ⅱ.①赵…　Ⅲ.①出版产业—产业结构—研究—中国　Ⅳ.①G239.2

中国版本图书馆 CIP 数据核字(2017)第 193709 号

中国出版产业结构研究:理论、现实与发展趋势

ZHONGGUO CHUBAN CHANYE JIEGOU YANJIU:LILUN XIANSHI YU FAZHAN QUSHI

著　　者	赵洪斌
策划编辑	李水仙
责任编辑	李　明
封面制作	郭　琳
责任印制	曹　辉
出版发行	中国传媒大学出版社
社　　址	北京市朝阳区定福庄东街 1 号　　邮编:100024
电　　话	010-65450532 或 65450528　　传真:010-65779405
网　　址	http://www.cucp.com.cn
经　　销	全国新华书店
印　　刷	北京玺诚印务有限公司
开　　本	787mm×1092mm　1/16
印　　张	18.25
字　　数	456 千字
版　　次	2017 年 12 月第 1 版　2017 年 12 月第 1 次印刷
书　　号	ISBN 978-7-5657-2081-9/G·2081　　**定　价**　79.00 元